教育部"首批国家级一流本科课程"教材

法 理

《法理》教材编委会 编

东南大学出版社
·南京·

图书在版编目（CIP）数据

法理 /《法理》教材编委会 编． —南京：东南大学出版社，2021.8（2023.7重印）

ISBN 978-7-5641-9572-4

Ⅰ．①法… Ⅱ．①法… Ⅲ．①法理学－研究 Ⅳ．① D90

中国版本图书馆 CIP 数据核字（2021）第 116180 号

法　理
Fa　Li

编　　者：《法理》教材编委会
出版发行：东南大学出版社
地　　址：南京市四牌楼 2 号　邮编：210096
出 版 人：江建中
网　　址：http ://www.seupress.com
经　　销：全国各地新华书店
印　　刷：广东虎彩云印刷有限公司
开　　本：700 mm×1000 mm　1/16
印　　张：22.5
字　　数：430 千字
版　　次：2021 年 8 月第 1 版
印　　次：2023 年 7 月第 2 次印刷
书　　号：ISBN 978-7-5641-9572-4
定　　价：68.00 元

本社图书若有印装质量问题，请直接与营销部联系。电话：025-83791830

前　言

东南大学秉文文科实验班"五理"课之一的法理课程教材《法理》即将出版，本书由东南大学法学院各位杰出的法学教授和法理研习者共同完成。

东南大学"秉文文科实验班"（简称"秉文班"）开设于2017年，取名于国立东南大学首任校长、我国近代杰出教育家郭秉文先生的名字。郭秉文先生是国际舞台上较为活跃的中国近代教育家之一，也是中国第一位教育学博士，他于1921年9月任国立东南大学校长，并由此奠定了东南大学的文脉。郭秉文先生主张办大学应该力求达到通才与专才、科学与人文、师资与设备、国内与国际四个"平衡"。这样的办学理念虽提出于上个世纪二十年代，但却与我们今天教育部提倡的"新文科"理念不谋而合，郭先生的过人胆识与智慧可见一斑。

2017年，东南大学秉承郭秉文先生的办学理念，打破专业和院系壁垒，将经管文史法等专业融合一起，开设了"秉文班"。实验班开设了"五理"课程，即心理、法理、伦理、艺理、哲理，专业覆盖哲、文、管、政、经、法等学科。"法理"课程由法学院牵头，遍请法理学界知名顶尖级学者授课，配备高端师资，精英学生勤研，内容精彩纷呈，学子翘首以待，教室爆棚满座，一时之间成为"秉文班"名课之一。法理课程力求以平实的语言、生动的例证，基于文理多学科同学的日常生活经验和已有社会知识，介绍法学基础理论，探讨法律实践难题，从法律视角解读社会问题，培养理性、审慎的法律问题分析思考能力，此乃"法理"课程之精要。

自2017年至今，短短的几年时间，"秉文班"的"法理"课程建设取得了丰硕的成效，实现了一流课程、精品慕课、特色教材"三位一体"的建设成果。2020年11月，根据《教育部关于公布首批国家级一流本科课程认定结果的通知》（教高函〔2020〕8号），"法理"课程被认定为"国家级一流本科课程"。2020年12月，东南大学法学院将"法理"课程在中国大学MOOC（慕课）平台正式上线，实现了精品课程从校内走向校外，从线下走向线上的重大发展路径。"法理"课程（纸质版）教材按计划于2021年正式出版，教材的出版建立在法理课程建设成熟之际，是法理课体系化的结晶，它具有鲜明的"东南特色"。其编写分工如下：第一章杨春福，第二章刘练军，第三章于立深，第四章汪进元，第五章龚向和，第六章胡朝阳，第七章孟鸿志，第八章周佑勇，第九章刘练军，第十章李川，第十一章钱小平、苗泽一。

需要特别说明的是，《法理》教材所言法理学不是jurisprudence，而是basic theory of law，即"关于法的基础理论"；也就是说，不是传统的十四门法学核心课中的法理学。之所以如此，概因本课程面对的是大学一年级新生，课程的目标是让学生"掌握法的基础理论"并"树立法的基本理念"，课程的定位类似于通识课程。在"秉文班"一年级的学习结束后，那些分流到法学院的学生才会继续学习jurisprudence层面的法理课程。

在《法理》教材即将付印之际，对于长期支持东南大学"秉文班"法理课程的学者们，如刘艳红、朱苏力、季卫东、孙笑侠、胡玉鸿、姚建宗、刘星、马长山等，我们表示由衷的感谢，并希望在"秉文班"法理课程以后的建设中，能够继续得到各位学者的大力支持。

《法理》教材编委会
2021.6.22

目 录

第一章 法是什么 ... 1
第一节 法的概念 ... 1
一、"法"与"法律"的词源与词义 ... 1
二、法的定义 ... 4
第二节 法的要素 ... 9
一、法的要素的含义与特征 ... 9
二、法律规则 ... 10
三、法律原则 ... 13
四、法律概念 ... 15
第三节 法的渊源 ... 16
一、法的渊源释义 ... 16
二、法的渊源的种类 ... 17
三、当代中国主要的法的渊源 ... 24
第四节 法的特征 ... 29
一、法是调整人们行为或社会关系的规范 ... 29
二、法是出自国家的社会规范 ... 31
三、法是规定权利和义务的社会规范 ... 32
四、法是国家强制力保证实施的社会规范 ... 32
第五节 法的作用 ... 33
一、法的作用概述 ... 33
二、法的规范作用 ... 35
三、法的社会作用 ... 38
四、当代中国法的社会作用 ... 40

五、法的作用的局限性……………………………………………… 41

第二章　法的历史…………………………………………………… 43
第一节　法的成长是个历史过程………………………………… 43
　　　一、自然法—实证法…………………………………………… 44
　　　二、习惯法—成文法…………………………………………… 47
第二节　法在西方的成长：宗教与法律………………………… 50
第三节　法在我国的成长：从诸法合体到六法全书…………… 57
第四节　法的本质变迁…………………………………………… 62
　　　一、由压制到规制……………………………………………… 63
　　　二、从公法—私法二元划分到公法—私法的交融…………… 65
第五节　法治的历史……………………………………………… 68
　　　一、我国古代的人治…………………………………………… 68
　　　二、西方法治历史的起源与演变……………………………… 71
　　　三、我国从人治传统到弘扬法治的跨越……………………… 74

第三章　法的谱系…………………………………………………… 77
第一节　法系的涵义……………………………………………… 78
　　　一、法系即"法的谱系"……………………………………… 78
　　　二、法系是法文明的产物……………………………………… 79
　　　三、法系研究的意义…………………………………………… 80
第二节　法系的分类标准………………………………………… 81
　　　一、民族差异性标准…………………………………………… 82
　　　二、法律形式渊源标准………………………………………… 83
　　　三、基本意识形态标准………………………………………… 83
　　　四、法律技术标准……………………………………………… 84
　　　五、法的亲缘关系标准………………………………………… 85
　　　六、法系分类标准的简化……………………………………… 86
第三节　主要的法系形态………………………………………… 88
　　　一、大陆法系…………………………………………………… 88
　　　二、英美法系…………………………………………………… 91
　　　三、伊斯兰法系………………………………………………… 94
　　　四、社会主义法系……………………………………………… 95
　　　五、中华法系…………………………………………………… 99

    第四节　法系的未来发展 ····· 103
      一、融合化 ····· 103
      二、现代化 ····· 104
      三、全球化 ····· 104
      四、去西方化 ····· 105

第四章　法与文化 ····· **106**
    第一节　文化的概念、特点与类型 ····· 106
      一、文化的概念 ····· 106
      二、文化的特征 ····· 109
      三、文化的类型 ····· 113
    第二节　西方文化与法的互动关系：理论与实践 ····· 116
      一、法与文化关系的法理阐释 ····· 116
      二、古希腊法与文化的互动关系 ····· 118
      三、古罗马法与文化的互动关系 ····· 121
      四、中世纪法与文化的互动关系 ····· 123
      五、西方近代法与文化的互动关系 ····· 127
    第三节　中国文化与法的互动关系：理论与实践 ····· 131
      一、中国传统文化与法的互动关系 ····· 131
      二、中国近代文化与法的互动关系 ····· 138
      三、中国现代文化与法的互动关系 ····· 140

第五章　法与人权 ····· **143**
    第一节　法与人权的一般关系 ····· 143
      一、人权是什么 ····· 143
      二、人权是法的价值目标和制约因素 ····· 150
      三、法律为人权提供保障 ····· 151
    第二节　宪法与人权 ····· 155
      一、人权思想是宪法产生的思想条件之一 ····· 155
      二、人权是宪法的主要内容 ····· 156
      三、通过宪法解释发展人权 ····· 160
      四、宪法为人权提供保障 ····· 161
    第三节　普通立法与人权 ····· 164
      一、普通立法保护人权的三种情形 ····· 164

二、普通立法保护人权的优势…………………………………166
　　三、普通立法保护人权的缺点…………………………………167
　第四节　国际法与人权……………………………………………168
　　一、国际人权法以道德人权为前提……………………………168
　　二、国际人权法对人权的确认…………………………………169
　　三、国际人权法对人权的保障…………………………………172
　　四、国际人权机构对人权的发展………………………………174

第六章　法与科技……………………………………………………**176**
　第一节　法与科技的关联史………………………………………176
　　一、科学与技术的简史…………………………………………176
　　二、法与科学的关联史…………………………………………179
　　三、法与技术的关联史…………………………………………183
　第二节　科技对法律的影响………………………………………187
　　一、科技对法律的推动…………………………………………187
　　二、科技对法律的挑战…………………………………………191
　　三、法制科技化与法律科技……………………………………194
　第三节　法律对科技的作用………………………………………198
　　一、法律对科技的保障…………………………………………198
　　二、法律对科技的规制…………………………………………202
　　三、科技法制化与科技法律……………………………………205

第七章　立　法………………………………………………………**209**
　第一节　立法是什么………………………………………………209
　　一、立法的概念…………………………………………………209
　　二、立法的特征…………………………………………………214
　　三、立法的功能…………………………………………………215
　第二节　立法的基本原则…………………………………………217
　　一、党领导立法…………………………………………………218
　　二、科学立法……………………………………………………220
　　三、民主立法……………………………………………………222
　　四、依法立法……………………………………………………224
　第三节　立法中的几对关系………………………………………226
　　一、立法与改革…………………………………………………226

  二、中央立法与地方立法·····229
  三、人大立法与行政立法·····232
  四、正式立法与试验立法·····234

第八章　执　法·····**236**
 第一节　徒法不足以自行·····236
 第二节　执法原则：法定、均衡与正当·····239
  一、法定原则·····240
  二、均衡原则·····241
  三、正当原则·····243
 第三节　执法构成：主体、行为与监督·····244
  一、执法主体·····245
  二、执法行为·····247
  三、执法监督·····251
 第四节　执法的基本形式及其时代变革·····253
  一、执法形式的价值·····253
  二、执法的基本形式·····254
  三、执法形式的时代变革·····258

第九章　司　法·····**261**
 第一节　司法权的三种形态·····261
  一、市民性司法权·····262
  二、政治性司法权·····263
  三、司法守护宪法？·····265
 第二节　宪法对司法的规定·····268
  一、法院·····268
  二、检察院·····271
 第三节　法官及其身份保障·····273
 第四节　司法运行的具体机制·····279
  一、以事实为根据，以法律为准绳·····279
  二、被告人有权获得辩护·····282
  三、疑罪从无·····285
  四、司法公开·····289
  五、司法判决拘束力·····292

第五节　司法改革与宪法 …………………………………… 294
　　　　一、人大该如何监督法院 ……………………………………295
　　　　二、法、检、公三家刑事司法地位之检讨 …………………296

第十章　守　法 …………………………………………………… **299**
　　第一节　守法的历史渊源 …………………………………… 299
　　第二节　守法的概念 ………………………………………… 301
　　第三节　守法的前提——法与良法 ………………………… 302
　　第四节　守法的依据和理由 ………………………………… 306
　　第五节　守法义务的限度 …………………………………… 311
　　第六节　守法水平的影响因素 ……………………………… 314
　　第七节　公民守法意识的内涵 ……………………………… 319
　　第八节　守法的原则 ………………………………………… 322
　　第九节　守法贯穿法治运行的各个环节 …………………… 327

第十一章　法律监督 ……………………………………………… **331**
　　第一节　法律监督概述 ……………………………………… 331
　　　　一、法律监督的内涵 …………………………………………331
　　　　二、法律监督的价值 …………………………………………332
　　第二节　中外法律监督制度的历史发展 …………………… 333
　　　　一、域外法律监督制度概述 …………………………………333
　　　　二、中国法律监督制度的历史发展 …………………………336
　　第三节　当代中国的法律监督体系 ………………………… 340
　　　　一、国家监督 …………………………………………………340
　　　　二、社会监督 …………………………………………………346
　　第五节　当代中国法律监督体系的建设完善 ……………… 347
　　　　一、法律监督体系建设完善的基本策略 ……………………347
　　　　二、法律监督体系建设完善的具体实施 ……………………348
　　　　三、行政监督的制度完善 ……………………………………350

第一章 法是什么

"法是什么",这一追问是法学研究的本体论问题,也是"生活中的法理"需要解决的首要问题。这一本体论问题包含着丰富的内涵,它涉及法的概念、法的要素、法的渊源、法的特征、法的作用等多个方面。

第一节 法的概念

一、"法"与"法律"的词源与词义

人们对法的理解通常是通过日常生活中接触到各类法律现象开始的,譬如法律文本(《中华人民共和国民法典》)、法律机构(某某区人民法院)、法律职业(法官、检察官)、法律案件(故意杀人案)等。通过对这些法律现象的观察和了解,人们开始慢慢思考"法是什么"这样的本体问题。但法律这一社会现象不是从来就有的,而是人类社会发展到一定阶段才出现的。人类对这一社会现象的认识、概括和提炼,经历了一个不断发展更新的过程。法作为文字学、语言学中的一个字词有其词源和词义方面的内涵。因此,考察法的词源和词义,可以反映人们最初对法的认识程度,也反映着当时法的内涵和表现形式,还具有法文化传承上的价值功能。

汉字"法"的渊源极其久远,和许多其他汉字一样,"法"这个字最早产生于何时,目前已是无法予以确切考证的事。一般认为,法的古体为"灋"。西周金文中即有这个字,春秋战国时已普遍使用。那么最初的"法"字意味着什么呢?

从词源学的角度来考证"法"的含义,最早同时也是被引用最多的是东汉学者许慎在其所著《说文解字》(简称《说文》)中的一段话:"灋,刑也,平之如水,从水;廌,所以触不直者去之,从去。"国内不少学者从这一段话中归纳出对"法"的三点基本认识①:第一,在中国古代,"法"主要是指刑罚的意思。除《说文》外,《尔雅·释诂》中说"刑,法也",《盐铁论·诏圣》也说"法者,刑罚也"。第二,"法"与初民的神明裁判传统有关。"灋"字的一个组成部分是"廌",这是远古传说中的一种帮助人们裁判的独角神兽,又被称为獬豸。《说文》中说:"廌,解廌兽也。似山牛一角;古者决狱,令触不直。"第三,"法"从古代起就蕴含有公平、正直的价值观念。首先,《说文》中说法"平之如水",也就是说法像水那样具有公平的性质。清人段玉裁《说文解字注》进一步作了解释,在"水"下注曰:"说从水之意,张释之曰:廷尉,天下之平也"。其次,"廌"作为一种神兽,其主要功能就是"触不直者去之",也就是说分清是非曲直。东汉王充在《论衡》中讲到:"皋陶之时,有獬豸者如羊而一角,青色,四足,性知曲直,识有罪,能触不直。皋陶跪事之,治狱,罪疑者,令羊触之,故天下无冤。"② 再次,从"法"字中反映出来的神判思想本身就蕴涵了"公平""公正"的意义。徐忠明教授也认为,"神判反映的是中国古人欲使每个案件都得到'公正'解决的一种努力,是追寻法律的终极目标的体现",因此,"中国古代的'法'字原本也有西方所谓'正义'的意蕴。"③

当然,也有学者对"平之如水,从水"即公平的意思表达了不同的看法。武树臣教授认为,这"水"具有两重含义。一是象征性含义,即平之如水、不偏不颇、公平正直。二是实践性含义。远古人群的生活范围常常以山谷河流为界限,被视为此氏族活动的终点和彼氏族活动的起点。当时,个人不能"离群索居",人们把违背"公共生活准则"的罪犯驱逐到"河那边"去就是死刑宣告。久而久之,就使河流带有刑罚的威严,并进而被赋予一种文化的意义。因

---

① 徐忠明:《皋陶与"法"考论》,载徐忠明:《法学与文学之间》,中国政法大学出版社2000年版,第209页;张文显:《法理学》,高等教育出版社、北京大学出版社1997年版,第45页。

② 转引自徐忠明:《皋陶与"法"考论》,载徐忠明:《法学与文学之间》,中国政法大学出版社2000年版,第207页。

③ 徐忠明:《皋陶与"法"考论》,载徐忠明:《法学与文学之间》,中国政法大学出版社2000版,第211页。

为它成了当时公共生活准则的化身。①我们认为，从人类学的角度来看，"平之如水，从水"不仅具有象征意义，而且也具有功能性含义。其象征性的含义是指法具有公正、均平之义，而其功能性含义是指把罪犯置于水上，随流漂去，即"从水"，这是古代一种很严厉的刑罚。

在我国古代文献中，法、刑、律三者之间有着内在的逻辑联系。仅从时间顺序来看，我们今天称之为古代法的，在夏、商、周时期是刑，在春秋战国时期为法，在秦汉以后则主要是律。我国古代刑与法往往通用，把法称作刑，如禹刑、汤刑、吕刑等。《尚书》记载："蚩尤惟始作乱，延及平民。……苗民弗用灵，制以刑，惟作五虐之刑曰法。"又如《尔雅·释诂》："刑，法也。"

"律"字在法学上使用，较早见于《易经》，"师也以律""失律凶也"②据《唐律疏议·名例篇》记载："律之与法，文虽有殊，其义一也。"战国时，魏相李悝，集诸国刑典，造《法经》六篇，改刑为法。李悝的学生商鞅相秦，进行变法，而改法为律，萧何继之作《九章律》，东汉许慎《说法解字》解释："律，均布也。"清人段玉裁注："律者，所以范天下之不一而归于一，故曰均布也。"所谓"均布"，是古代调音律的工具，把律比作均布，说明律有规范人们行为的作用，是人人必须遵守的规范。自汉而后，我国历代封建王朝，除宋称为"刑统"、元称"典章"之外，"律"成为各朝刑典之正宗。如秦律、汉律、隋律、唐律、清律等。一直到19世纪末20世纪初，西方文化广泛传入时，才把法与律连起来，称之为法律。③

在现代汉语中，"法律"作为一独立的合成词，有狭义和广义之分。狭义上的法律是专指拥有国家立法权的机关即全国人民代表大会及其常务委员会制定的规范性文件，即特定或具体意义上的法律。而广义上的法律，是指法律规范的总和，即整体或抽象意义上的法律，包括宪法、法律、行政法规、地方性法规等等。在我们的日常生活中，使用法律一词通常是从广义上说的，如"法律面前人人平等""有法可依、有法必依、执法必严、违法必究"等，其中涉及的"法律""法"都是从整体上、广义上讲的。但当我们讲到，根据宪法规定，全国人大常委会有权撤销同宪法、法律和行政法规相抵触的地方性法规和决

---

① 武树臣：《法字新考》，《中外法学》1994年第1期。
② 王充：《论衡》，上海人民出版社1974年版，第270页。
③ 据说，"法律"一词连用是受日本的影响，参见《法律大辞书》，商务印书馆1936年版，第761-762页。

议时,这里的"法律"则是从狭义上使用的。为了避免上述两种意义上的混淆,我国一些辞书、论著或译作,把广义的法律称作法,将狭义上的法律仍称作法律。但在学术研究中,有学者也主张应将法和法律加以明确区分,这样有利于理解和深刻把握法的本质。他们认为,法是指由经济关系所派生的决定的法权关系,是在一定生产方式下,人与人的关系(生产、交换、分配等等)所必然产生的权利义务关系与共同的社会规则,是体现经济关系以及其他社会关系的客观法则。它是经济关系及其他社会关系的直接表现,又是作为立法反映经济关系的中介。而法律(以及立法)则是对客观上业已形成的法权关系予以表述和确认,使之成为"肯定的、明确的、普遍的规范",并使之具有国家强制力和普遍适用性。①

在拉丁语汇中,能够译作"法"的词较多,但最有意义的只有两个,即 Jus 和 Lex,Jus 的基本含义有二:一为法,二为权利。此外,还有公平、正义等富有道德意味的含义。Lex 的原意是指罗马王政时期国王和共和国时期各立法机关制定和通过的法律,可以指任何一项立法。在英语中,"法"和"法律"没有明显的区别,都用"Law"表示。英美的法学家也认为这是英文表达的一个缺陷。但他们没有忽视广义的、抽象的法律和狭义的、具体的法律之间的区别。他们在论文中用单数和复数、定冠词和不定冠词来分别表达。如用"The Law"来表示法,而用"A Law"或"Laws"来表示一个个具体的"法律"。而欧洲大陆多数民族"法和法律"是分别用两个词来表达的。如,法语前者为Droit,后者为Loi;德语前者为Recht,后者为Gesetz,意大利语前者为Diritto,后者为Legge等。

二、法的定义

研究和把握法的定义,是法理学的中心课题之一,也是整个法学的一个重大课题。研究法的定义,主要就是回答"法是什么"的问题。对这个问题要给出科学的答案,相当困难。古今中外在这个问题上真正是百家异说,论断纷纭。但迄今没有一个答案或看法能获得普遍认可,特别是没有一个定义可以跨越中西方界限而获得大体上的共识。②英国法学家哈特曾经引用圣·奥古斯都关于时间的著名说法来说明给法下定义的困难。圣·奥古斯都说:"什么是时

---

① 郭道晖:《论法与法律的区别》,《法学研究》1994年第6期。
② 周旺生:《法的概念界说》,《北京大学学报(哲学社会科学版)》1994年第2期。

间？若无人问我，我便知道；若要我向询问者解释，我便不知道。"① 正是在这方面，即使最有经验的法学家也会感到，虽然他们知道很多法律，但却难以给法下个适当的定义。

然而，法学不能没有法的定义。科学的法的定义可以用来总结和巩固人们对法的认识，可以用来检验我们运用的法的概念是否明确，也可以用来表达法的概念的内涵，使别人便于了解。在法律思想史上有各种各样法的定义。不同的法学家或法学流派在不同的历史条件下，适应不同时期不同阶级或阶层的需要，从自己的世界观出发，提出了形形色色的法的定义。总体言之，这些定义大致可以分为以下四类：②

一是基于法的本源说明法出自何处。代表性的定义包括：(1) 神意说：法即神意。古代社会的"君权神授"理论包含的法观念几乎都主张法自神出，是神（上帝、先知等）为人类规定的行为标准。甚至亚里士多德也认为，"法恰恰是免受一切情欲影响的神祇和理智的体现。"③ 现在，神学的自然法学家仍然主张法是上帝意志的体现。(2) 理性说：法即理性。古罗马思想家西塞罗说："法是最高的理性，从自然生出来的，指导应该做的行为，禁止不应该做的行为，这种理性，当在人类理智中稳定而充分发展了的时候，就是法律。"④ 我国宋代著名哲学家朱熹也说："法者，天下之理。"⑤ (3) 意志论：法即意志或意志的反映。例如，卢梭说，法不过是"意志的记录""公意的宣告"，就是说，法所体现的意志是普遍的或共同的意志，"一个人，不论他是谁，擅自发号施令就绝不能成为法律。"⑥ 罗伯斯庇尔说："法是什么？这是按照它与理智、正义和自然界的永恒法则所具有的相同程度，自然表达或多或少符合民族权利和利益的共同意志。每个公民在这种共同意志中都有自己的一份，都和自己有利害关系；从而他甚至应当运用自己的全部知识和精力来阐明、改变和改善这

---

① [英]哈特：《法律的概念》（中译本），张文显等译，中国大百科全书出版社1996年版，第15页。
② 参见张中秋、杨春福、陈金钊：《法理学——法的历史、理论与运行》，南京大学出版社2001年版，第134-141页。
③ [古希腊]亚里士多德：《政治学》，吴寿彭译，商务印书馆1981年版，第169页。
④ [古罗马]西塞罗：《法律篇》，转引自《西方法律思想史资料选编》，北京大学出版社1983年版，第63页。
⑤ 朱熹：《朱子大全·学校贡举私议》。
⑥ [法]卢梭：《社会契约论》（中译本），何兆武译，商务印书馆1980年版，第51页。

种意志。"他还说:"法是人民意志自由而庄严的表现。"① 黑格尔也认为法即意志的表现。他说:"法的基础一般说来是精神的东西,它的确定地位和出发点是意志。意志是自由的,所以,自由就构成法的实体和规定性。至于法的体系则是实现了自由的王国。"又说,"任何定在,只要是自由意志的定在,就是法。所以,法就是作为理念的自由。"②(4)权力论:法即权力的表现或派生物。例如,中国古代法家代表人物商鞅说:"法者,宪令著于官府,刑罚必于民心,赏存乎慎法,而罚加乎奸令者也。"③ 另一法家的代表人物韩非也认为:"法者,编著于图籍,设之于官府,而布之于百姓也。"④ 美国法律人类学家霍贝尔说:"这样的社会规范就是法律规范,即如果对它置之不理或违反,按例就会遇到拥有社会承认的,可以这样行为的权力的人或集团,以运用物质武力相威胁或事实上加以运用。"⑤(5)必然论(规律论):法即某种必然关系或规律。例如,孟德斯鸠指出:"从最广泛的意义来说,法是由事物的性质产生出来的必然关系。在这种意义上,一切存在物都有它们的法。"⑥ 孟德斯鸠意识到法是有规律的,因而要研究法的规律,但他把法律等同于规律,这是不可取的。⑦

二是基于法的本体说明法是什么。代表性的定义包括:(1)规则说:例如,我国古代著名的思想家和政治活动家管仲说:"法律政令者,吏民规矩绳墨也。"⑧ 西方中世纪神学家托马斯·阿奎那说:"法是人们赖以导致某些行动和不作其他一些行动的行动准则和尺度。"⑨ 我国清末著名法学家沈家本说:"法者,天下之程式,万事之仪表。"⑩ 现代西方法学中的法律实证主义者更为明确地把法定义为一个社会为决定什么行动应受公共权力加以惩罚或强制执行而直接或间接使用的一批特殊规则。(2)命令说:法即命令。例如,英国哲学家、

---

① [法]罗伯斯庇尔:《革命法制与审判》,赵涵舆译,商务印书馆1979年版,第138页。
② [德]黑格尔:《法哲学原理》,范扬译,商务印书馆1961年版,第36页。
③ 《商君书·定法》。
④ 《韩非子·难三》。
⑤ E. A. Hoebel. The Law of Primitive Man-A Study in Comparative Legal Dynamics. Harvard University Press, 1954, p.28.
⑥ [法]孟德斯鸠:《论法的精神》(上册)(中译本),张雁深译,商务印书馆1961年版,第1页。
⑦ 张文显:《法哲学范畴研究》,中国政法大学出版社2001年版,第28-29页。
⑧ 《管子·七臣七主》。
⑨ 《阿奎那政治著作选》,马清槐译,商务印书馆1984年版,第104页。
⑩ 转引自张国华:《中国法律思想史》,法律出版社1982年版,第265页。

分析法学的先驱霍布斯说:"法是国家对人民的命令,用口头说明,或用书面文字,或用其他方法所表示的规则或意志,用以辨明是非,指示从违。"①边沁说:"法是国家行使权力处罚犯罪的威吓性命令。"分析法学大师奥斯丁也说过,"法是无限主权者的命令"。(3)判决说:法即判决。例如,美国法学家格雷说:"法只是指法院在其判决中所规定的东西,法规、判例、专家意见、习惯和道德只是法的渊源,当法院做出判决时,真正的法才被创造出来。"②美国法学家、《美国统一商法典》的起草人卢埃林说:"法不是本本上的官方律令,法存在于官员或平民的实际活动中,特别是存在于法官的审判活动中。官员们关注争端所做的就是法律。"③美国现实主义法学家弗兰克也说:"就任何具体情况而言,法或者是实际的法,即关于这一情况的一个过去的判决;或者是一个大概的法,即关于一个未来判决的预测。"④(4)行为说:法即行为。例如,美国行为主义法学家布莱克认为:"法存在于可以观察到的行为中,而非存在于规则中。"⑤

三是基于法的作用说明法的工具性质。代表性的定义包括:(1)正义论:法是正义的工具。例如,亚里士多德说:"要使事物合于正义(公平),须有毫无偏私的权衡,法恰恰是这样一个中道的权衡。"⑥古罗马著名法学家塞尔苏斯认为:"法是善良公正之术","所谓善良,即是道德;所谓公正,即是正义。"⑦我国清末启蒙思想家梁启超也说过:"法者,天下之公器也。"⑧(2)社会控制论:法是社会控制的手段。例如,庞德说:"我把法理解为发达的政治上组织起来的社会中高度专门化的社会控制形式——这种通过有系统有秩序地适用社会强力的社会控制。在这种意义上,它是一种统治方式,我称之为法秩序的统治方式。"⑨(3)事业论。这是美国新自然法学派代表人物富勒对法下的

---

① [英]霍布斯:《利维坦》,黎思复、黎廷弼译,商务印书馆1986年版,第26章。

② John C. Gray. The Nature and Sources of the Law. New York: the Macmillan Company, 1921, pp.84-85.

③ 转引自张文显:《当代西方法哲学》,吉林大学出版社1987年版,第52页。

④ 转引自张文显:《当代西方法哲学》,吉林大学出版社1987年版,第53页。

⑤ 转引自张文显:《当代西方法哲学》,吉林大学出版社1987年版,第53页。

⑥ [古希腊]亚里士多德:《政治学》,吴寿彭译,商务印书馆1981年版,第169页。

⑦ 陈允、应时:《罗马法》,商务印书馆1981年版,第45页。

⑧ 转引自张国华:《中国法律思想史》,法律出版社1982年版,第449页。

⑨ Roscoe Pound. My Philosophy of Law. in Clarence Morris. The Great Legal Philosophers. University of Pennsylvania Press, 1981, p.532.

定义,其概括的表述是:"法是使人们的行为服从规则治理的事业。"①

四是马克思主义关于法的定义。马克思主义创始人在批判旧世界,批判剥削阶级法律制度特别是资产阶级法律制度,领导无产阶级夺取政权的过程中,从唯物史观出发,从不同侧面和角度对法作过许多定义式解释,深刻揭示了法的本质与基本特征。我国法学界根据马克思主义关于法的一般理论,吸收了国内外有针对性的研究成果,提出了比较完善的法的定义:"法是由一定物质生活条件决定的统治阶级意志的体现,它是由国家制定或认可并由国家强制力保证实施的规范体系,它通过对人们的权利和义务的规定,确认、保护和发展有利于统治阶级的社会关系和社会秩序。"②

马克思主义关于法的定义呈现如下主要特点:(1)揭示了法与统治阶级的内在关系。法是意志的体现,法以利益为基础,法是调整社会关系的准则,在非马克思主义的法的定义中,这些方面都有所涉及。但是,它们都没有把法与统治阶级联系起来,揭示出法是统治阶级意志的体现,是以统治阶级利益为出发点和归宿点的,是从统治阶级的立场,根据统治阶级的利益标准和价值观念来调整社会关系的,因而都没有抓住法的本质或实质。马克思主义关于法的定义则做到了这一点,从而为人们理解法的本质提供了一把金钥匙。(2)揭示了法与国家的必然联系。法与国家的关系是法学的一个原则问题。这个问题不解决就不可能科学地说明法的问题。剥削阶级思想家从来没有很好地解决这个问题,他们往往把那些与国家没有直接联系的社会规范(非出自国家的社会规范)当作法,混淆了法与非法的界限。马克思主义关于法的定义揭示出国家在统治阶级意志客观化为法律规范的过程中的"中介作用",没有这个中介,任何阶级的意志都不能成为社会的"共同规则"。法既然与国家相联系,它就具有特殊的统一性、权威性和普遍性的约束力。(3)揭示了法与社会物质生活条件的因果关系。马克思主义者深入法的背后寻找法的本源,揭露法的本质。马克思主义关于法的定义表明:法的关系既不能从它们本身来理解,也不能从人类的一般发展来理解,历史上出现的一切法,只能理解了每一个与之相应的时代的物质生活条件,并且从这些物质条件中被引申出来的时候,才能理解。(4)揭示了法的主要目的、作用和价值。法是统治阶级有意识地创造出来的行为规范体系,具有一定的目的性:确认、保护和发展一定的

---

① Lon L. Fuller. The Morality of Law. Yale University Press, 1969, p.106.
② 孙国华:《法学基础理论》,法律出版社1982年版,第62页。

社会关系和社会秩序。而这种社会关系和社会秩序是统治阶级所期望的，即对统治阶级来说是有意义和有价值的，所以，法具有价值取向性。（5）揭示了法的主体内容和调整机制。法的主体内容即以规范形式规定和确认的法定权利和义务，法对人们行为的指引和导向亦是通过权利和义务机制实现的。①

第二节　法的要素

一、法的要素的含义与特征

法的要素是与法的系统相对而言的。在系统论中，系统是指诸多相互联系、相互作用的要素所构成的整体，要素则是组成一个整体而相互作用的部分。作为与法的系统相对应的法的要素，具有如下基本特征：

首先，具有个别性和局部性，表现为一个个元素或个体，但它们不是孤立的个体，而是作为有机体的细胞的个体。它的性质取决于它所处的系统。法的要素只有在法的系统中才有法的性质和意义。例如，"禁止杀人"这一要素，如果不是存在于法的系统中，它就只是一个道德或宗教的要素。因此，不能用形而上学的方法去看待法的要素，更不能把个别要素从法的系统中抽离出来，去谈论它的本质和功能。

其次，具有多样性和差别性。各个法的要素在法的系统中有着不同的地位，起着不同的作用，因为它们之间有着这样或那样的区别。但是，它们对外是作为一个整体而发挥作用的，都受整体作用的制约。

最后，具有整体性与不可分割性。虽然每个法的要素都是独立的单位，但是，法的要素作为法律的组成部分又具有整体性与不可分割性。某个法的要素的改变可能会引起其他要素或整体发生相应的变化，某个要素被违反可能会引起整体或其他要素的反应。每个要素都与其他要素相连接，具有不可分割性。②

目前，国内法理学界关于法的要素的构成，较为流行的观点是其由法律规

---

① 张文显：《法哲学范畴研究》，中国政法大学出版社2001年版，第32-34页。
② 张文显：《法理学》，高等教育出版社1999年版，第112页。

则、法律原则和法律概念三部分组成。

二、法律规则

(一) 法律规则的含义与特征

所谓规则,是指由权威部门颁行或社会习俗中包含的关于人们行为的准则、标准、规定等等,即日常用语中所称的"规矩"。[①] 早在春秋时期,管仲就曾指出:"尺寸也,绳墨也,规矩也,衡石也,斗斛也,角量也,谓之法。"[②] 但这里隐含的法律规则并非我们现在要讨论的法律规则。

法律规则,又称法律规范。广义的法律规则是社会规则的一种,是相对于道德规则、宗教戒律、行会规则等其他社会规则而言的,因此是作为整体意义上的法律系统,与"法律"同义。而狭义的法律规则是法的要素的一种,是相对于法律原则、法律概念等其他法律要素而言的。它是法律系统的一个组成部分,而且是其中最基本、最主要的组成部分。本节所讨论的法律规则是狭义的法律规则,指具体规定人们的权利和义务并设置相应法律后果的准则、标准。

相对于其他法律要素而言,法律规则具有如下特征:(1)明确的指引性。法律规则通过规定有关的权利和义务,为人们的行为提供了确定的标准和方向,对人们的行为产生了明确的指引作用;(2)可预测性。法律规则通过规定有关的法律后果,使人们预知国家对各种行为所持的不同态度,进而根据这种预知来做出行动安排和计划;(3)直接适用性。法律规则通过规定具体的权利、义务和法律后果,使执法人员可以直接适用以处理各种行为。

法律规则不同于法律条文。法律条文是规范性法律文件的构成要素。对于法律规则与法律条文的关系,可以作如下理解:(1)法律条文是法律规则的重要表现形式,但并非唯一的表现形式。法律规则可以表现为成文的法律条文形式,也可以表现为不成文的其他形式;(2)法律规则是法律条文的基本内容,但并非唯一内容。法律条文中除了法律规则之外,还包括法律原则、法律概念等其他法律要素;(3)法律规则与法律条文不一定是一一对应的。一项法律条文可以反映一个或若干个法律规则的内容,一个法律规则也表现在一个或若干个法律条文里。

---

① 张文显:《法理学》,高等教育出版社2003年版,第91页。
② 《管子·七法》。

（二）法律规则的逻辑结构

对于法律规则的逻辑结构，学者们见解不一。归纳起来，主要有以下几种观点：（1）认为一个完整的法律规则在结构上由假定、处理和制裁三个部分组成；[①]（2）认为法律规则在逻辑上由行为模式和法律后果两部分组成；[②]（3）认为法律规则在逻辑上由假定（或适用条件）、行为模式和法律后果三部分组成；[③]（4）认为法律规则在逻辑上由假定、处理和法律后果三部分组成；[④]（5）认为法律规则在逻辑上由条件假设和后果归结两部分组成。[⑤]

我们认为，一个完整的法律规则，应当告诉人们在何种情境下应如何行为，其后果为何，从而为人们的行为提供明确指引。因此，三要素说比二要素说更为合适。三要素说中，相对于"处理"而言，用"行为模式"来表示具体情境下人们的行为方式更为贴切；而相对于"制裁"而言，用"法律后果"来表示国家对各种行为的态度则更加全面，因为它既包括肯定性的评价，也包括否定性的评价。因此，我们赞成比较常见的假定、行为模式、法律后果三要素说。

假定是指法律规则中规定适用该规则的条件或情况的部分。它把规则的适用与一定的事实状态联系起来，说明在发生何种情况或具备何种条件时，法律规则中规定的行为模式便生效。行为模式是指法律规则中规定行为规则本身的部分，它指明在前述假定条件下人们的权利和义务。行为模式可以分为可为模式、应为模式和勿为模式三类。法律后果是指法律规则中规定的履行或违反前述行为模式时所导致的后果的部分，具体又分为两类：肯定性法律后果（即法律承认某种行为是合法、有效的，并加以保护）和否定性法律后果（即法律认为某种行为是违法、无效的，并加以制裁）。

值得注意的是，法律规则逻辑结构的三个组成部分虽然互相联系、缺一不

[①] 孙国华、朱景文：《法理学》，中国人民大学出版社1999年版，第279页。

[②] 周旺生：《法理学》，人民法院出版社2002年版，第44页。

[③] 李龙：《法理学》，人民法院出版社、中国社会科学出版社2003年版，第62页；徐永康：《法理学》，上海人民出版社2003年版，第230-231页；公丕祥：《法理学》，复旦大学出版社2002年版，第333页；沈宗灵：《法理学》，高等教育出版社2004年版，第43页；徐显明：《法理学教程》，中国政法大学出版社1994年版，第217页；葛洪义：《法理学教程》，中国法制出版社2000年版，第158页。

[④] 郑成良：《法理学》，高等教育出版社2004年版，第49页；韩明德、石茂生：《法理学》，郑州大学出版社2004年版，第40页。

[⑤] 孙笑侠、夏立安：《法理学导论》，高等教育出版社2004年版，第47页。

可,但它们不一定会、通常也不会全部表现在同一个法律条文中。在多数情况下,可以将假定部分或法律后果部分省略或隐含于其他条文之中。

(三)法律规则的分类

按照不同的标准,可以把法律规则区分为如下五种不同类型:

一是,从内容上来看,可以把法律规则分为义务性规则、授权性规则和权义复合性规则。义务性规则是指为人们设定义务的法律规则,具体又可分为命令性规则和禁止性规则两类。命令性规则往往以"必须""应当"等形式来表达,要求人们积极地作为;禁止性规则主要通过"不得""禁止"等形式来表达,要求人们消极地不作为。前者如"当事人申请登记,应当根据不同登记事项提供权属证明和不动产界址、面积等必要材料"(《民法典》第211条)。后者如"没有取得律师执业证书的人员,不得以律师名义从事法律服务业务;除法律另有规定外,不得从事诉讼代理或者辩护业务"(《律师法》第13条)。此规定为义务性规则。授权性规则是指为人们设定权利的法律规则。它通常含有"可以""有权"等文字,规定人们可以选择作出某种行为。如"无权占有不动产或者动产的,权利人可以请求返还原物"(《民法典》第235条)。再如"国家鼓励中小企业按照市场需求,推进技术、产品、管理模式、商业模式等创新"(《中小企业促进法》第32条)。权义复合性规则是指兼具授予权利、设定义务两种性质的法律规则。它大多是有关国家机关组织和活动的规则。如"国家对耕地实行特殊保护,严格限制农用地转为建设用地,控制建设用地总量"(《民法典》第244条)。

二是,从形式特征上来看,法律规则可以分为规范性规则和标准性规则。规范性规则是指内容明确、具体,可以直接适用而不需要加以解释的法律规则。如"遗失物自发布招领公告之日起六个月内无人认领的,归国家所有"(《民法典》第318条)。该规则内容具体、明确,无需解释。标准性规则,又叫解释性规则,是指部分或全部内容具有一定的伸缩性,需要经过解释才能适用的法律规则。如"申请登记的不动产的有关情况需要进一步证明的,登记机构可以要求申请人补充材料,必要时可以实地查看"(《民法典》第212条第4款)。何时为"必要",须由执法者进行解释。

三是,按照法律规则在法律调整中的不同作用,可以把法律规则分为调整性规则和保护性规则。法律一方面要规定哪些行为是合法的,即人们应当或可以怎样行为;另一方面也要规定人们一旦做出违法行为应当承担何种法律责任,受到何种法律制裁。前者通常称为对社会关系的调整职能,而后者则称为法对社会关系的保护职能,因为规定法律责任和制裁措施的目的就是抑制违法行为,保护社会关系的正常存在和发展。基于此,保护性规则体现着法对社会关系的保护职能,它规定的是违法行为所应承担的法律责任和法律制裁措施(包括保护权利的措施)。例如,刑法和治安管理处罚法中的绝大部分规则都是规定这类措施,其他部门法,如民法、行政法、经济法等在规定主体权利义务的同时,也包含了有关法律责任的规定。调整性规则和保护性规则的区分反映着法律调整发展的专门化趋势。法的调整性职能和保护性职能本来是紧密联系的,但是在法的发展过程中,这两种职能日趋分化,产生出专门规定国家强制措施的指令,这类指令的内容以及对社会关系发生作用的方式都与执行调整职能的指令有所不同,因此保护性规则也就作为一种独立的指令应运而生。

四是,从强制性程度上来看,法律规则可以分为强制性规则和任意性规则。强制性规则是指规定人们必须作为或不作为的法律规则。绝大多数义务性规则和权义复合性规则属于强制性规则的范畴,如《宪法》第40条规定:"中华人民共和国公民的通信自由和通信秘密受法律的保护。除因国家安全或者追查刑事犯罪的需要,由公安机关或者检察机关依照法律规定的程序对通信进行检查外,任何组织或者个人不得以任何理由侵犯公民的通信自由和通信秘密。"任意性规则是指规定人们可以选择作为或不作为的法律规则。大部分授权性规则属于任意性规则的范畴。

五是,从内容的确定性程度上来看,法律规则可以分为确定性规则、委任性规则和准用性规则。确定性规则是指明确规定一定行为,不必再援引其他规定的法律规则。大多数法律规则属于此类。委任性规则是指本身并未规定具体行为,委任或授权其他机关加以具体规定的法律规则。如"军队医疗机构的医疗事故处理办法,由中国人民解放军卫生主管部门会同国务院卫生行政部门依据本条例制定"(《医疗事故处理条例》第62条)。准用性规则是指本身并未规定具体行为,而是规定参照、援用其他法律条文或其他规范性文件的法律规则。如"两个以上组织、个人共同享有用益物权、担保物权的,参照适用本章的有关规定"(《民法典》第310条)。

三、法律原则

如果说法律规则是法的主体性要素,那么,法律原则就是法的品格性要素。因为,法律原则在法律系统中具有极为重要的作用,它集中体现了法律制度的价值追求和精神品格。具体而言,法律原则是指作为其他法律要素的指导思想、基础或本原的综合的、稳定的原理或准则。

与法律规则相比,法律原则具有如下特征:(1)概括性。法律原则没有规定具体的权利义务,也没有规定相应的法律后果,但它涵盖了一定领域内法律规则的价值诉求,具有高度的概括性。(2)指导性。作为其他法律要素的指导思想、基础和本原,法律原则决定并指导了法律规则创制和适用的方向。(3)稳定性。在法的诸要素中,法律原则最直接地体现了法的本质,集中反映了一定时期的价值观念,因此具有极强的稳定性。

基于不同标准,可以把法律原则分为若干种类,其中比较重要的分类有如下三种:一是基于产生的依据,将法律原则分为政策性原则和公理性原则。政策性原则是针对某个必须实现的目标而制定的法律原则,这一目标通常与社会的某些经济、政治或者社会问题的改善有关。例如,我国曾把"计划生育"确定为基本国策,"计划生育"即为政策性之原则。公理性原则是指从社会关系的本质中产生并得到广泛认同的被奉为法律公理的法律原则,这是严格意义上的法律原则。二是基于调整的社会关系的范围,将法律原则分为基本原则和具体原则。基本原则是指对各种法律关系进行调整时所依据的最基本的法律原则,如法律面前人人平等原则。具体原则是指对某一领域的法律关系进行调整时所依据的法律原则。它以基本原则为基础,是基本原则在具体法律部门中的运用。三是基于内容,将法律原则分为实体性原则和程序性原则。实体性原则是指规定实体性法律问题的基本原则。实体法中的法律原则多为实体性原则。程序性原则是指规定程序性法律问题的基本原则。该类原则多表现为程序法上的法律原则。

一般认为,法律原则的适用能在一定程度上弥补法律的漏洞。任何国家的法律都存在一定程度的不周延性,加之立法的不健全,法律漏洞是无法根除的现象。对于法无明文规定的案件,执法者和司法者可以根据法律原则进行处理。然而,法律原则没有具体规定人们的权利义务和相应的法律后果,具有高度的概括性,会赋予执法者和司法者较大的自由裁量权,不符合法律确定性和可预测性的要求。为了将法律原则的不确定性减小到一定程度之内,也为了对法官的自由裁量权进行控制,我们需要对法律原则的适用设定严格的条件,具体如下:(1)顺序限制:穷尽法律规则,方得适用法律原则。这个条件要求,当有具体的法律规则可供适用时,不得直接适用法律原则。只有出现没有规则可以适用的情形,法律原则才可以作为弥补规则漏洞的手段发挥作用。

（2）目的限制：除非为了实现个案正义，否则不得舍弃法律规则而直接适用法律原则。这个条件要求，只有当某个法律规则适用于某个具体案件，将产生极端的人们不可容忍的不正义的裁判结果，法官才能舍弃法律规则而直接适用法律原则。（3）说理限制：没有更强的理由，不得径行适用法律原则。这个条件要求，在决定适用法律原则而非法律规则时，必须提出更强的理由，说明该法律规则在何时及何种情况下极端违背正义。

四、法律概念

法律概念是法的基础性或技术性要素。它是对各种法律事实进行概括、抽象出它们的共同特征而形成的权威性范畴。法律概念在法律系统中的功能主要表现在以下三个方面：（1）认知功能。只有通过法律概念，人们才能认识和理解纷繁复杂的法律现象，并在此基础上进行交流和实践；（2）构成功能。无论是法律规则还是法律原则，都是由法律概念构成的。离开了法律概念，它们都将空洞无物；（3）促进功能。法律概念的发展变化必然会引起相应的法律规则与法律原则的变化，因此，可以通过提高法律概念的科学性来促进整个法律系统发展。例如，"物权"这一法律概念的提出和发展带动了一系列法律规则和原则的产生。

为了更好地了解法律概念，可以按不同的标准对之加以分类。首先，根据法律关系的构成要素不同，法律概念可以分为主体概念、权利概念、义务概念、客体概念和事实概念。主体概念是指关于法律关系主体方面的法律概念。如，"权利人""利害关系人""所有权人"等。权利概念是指关于法律关系主体权利与权力方面的法律概念。如，"物权""所有权""土地承包经营权"等。义务概念是指关于法律关系主体承担的义务方面的法律概念。如，"交付义务""赔偿责任"等。客体概念是指具有法律意义的有关物品及其相关性质方面的法律概念。如，"物""动产""不动产"等。事实概念是指关于法律关系的产生、变更和消灭方面的法律概念。如，"登记""占有""征用"等。

其次，根据确定性程度不同，法律概念可以分为确定性概念和不确定性概念。确定性概念是指有明确法律确定其含义的法律概念。这些概念的解释不允许自由裁量，只有依法而释。法律概念多是确定性的。不确定性概念是指没有明确的法律确定其含义的法律概念。这些概念在运用时，需要执法者或司法者运用自由裁量权加以解释，如民法中的"显失公平""重大误解"等。

最后，根据涵盖面不同，法律概念可以分为一般法律概念和部门法律概念。一般法律概念是指适用于整个法律领域的法律概念。如"法人"。部门法律概念是指仅适用于某一法律领域的法律概念。如"物权",只适用于民事法律领域。

第三节 法的渊源

一、法的渊源释义

同法的渊源紧密相关的一个概念是法的形式,在我国各种法理学教科书中,往往都将两者视为同一概念而加以介绍。但事实上,两者还是有不少差别,特别是对于法的渊源这一概念,学界还有许多不同的理解。一般而言,只是在把法的渊源理解为法的形式渊源的情况下,法的形式才可与法的渊源替换使用。

法的形式,简而言之,就是法的具体的外部表现形态。法同其他事物一样,也有内容和形式两方面。法的内容,一是指法的阶级本质,一是指法所调整的社会关系,即法规定了什么内容。法的形式则指法的内容的组织形式。法的形式与法的内容在一般情况下是统一的,内容决定形式,如封建制法的本质决定封建制法中存在皇帝的敕令这种形式;又如现今时代无论何种国家都存在需要宪法、法律、法规予以调整的社会关系,因而都有相应的法的形式。但是,在有的情况下法的内容与形式的关系又是复杂的,具有相同本质和内容的法往往有不同表现形式,如美国采用成文宪法形式,英国采用不成文宪法形式。同一种法的形式往往也可为不同本质的法所采用,如宪法、法律、行政法规这些法的形式既为资本主义法采用,也为社会主义法采用。①

法的渊源又称"法源"或"法律渊源",它来自罗马法的fonts juris,本意是指法的源泉。基于对"源泉"的不同理解,中外学者提出了不同的"法的渊源"的涵义。概括起来,主要有如下几种主要观点:(1)法的历史渊源。这是指引起特定法律、法律制度、法律原则或规则产生的过去的事件和行为。如罗马法的复兴是大陆法系形成的历史渊源,又如11世纪至14世纪英国法官在巡回

---

① 张文显:《法理学》,高等教育出版社2003年版,第71-72页。

审判中形成的判例是英国普通法的历史渊源等。(2)法的理论渊源。这是指对特定法律、法律制度、法律原则或规则的产生和发展产生重大作用的理论学说。如中国传统法律制度就受到儒家学说的深刻影响,体现出一种不同于西方法律制度的道德化、伦理化特征。(3)法的本质渊源。这是指隐藏在法的现象背后,对法的产生和发展起决定性作用的因素。如古典自然法理论认为法来源于人类的理性,而马克思主义则认为法是由社会物质生活条件决定的统治阶级意志的体现。(4)法的效力渊源。这是指法律的拘束力得以产生的原因。如英国分析法学的代表人物奥斯丁认为,法的效力来源于主权者的权威,而新分析法学的创始人哈特则认为法的效力来源于一种被称为"承认规则"的特殊法律规则,奥地利法学家凯尔森则认为,下一级法律规范的效力来源于上一级法律规范,上一级法律规范的效力又来源于更上一级法律规范,直到最高的规范——基本规范,而基本规范的效力则是被预先假定为有效的。(5)法的形式渊源。这是指被承认具有法的效力和法律强制力及法律权威性的法的表现形式。它不涉及法的具体内容和具体规定,仅是法的具体内容和各项规定的表现和存在方式。比如大陆法系传统的国家法的形式渊源主要表现为立法机关制定法的形式,而英美法传统的国家法的形式渊源主要表现为司法机关判例法的形式。

应当说,上述几种观点从不同的角度指出了法律的"来源",均有各自的合理性。不过,从目前学界的主流观点来说,基本上还是在法的形式渊源的意义上来使用"法的渊源"这一术语,本书也将采纳此种观点。

二、法的渊源的种类

对于法的渊源的种类,不同学者有不同的划分,使用比较多的是美国法学家博登海默提出的法的正式渊源与非正式渊源的划分。法的正式渊源,是指"那些可以从体现为权威性法律文件的明确文本形式中得到的渊源",比如制定法和英美法系的判例法;法的非正式渊源,是指"那些具有法律意义的资料和值得考虑的材料,而这些资料和值得考虑的材料尚未在正式法律文件中得到权威性的或至少是明文的阐述与体现",如习惯、政策等。[①]我们下面的论述也将以这一划分来展开。

---

① [美]博登海默:《法理学:法律哲学与法律方法》,邓正来译,中国政法大学出版社1999年版,第415页。

(一) 法的正式渊源

法的正式渊源主要包括习惯法、制定法、判例法和条约。具体言之,首先,习惯法是最早的法的渊源。在人类文明的早期,由于社会关系极其简单,加上立法经验的缺乏,人类早期的法律大都表现为不成文的习惯法。

习惯是人们在长期的生活、生产与交往的过程中,自发形成的行为模式。习惯有广义和狭义之分,广义的习惯也称社会习惯,是指在社会中经过长期实践而形成的人们共同信守的行为规则,具有鲜明的社会属性特征。狭义的习惯是指个人在长期的生产和生活实践中所形成的一定的行为模式,以个人特征为主要属性。在人们的生活中存在着多种多样的习惯,它们并不都是法律,只有经过国家权威机构认可的习惯才具有法的效力,由国家强制力保证实施和实现。这种习惯便不再是单纯的习惯了,而是习惯法。在现代社会,根据习惯和法律的关系,可将习惯分为:(1)法律上的习惯,即法律上的一些习惯做法,这本身就是法律;(2)法律以外的习惯,这些习惯与法律共存;(3)违反法律的习惯。在这三种习惯中,第一种已是习惯法,第二种可能转化为习惯法,第三种则不能转化为习惯法,除非法律发生改变。[1]当然,习惯法归根到底是由社会习惯转化而来,而社会习惯要成为习惯法,必须符合一定的必要条件。根据部分国外学者的观点,习惯法的构成要件包括:(1)超记忆的古老,必须是人们无法追忆的时代起就早已存在的习惯。布莱克斯通指出,习惯法"是如此古老的习惯,以致人的记忆已经无法站在反对的立场予以反对"[2]。(2)持续性,必须是从法的记忆时起就一直存在着的,不能出现法的中断。(3)平稳性,必须是和平地、无争论地确立起来的,依靠强权强加的习惯是不会成为习惯法的基础的,是得不到公认的;习惯法还必须是公开的。(4)合理性,习惯法必须是合理的,否则就不会得到承认。(5)确定性,习惯法在其内容、范围、权利主体等方面必须是明确无误的。(6)约束力,习惯法必须是一直作为义务被遵守的。(7)排他性,习惯法对于其他习惯法有排他性,在诉讼中,不应当援引相互对立的习惯法,而应当否定某一方主张的习惯法。(8)习惯法不能抵触议会的制定法。[3]

在成文法出现之前,法律对人们的行为和有关的社会关系的规范调整主

---

[1] 周永坤:《法理学——全球视野》,法律出版社2000年版,第42页。
[2] [英]布莱克斯通:《英国法释义》,游云庭、缪苗译,上海人民出版社2006年版,第8页。
[3] [日]高柳贤三:《英美法源理论》,西南政法学院1983年内部版,第86—88页。

要就是通过习惯法来实现的。在成文法出现以后的漫长演变发展过程中,习惯法逐渐让位于成文法。西方法律的历史表明,"除了法律(包括部分由行政机关根据被授予的立法权所颁布的法律)和行政法规外,大陆法系国家还普遍承认习惯是第三个法律渊源。当人们依照被推定为法律的习惯从事某种行为时,只要不违背适用的法律或法规,许多大陆法系国家就承认这是法律行为。……大陆法系国家所公认的法律渊源理论仅承认法律、法规和具有法的意义的习惯才是法律的渊源。在法律、法规和习惯之间发生冲突时,法律的效力优于法规;法律和法规的效力又优于习惯。"① 而在英美法系的英国,普通法形成以前,所谓法律主要是习惯法。之后巡回法官通过判例创立的普通法,仍然是建立在无数个习惯基础之上的。由于习惯在很大程度上已被纳入立法性法律与司法性法律之中,所以习惯在当今文明社会中作为法律渊源的作用已日益减小。② 如今国外习惯法主要被保留在民事商事法律中,以及一些国际惯例中。

其次,制定法是使用最广泛的法的渊源。从不成文法到成文法是法的历史发展在形式上的一个规律。随着文字的出现以及国家职能的强化,成文法逐渐成为占主导地位的法的渊源。英国法律史家梅因指出,在法律发展的历史上,继"习惯法"之后的时代是"法典"时代,他所说的"法典",就是指的由国家公布的制定法。③ 而之所以称之为一个"时代",就是说制定法在当时已经取代习惯法成为最主要的法律渊源了。在西方法制史上,最能代表这一时代来临的,当属古罗马时期,罗马法是古代最发达的法律。在古罗马,法的渊源多种多样,而最重要的有五种:具有立法权的民众大会和平民大会制定的法律、元老院的决议、皇帝敕令、高级行政长官和裁判官发布的告示和法学家的解答著述。④ 除了最后一种外,其他四种都是制定法。⑤ 在西罗马帝国灭亡以后,欧洲进入中世纪,由于封建诸侯割据,国家分散林立,宗教神权和世俗政

---

① [美]约翰·亨利·梅里曼:《大陆法系》(第二版),顾培东、禄正平译,李浩校,法律出版社2004年版,第23-24页。
② [美]博登海默:《法理学:法律哲学与法律方法》,邓正来译,中国政法大学出版社1999年版,第472页。
③ [英]梅因:《古代法》,沈景一译,商务印书馆1959年版,第8-9页。
④ 曾尔恕:《外国法制史》,中国政法大学出版社2002年版,第55-56页。
⑤ 其中,民众大会和平民大会的法律是共和国时期主要的制定法,而到了帝国时期,元老院的决议和皇帝的敕令则取代前者成为制定法的主要形式。

权的关系错综复杂,所以法律极为分散,法的渊源也比较多。曾经有过日耳曼法、罗马法、地方习惯法、教会法、庄园法、城市法、商法、国王的敕令等多种形式,但作为主导的法律渊源(以教会法为代表),仍然是制定法。资产阶级革命以后,欧洲大部分国家建立了议会民主制,议会作为主要立法机关的地位逐步确立,议会立法大大增加,特别是1804年《法国民法典》和1900年《德国民法典》的出台,标志着制定法进入一个成熟发展的新阶段。时至今日,制定法依然是世界各国使用最为广泛的法律渊源。[①]

中国在历史上也是一个具有深厚制定法传统的国家,中国历代封建王朝法的渊源,总的来说是以制定法为主的。就其具体形式而言,可以分为律、令、格、式。"律"是中国封建法的最主要形式,基本上就是指刑法典;"令"是强制人们实行的某种制度、规定的文告,是有关国家基本制度的法律;"格"是国家机关规章;"式"是一种关于公文程式与活动细则的行政法规。这种形式一直沿用至清末沈家本修律,才被西方的宪法、法律、行政法规等制定法形式所代替。中华人民共和国建立后,全国人民代表大会成为国家立法机关,我国法的渊源也就主要表现为由全国人民代表大会及其常委会制定的法律。

再次,判例法是英美法系最主要的法的渊源。当欧洲大陆国家依靠理性主义思维模式演绎出一套以抽象的制定法规范为主的成文法体系时,隔海相望的盎格鲁-撒克逊民族却凭借经验主义思维模式归纳出一套由具体判例法规范为主的不成文法体系。这套体系在近代以来随着"日不落"帝国的坚船利炮被推广到世界各地,再加上同样以判例法为主要法律渊源的美国的强大国势,判例法成为近现代以来唯一能与制定法相抗衡的法的渊源,以判例法为主要标志的英美法系也成为世界两大法系之一。

所谓判例法,一般而言,是指高级法院的判决,确切地说,是指一个判决中所含有的法律原则或规则,对其他法院(甚至对本院)以后的审判来说,具有作为一种前例的约束力或说服力。[②] 判例法与制定法的主要区别在于判例法是具体诉讼案件的结果,是"法官创造的法律",而制定法产生于事前的预设,是立法机关或其他授权机关创造的法律。判例法产生于对某一具体案件的判

[①] 当然,这是从整个世界范围来说,在英美法系国家,判例法仍然是较制定法而言更重要的法律渊源,不过即便如此,我们也已经看到,在这些国家,制定法的数量和地位也都是呈上升趋势的。

[②] 沈宗灵:《比较法研究》,北京大学出版社1998年版,第284页。

决,对于规则的形成似乎是无意的,而制定法则是人们有意识地制定出来适用于一般案件的。判例法的文件是判决书,而制定法的文件是以条文形式出现的规范性文件。

英美法系判例法最早出现于11世纪诺曼征服英国以后,当时的英格兰各地适用各自的习惯法和教会法,没有一套统一的法律体系,这十分不利于新来者的统治。于是,英国统治者就采取由王室法院审理案件、定期公布重大案件的判决、法官在判决时参引先前判决作为依据的方法,逐渐形成适用于全英国的普通法。

判例法的基本原则是遵循前例(先例)。就判例法的发源地英国而论,遵循前例原则是指以下三种情况:一是上议院的判决对其他一切法院均有约束力;二是上诉法院的判决,对除上议院以外的所有法院,包括上诉法院本身,均有约束力;三是高等法院的一个法官的判决,下级法院必须遵从,但对该法院其他法官或刑事法院法官并无绝对的约束力,而仅有重要的说服力。[1]

最后,条约是国际法中最主要的法的渊源。在国际法上,条约有广义与狭义之分。狭义的条约是指以"条约"为名称的国家之间的协定。广义的条约,按照1969年《维也纳条约法公约》的规定,是指"国家间所缔结而以国际法为准之国际书面协定,不论其载于一项单独文书或两项以上相互有关之文书内,亦不论其特定名称如何"。近代意义上的条约一般被认为始于1648年10月24日签订的《威斯特伐里亚和约》。从那时起到1815年的维也纳公会,条约仍以双边条约为主,其内容主要是政治性的,如媾和条约、同盟条约、割让条约等,并出现了商务和航行方面的条约。1815年维也纳公会后签订的《最后文件》开始具有多边条约(或集体条约)的雏形。自国际联盟成立以来,条约实践有了新的发展,国际组织逐渐开始参与并增加缔约活动,成为当代国际条约的重要缔约方。联合国不仅在条约法的编纂过程中发挥了重要作用,而且在条约的登记和公布中也发挥了重要作用。

国际条约有多种类型、名称和功能,按其法律性质考察,可分为契约性条约和造法性条约。契约性条约是规定国家之间关于特定事项的权利义务的条约,一般采取双边条约的形式,如两国之间的贸易、交通条约。造法性条约是多个国家参加的、以制定某种共同行为规则为目的并以这种规则为内容的条约,这种条约被认为创立了国际法的原则和规则,一般采取多边条约和一般条

---

[1] 沈宗灵:《比较法研究》,北京大学出版社1998年版,第286页。

约的形式,如《外交关系法公约》《海洋法公约》《联合国宪章》等。按照"条约只拘束缔约国"的国际法原则,不论是契约性条约还是造法性条约,一般情况下都只适用于缔约国。

(二)法的非正式渊源

法的非正式渊源包括法理、政策、公平正义观念等。具体言之,首先是法理。法理主要是指法学家对法的各种学理性说明、解释和理论阐发,也有学者将之称为权威理论。在人类法律发展史上,法理不仅是十分重要的非正式法的渊源,而且还在一定时期内作为一种正式的法的渊源而"显极一时"。这主要就是指在古罗马时期,东罗马帝国皇帝狄奥多西二世(Theodosius Ⅱ)和西罗马皇帝瓦伦提尼三世(Valentinian Ⅲ)发布《引证法》(Law of Citation),规定伯比尼安(Papinian)、保罗(Paul)、莫特斯蒂努斯(Modestianus)、乌尔比安(Ulpian)、盖尤斯(Gaius)等五位法学家的法律解答具有法律效力,从而使法学家的法学理论成为一种重要的法律渊源。而在我国古代,也曾出现过以孔子所作《春秋》的经义附会法律规定定罪判刑的"春秋决狱"的情况。近现代以来,在世界各国的法律制度特别是大陆法系中,随着法典编纂的兴起和立法者作用的日益突出,法理作为法的渊源的作用逐渐减小,一般都是作为一种辅助、补充性质的渊源而起作用,但也有少数国家和地区的法律中还把法理明确规定为一种法的渊源,如1942年《意大利民法典》规定,只要法官用其他法律无法解决案件时,必须"依照本国法学界的一般原理处理"。而在英美法系,虽然法律中并未明确规定法理的地位,但由于其特殊的判例法制度,一些著名英美法学者的法律理论,事实上对法官的裁决起着较大的影响作用。

其次是政策。政策通常指政党、国家或其他社会组织所采取的行动准则。在政治国家中,政党、国家的政策与法律之间有着十分密切的联系,有些政策的出台成为法律制定的先声,有些政策指导着法律的制定和实施,还有些政策直接通过立法程序进入法律条文,成为法律的组成部分。美国法学家德沃金甚至认为,政策与规则、原则一道构成法律的基本要素。但是,法律与政策之间还是有很大差别的,两者不可互相替代。美国学者博登海默认为,政策可以分为"法律政策"和"公共政策",其中"法律政策"是指"一种发布于宪法规定、法规或先例中的重要规范性声明,这种规范性声明反映了社会对于何谓社会之善的普遍观点","公共政策"则是指"尚未被整合进法律之中的政府政策和惯例"。①

我们认为,作为已明确规定于法律之中的政策,其本身已是法律的组成部分,而我们此处所说的作为法的非正式渊源的政策,主要就是指"公共政策"。我国也有法律明确规定了政策弥补法的正式渊源之不足的辅助地位,例如,原来的《民法通则》第6条规定:"民事活动必须遵守法律,法律没有规定的,应当遵守国家政策。"政策要成为法的渊源,应当具备以下条件:(1)政策必须具有一定的规范性要求,对行为主体的行为产生导向作用;(2)政策必须对社会有益,为了促进社会秩序、安全、福祉和经济发展;(3)政策的内容不得同宪法和法律相抵触,这是法制统一的基本要求;(4)作为法律渊源的政策应当是对法律漏洞、空白的补充,是对法律发展的导向;政策如果同现行法律的规定相重复,则不能构成法律渊源,因为政策构成法律渊源必须遵循"有法律规定者,从法律规定"的基本原则。②

最后是公平正义观念。诚如古罗马法学家塞尔苏斯所言,法乃"善良与公正之术",公平和正义是法的根本价值追求。我们制定了各种各样的法律条文、法律规则、法律制度,其根本目的在于通过对于人与人的关系的公平合理的调整,使社会正义得以实现。但是,由于公平和正义观念的高度抽象性,在一般情况下,我们不可能直接使用这种没有具体、确定内容的无形观念作为行动指南,而必须制定出有形的具体行为规则。然而,由于人类认识能力的有限性,我们不可能预见到每一种可能出现的情况,并就此制定出能够为每一个案件都提供准确、详细和妥当解决方案的法律制度来。换句话说,面对复杂多变的社会生活,有形的规则总有其覆盖不到的空白地带和与时代发展相脱节之处。在穷尽了各种有形的法的渊源之后,原先作为制定法律出发点的公平正义观念此时反倒成为我们求助的最后一个渊源。在各国的司法实践中,运用公平与正义观念处理案件的情形不乏其例,例如,博登海默指出,在各法系中,尤其是在英美法系中,存在很多这样的司法判例,即当实在法未授予法院以任何特殊权力去根据衡平法裁判"未规定案件"时,法院即以"自然正义和理性"为由对新的情形予以救济。③

---

① [美]博登海默:《法理学:法律哲学与法律方法》,邓正来译,中国政法大学出版社1999年版,第465页。

② 李步云:《法理学》,经济科学出版社2000年版,第238-239页。

③ [美]博登海默:《法理学:法律哲学与法律方法》,邓正来译,中国政法大学出版社1999年版,第447页。

三、当代中国主要的法的渊源

中国自古以来就形成了很强的成文法传统,近代法律变革主要以大陆法系为依照,新中国成立后又移植了苏联的法律制度,而大陆法系和苏联的法律制度同样都具有很强的法典化倾向,所以,我国法的渊源基本上以制定法为主,这一情形延续至今。可以说,制定法是我国目前最主要的法的渊源。除此以外,在司法实践中,习惯、判例、政策等也在一定程度上起着正式或非正式的渊源作用。以下简略述之。

（一）制定法

正如前述,制定法是我国最主要的法的渊源,由于我国实行的是一种"一元两级多层次"的立法体制,故而,虽然同为制定法,但由于制定主体与权限的不同,被制定出来的法律也就相应有不同的表现形式,主要有以下几种:

一是宪法。宪法是国家的根本大法,在法的渊源中居于核心地位。宪法规定了当代中国最根本的政治、经济和社会制度,规定了国家的根本任务,公民的基本权利和义务,国家机关的组织结构和活动原则等国家和社会生活中最基本、最重要的问题。宪法是其他各种法律、法规的"母法",其他法律、法规的规定,是宪法这一根本法的具体化,是宪法的"子法"。我国现行宪法是1982年12月4日由第五届全国人大第五次会议审议通过并施行的。在此之前,我国先后于1954年、1975年、1978年制定过三部宪法,而在此之后,为适应社会主义市场经济建设和法治建设的需要,我国又先后于1988、1993、1999、2004、2018年出台了五个宪法修正案。应当指出,前三部宪法的改动均是根本性的改动,也就是说在新的宪法出台以后,前一部宪法即作废。而后五个修正案均是对于现行宪法的局部修改,其影响只及于被修改部分的法律效力,宪法整体并未失去效力,所以,我们通常就将现行宪法称为"八二宪法"。

二是法律。此处所说的"法律"是狭义上的法律,指由全国人民代表大会及其常务委员会制定的规范性法律文件。根据宪法的规定,法律分为基本法律和基本法律以外的法律。基本法律由全国人民代表大会制定和修改,内容涉及国家和社会生活某一方面最基本的问题,如刑法、民法、诉讼法以及有关国家机构和其他方面的法律;基本法律以外的法律由全国人民代表大会常务委员会制定和修改,内容涉及"除应当由全国人民代表大会制定的法律以外的其他法律",主要是关于国家和社会生活某一方面具体问题的法律。如调整整个民事关系的《中华人民共和国民法典》是由全国人大制定的,是一种基本法律,而作为民事关系一部分的具体的知识产权制度,如《中华人民共和国著作权法》《中华人民共和国专利法》《中华人民共和国商标法》,则是由全国人民代表大会常务委员会制定的。按照宪法规定,在全国人民代表大会闭会期间,全国人民代表大会常务委员会也有权对全国人民代表大会制定的基本法律在不同该法律基本原则相抵触的条件下进行部分补充和修改。

此外,全国人民代表大会及其常务委员会所作出的决议或决定,具有规范性内容的,也属于法律的范畴,与法律具有同等效力,如全国人民代表大会常务委员会通过的《关于在沿海港口城市设立海事法院的决定》《关于国家安全机关行使公安机关的侦查、拘留、预审和执行逮捕职权的决定》等等。

三是行政法规和部门规章。在当代中国法的渊源中,行政法规也是一种主要的法的渊源,它是指国家最高行政机关即国务院根据宪法和法律制定的一种规范性文件,其法律地位和法律效力仅次于宪法和法律。按照宪法规定,国务院作为最高国家行政机关,为了履行其最高行政管理职责,经常发布一些带有规范性内容和性质的决定和命令,这些带有规范性内容和性质的决定和命令,也属于法的渊源。按照宪法规定,国务院所属各部、各委员会,有权根据法律和国务院的行政法规、决定、命令,在本部门的权限内可以制定规章,称为"部门规章",它们的法律地位和法律效力低于宪法、法律和行政法规。

四是军事法规和军事规章。军事法规是指中央军事委员会制定的调整和规范关于国防建设和军事方面关系的规范性法律文件。军事规章是指由中央军事委员会各部以及国防科工委、各军兵种、各军(战)区制定的规范性法律文件。虽然1982年宪法没有规定军事法规和军事规章的制定权,但却规定了中央军事委员会领导全国武装力量,中央军事委员会主席对全国人民代表大会和全国人民代表大会常务委员会负责。据此,中央军事委员会于1993年4月15日发布了《中国人民解放军立法程序暂行条例》,对军事立法活动作了规定,促进了军事立法活动的规范化、制度化和科学化。

此外,根据《中国人民解放军立法程序暂行条例》,如果调整对象属于国防建设领域而又涉及地方政府、社会团体、企事业单位和公民的,此类军事行政法规、军事行政规章分别由中央军事委员会会同国务院,军委各总部、国防科工委会同国务院有关部门联合制定。

五是地方性法规和地方政府规章。地方性法规是指地方国家权力机关及其常设机关即地方人民代表大会及其常务委员会,为保证宪法、法律和行政法规的遵守和执行,结合本行政区内的具体情况和实际需要,依照法律规定的权限,通过和发布的规范性法律文件。这里最为重要的一点是,并不是所有地方人民代表大会及其常务委员会都享有制定地方性法规的权力,根据《立法法》,只有省、自治区、直辖市以及较大的市的人民代表大会及其常务委员会才有权制定地方性法规。其中,所谓"较大的市",是指省、自治区人民政府所在地的市、经济特区所在地的市和经国务院批准的较大的市。地方性法规主要就以下事项作出规定:(1)为执行法律、行政法规的规定,需要根据本行政区域的实际情况作具体规定的事项;(2)属于地方性事务需要制定地方性法规的事项;(3)除《立法法》第八条规定的事项外,其他事项国家尚未制定法律或者行政法规的,省、自治区、直辖市和较大的市根据本地方的具体情况和实际需要,可以先制定地方性法规。在国家制定的法律或者行政法规生效后,地方性法规同法律或者行政法规相抵触的规定无效,制定机关应当及时予以修改或者废止。2015年新修订的《立法法》赋予了设区的市的人民代表大会及其常务委员会以地方立法权。

地方政府规章是指地方国家行政机关即地方人民政府为保证宪法、法律、行政法规以及本行政区的地方性法规的遵守和执行,结合本行政区内的具体情况和实际需要,依照法律规定的权限,通过和发布的规范性法律文件。同样,享有地方政府规章制定权的地方政府,仅指省、自治区、直辖市以及较大的市和设区的市的人民政府。地方政府规章可以就以下事项作出规定:(1)为执行法律、行政法规、地方性法规的规定需要制定规章的事项;(2)属于本行政区域的具体行政管理事项。

六是自治条例和单行条例。民族区域自治制度是我国的一项基本制度,其在立法领域就体现为赋予民族自治地方一定的立法权限。自治条例和单行条例就是具有民族自治特色的法的渊源,是民族自治地方的人民代表大会根据宪法和法律的规定,依照当地民族的政治、经济和文化的特点制定的规范性法律文件。其中,自治条例主要对本自治区实行的区域自治的基本组织原则、机构设置、自治机关的职权、工作制度以及其他比较重大的问题作出规定;单行条例主要是根据宪法规定和本自治区的实际情况,对于国家法律、法规作出变通或者补充的规定,或者是对本自治区某一具体事项作出规定。

七是经济特区法规。经济特区是我国改革开放以来,为了发展对外经济,引进资金、先进技术和管理经验而经批准实行某些特殊经济政策的地区。所谓经济特区法规,就是指经济特区所在地的省、市的人民代表大会及其常务委员会根据全国人民代表大会的授权决定所制定的在经济特区范围内实施的规范性法律文件。在此,全国人民代表大会的授权是关键,这也是经济特区法规与上面我们所提到的省(经济特区所在地的省)和作为"较大的市"的经济特区所在地的市的人民代表大会及其常务委员会制定的地方性法规的不同之处。

八是特别行政区的制定法。特别行政区的制定法包括两部分内容。根据《香港特别行政区基本法》和《澳门特别行政区基本法》的规定,香港、澳门的原有法律,除同基本法相抵触或者经特别行政区立法机关作出修改的以外,均予保留。据此,在特别行政区成立以前在香港施行的条例、附属立法和在澳门施行的法律、法令和行政法规等规范性法律文件构成特别行政区制定法之一部分。同时,根据两个特别行政区基本法,香港、澳门分别设立了立法会,作为特别行政区的立法机关行使立法权。在特别行政区成立以后,由特别行政区立法会所制定的法律构成特别行政区制定法的另一部分。

九是国际条约。这里所讲的国际条约是指我国同外国缔结的双边和多边条约、协定和其他具有条约、协定性质的文件。国际条约虽然是国际法而不是国内法,但由于通过法定程序,我国缔结和加入的国际条约同国内法一样具有适用于我国的法律效力,因此,也属于我国法的渊源之一。根据1990年全国人大常委会通过的《中华人民共和国缔结条约程序法》的规定,国务院同外国缔结条约和协定,全国人大常委会决定同外国缔结的条约和重要协定的批准和废除,中华人民共和国主席根据全国人大常委会的决定,批准和废除同外国缔结的条约和重要协定。

(二)习惯

在现代社会,习惯基本上是作为一种非正式的法的渊源而起作用的,在我国,情况也基本上如此。但是,也有例外,也存在着一些习惯可以成为法的正式渊源的情况。这主要有三种情形:一是国际惯例。国际惯例主要是指在国家交往中形成并被广泛接受为法律的惯例,又称国际习惯。我国原《民法通则》第142条第3款规定:中华人民共和国法律和中华人民共和国缔结或者参加的国际条约没有规定的,可以适用国际惯例。可见,国际惯例是我国法的正式渊源之一。二是根据《民族区域自治法》的一些规定,民族自治地方的某些民族风俗习惯可以作为法的正式渊源。如该法第4条规定,民族自治地方的自治机关"依照宪法和本法以及其他法律规定的权限行使自治权,根据本地方的实际情况贯彻执行国家的法律、政策"。又如第10条规定:民族自治地方的自治机关保障本地方各民族都有使用和发展自己的语言文字的自由,都有保持或者改革自己的风俗和习惯的自由。三是香港特别行政区适用的习惯法。在根据《香港特别行政区基本法》而保留的法律中,除了我们前面提到殖民地时期的制定法以外,还包括特别行政区成立以前在香港适用的习惯法。这是因为在特别行政区成立以前,习惯法就是香港法的正式渊源之一。如《新界条例》即规定:最高法院和地方法院对涉及新界土地的任何诉讼,法院有权承认和执行这些土地的中国习惯和习惯权利。因此,在特别行政区成立以后,只要不与基本法相抵触,这些习惯仍可作为法的正式渊源发挥作用。

(三) 判例

由于我国的法律制度主要仿效的是大陆法系和前苏联的法律制度,因此,判例在一般情况下并不是我国法的正式渊源,甚至在很长一段时间内连判例是非正式渊源都予以否认。沈宗灵先生认为在这一点上,我国不仅不同于英美法系,而且同大陆法系也不一样,因为大陆法系虽然一般不认为判例是有约束力的法的渊源,但在有说服力这一意义上仍是法的渊源之一。他认为我国这种对于判例的态度,可能是受到50年代初期前苏联的影响,同时也是20多年来积累的经验。[①]

但是,就我国目前的法律实践来看,我们实有必要转变这种态度。具体原因有三:一是,在我国也存在着判例作为法的正式渊源的情况,这就是在香港特别行政区实施的判例法。因为《香港特别行政区基本法》第8条规定:"香港原有法律,即普通法、衡平法、条例、附属立法和习惯法,除同本法相抵触或经香港特别行政区的立法机关作出修改者外,予以保留。"其中,普通法、衡平法都是判例法。可见,香港回归后,其原先适用的英国普通法、衡平法这些判例法仍构成法的正式渊源之一部分。二是,在我国目前的司法实践中,判例,特别是上级法院的判例,往往起着非正式法的渊源的作用,在事实上指导着下级法院的司法活动,这在碰到疑难案件和法律缺乏明确规定的情况下尤其如此。自1985年起,最高人民法院定期公开发表《最高人民法院公报》,在每期公报上都刊载有经最高人民法院批准的甚至加以评议的几个判决,这可以看作是判例制度的一个雏形。三是,判例制度有弥补制定法机械性的优点,确实值得借鉴。"判例法较能体现所有人在同样情况下获得同样对待的原则。追随以前判决的做法也有助于有效的司法业务。判例法的最突出优点是它本身具有一种有机成长的原则,因而能适应新的情况,而制定法规定一般规则和原

---

① 沈宗灵:《比较法研究》,北京大学出版社1998年版,第604页。

则,可能机械地适用于特殊情况而缺乏灵活性。"① 当前,对于我国是否应当建立判例法制度尚有争论,但对于借鉴判例法的经验,充分发挥判例在指导司法活动、提高司法水平、确保司法公正方面的积极作用,学界和实务界已有了广泛的共识。②

第四节　法的特征

法的特征是法的本质的外化,是法区别于其他社会现象的标志。法的特征是法本身所固有的确定的东西,不能由人们任意地编造或抹杀,客观地增加或减少,只能予以科学的认识和分析。

一、法是调整人们行为或社会关系的规范

有时人们说法是调整人们行为的规范,有时说法是调整社会关系的规范（或称法是社会关系的调整器）,其实这两种说法是一致的。因为社会是指以物质生产为基础而结成的人们的实体,所谓社会关系不过是人与人之间的交互行为,没有人们之间的交互行为,就没有社会关系。因而人的行为体现并影响社会关系。

法是调整人们行为或社会关系的规范有两层含义:一是,法是用来调整人们行为进而调整社会关系的。法的调整对象是社会关系,即调整社会利益资源在各社会主体间的分配。法是通过对人的行为的调整来实现对社会调整的。正如马克思所说,对于法律来说,除了我的行为之外,我是根本不存在的,我根本不是法律的对象。③法律是针对行为而设立的,因而它首先对行为起作用,首先调整人的行为。对于法而言,不通过行为控制就无法调整和控制社会关系。这是法区别于其他社会规范的重要特征之一,例如,政治规范是通过组织控制或舆论控制来完成社会调整的,而道德规范是通过思想控制来调整和控制社会关系的。二是,法是一种规范,具有规范性。我国古代思想家早就

---

① 沈宗灵:《比较法研究》,北京大学出版社1998年版,第551-552页。
② 参见杨春福:《法理学》,清华大学出版社2009年版,第79-93页。
③ 《马克思恩格斯选集》(第1卷),人民出版社2013年版,第16-17页。

指出,法是一种规范或规则,如管仲认为:"尺寸也,绳墨也,规矩也,衡石也,斗斛也,角量也,谓之法。"①法的规范性是法的现象的一个重要属性。规范有多种多样,如社会规范、技术规范、语言规范、运动规范等。社会规范调整的是人与人之间的关系,规定人们在相互关系中应当怎样行为。它包括政治规范(政治集团章程、政治生活准则)、经济规范(经济交往中应遵守的规则)、法律规范、道德规范、宗教规范、社会组织章程、各种礼仪习惯等。技术规范调整的对象是人与自然的关系,是规定人们如何使用自然力、生产工具等的规范。当这些技术规范在法律上被确认后,就成为技术法规。这种技术法规,在内容上仍是技术性的,但已具有法律上的约束力。

作为社会规范,法既区别于思想意识和政治实体,又区别于技术规范。之所以说它具有规范性,主要原因有三:第一,法具有概括性。它的对象是抽象的、一般的人,而不是具体的、特定的人,它可以在同样的情况下反复适用,而不是只适用一次。由此可以区别出规范性法律文件与非规范性法律文件。前者属于法的范围,如《民法典》可以多次反复针对不同的人适用。而后者不属于法的范围,它只是适用一定法律规范的产物,如委任令、逮捕证、判决书等。它们是针对特定人适用,而且仅适用一次。第二,法的构成要素主要是规范。一般地说,法是由法律概念、法律原则和法律规则三个要素构成。例如,《刑法》总则中的许多条文都是有关刑法的基本概念,如犯罪、犯罪预备、未遂和中止等的规定。《民法典》中有关等价有偿、诚实信用的规定,都是法律原则。但法的主体是法律规则。这不仅因为规则的数量超过法律概念和法律原则,而且这两者本身也是为了使人正确地理解法律规则。第三,法律规范的逻辑结构中包括行为模式和法律后果,这是法的规范性最明显的标志,同其他社会规范有着显著区别,一般的规范都不具有这种严密的逻辑结构。

法的规范性表现为它具有指引人们行为的作用,即规定人们在一定情况下可以做什么,应当做什么或不应当做什么,同时又通过这种指引,作为评价人们行为的标准。法的规范性还派生法具有连续性(即除以法律程序加以改变外,不依人事变动而变动)、稳定性(即不会朝令夕改)和效率性(即每个人可以根据法律而行为,不必事先经过任何人核准)等等。

---

① 《管子·七法》。

二、法是出自国家的社会规范

法是社会规范的一种。与其他社会规范相比,法的一个重要特征是:法是由国家制定和认可的。

由国家制定或认可,是国家创制法的两种形式,也是统治阶级把自己意志转化为国家意志的两种途径。国家制定的法是指成文法,是由有权创制法律规范的国家机关制定的。在不同的社会制度和政治制度下,国家制定法的方式有所不同。例如,在封建君主专制制度下,法主要由君主制定,没有严格的程序和权力限制。在资产阶级代议制民主制度下,法律由议会制定,其他法规由行政机关制定。国家认可法通常有三种情况:一是赋予社会上早已存在的某些道德、宗教、习俗、礼仪以法律效力,形成习惯法;二是通过加入国际组织、承认或签订国际条约等方式,认可国际法规范;三是特定国家机关对具体案件的裁决作出概括产生规则或原则,并赋予这种规则或原则以法律效力。

既然法是由不同国家机关制定或认可,因而就有宪法、法律、行政法规、地方性法规等等之分,它们的法律地位和法律效力是不同的。

法由国家制定或认可,具有国家性。尽管法的内容是统治阶级意志的反映,但它不能只是以统治阶级的名义,法所代表的是"一种表面上凌驾于社会之上的力量"[1]。法需要在全国范围内实施,就要求以国家名义制定和颁布。这也就派生出法的一个属性:极大的权威性。也就是指法的不可违抗性,任何国家都不会对严重违法行为放任自流。

法的国家性还派生出法的另一重要属性:统一性。这种统一性是从国家权力和国家意志的统一性中引申出来的。法的统一性首先是指各个法律之间在根本原则上的一致。其次是指除极特殊的情况外,一个国家只能有一个总的法律体系,且该法律体系内部各规范之间不能相互矛盾,从法的统一性又可引出法的普遍适用性,即法在国家权力所辖的范围内,对全体社会成员具有普遍的约束力。当然,法的普遍约束力并不排斥某些法规仅适用于某地区、某些人和某些事。但总的来说,任何国家、地区和个人都不得违背法律规范另搞一套。

---

[1] 《马克思恩格斯选集》(第4卷),人民出版社2013年版,第166页。

三、法是规定权利和义务的社会规范

法作为一种社会规范,是通过规定人们的权利和义务,以权利和义务为机制,影响人们的行为动机、指引人们的行为、调节社会关系的。法律为人们的行为设立了三种行为模式,从法律规范的表现形式看分别是授权性规范(指出了人们在法律上享有权利的规范)、禁止性规范(要求人们禁止作出一定行为的规范)和命令性规范(要求人们必须作出一定行为的规范),后两者可称为义务性规范。

法所规定的权利和义务,不仅指个人、社会组织(法人)及国家(作为普通法律关系的主体)的权利和义务,而且包括国家机关及其公职人员在依法执行公务时所行使的职权和职责。

法通过规定人们的权利和义务来调整社会关系,这与道德和宗教有着明显的区别。一般说来,道德是通过规定人对人的义务来调整社会关系,而宗教则是通过规定人对神的义务来调整社会关系。法的这种独特的调整方式,为人们提供了比道德和宗教更广泛的选择自由和机会,因而有助于充分发挥人们的积极性、创造性和主动精神。有的社会规范(如工会章程、党章等)虽然也规定其成员的某种权利和义务,但在内容、范围和保证实施的方式等方面,与法律上的权利和义务有很大差别。

法律上的权利和义务规定具有确定性和可预测性的特点,它明确地告诉人们该怎样行为,不该怎样行为以及必须怎样行为;人们根据法律来预先估计自己与他人之间该怎样行为,并预见到行为的后果以及法律的态度等等。

四、法是国家强制力保证实施的社会规范

任何一种社会规范都具有一定的强制性,但不同社会规范的强制性程度、强制力量的来源是不同的。例如,道德是依靠人们内心的信念、传统的力量和社会舆论的监督来保证实施的,而法是由国家强制力保证实施,法的强制力量来源于国家权力,这是法与其他社会规范区别的又一重要特征。

如果没有国家强制力作后盾,那么法在许多方面就变得毫无意义。正如列宁强调的那样:如果没有政权,无论什么法律……都等于零。[①] 列宁又说:

[①] 《列宁全集》(第11卷),人民出版社2017年版,第98页。

如果没有一个能够迫使人们遵守法律的机关,权利也就等于零。①国家强制力是指国家的军队、警察、监狱、法庭等有组织的国家暴力。任何法要想称其为法或继续是法,国家就必须对违法犯罪行为实施国家强制。

还必须指出的是,法的强制力具有潜在性和间接性,也就是说,法依靠国家强制力保证实施,这是从终极意义上讲的,并不意味着法律实施过程的任何时刻都需要运用强制手段,它只是在人们违反法律时才会降临到行为人身上。同时还要注意到,国家强制力不是保证法实施的唯一力量,法的实施还要依靠道德、经济、文化等方面的因素。如果一个国家的法仅仅依靠国家政权及其暴力系统来维护,这个国家的法就成为纯粹的暴力。在法律实施过程中,国家暴力常常是备而不用的。此外,我们还需注意,强制性只是指法律整体而言,并不是所有的法律都具有强制性。②

第五节　法的作用

一、法的作用概述

法的作用是法理学中一个具有重要意义的问题,如果一种法学理论不能深刻揭示法的作用并回答如何实现法的作用等问题,它就没有存在的价值。所以,各个时代的法学家都曾对法的作用有所论述。例如,古希腊的伊壁鸠鲁认为,法作为一种约定的规则,应该发挥保证人们之间平等互利的作用;中世纪的奥古斯丁认为,法的作用在于使人们接受上帝所安排的不平等从而实现和平与秩序;中国古代思想家、法学家认为法的作用在于"定分止争""令人知事""禁奸止暴"等等。现代西方资产阶级思想家认为,法的作用是"实现社会控制""促进社会正义""保护和扩大自由"等等。

谈法的作用,我们经常涉及另一个概念,即法的职能。法的职能又称法的功能,是指法发挥作用的活动,而法的作用指法对社会生活的影响。二者都是

---

① 《列宁全集》(第25卷),人民出版社2017年版,第45页。
② 参见张中秋、杨春福、陈金钊:《法理学——法的历史、理论与运行》,南京大学出版社2001年版,第182-187页。

法的本质的外在表现。这两个概念非常接近。不过细加区分,可以看出,"职能"比较侧重于强调活动本身,而"作用"侧重强调活动的效果。法对社会生活的作用是通过其职能来实现的。职能是体现作用的活动或活动方向。所以,"作用"和"职能"两个术语又往往被人们通用。讲法的作用,实际上讲的也是法的职能;讲法的职能,实际上讲的也是法的作用。

法的作用可以按不同标准进行分类。按照一般与特殊的逻辑关系,可分为法的一般作用与具体作用;按照法的系统与子系统或要素各自的作用范围,可分为法的整体作用和局部作用;按照人们的法律期待与法律的实际效果之间的差别,可分为法的预期作用和法的实际作用;按照法律所满足的主体不同,可以分为法对全社会的作用、对集团的作用和对个人的作用;按照法作用于社会关系和社会生活的途径,可以分为法的直接作用和间接作用;按照法作用于人们的行为和社会关系的形式与内容之间的区别,可分为法的规范作用和法的社会作用。

在上述法的作用的分类中,最有意义的是法的规范作用和社会作用之分。规范作用是法的作用的形式,社会作用是法的作用的内容,这两种作用又是手段和目的的关系,即法通过其规范作用(作为手段)而实现其社会作用(作为目的)。以往人们在讲法的作用时,仅注意法的社会作用而忽视法的规范作用。这主要是因为法的社会作用直接体现法的本质和目的,比较容易引起人们的注意。但不同的事物有不同的特征,一定社会的法、国家以及在这一社会中占支配地位的政党政策、思想意识、社会舆论等等都属于同一上层建筑,在阶级或社会本质上可以说是同样的,其社会作用大体也是一致的。如果不研究法的规范作用就无法将法的作用与上层建筑中其他组成部分的作用区分开来。与之相比,法的作用的特点在于,它是以自己特有的规范作用来实现社会作用的。

法的规范作用和社会作用的区别表现在以下四个方面:第一,两者考察的基点不同。法的规范作用是基于法的规范性特征进行考察的,而法的社会作用是基于法的本质、目的和实效进行考察的。第二,两者存在的方式不同。法的规范作用是一切法所共同具有的,不管哪一种类型的法都具有规范作用。而法的社会作用则依不同的类型、不同的国家、同一国家的不同时期而形成差别。第三,两者所处的层面不同。规范作用是社会作用的手段,社会作用是规范作用的目的。规范作用具有形式性和表象性,而社会作用则具有内容性和本质性。第四,两者发挥作用的前提不同。实现规范作用的前提是法律颁布,即把法律公之于众,法就能发挥规范作用。而实现社会作用的前提是法律被运用、被实施,它要通过人们的法律行为而产生一定的法律关系达到发挥作用的目的。因此,在一般意义上我们可以说前者是在静态中发生的,后者是在动态中展现的。

二、法的规范作用

作为由国家制定或认可的社会规范,法的规范作用表现为指引、评价、预测、教育和强制等五个方面。

一是指引作用。法的指引作用是指法对人的行为起到导向、引路的作用。其对象是每个人自己的行为。

对人的行为的指引可以分为个别指引和规范性指引两种。个别指引是指通过一个具体的指示,就具体的人和事的指引。例如,某律师对他的一位当事人在诉讼期间进行引导,告诉他怎样应诉和答辩。规范性指引是通过一般的规则就同类的人或事的指引。法律是一种社会规范,它的指引作用是指规范性指引。个别指引虽然针对性强,很具体,但完全依赖个别指引,则存在如下缺点:例如,在时间、精力和经济上会带来浪费,不适应系统化的社会管理需要;偶然性、个别性因素太大,缺乏统一性;缺乏安全感、确定性,因而导致人们的不稳定心理等等。规范性指引虽然很抽象,存在针对性弱的一面,但是它能克服个别指引的上述缺点;它具有连续性、稳定性、统一性和高效率的优势,是建立社会秩序必不可少的条件和手段。

通过法律的指引,人们可以知道什么是国家赞成的,可以做的;什么是国家命令或反对的,必须做或不该做的;可以知道国家的发展目标、价值取向和政策导向。

法律的指引还可分为确定性指引和不确定性指引。前者是指通过规定法律义务,要求人们作出或抑制一定行为;后者是指通过授予法律权利,给人们创造、选择的机会,这又称为可选择的指引。上述两种情况是和法律规范被划分为义务性规范和授权性规范相一致的。义务性规范是规定人们应当怎样行为和不应当(禁止)怎样行为。这种法律规范的指引就是确定性的指引。授权性规范是规定人们可以怎样行为,给人们一种选择的机会。这种法律规范的指引就是不确定的指引或可选择的指引。从立法意图来说,这两种指引中包含的两种法律后果都是促使人们行为时所考虑的因素。但不同的是,就明确的指引而言,法律旨在防止人们作出违反法律指引的行为,而就不确定的指引或可选择的指引来说,法律一般旨在鼓励人们从事法律所允许的行为。总而言之,法的指引作用在于鼓励或防止某种行为。换个角度看,确定性的指引作用主要是为了建立某种秩序,而可选择的指引作用则主要是为实现某种自由。两者对于任何社会的法律制度来说都是不可或缺的。

二是评价作用。法的评价作用是指法律作为人们对他人行为的评价标准所起的作用。例如,律师对当事人行为的有效性进行评价,警官对相对人的违法行为进行处理,一个人对他人行为的合法性展开评价,等等。其作用对象是他人的行为。通过这种评价,影响人们的价值观念和是非标准从而达到指引人们行为的效果。

在现实生活中,法并不是评价人们行为的唯一标准。道德、宗教、风俗习惯、政策纪律、团体章程等同样发挥着对人的行为的评价作用。但是,法所作出的评价却有着与它们不同的特点。一方面,法所提供的评价标准具有比较突出的客观性。也就是说,什么行为是正当的,什么行为是不正当的,什么行为是可以做的,什么行为是不可以做的,在法律规范中都有明确的规定。因此,法对行为的评价大体上说来是不会因人而异的。当然,在利用法律规范对行为进行评价时,评价者对规范内容的理解可能具有细微甚至是重大差别。不过,这种差别在其它评价标准中显得更为明显和常见。另一方面,法所提供的评价标准具有普遍有效性。道德评价不具有这种特点,它可能因评价者的主观好恶对同一行为作出不同的评价。而法的评价则不同。不论人们的主观愿望如何,只要他们的行为进入法律行为的领域,法的评价作用对他们就是有效的。

法的评价可分为两大类,即专门的评价和社会的评价。所谓专门的评价是指经法律专门授权的国家机关、组织及其成员对人的行为所作的评价。其特点是代表国家,具有国家强制力,能产生法律的约束力,故可称为效力性的评价。如法院及其法官、国家行政机关及其行政人员对人们行为所作的裁判或决定。社会的评价是指普通主体以舆论的形式对他人行为所作的评价,其特点是没有国家强制力和约束力,是人们自发的行为,因此又可称为舆论性的评价。

三是预测作用。法的预测作用是指人们根据法律可以预先估计相互间将怎样行为以及行为的后果等,从而对自己的行为作出合理安排。预测作用的对象是人们相互的行为,包括国家机关的行为。例如,合同双方当事人根据合同法可分别进行预测:对方在一般情况下会全面履行合同,即使对方不履行合同的话,我方还可以通过司法或仲裁程序要求对方履行合同并承担违约责任。因此,双方当事人都有了彼此信任和指望的法律基础。人们只有在与他人发生关系的情况下才会进行行为预测,预测他人行为与自己行为的关系,预测自己行为对他人的影响,预测自己行为及他人行为的法律后果等等。法的预测作用可以减少行动的偶然性和盲目性,提高行动的实际效果。

法之所以具有预测作用,是因为法具有规范性和确定性特征,法律规范具有的可以做什么、应当做什么和禁止做什么这三种行为模式告诉人们该如何行为。人们可以据此进行相互行为的预测。法具有确定性,表明它的内容是明确的并在一定时期内保持连续性,这给人们进行行为预测提供了可能的前提。

应当注意的是,法的预测作用与指引作用既有区别又有联系。两者的共同之处是它们对人们选择和安排自己的行为发生影响,而且,指引作用本身就包含着某些预测作用的因素。但是,两者的区别也是明显的,指引作用是告诉人们在选择行为时哪些行为是允许的,哪些是不允许的;而预测作用则告诉人们,当他们做出了行为选择之后应怎样安排才能达到目的。

四是教育作用。法的教育作用是法律通过其本身的存在以及运作产生广泛的社会影响,教育人们正当行为的作用。这种作用的对象是一般人的行为。

法的教育作用可分为静态的教育作用和动态的教育作用。前者是指通过把国家或社会对人们行为的基本要求凝结为固定的行为模式而向人们灌输占支配地位的意识形态,使之渗透于或内化在人们的心中,并借助人们的行为进一步广泛传播;后者是指通过法律的运作而对本人和一般人今后的行为发生影响。它包括两方面的内容:即对违法行为的制裁不仅对违法者本人起到教育作用,而且可以教育人们今后谁再作出此类行为将受到同样的惩罚;对合法行为的鼓励、保护,可以对一般人的行为起到示范和促进作用。

五是强制作用。法的强制作用是指法律以物质暴力制止恶行、强制作为,并迫使不法行为人作出赔偿、补偿或予以惩罚以维护法律秩序的作用。法的强制作用是法律生存的最后屏障。

法的强制作用通常包括三个方面:第一,强制社会主体作出某种行为或抑制某种行为。强制作为与不作为的主体都为义务人,如强制纳税、强制赡养老人等。第二,强令对他人或社会遭受的损失予以赔偿或补偿。如侵权行为人必须对被害人予以赔偿等。第三,对违法者予以制裁。制裁的形式多种多样,如宪法中的弹劾、罢免;行政法中的警告、罚款、拘留、没收等;刑法中的管制、拘役、有期徒刑、无期徒刑、死刑等；民法中的恢复名誉、赔礼道歉、停止侵害、排除妨碍、赔偿损失等等。①

三、法的社会作用

与法的规范作用相比，法的社会作用是一个比较复杂的问题，因为规范作用是从法作为一种社会规范这个特征出发来分析的，而这种特征是比较容易认识的现象。法的社会作用则是从比较隐藏的本质和目的这一角度出发来分析的，加上不同类型的法的社会作用显然是不同的，这就增加了认识的难度。尽管如此，我们仍然可以从不同角度来分析法的社会作用。②

首先，按照作用的领域，法的社会作用可以分为法的政治作用、经济作用、文化作用等。政治作用是法律在调整、管理政治事务，例如设置国家机关、确立和维护政治制度方面的作用。经济作用是法律在调整、管理物质资料的生产和消费活动、确立和维护交易条件和秩序等方面的作用。文化作用是法律在管理社会的教育、科学、文化事务，推进社会精神文明建设方面的作用。法律在这些方面发挥着积极或消极的作用，在不同性质的社会或不同的历史时期有着不同的目标和方向，对不同阶层的社会成员产生不同的影响。

其次，按照作用的方式，法的社会作用可以分为确认、提取、分配、保护和限制等方面的作用。法律根据一定的价值准则确认一定的社会关系、一定的事实和状态为合法和正当。根据一定的价值准则，法律从社会或社会的某些阶层中提取财富或其他有价值的社会资源，置于国家的控制之下，或者置于掌握国家政权的阶层或集团的控制之下；在社会成员间、在不同阶层间、在不同的利益集团间分配权利、义务和权力。同样，根据一定的价值准则，法律限制为大多数社会成员或某些社会阶层所反对的行为，从而减少这些种类的行为在社会中的数量；保护为大多数社会成员或者某些社会阶层所认可的行为，从而增加这些种类的行为在社会中的数量。

最后，按照作用的性质，法的社会作用可以分为阶级统治的作用和执行社会公共事务的作用。这主要是指在阶级对立的社会中，法的社会作用大体上可以归纳为维护阶级统治和执行社会公共事务。

---

① 参见张中秋、杨春福、陈金钊：《法理学——法的历史、理论与运行》，南京大学出版社2001年版，第219—227页。

② 参见沈宗灵：《法理学》，北京大学出版社2014年版，第77—82页。

就维护统治阶级的阶级统治而言,在阶级对立的社会中,法的目的是维护对统治阶级有利的社会关系和社会秩序。维护统治阶级的统治是法的社会作用的核心。在阶级对立社会中,阶级统治的含义极为广泛,包括经济、政治、思想道德等各个领域。法在维护阶级统治方面最重要的作用是:确认和维护以生产资料私有制为基础的社会经济制度以及统治阶级对被统治阶级的专政。

在阶级对立的社会中,由于被统治阶级的斗争,统治阶级也可能被迫作出某些让步,在法律中规定一些保护被统治阶级利益的条款。这种法律条款既反映了被统治阶级斗争的成果,也体现了统治阶级为了维护自己的统治而暂时缓和阶级矛盾的一种手段。为了维护统治阶级的统治,统治阶级中个别成员也可能因违法犯罪而受到惩治。在我国封建社会中,的确有不少著名的"清官",如宋朝的包拯和明朝的海瑞等。他们的刚正不阿、公正廉明,敢于打击豪强的精神和品质,即使在今天,也是值得借鉴的,但他们的这种作为归根到底仍是为了维护封建法律的权威。法在调整统治阶级内部和统治阶级及其同盟者之间的关系方面也具有重要作用。

就执行社会公共事务而言,阶级对立的社会中,除了维护阶级统治这一核心作用外,法还具有执行各种社会公共事务的作用。社会公共事务是指与阶级统治相对称的活动,在各个阶级对立的社会中,这种社会公共事务及有关法律的性质、作用和范围是很不相同的。总的来说,执行这些活动的法律大体包括:为维护人类社会基本生活条件的法律,例如有关自然资源、医疗卫生、环境保护、交通通讯以及基本社会秩序的法律;有关生产力和科学技术的法律;有关技术规范的法律,即使用设备工序、执行工艺过程和对产品、劳动、服务质量要求的法律;有关一般文化、娱乐事务的法律,等等。随着社会生产的发展和社会制度的变革,执行社会公共事务的法律必然会日益复杂和增多。一个社会化大生产、开放型社会同一个自然经济、封闭型社会相比,其社会公共事务是不能同日而语的。

在阶级对立的社会中,就具体法律而论,有的明显地体现了维护阶级统治的作用,有的明显地体现了执行社会公共事务的作用。但也存在两种作用交错并存的法律,或者是某一方面作用占主导地位,另一方面作用占次要地位的法律。

有关维护阶级统治的法律和执行社会公共事务的法律之间存在明显区别。首先,顾名思义,前一种法律的对象是阶级统治,后一种对象是阶级统治以外的事务。这两种法律都是调整社会关系,即人与人之间的关系,但其保护的直接对象是不同的。其次,维护阶级统治的法律当然仅有利于统治阶级,对被统治阶级则是剥夺与压迫;执行社会公共事务的法律,至少从客观上说,有利于全社会而不是仅有利于统治阶级一个阶级。最后,执行社会公共事务的法律,即使在不同社会制度下,往往也是相似的,甚至可以相互借鉴。

四、当代中国法的社会作用

将法的社会作用概括为维护阶级统治与执行社会公共事务两个方面,对当代中国法律来说,即使从形式上来看,也是不合适的。那么,当代中国法的社会作用又有哪些呢?这里我们不妨从法学角度出发,将当代中国法的社会作用归纳为以下六个方面:

一是维护秩序,促进建设、改革与开放,实现富强民主文明和谐美丽的社会主义现代化强国。这是我国社会主义法的总的作用。我国宪法以及其他法律法规,都从不同方面体现了这一作用。秩序也就是我们通常讲的稳定。维护秩序之所以首先提出,就在于我们常说的,"没有稳定,什么事也干不成",所以,我们必须在社会政治稳定中推进改革与发展,在改革与发展中实现社会政治稳定。建设与改革开放,就是指党通过改革开放,推动社会主义现代化建设。实现富强民主文明和谐美丽的社会主义现代化强国,就是指我国宪法规定的社会主义现代化建设的目标。

二是根据一定价值准则分配利益,确认和维护社会成员的权利和义务。这里讲的分配不限于经济学中讲的社会再生产过程中的分配,而是指社会基本制度怎样确认和维护社会成员的权利和义务。权利实质上是法律上所确认的利益,权利和义务不可分。这里讲的社会成员的权利和利益不仅指经济上、物质上的,而且指政治、精神上的,包括社会地位、荣誉、机会等。维护社会成员的权利和义务,是指法律一方面保护他们享有权利,另一方面也对他们滥用权利的行为进行制约。宪法中规定的公民的基本权利和义务是法的这一社会作用的全面体现,其他法律、法规,特别是民法、商法、经济法、劳动法以及行政法、刑法和诉讼法等都体现了法的这一重要作用。

三是为国家机关及其公职人员执行公务(行使权力)的行为提供法律根据,并对其滥用权力或不尽职责的行为进行制约。所有国家机关及其公职人员在履行公务时都必须有法律依据,即依法办事。任何人妨碍其履行公务,都应承担相应责任。与此同时,法律对国家机关及其公职人员滥用权力或不尽职责的行为也进行制约,即对他们的公务行为进行监督,纠正其错误,追究或制裁他们的违法行为。国家机关组织法、行政法、刑法、诉讼法以及公务员法、法官法、检察官法、警察法等都体现了法的这一社会作用。

四是预防和解决社会成员之间、他们与国家机关之间以及国家机关之间的争端。公民之间、法人之间、公民与法人之间,以及公民、法人与国家机关之间或国家机关之间,在发生各种法律争端时,都应根据有关法律解决,其中很多争端还应通过诉讼(民事、刑事和行政诉讼)解决。当然,法律还应预防争端的发生。完备的法律规定是减少争端的一个重要措施。调解和仲裁是减少诉讼的两个重要措施。

五是预防和制裁违法行为。就像上面讲的争端一样,违法行为在社会生活中也是必然存在的现象,法律良好的一个重要标准是:预防违法行为,尽可能减少违法行为;对已发生的违法行为,加以相应的制裁。

六是为法律本身的运行与发展提供制度和程序。法律作为一种社会规范不同于其他社会规范的一个特点是:法律应规定它本身运行与发展(如法律的制定、解释和修改,起诉,上诉等)的制度和程序。这是其他社会规范(如道德和习惯)不可能具有或不完全具有的一个特点。当然,即使有这种制度和程序,仍需外部的监督。

五、法的作用的局限性

法在一定社会关系领域,对任何掌权者阶级来说都是必不可少的,但它不是万能的、无限的,而是有其局限性。法的作用的局限性主要表现在以下几个方面:

首先,法受制于经济基础。法属于上层建筑,由经济基础决定。任何一种类型的法,如果不符合客观经济规律,就会阻碍甚至破坏社会经济的发展,起不到推动社会前进的作用。

其次,法不能脱离其他社会规范和因素而单独起作用,法只是许多社会调整方法的一种。法是调整社会关系的重要方法,但它不是唯一方法。除法律之外,还有政策、道德、纪律、规章及其他社会规范,还有经济、政治、行政和思想教育等手段,虽然在当代社会,就建立和维护整个社会秩序而言,法是十分重要的方法,但在某些社会关系和社会生活领域,法并不是主要的方法。在各种规范调整方法中,法律有时也不是成本最低的方法。

再次,法也受其本身的固有的本质属性的限制。法是以国家强制力保证实施的行为规范。有关涉及人们的世界观或其他思想意识问题,一般个人私生活问题等,就不宜采取法律手段来处理。否则,用法律手段强行干预、限制、禁止,不仅不可能起到应有的效果,而且往往导致有害的结果。对于上述问题,只能做深入细致的思想工作、道德品质教育,有的还要辅之以物质手段,逐步解决。

最后,法的内容具有一定的滞后性。法律是对既有经济关系的记载和表明,而经济关系、社会生活总是处在不断的变化之中,因此法律对千姿百态、不断变化的社会生活的涵概性和适应性不可避免地存在一定限度。法律作为规范,其内容是抽象的、概括的、定型的,制定出来之后有一定的稳定性。法律不能频繁变动,更不能朝令夕改,否则就会失去其权威性和确定性。但是,它要处理的现实生活则是丰富具体的、形形色色的、易变的,因而不可能有天衣无缝、预先包容全部社会生活事实的法典。这就使得法律预先规定的内容与现实的社会生活之间存在一定的空隙和不适应性。

第二章 法的历史

第一节 法的成长是个历史过程

法或者说法律,不像风雨雷电那样属于自然现象,它是人创造出来的,属于历史现象。在人类漫长的原始社会,没有如今这种由国家制定并由专门的机构如法院来实施的法。而根据马克思主义的观点,在未来的共产主义社会也不需要具有普遍拘束力的法。正是从这个意义上说,法是历史现象,从最初的碎片化状态到今天的体系化形态,法经历了一个漫长的发展过程。

法的成长,是个历史话题。探究法的成长或法的历史,就是梳理古今中外法意之流变。不同的历史传统,不同的法系地域,对法的理解与认知,均有所不同。如果从语义的角度分析,既往的研究,多会从西方拉丁文语系中寻找"法"的起源,从而将法与Jus和Lex联结起来。Jus的基本含义有二:一为法,一为权利。罗马法学家塞尔苏斯的著名定义"法乃善与正义之科学"(Jus est ars boni et acqui),取的是其第一种含义;拉丁格言"错误不得产生权利"(Jus ex injuria non oritur)则取后一种意思。相比之下,Lex的含义较为简单,它的原意是指罗马王政时期国王制定的法律,以及共和国时期各个立法机构通过的法律。[①] 应当说,以Jus或Lex理解"法",是西方法理学的惯常分析路径。

此外,还有另一种关于"法"的知识考古进路,尽管很少被人提及,但又确实有助于基于历史还原视角,揭示法的原初形态,即以"Nomos"诠释"法"。在古希腊的语境中,"法"(Nomos)对于最初的、奠定后来一切标准的丈量尺度,对于最初的占取——最初的空间划分和安排,初始的区分和分配,均具

---

① 梁治平:《法辨——法律文化论集》,广西师范大学出版社2015年版,第67页。

有非凡的意义。同时，法（Nomos）还源于nemein这个词，而nemein有"划分"和"牧场"这两个意思。据此，法是一个民族的社会和政治规则，在空间上变得可见的直接形式。① 事实上，诚如德国法学家魏德士所言，法的概念与时代紧密联系，始终没有定论，从概念的历史来看，任何定义都只是对概念内容的"快照"，因此，不能普遍和持久地适用。

回顾西方法学思想史就不难发现，"法"的内涵较为模糊。有时，它被视为法庭审判所援引和适用的法律准则；有时，却用以指称由此类准则产生的，并时常为法学家所批判的法律学说和法律传统。② 如此一来，一个涵义宽泛、界定不清的术语，往往会运用于不同的理论中，由此造成观点上的冲突与交锋。"法"概念界定的立场差异，必然引发有关"法的成长"这一论题的思想分歧。

关于法理的思想谱系，这么说也许是合适的：一部西方法律思想史，即是一部法律起源、法律成长、法律发展的思想纷争史。自然法学派、历史法学派、实证分析法学派、批判法学派等主要法学流派，对于法的起源、成长与发展均有不同的认识与看法。在绵延不断的思想史脉络中，分歧随处可见，而共识则寥若晨星。唯一可以肯定的是，无论基于何种立场，既有的法律学说与法学流派均承认，法的成长是一个历史过程。也就是说，法或者法律，有其生命，循历史而生长，法律的源头在洪荒的远古，法律的成长虽悄无声息，却也并非踪迹全无。从历史视角进行回溯，则可发现，法的成长隐约呈现如下两条线索。

一、自然法—实证法

两千多年以来，自然法观念始终都扮演着重要角色。它被认为是对与错的终极标准，是正直的生活或"合于自然的生活"必须遵守的规则。③ 如果对自然法作思想谱系上的定位，那么可以说，自然法是源于古希腊哲学传统，并对近现代西方法律与政治实践产生了深刻影响的"无法之法"。之所以说是"无法之法"，是因为自然法的形态，更多地表现为一些确信的理念与信条，而

---

① ［德］卡尔·施密特：《大地的法》，刘毅、张陈果译，上海人民出版社2017年版，第33-37页。

② Roscoe Pound. Judge Homes's Contributions to the Science of Law. Harvard Law Review, 34.5(1921): 452-453.

③ ［意］登特列夫：《自然法：法律哲学导论》，李日章等译，新星出版社2008年版，第1页。以下论述对此书多有参考，为节省篇幅，就不再一一注明页码了。

非成文化的规范与准则。也就是说,自然法本来就是一种自然的东西,是一种源于自然的观念存在,而不是人为制定的由一系列法律规范条款所组成。简言之,自然法看不见、摸不着。因此,与论述"法"的概念一样,描述自然法同样难以用精确的可以证伪的修辞。

在西方古典学说中,自然即为秩序,自然法便为宇宙之法则,正所谓"自然即理性,而理性即神祇"。在西方语境之下理解自然法,无法绕过其宗教和哲学背景。由此,自然法被认为具有超越性与超验性。所谓超越性,即自然法的存在先于作为"规则"意义上的为人所制定的实证法。所谓超验性,即自然法的产生有深刻的宗教理念背景。认识到这种浓郁的宗教语境,才比较容易理解中世纪意大利经院哲学家托马斯·阿奎那的法律"四分法",即永恒法、自然法、启示法、人为法,其中自然法就是永恒法在人世间的基本存在形式。

需要指出的是,自然法作为一种"无法之法",也有一个复杂的历史演变过程。要理解自然法,就应当了解自然法的学说脉络,关注自然法的古今之变,也就是自然法观念的连续与断裂。自然法的断裂,其实也是自然法的转折。自然法的古今之变,就是自欧洲17—18世纪启蒙运动以来,用自由、民主、平等等自然权利观念,替代传统的弥漫着宗教气息的自然法观念。这充分体现在霍布斯的《利维坦》、洛克的《政府论》以及卢梭的《社会契约论》等经典政治法律文献中。

欧洲启蒙运动时期,尽管已有成文化的制定法,但是自然法理念依然居于主宰地位,而自然权利观念同样是建立在自然法理念基础之上,可以说没有自然法理念就没有自然权利观念,前者是后者得以产生的思想基础。19世纪以后,世界上民族国家不断增多,在社会生活的各个领域越来越依赖于法律的治理,于是,人类社会慢慢进入到人定法即实证法主宰的新时代。不过,时至今日,自然法仍然以自己的方式在影响乃至塑造着既有的法律体系。一言以蔽之,自然法只是从原来的主角位置上走了下来,但它并没有退场。据美国法理学教授韦斯特的研究,自然法在当代的影响主要表现为两种形式:其一,伦理型自然法,关注"共同善""基本善"的人类社会自然品性;其二,法理型自然法,更多地关注法与道德等基本命题。[①]自然法的这两种存在形态,其实想做的事情就一件:论证并推动实证法的法律德性,为人定的法律规范设置规则

---

① See Robin West. Normative Jurisprudence: An Introduction. Cambridge University Press, 2011, pp13-14.

边界与规则限度,为法律文本提供正当性基础。

对自然法古今流变的梳理可知,自然法的产生,早于实证法,并且超越了实证法。实证法的出现,即便不是自然法理念的全部体现,至少也部分得益于而且必须契合于自然法理念。更为重要的是,即便此后世界整体进入成文化的实证法时代,自然法仍然作为一种无形的存在,持续地对实证法产生着难以估量的影响。这种影响,在国家出现政治转型或政治突变之后,尤其明显,且尤其难能可贵。如"二战"之后的德国,对于本国纳粹战犯该如何进行审判,就成为当时德国法学界和实务界必须面对的大是大非问题。这个问题的实质,就是应该如何评判"二战"期间德意志第三帝国所颁布的那些法律,其核心问题在于纳粹德国所实施的那些法律有没有合法性,当初执行纳粹德国法律的军人、公务员、法官等人该不该被定罪。

回答此等难题,不能离开自然法思想的指引。更直白地说,如果将脑海中的自然法思想彻底清除,那这个问题的答案就一清二楚,没有争论的必要,也没有商榷的余地。因为在纯粹的实证法语境下,法律就是法律,没有所谓良法才是法而恶法就不是法的区分。然而,在自然法学派看来,法律是有良恶之分的,那些违反基本人性和道德的法律不具有合法性,这种法律属于"不法之法",任何人都不应当执行它,不管是谁只要执行了这种不法之法,那其实都是在犯法。理解了这种自然法思想,才能真正明白并接受"二战"结束后对纳粹德国执法人员的"执法"。

如"二战"期间,助理行刑官克莱因(Klein)和罗泽(Rose)积极参与无数起已决死刑的非法行刑。1944年4月至1945年3月,克莱因共参与931起死刑判决的执行,为此他领取了26433马克报酬。"二战"结束后,他们被判决有罪。对他们的判决显然是根据盟军(对德)管制委员会发布的第10号法令(《反人类的犯罪》)作出的。战后德国普遍认为,"两被告完全自愿地执行其令人恐怖的职业,面对每一个行刑人而言,他是完全自由的,随时找到健康方面的或其他别的什么理由从其活动中退出来"。①

在德国,类似克莱因和罗泽这种因在"二战"期间执行纳粹法律,而在战后遭到审判的案例不胜枚举。离开了自然法思想,这种战后审判是不可理喻的。而对德国、日本等法西斯国家在"二战"期间的罪行开展审判,绝大多数

---

① [德]古斯塔夫·拉德布鲁赫:《法律智慧警句集》,舒国滢译,中国法制出版社2001年版,第168页。

人都是高度支持的,并认为这种审判乃是反思战争和铲除军国主义思想的标配。这个事例就足以证明,在实证法时代,自然法思想并没有消退,它始终陪伴在实证法左右。

二、习惯法—成文法

如果说自然法—实证法的分析路径,侧重于从思想观念这种抽象形式上去解说法的成长,那么习惯法—成文法的分析进路,则更多地是基于法的客观存在形态来揭示法的成长。

关于习惯法—成文法的分析路径,英国著名法史学家梅因有很多观点值得关注。他认为,对于法律的探究,应该从最简单的社会形式开始,并且越接近原始条件的社会状态越好。也就是说,尽可能地深入到原始社会的历史当中,这才是习惯法—成文法分析路径所要做的工作。在方法论上,梅因的这个观点被称为历史回溯进路。梅因爵士有个著名论断:所有社会的运动,都是一个"从身份到契约"的运动。① 在梅因看来,社会的运动发展是个人逐渐摆脱身份依附的过程。传统身份依附之下的人身关系,正是基于习惯或习惯法的制度约束。所有社会的进步和个人的发展,都以这种制度约束的不断放宽,甚至彻底解除为前提条件。其结果是,人与人之间的关系更多地不是依赖于身份,而是决定于彼此间的契约。这个契约,最典型的莫过于确定男女婚姻关系的"结婚证"。理解梅因这个经典表述的终极密码,不是从身份到契约的过程是如何产生的,而是人与人之间的依附关系为何能如此持久。换言之,在成文法来到之前,习惯法为什么有那么强大的力量,能让各种依附关系成为个人生命的主宰,且持续上千年之久。

习惯或者说习惯法之所以具有强大的生命力,是因为它同样具备正当理性的元素,同样包含着事物真理的颗粒,比如从北美到南非、从西欧到东亚,各个国家的习惯(法)都对私有财产予以承认与尊重。认识习惯法的这种特性就不难理解,最早的法律就是习惯法,习惯是法律的重要源头之一。事实上,在古罗马法时期,就流行着法律起源于习惯的说法。奥地利社会法学家尤根·埃利希曾指出:"直到共和国的晚期,罗马人认为他们民族的习惯法、法学家法,至少和作为法源的法律一样有价值。在中世纪的法律典籍中,只有在

---

① [英]梅因:《古代法》,沈景一译,商务印书馆1979年版,第97页。

例外情况下才提到制定法或法令中的条款。"① 如果对法的形态作一番历史回溯,就不难发现,习惯或习惯法不但先于成文法,而且在一些特定时期和特定领域里,习惯法还优于成文法,这既是对由习惯所形成的文化传统的一种尊重,也是对作为法律家族最早成员的习惯法的尊重。我国台湾地区的黄源盛教授就认为:"初民社会中,无论刑事、民事几乎完全受习惯的规制,可以说习惯与法律为同一物。"②

英语世界新近的习惯法研究,通过梳理前文字时代的社会形态,也同样表明,"凡法律皆源于习惯"。③ 为了更有力地说明这一历史演变,还可补充的一则史实是,以传统欧洲世界为例,根据英国史家彼得·伯克的考证,16世纪以前,拉丁语在欧洲处于主导性语言地位。然而,即便是到了16世纪,能够读写拉丁语的仍然只是少数僧侣阶层和知识贵族阶层。在识字者甚寡的时代,可想而知,用拉丁语表达出来的成文化法律,是难以为普罗大众所熟知的,普通民众即便拿到了这个法律文本也不知道其为何意,因为他们中的绝大多数不懂拉丁文。所以,习惯或习惯法而非难以理解、难以识别的成文法,成为最主要的法律以及司法裁断之依据。事实上,追溯史实,还可发现,即便是由文字记载的法律规范,至少有相当多的内容,也是对既有习惯的确认与规范化。举例而言,根据梅因的观察,在罗马时期,"当有一种特别的惯例被看到为大量的各民族共同应用(的习惯)时,它即被记录下来作为'所有国家共有的法律'或是'万民法'的一部分"。

当然,仍需指出的是,从习惯或习惯法到成文法的演进来透视法的成长,并不意味着二者是绝对相互取代的过程。换言之,由习惯或习惯法演进为成文法,绝不代表着习惯或习惯法会随着成文法的出现而退出法律世界舞台。这种演变仅仅意味着,成文法逐渐取代习惯法而居于主导地位,习惯法作为补充性法源现象,依然存在。习惯法如今只是居于补充性的法源地位。2020年颁布的《民法典》第10条规定:"处理民事纠纷,应当依照法律;法律没有规定的,可以适用习惯,但是不得违背公序良俗。"民法典的此条规定就是习惯在我国法律体系中的居于补充地位的最好证明。

---

① [奥]尤根·埃利希:《法律社会学基本原理》,叶名怡、袁震译,中国社会科学出版社2009年版,第9页。

② 黄源盛:《中国法史导论》,广西师范大学出版社2014年版,第53页。

③ David J. Bederman. Custom As a Source of Law. Cambridge University Press, 2010, p3.

回到现实司法实践中,不妨阅读一起发生在上海的"遗产继承纠纷案"。这一案例能够具体地展示,习惯在成文法时代依然具有不容忽视的生命活力。

2016年5月3日,上海市奉贤区人民法院受理了一起遗产继承纠纷案。该区潘某系顾某的再婚妻子,婚姻存续期间,二人未生育子女。顾某去世之后,因遗产继承一事引发纠纷,潘某遂将顾某的四子女告上法庭,请求法院判令由其依法继承顾某遗产27921元(含顾某生前单位发放的死亡补助金16072元;中国邮政储蓄银行存款11849元)。

对此,四被告辩称,被告父亲生前确曾与潘某共同生活。但是,在几年前,顾某因病卧床之后,潘某便离开顾某,其间也未曾看望顾某。顾某死亡后,原告潘某虽然知情,但并未参与丧事办理。此后,按照农村风俗进行的三七、五七仪式,原告也未参加。不仅如此,在顾某死亡后的第四天,原告就委托他人闹事,要求分割遗产。至于原告主张的两笔款项,也已用在丧事办理上。因此,请求法院驳回原告全部诉讼请求。

一审法院经审理认为,民事活动应当尊重社会公德,权利的享有与义务的付出应当一致。顾某生前,原告自身年高,无法护理,尚可理解。但从不探望,显然不妥。顾某死亡后,原告未参加丧事办理,也有违情理。此外,根据农村传统风俗,三七、五七是办理丧葬事宜的重要节点,体现了对逝者的尊重和追思,但原告仍未参加,也未在办理丧葬事宜上支出钱款,只是要求分割遗产,明显与农村善良风俗相悖。四被告的辩解,符合当前农村传统习惯。鉴于原被告数额争议不大,保持现状更有利于彰显善良风俗,维持原、被告内部和谐,故对原告的诉讼请求不予支持。

随后,原告不服一审判决,提出上诉。上海市第一中级人民法院经审理认为,一审法院从减少当事人讼累、彰显善良风俗角度出发作出的判决,并无不当。[①]最终,二审判决驳回上诉,维持原判。

在当代中国,于婚丧嫁娶等事项上,传统习惯的规范性效力,依然较为明显。丧礼仪式,旨在慎终追远,寄托哀思,是乡村地区重要的风俗习惯。纵观本案判决,两级法院之所以驳回原告的诉讼请求,主要理由就在于,原告的行为,违反传统习俗,有悖情理与事理。由此可知,习惯在社会法律生活中的地

---

① 上海市第一中级人民法院民事判决书(2016)沪01民终11535号。

位仍然不容小觑。

第二节　法在西方的成长：宗教与法律

　　对于西方世界来说，宗教的影响之大绝对是无与伦比的。众所周知，世界历史分期中，有个被命名为"中世纪"的历史时期。所谓漫长而又黑暗的"中世纪"就天然地与宗教，尤其是基督教密不可分。德国公法学家施米特甚至认为，中世纪基督教共同体本身即构成了整个欧洲的空间秩序。在这种宗教空间秩序之下，法律自然摆脱不了教权与教义的约束。以国际法为例，施米特断言："所谓现代的，即16—20世纪欧洲国家间的国际法，是从中世纪凯撒统治（Kaisertum）和教宗统治（Papsttum）的空间秩序脱胎而来，不了解中世纪基督教欧洲的空间秩序，就不可能从法律史的角度理解由它发展而来的国际法。"①

　　当然，关于宗教对法律的影响，并不唯中世纪，也不唯欧洲所独有。美国法学家伯尔曼（Harold J. Berman）在其经典著作《法律与宗教》中，就曾简明扼要地指出："法律与宗教是两个不同然而彼此相关的方面，是社会经验的两个领域——在所有社会，尤其是在西方社会，更特别是在今天的美国社会，都是如此。尽管这两个方面不容混淆，但任何一方的繁盛发达都离不开另外的一方。没有宗教的法律，会退化成为机械僵死的教条，没有法律的宗教，则会丧失其社会有效性。"②

　　事实上，如果我们从较为宽泛的意义上，而非局限于实证法（positive law）——实证法认为法律突出地表现为主权者的命令，它是人为制定出来的，非人为制定的同样具有约束力的东西则不属于法律——意义上来界定并理解"法"，那么西方世界宗教信条或教义同样是一种法律。而且，这种法律的历史比实证法更悠久，社会生活中自发信仰它的人更是远远多于实证法，至于这种宗教法律对实证法内容塑造上的影响就更不用说了。前文所揭示的

---

① ［德］卡尔·施米特：《大地的法》，刘毅、张陈果译，上海人民出版社2017年版，第22页。
② 参见［美］伯尔曼：《法律与宗教》，梁治平译，生活·读书·新知三联书店1991年版，第25页。

托马斯·阿奎那法律分类学说,也同样表明宗教教义(信条)其实就是一种法。通过如此回溯,追问宗教与法律根源上的关联性,就不难理解伯尔曼所论述的宗教与法律之间打断骨头连着筋的紧密关系了。

关于法律与宗教之间的关系,我们还可以通过下面的故事来进一步认识。

传说还在雅各(耶稣十二门徒之一,是第一位耶路撒冷主教,并在那里殉道)的时代,因战乱和饥荒,犹太人被迫离开刚立足不久的迦南之乡,穿过西奈沙漠,迁徙到富饶的埃及。岂料,埃及的法老王拉美西斯二世想把这些外乡人贬为奴隶。他下令溺杀所有的希伯来男婴,强迫所有的犹太妇女都要嫁给埃及人,并改信埃及的宗教。经历了一段漫长的奴隶生活后,在民族英雄摩西的带领下,宁死不屈的犹太民族又一次开始了"胜利大逃亡"。他们扶老携幼,赶着牛马破车,烟尘滚滚地向着东方的故乡进发。在红海的岸边,他们打败了法老王的追兵,人困马乏,踏上了寸草不生的西奈半岛。这一切,都一字一血泪地记载在犹太人的史诗《圣经》里的第二章《出埃及记》中。

"因为不屈服于奴役,所以他们选择了流浪。"这就是犹太民族几千年不变的性格。摩西带领他的族人们,在西奈的烈日下整整流浪了40年!据说某日,他们来到这座西奈山下(今天西奈半岛南端的卡瑟琳娜山),心力交瘁的摩西曾丢下人群,独自登上万丈的悬崖顶上,仰天祈祷请求耶和华为他的族人指示一条正道。但耶和华却总不露面,摩西在山顶上静修了40昼夜,而山底下群龙无首的犹太人却早已发生哗变。有的人在大声痛骂摩西把他们带到了这个绝地,有的人在向头金牛犊下跪祈祷,而有的人则在互相抢夺食物和水。等摩西下山时,整群犹太人已乱作一团。摩西一看,大发雷霆,他目光如电,长发飘飘地振臂一呼道:"你们这班不信神的人呵,快丢弃你们的偶像吧!只因你们不信神,神才给了我们那么大的惩罚。刚才在山上我们万能的神耶和华,已与我订立了神圣的契约——只要你们今后能悔过自新,并能遵守神的十条戒律,神便会指条大道,引领以色列人回到那流香淌蜜的迦南之乡!"据说当时,随着摩西的喊声,天上奇迹般地出现闪电雷声,一只看不见的手——上帝之手,嗖嗖嗖地在西奈山的峭壁上刻出了这十条戒律,它们是:

一、除了耶和华之外,以色列人不可再有别的神;

二、不许雕制和崇拜任何偶像;

三、不许妄称耶和华的尊名;

四、当守安息日(星期六)为礼拜耶和华的圣日;

五、当孝敬父母；

六、不可杀人；

七、不可奸淫；

八、不可偷盗；

九、不可作伪证诬陷他人；

十、不可贪图他人的一切。

据说，当时的以色列人先是目瞪口呆地看着这一切奇迹，继而是大声欢呼，热泪盈眶，感谢神在绝境之时并未丢弃他们。夜色苍茫，他们在西奈山岩下点亮火把，一遍又一遍激动地诵读着这"摩西十诫"。次日天亮，汹涌的人群，又万众一心地紧跟着摩西的脚步重新踏上了征途。

"摩西十诫"，既是希伯来人的经典法律，也是人类社会最早的法律成就之一。它初步形成了犹太教的教规、教律与礼仪，规定了一些主要的宗教节日。随后在此基础上，演绎出一整套指导犹太人社会生活的权威律法——《犹太法典》。这部人类历史上的第二部成文法典（注：除"摩西十诫"之外，其余的犹太法令实际上都只是一些口传法律，它直至公元3世纪才开始汇编为一部成文法典），鲜明地体现出了平等的人神契约思想。神既有被人民独尊的权利，也有要保护自己的子民的义务，而人要有敬神的义务，却也有"神不佑我，我即弃之"的权利。这种人神契约是神圣的，一旦签订，则无论是人还是神都不能随意撕毁，谁要毁约，就必将遭到上天的严厉惩罚。可以说，这种"上帝之约"正是17、18世纪欧洲法学家们的"社会契约"论的先声，也正是3000多年来，西方社会遵约守法、"重合同、守信用"等社会道德风气的一个深厚宗教渊源。

当然，宗教对于法律的影响还不止于此。当今世界大多数法系的产生过程都具有浓厚的宗教背景，如犹太法系、伊斯兰法系、印度法系，等等，均是基于神的启示（神启）而问世的。可以这样说，法律在西方的成长大多以宗教为依托，法律发展的整个历史与宗教的历史绝对不可分割开来。此外，如果仔细梳理，还可发现，法律与宗教具有与生俱来的相似性，二者暗含共同的四种要素——仪式、传统、权威和普遍性。这四种要素存在于所有的法律体系中，就像它们存在于所有的宗教里面一样。

从发生学的视角上看，宗教的起源早于法律。在对世界万物认识非常有限的原初社会，当人们无法解释自然现象的变化多端时，就将未知的东西诉诸神灵,宗教教义开始赋予万物秩序以正当性。因而,在宗教占统治地位或者影响较大的区域,最初的"法"只有披上宗教的外衣,方具正当性基础,进而在社会生活中产生规范性效力。当然,如若从更为广阔的视野审视,在教权至上之地,如希伯来、古印度、伊斯兰地区,不仅借助宗教权威以凸显法律之正当,而且教义本身即是最高的法律(犹如世俗世界中的宪法),法律与神意、教义与法意合二为一。

在古罗马共和国时代,宗教仪式和习俗也具有重要地位。早在罗慕勒斯创建罗马城时,即设立了占卜官的职位,并且规定任何国家大事均须占卜。西塞罗本人认为,重视宗教仪式和习俗与推崇自然法是完全一致的,并且认为宗教仪式和习俗并不仅仅是宗教问题,也是国家的基本秩序。在古希腊文化中,宗教神话具有超强的影响力,这一点在荷马史诗中很容易感受到。美国法理学家博登海默在研究希腊法哲学时指出:"当时的法被视为是由诸神颁布的,通过神意的启示为人类所知。"古印度虽然在地理位置上不属于西方,但是古印度是一个宗教社会,法律在很大程度上只能算是宗教的附属物,其内容和发展完全受制于印度教。①

有人说,西方的文明史就是基督教的发展史。基督教对西方社会的影响是全方位的,对法律的影响不仅触及规范层面、制度层面,更渗透到价值层面和精神层面。基督教起源于现在的巴勒斯坦一带,后传入欧洲,并逐渐演化成盛行于欧美的主要宗教。关于基督教与西方法律及法治之间的关系,可详论如下。②

首先,基督教对于西方法治的形成奠定了思想基础与伦理基础。可以这样说,即使法律最初并未在教会的影响下得以确立,但是这种法治思想在中世纪的神学发展中已经生根发芽了。这些并未形成体系化的法治理念和思想,在一定程度上奠定了西方法治主义的基础,并为之提供源源不断的思想活力。当日耳曼人用粗陋的习惯和蒙昧的意识,取代罗马人的法制与法治观念时,摧毁的仅仅是一个曾经繁荣一时的帝国,基督教会却一直保存着罗马人的文明

---

① 这几段论述主要参考余定宇:《寻找法律的印迹(第三版)》,法律出版社2017年版,第27-30页。郭义贵:《论西方法律与宗教的互动关系》,载范忠信、陈景良:《中西法律传统》,中国政法大学出版社2001年版,第312页以下。

② 以下论述主要参考吴向军:《宗教与法的关系论纲》,中共中央党校2008年博士学位论文;[美]哈罗德·伯尔曼:《法律与革命——新教改革对西方法律传统的影响》,法律出版社2008年版。

规则和观念,罗马帝国令人震惊之处就在于此。在它事实上衰亡之后,它的文明仍然在持续,为今天的人类社会治理播下了宝贵的法治种子。在教会与王权的斗争中,基督教神学不仅重申了法律的理性、正义和权威的思想,而且从中衍生出法律神圣、权力服从于法律、法律至上等近代法治理念。

其次,基督教也推动了西方近代法律体系的建立与发展,教皇革命中的教会法是近代西方的第一个法律体系,伯尔曼研究指出:中世纪晚期的教会法乃是西方最早的现代法律制度,它通行于欧洲各国,事实上支配者教会内教士和僧侣生活的各个方面,以及俗人生活的大多数领域。所以说,最先让西方人懂得现代法律制度是怎么回事的,正是教会。① 西方法律传统是在12和13世纪时,在教皇革命的冲击之下形成的。那次革命把罗马天主教集团从皇帝、国王和封建领主的控制下解放出来,并产生了第一个现代西方法律体系,即罗马天主教的教会法。教会法的主要渊源来自《圣经》、教皇教令、宗教会议决议以及罗马法和日耳曼法的一些原则和制度。从本质上讲,以基督教神学为理论根据的神权法,有相当严密的、等级森严的教阶制度,但教会法又广泛涉及财产、契约、婚姻家庭继承、刑法、诉讼法等诸多领域,它们是当时规范并维护欧洲封建社会秩序的主要工具。

比较典型的是,无论从理论上还是实践上看,西欧的婚姻制度都是以教会的婚姻家庭制度为基础,教会的婚姻家庭法逐渐取得了支配地位。此外,从婚姻家庭的相关法律中,我们还可以看出教会法对西方法律发展的影响,教会婚姻法中包含着西方法治的最基本原则之一——契约自由。它不仅包括建立婚姻关系的必备条件是双方合意,即双方必须是在自由意志下进行结合,任何存在妨碍自由的情形,如认识错误、胁迫、欺诈、恐惧等,其订立的婚姻契约都是无效的。而且,除了实质上的合意外,还包括形式上的契约性,如婚前必须进行预告,必须履行宗教仪式。实际上,教会法的思想已经在西方法治的延续过程中潜移默化地渗入法治秩序的各个角落,要将两者剥离开来是几乎不可能完成的任务。

与之同步进行的是,王室法、封建法、城市法和商法等世俗法律体系,在整个欧洲也逐步发展起来。世俗法是一种适应各个领域社会发展需要而兴起的法律体系概念。它们中的每一部法律在范围上都限于特定种类的事物。它们大多产生于习惯,并按照理性和良心而不断得到修订与完善。不能不指出的

---

① 参见[美]伯尔曼:《法律与宗教》,梁治平译,商务印书馆2012年版,第49-50页。

是,世俗法的推行与发展,依旧离不开宗教与神学的指引。精神和世俗管辖权的二元化,以及同一政治实体内世俗管辖权的多元化,是形成西方法律传统的核心原因。中世纪的教会法学家和教皇们有一种二元论的政治理论,认为世俗政权和以教皇为首的教会领导机构应该有各自不同的势力范围,前者负责国家的治理,后者负责宗教事务。以教权和王权二元对抗为主导的多元政治格局,曾为西方法律传统的产生提供了必要的社会基础。这种对抗与妥协实质上就是不同权力之间的对抗与平衡,因而权力制衡是西方法律传统产生的先决条件,也是法治产生的政治土壤。

如前所述,在各国的法律形成过程中,由于不同的社会环境影响而发展成了各有特色的法律体系,流传至今影响力较大的主要是大陆法系与英美法系。大陆法系中,具有代表性的国家是法国;英美法系中,最具有代表性的国家当然是英国。下面将以法国和英国为例,阐述宗教在西方近代法律形成过程中的作用。[①]

法国是典型的大陆法系国家。大陆法系又称罗马法系、罗马—日耳曼法系、民法法系,它是以罗马法为基础,以法国《拿破仑法典》为代表的一个世界性法律体系。大陆法系本身就是以法国继受的罗马法传统而建立起来的法典化法律体系,罗马法中的宗教印迹自然不可避免地在大陆法系中有所体现。而英国作为英美法系或称普通法系的典型性国度,其法律体系的形成同样也不容忽视宗教的影响。自6世纪后期基督教传入英格兰,谙熟罗马法的神职人员把欧洲大陆教会法的观念及其解释技艺带到了英格兰。在教会法成文形式的感染下,以及受欧洲大陆各日耳曼王国争相编纂法典的影响,英格兰当时的盎格鲁—撒克逊国王也制定了一系列成文法典。不过,由于当时的国王并没有将立法作为加强统治的工具,所以,他们所编纂的成文法充其量只是对当时习惯法的记录与简单汇编。之后,英国主要以习惯法为主的法律体系就是这样来的。

在1066年建立的诺曼底王朝加速了英国的封建化过程,封建法律体系由此而在英国水到渠成。在诺曼人征服英国后,采用了"保留现有制度"的方式进行统治,即宣布之前的习惯法继续有效,而且在亨利二世治时期进行了司法改革,将巡回制度和陪审制度确立下来。在强大的王权的支持下,通过长时

---

① 以下论述主要参考何勤华、李秀清:《外国法制史》,复旦大学出版社2011年版,第165-170页。

间的巡回审判实践,在原有习惯法的基础上,以判例的形式将各地分散的习惯法统一起来,形成通行于全英国的"普通法"。普通法在很长一段时间内对于调整英国人的行为发挥了重要作用,但发展至14世纪,仅以普通法作为解决纠纷的依据反而在现实生活中引起了更大的冲突。

为弥补普通法自身的缺陷,大法官审理案件时,获得了很大的自由裁量权,不再受普通法诉讼形式的限制,也不采用陪审制,他们作为"国王良心的守护者",运用罗马法中的衡平原理即"公平、正义"原则独立地作出判决,并借此而创制的一系列规则为普通法无法救济的权利提供了保护,这极大地弥补了普通法僵化保守的缺陷。通过大法官审判实践而产生了一套法律体系——衡平法由此得以兴起。随着衡平法司法范围的日益确定,衡平法逐渐发展成为较为系统、完整的法律体系,英国从此形成了普通法与衡平法两种法律体系、两套法院系统和两种诉讼制度长期并存的局面。

时至今日,宗教似乎在法律的制定上不再发挥决定性作用,法律也逐渐像宗教一样成为人们心中一种独立存在的信仰。但这只能说宗教对于法律的影响早已深入骨髓。伯尔曼在他的研究过程中就曾提出过这样一个疑问:即使法律的神学渊源似乎已经走向了枯竭,但是从神学中衍生出来的法律制度、概念以及价值仍然得以保存,一个神志正常的人被判定犯有谋杀罪并被判处死刑,在死刑执行前他发生了精神错乱,这时他的死刑便要延迟,直到精神恢复。[①]一般而言,这是西方和许多非西方国家的法律规定。那为何要这样规定呢?西方国家的回答是,如果一个人在精神错乱的时候被执行死刑,那么他将没有机会坦白地忏悔他的罪过和参加圣餐礼,必须允许他在死前恢复神志,这样他的灵魂便不致被判定在永久的地狱之火中受到折磨,而且有机会在炼狱甚至在最后的审判中赎回他的罪过,得以进入天国。伯尔曼所举的这个例子的重要性很容易为大家所忽略。其实该事例足以表明,所有西方国家以及处在西方法律影响之下的非西方国家的法律制度,在很大程度上都是宗教观念及其外在形态的一种世俗遗留。

伯尔曼还认为,没有宗教的法律,会退化成为机械僵死的教条,而没有法律的宗教,则会丧失其社会有效性。[②]在西方法律发展史上,宗教可谓是贯穿

---

① 参见[美]伯尔曼:《法律与革命——西方法律传统的形成》,贺卫方等译,中国大百科全书出版社1993年版,第200-201页。

② 参见[美]伯尔曼:《法律与宗教》,梁治平译,商务印书馆2012年版,第66-67页。

古今,完全融入其中的一个重要元素。从宗教与法律不分你我,到法律以宗教为依托得以发展,再到法律与宗教相伴相生,宗教在西方法律发展史上无疑具有举足轻重的地位。不过,这仅仅是西方法律的故事,到了地球的东方——亚洲的中国,这个故事就只能是另外一个完全不同的版本了。

第三节 法在我国的成长:从诸法合体到六法全书

我国作为四大文明古国之一,具有源远流长的五千年文明。作为世界法律体系的一个支脉,中华法系也曾盛极一时,其中的刑法思想与刑事制度,堪称是中华法系文化宝库中的瑰宝,曾以其独特的魅力备受世界瞩目,也曾以其相对发达与完善的典章制度,吸引万邦来朝,成为东亚诸国纷纷前来学习的楷模与典范。

与西方法的成长样态不同,中国法的产生更具世俗性,其间几无宗教因素的影响。从中国独特的法律文化来看,与中国法难舍难分的,更多的是儒家礼法,而非宗教教义。换言之,中国法的形态并未表现为宗教化,而是呈现出法律的儒家化。[①]

追溯法的历史,"以刑为主"被认为是贯穿中国古代法的突出特点。西方法学研究者曾认为,传统中国是"无法"的社会,从而构建出一个有关中国无法性(lawlessness)的虚幻想象。之所以会产生这种所谓"法律东方主义"的智识偏见,很大程度上是因为,在西方学者看来,传统中国社会是不具备齐全的法律体系的——几乎所有的法律都具有刑法色彩。较早对中国传统法加以研究的海外学者卜德、莫里斯即认为:

"中国古代的成文法完全以刑法为重点;法典的编纂主要限于对社会长期流行的道德规范的整理、编辑;只有在其他行为规范不能约束人们的行为

[①] 瞿同祖先生在分析传统中国法时,曾提出法律儒家化的命题。瞿同祖先生认为:(1)秦汉之法律为法家所拟定,纯本于法家精神;但是(2)法律之儒家化汉代已开其端;(3)儒家有系统之修改法律则自曹魏始。进一步阅读,可参见瞿同祖:《中国法律与中国社会》,中华书局2010年版,第377页以下。

时,方才诉诸法律,否则法律条文很少被引用。总而言之,中国古代虽然制定了很多且具有较高水平的法典,但传统的中国社会却不是一个由法律来调整的社会。中国法律的注重刑法,表现在对于民事行为的处理要么不做任何规定(例如契约行为),要么以刑法加以调整(例如对于财产权、继承、婚姻)。"①

尽管新近的法律史研究,不乏对此论断加以驳斥者,但是整体而言,对中国法"以刑为主"的判断,也难言过于偏颇。蔡枢衡先生《中国刑法史》中对刑法之于中国法的地位,有一则简要概括:在历史上,中国刑法史是法制史的重心。除了刑法史的法制史,便觉空洞无物。②法律史学者张中秋教授在《中西法律文化比较研究》中也认为:"中国古代法(以刑法为中心)最初主要形成于部族之间的征战,而西方古代法(古希腊与古罗马法)则是氏族内部贵族与平民之间矛盾和斗争的产物。"③早期的学者主要从以下三个方面着手分析,得出了"以刑为主"的结论:

首先,从内容上看,在中国古代的法律制度中,刑法所占比重非常之大。中国历史上曾长期存在"刑始于兵""兵刑合一"的思想观念。所谓"刑始于兵",是指中国古代的刑最初起源于战争之类的军事活动,以刑为主体的法最早脱胎于军事活动中产生的军法。古人所说的"黄帝以兵定天下,此刑之大者"及"大刑用甲兵"等,即表明黄帝以来频繁进行的军事征服与兼并战争本身,就是中国古代最早的刑。④据现存史籍的记载,我国在夏、商时期就已有刑法,并据此对人们不当的行为作出刑罚。当时的"禹刑""汤刑""五刑"等都是用以处罚人们日常不当行为的律令。西周时的刑法已独占鳌头,《吕刑》中的规定基本属于刑法。到春秋、战国时期,在法家重刑轻罪思想的指导下,刑法的发展更甚,尤其是到春秋末期,公布了成文法以后,刑法便迅速发展起来。从法典交替变更来看,在法制史的成文法脉络中,以《法经》为起点,下启《秦律》《汉律》《魏律》《晋律》《北魏律》《梁律》《陈律》《北齐律》《北周律》《隋开皇律》,以至《唐律》《宋刑统》《大明律》《大清律例》,考其内容,无不以刑名为主。是故,有学者坦言:"上述律典,就其结构形式看,以当今的

---

① [美]卜德、克拉伦斯·莫里斯:《中华帝国的法律》,朱勇译,中信出版社2016年版,第3页。
② 蔡枢衡:《中国刑法史》,广西人民出版社1983年版,第4页。
③ 张中秋:《中西法律文化比较研究》,法律出版社2019年版,第1页。
④ 郑显文:《中国法制史教程》,知识产权出版社2011年版,第25页。

法律分类概念,基本上性质均属'刑法典'"。①

其次,从形式上看,跟其他法律部门相比,古代中国的刑法是最系统、最完备的,也是发展水平最高的。中国古代君王兼任了立法、行政与司法之职,皇帝通过行政的手段创制了相当多的刑事法律规范,秦朝就有命(制)与令(诏),汉朝时有"令"。"法""刑""律"可以互称,主要都是指刑法。此外,就法典的具体内容而言,中国古代的立法者在司法实践中,提炼出许多在当时居于世界领先水平的刑法原则,例如汉朝时就有了"原心定罪"的规定,即将有无犯罪的主观意识作为是否犯罪的先决条件,同时主张区分故意与过失的界限,强调共同犯罪、累犯和教唆未成年犯罪等要从重处罚。各朝代的法典中,对刑法原则、规则、刑名、罪名、刑罚体系的规定,越来越呈现出规范化和体系化的特点。相比之下,各个朝代的法典中有关户婚、田宅、市廛、钱债等民商事规定,要简略得多,甚至根本未作规定。只有到了明清时期,民商事法律才有了较为显著的发展。

最后,在中国古代,刑罚是承担各类法律责任的基本手段。以历史的眼光来观察比较,传统中国法律中有关刑罚种类的设置,是较为系统完备的。举例而言,《唐律》中就曾对笞刑、杖刑、徒刑、流刑、死刑加以系统规定。此外,如前文所揭示的,尽管传统中国无民法典,但是民法规范还是存在的,只是与刑法规范相比,民法规范所占比重偏低,显得相当薄弱,呈现的是碎片化状态。黄源盛教授指出,仔细梳理就可以发现,在古代中国,法典的内容往往涵盖了有关民事、诉讼和行政等方面的规范事项,并且大都以刑罚制裁作为其法律效果。② 由此可知,中国古代法律的调整方法和手段往往是泛刑罚化,即以刑罚或者类似刑罚的手段来规定民事、行政乃至经济法律规范的法律后果。由于官僚体制的一以贯之和儒家宗法伦理的强大渗透力,中国古代刑事法极为发达,以致刑事法的调整方法过于强势,常常侵凌甚至全面覆盖到其他的法律领域。

当然,对传统中国法"以刑为主"的判断,主要是从成文法的角度考察的。如果我们认识到"礼"对于社会的规范作用,那或许会对此观点持一定的保留态度。众所周知,"礼"是中国先秦历史上早期习惯法的一种思想起源,也是中华法系的一个重要组成部分,而"礼"与"刑"各司其职、相辅相成也算是中

---

① 黄源盛:《中国法史导论》,广西师范大学出版社2014年版,第82页。
② 黄源盛:《中国法史导论》,广西师范大学出版社2014年版,第82页。

华法系的一个重要特征。一般认为,"礼"系经统治者制定或者认可的要求人们自觉遵守的,同时具有指导性、强行性或禁止性的规范。它全面规定国家基本制度、社会等级秩序以及日常行为规则,其功能作用在于正面的积极指导。而刑是用于制裁违法犯罪行为的惩罚性规范,其功能和作用在于打击和预防犯罪。事实上,从"礼者,禁于将然之前;法者,禁于已然之后"来看,对"礼"的违背,依然需要采取刑罚手段,它们二者之间的这种依赖关系,其实也能从侧面反映出"刑"在传统中国法中的绝对支配地位。此外,还需注意的是,汉代以后,已然出现儒法合流、礼入于法的态势。因此,总体来说,"以刑为主"的判断,大体上是符合传统中国法的历史事实的。

再次回到中国法的成长这一历史论题之中,"以刑为主,诸法合体"是中国古代法典编纂的一贯方法。中国传统的法典,从战国时期的《法经》,到盛唐典籍《唐律疏议》,直至末世绝唱《大清律例》,在编纂体例上都同样贯穿了"以刑为主,诸法合体",即以刑事法律规范为主体,同时涵盖了民事、行政、经济法律等社会治理多个层面的内容。这种多重内容混杂在一起的法典编纂体例的传统局面,直到晚清之际才被最终打破。

19世纪至20世纪之交,经"三千年未有之变局"打击之后的晚清政局可谓风雨飘摇,先后经历了"公车上书"与"戊戌变法"的清廷,为了应对政治环境的急剧变化,作为中国近代化一环的法律近代化,被动地渐次启动。清廷仿照西方的体例,构建了一个全新的、基本符合近代法制规范的以宪法为统率,包括宪法、民法、刑法、组织法、商法、诉讼法在内的六大法典体系。就改革的广度和深度而言,清末法律改革无疑大大超越我国历史上的任何一次律法变革。它使中国法制从形式到内容都发生了重大的根本性质上的变化。由此,在近代化转型的意义上,中国法制前进了一大步。

在清末法律改革中,有一个人物应当被我们所熟知并纪念,他就是提出了一系列法律改革主张,公认是中国法制现代化之先驱的沈家本先生。沈家本(1840—1913),别号寄簃,江南吴兴(今浙江湖州)人,进士,曾任刑部郎中、贵州安顺府知府等职。1904年5月,经过沈家本、伍廷芳等人近两年紧锣密鼓的筹备,修订法律馆终于开馆。该馆主要翻译和研究东西各国法律,并整理中国法律旧籍。经其介绍到中国的东西诸国法律和法学论著,涉及之广、数量之大,前所未有。使得比较各国体例,去芜存菁,进而系统改造中国旧律和创立新法成为可能。至于翻译过程中的调查考核,辨明文义和甄定名词,对于创建中国法律学更有重要意义。他专治法学,曾收集我国古代法律资料加以整理和考订。又奉命主持修订法律,建议废止凌迟、枭首、戮尸等酷刑,用修订的《大清现行刑律》取代《大清刑律》,并研究和参照国外刑律,制定《大清新刑律》,对刑法作了改革。他著有《历代刑官考》《历代刑法考》《汉律摭遗》《明律目笺》《文字狱》《刑案汇览》《读律校勘记》,另有《古今官名异同考》等。后人编有《沈寄簃先生遗书》《枕碧楼丛书》传世。

沈家本受命为修律大臣期间,最主要的活动是修订旧律、创制新律的立法实践。所谓修订旧律就是对《大清律例》进行全面改造,其改革成果主要体现在《大清现行刑律》中。该法典删除了凌迟、枭首、戮尸、缘坐和刺字等残酷的刑罚,禁止刑讯和买卖人口,废弃了奴婢律例,统一了满汉刑律。虽然从大端而言,这仍是一部旧式的刑法,但正是这部过渡时期的法典的制定意味着传统法制创新的开始。

在新制定的一系列专门法典中,《大清新刑律》是最重要的。该律摒弃传统诸法合体的旧制,是一部单纯的刑法典。比诸旧律,它有五个方面的变化:改旧律的笞、杖、徒、流、死五刑为死刑、无期徒刑、有期徒刑、拘留、罚金,附加刑有剥夺公权和没收;削减了旧律繁杂的死罪条目;确定了死刑唯一的原则;废除了旧律的援引比附制度;重视惩治教育。

此外,沈家本还主持制定了《大清民律》《大清商律草案》《刑事诉讼律草案》《民事诉讼律草案》等一系列法典。虽然这些新法典远未达到完善程度,且大部分未曾施行,但其制定本身就已经是中国法律史上亘古未有的革命。至于贯注于法典编订中的立法者的思想,以及由法典编纂而引起的争执和议论,则无疑具有更加久远的价值。

沈家本身处变局,心存忧患,努力探求新旧交替之际法律发展的途径,形成了"参考古今,博稽中外,融会贯通,不存偏见"的独特修律风格。然而,沈家本虽然竭尽心力融通中西法律,却仍不为清廷顽固的官僚士大夫所容,讥议反对之声接踵而来。为维护修律成果,沈家本代表法理派与守旧的礼教派展开了四次大的论争,争论最激烈的一次爆发于沈家本奏上新刑律草案之后。一时之间,下有部院督抚大臣的指斥,上有"修改新刑律不可变革义关伦常各条"的上谕。沈家本甘冒被斥为悖逆纲常、离经叛道的风险,起而论辩。最终《大清新刑律》渡过难产大关,附加"暂行章程"五条后才得以颁布。可是,沈家本却被迫辞去修订法律大臣和资政院副总裁两项职务,回任法部左侍郎,从而结束了他将近10年的修订法律生涯。

清末法律改革的成果之一是颁布宪法。清光绪三十四年(1908)出台的

《钦定宪法大纲》乃是我国历史上的第一部宪法。尽管它并未得到有效的实施,很难说是成功的现代立宪尝试,但是从文本来看,它还是打破了君权独断、百姓无权的传统制度构造,破天荒地规定:"臣民于法律范围以内,所有言论、著作、出版及集会、结社等事,均准其自由"。因此,从"古今之变"的意义上来看,《钦定宪法大纲》无论如何都是中国立宪改革史上的一次重要尝试,其开先河的意义不容低估。除《钦定宪法大纲》外,清廷在刑法方面,颁布了《大清新刑律》;民商法方面,制定了《大清民律草案》《公司律》《商人通则》《商标注册试办章程》《公司法草案》《票据法草案》等等;在诉讼法领域,《大清刑事民事诉讼法》《刑事诉讼律草案》《民事诉讼律草案》《大理院审判编制法》也相继出台。上述法律的制定,标志着清末基本建立了全新的法律体系,这绝对是在法律制度领域开天辟地的重大进步。

尽管这些法典、法规未能得到有效的实施,甚至有些尚是草案还没来得及正式颁布,但依然不能否定它的意义。清末法律改革在很大程度上突破了原有诸法合体的传统,对后来的法律制度产生了极为深远的影响。清朝灭亡之后建立的南京临时政府、北洋政府、南京国民政府,基本上是沿袭清末法律改革所创立的法律体系,并逐渐形成了以六法全书为中心的现代法律制度。清末法律改革和民国六法全书体系的诞生,标志着传统中华法系的终结和中国近代法律体系的形成,它们为中国建立完全的近代意义上的法律体系奠定了基础。

回顾我国法史传统,法律的发展尽管路途曲折,且其间多有中断,但也基本上呈现出螺旋前进式发展模式。从"以刑为主,诸法合体"到确定"六法体系",从借鉴域外立法模式、延聘域外立法顾问、参考域外法律学说,到自主起草、自主立法,并基于本土资源构建法的中国性,沧桑巨变,颇多磨难。在这个意义上,或许可以这样说,一部中国法律史,同时也是一部法在中国的成长史。

第四节 法的本质变迁

随着时间长河的流逝,人类社会经历着不断的变革与进步。从18世纪英国第一次工业革命,到如今21世纪以人工智能和大数据为代表的第四次工业革命,人类文明经历了四次飞跃,每一次飞跃都如同一次破茧重生。法律深嵌于人类文明场景之中,同样历经时空转换,并由此而发生了深刻的变迁。

以中国法的成长为例,如前文所揭示的,中国法的发展,早期呈现出"以刑为主"的法律形态。促成这一局面形成的原因,自然复杂得很,但如要对此简要作答,则或许与传统中国"官—民"地位非对称性有关。诚如黄源盛教授所言,古往今来,几乎所有的专制国家,其所关心者,侧重在政权的稳定、社会秩序的维持以及国家的经济效益等,所以与刑事规范、行政规范相比,民事规范就得不到应有的重视。①从现代法律与政治关系视角上看,这便是以庞大的权力"利维坦",压制社会的多元需求。由此,作为压制工具的法律自身,也变为具有刑罚色彩的压制型法。换言之,此时,法律本身是作为实现政治目标的手段而存在,而非如现代自然法学派代表学者富勒所言的"法律是一种目的性事业"。根据美国学者诺内特、塞尔兹尼克的观察,"压制型法是正统化的一种比较粗糙的工具,虽然它能赋予权力以权威色彩,但是它的承认带有充当工具的性质"②。

然而,从历史发展的趋势来看,启蒙以降的世界潮流,浩浩荡荡。以自由、平等、民主为基本价值取向的时代进步潮流,逐渐突破权力的枷锁,不但在社会上引起了观念变革,而且也会点燃行动的火焰,在引发政治理念变革的同时,进一步改变并重塑世界秩序。如今,全球互联与利益多元,已是大势所趋。世界秩序大变革背景下的法律,自然而然地,也难以继续作为压制性工具而故步自封。因此,环顾全球,在世界范围内,法律之要义,都在发生着本质性变迁。

必须承认的是,要全方位地描述这种本质性变迁,是非常困难的,这不仅因为这个话题有着漫长的时间跨度,而且它还涉及全球各个国家在地理空间和法律观念上的巨大差异。因此,作为一种现象描述,在此只能简明扼要地予以阐释。总括而言,自1918年第一次世界大战结束以来,法的成长或法的发展,至少经历了如下两种本质性的变迁。

一、由压制到规制

众所周知,上世纪末,美国法学家诺内特、塞尔兹尼克曾共同提出一组颇具解释力的法律转型范式,即压制型法、自治型法与回应型法。借用德国著名

---

① 黄源盛:《中国法史导论》,广西师范大学出版社2014年版,第86页。
② [美]诺内特、塞尔兹尼克:《转变中的法律与社会:迈向回应型法》,张志铭译,中国政法大学出版社1994年版,第58页。

社会学家马克斯·韦伯的话来说,二人实则构建了关于法律形态的三种"理想类型"。之所以将之称为"理想类型",是因为被划分出来的这三种类型彼此存在交叉,如压制型法中多少会有自治型的颗粒,同时也不缺回应型的成分。简单来说,在各国各个时代,法律的历史与现实状况是相当复杂的,以经验对照观察,就会发现,压制型法、自治型法、回应型法三者并非可以绝然分开的,没有一个国家的法律只纯粹呈现为某一种类型。生活常识告诉我们,在类型化的划分中,如果作出的数项分类存在交叉,则意味着这种类型划分还有待改进。事实上,如果转换一下视角,基于法律一般性的考量,或可将法的本质变迁,概括为从压制到规制。

前文已经揭示,压制型法律的要义在于,法律作为一种压制手段,强硬且无商谈地作为一种"暴力性存在"而发挥作用。在诺内特等人看来,压制型法最独特、最系统的形式表现出以下特征:(1)法律机构容易直接受到政治权力的影响;法律被认同于国家,并服从于以国家利益为名的理由;(2)权威的维护是法律官员首先关注的问题;(3)诸如警察这类专门的控制力量,变成了独立的权力中心;(4)刑法典反映的是居支配地位的道德态度。[①]应当说,在压制性成为法律最主要的特征时,法律所应对的社会关系是单一的,主要表现为自上而下的强力控制。这就意味着,压制不仅表现为制裁手段的强制性,还表现为对正在衍生的社会关系与社会需求的冷漠与无视。

然而,回顾世界法治的历史版图,八百多年前的英国《大宪章》即以鲜明的法治立场,提出了一种新的政治要求:限制国王的权力。此类"以法之名"的反抗,便可视为对压制性本身的排斥与抗拒。此后数百年绵延不断的立宪尝试与法律现代化改革,大体都可在此脉络中加以理解。凡此种种,均在表明,法律须是一种"目的性事业",它必须主动地回应社会的需求。换言之,追求规则的确定性以及规则本身的正义性,才是法律秩序的首要目的。法律帝国的大门,必须主动开放,而非被动守城。诚如美国法学家庞德所言,好的法律应该既强有力又公平,且有助于界定公共利益并致力于实现实体正义。

从世界范围内法律现代化的改革方案来看,庞德的高论已经成为全人类的共识。其中一个突出的表现,就是致力于实现公共利益的规制理论悄然兴起。如前所述,在压制型法律形态时期,刑法是最为常用的社会治理法则,作

---

① [美]诺内特、塞尔兹尼克:《转变中的法律与社会:迈向回应型法》,张志铭译,中国政法大学出版社1994年版,第35页。

为主导性的制裁工具而存在。但是,新兴社会领域以及新兴社会诉求的出现,并不能全然适用刑法调整。所以,一种更具缓和性同时也更具广延性的调整方式——规制——便应时而生。尽管在法律历史的长河中,这种转变是缓慢且无形的,但是调整理念的差异,却也足以反映出法的本质观念变迁。

规制作为一种当代政策工具,其核心含义在于指导或调整行为活动,以实现既定的公共政策目标。① 大体而言,从更为宏观的视域来看,规制可以分为社会性规制与经济性规制。社会性规制,比如安全与健康、环境保护、消费者保护等领域的规制,而经济性规制所调整的范围是比社会性规制范围更小的活动,主要适用于具有垄断倾向的产业。从规制理论来看,基于法律的规制,已然是现代社会规制不可缺少的重要方式。晚近以来,诸如环境法、反垄断法、商标法、专利法的制定,无论是从制裁方式还是从制裁程序、制裁结果上看,均不同于过去以刑法为主的制裁方式。前者更多的是作为规制性法律而存在,侧重为现代社会经济领域确立规则与标准,并以引导性规范、授权性规范加以明示,而传统的刑法调整方式,则偏重以命令性规范施加强硬约束。法律规制的兴起,既是法律领域多元化的显现,同时也反映了现代法律体系的文明化趋势。悄然转变之际,法的本质也随之发生了无形的变迁。

举例来说,现代市场经济的迅速发展,使得计量制度必须紧跟时代步伐,为市场经济繁荣以及各级政府监管保驾护航。在此背景之下,2018年10月26日,第十三届全国人民代表大会常务委员会第六次会议对《中华人民共和国计量法》作第五次修正。《计量法》的制定,目的就在于加强计量监督管理,保障国家计量单位的统一和量值的准确可靠。从《计量法》的文本来看,它主要规定计量基准器具、计量标准器具和计量检定、计量器具管理以及计量监督。也就是说,《计量法》主要包括对计量操作方案的技术规定,体现了国家对计量器具与计量手段的宏观规制。这就与传统法律如刑法,以罪名与罚则等禁止性规范统领文本有着显著的差别。

二、从公法—私法二元划分到公法—私法的交融

综观世界情势,由社会新兴领域引发的变革是普遍而广泛的。就法律体系而言,法律更多地呈现为相对缓和的规制性色彩,而且也改变了传统的公

---

① [英]科林·斯科特:《规制、治理与法律:前言问题研究》,安永康译,清华大学出版社2018年版,第3页。

法—私法二元对立的形态。

一般认为,公法与私法的划分是大陆法系国家最基本的法学分析方法。自清末法律改革以来,对我国法学影响最大的莫过于欧陆法学,尤其是德国法学。因而,我国大多数法理学教材在对法律作类型化区分时,首先讲到的往往就是公法与私法的二元划分。法律可分为公法与私法,此乃我国法学界的通说。与此相适应,在法学学术研究中,也衍生出公法学这一特定领域。日本学者美浓部达吉曾以《公法与私法》为题,展开过系统性的研究。在美浓部达吉看来,"公法与私法的区别标准,在于法主体的差异,因此,由法的成立根据或法的规律之间的差异,已可以显示出公法与私法的大体倾向之不同"。具体而言,公法所规制的主体,最少有一方是国家或由国家授权享有公权者如税务局、公安局、卫生局等等。反之,私法所规制的主体,直接地都是个人或非"国家公权的主体"。[①] 在这一公私法划分理论框架之下,宪法、刑法、诉讼法等法律属于公法范畴,而民法、婚姻家庭法、合同法、商法等则属于私法范畴。应当说,在前福利社会时代,在国家权力对社会的干预尚未无孔不入的成文法形成及发展时期,这种公法—私法二元划分的理论范式,具有相当强的解释力,其认识论意义不容否定。此种二元划分方法,有助于从法律主体的视角探究法的本质。然而,随着社会市场经济的急速发展,以及由此相伴而生的法律规制领域的急剧扩张和法律介入社会程度的日益加深,公法—私法原本独立纯粹的二元认识框架,面临着极大的挑战,至少它难以解释新兴的社会经济领域之法,也无法洞察公法与私法交融现象日益频繁等新型法律关系。毋庸讳言,在当代经济全球化和国家福利主义日益繁荣的后现代社会,公法—私法二元划分的传统认知遭遇了前所未有的危机。这种危机,主要表现在以下三个方面:

第一,"公法的私法化"。由于部分政府职能的市场化和社会化,传统的由公法调整的社会领域被部分地或间接地引入到了私法领域,用私法的方式来解决公共职能问题。如在美国历届政府的改革中,以合同承包、特许经营、补贴、法律直接授权等方式将公共事业委托给民间力量经营,就成为一种新常态。联邦及州政府逐步从特定的公共管理领域退出,而由民间力量来补缺,甚至包括监狱管理、戒毒戒酒、消防、铸币和军务在内的事项也不同程度地吸收私人部门参与。

第二,"私法的公法化",这是指公法对私人活动控制的增强,从而限制私

[①] [日]美浓部达吉:《公法与私法》,黄冯明译,中国政法大学出版社2003年版,第36页。

法原则的效力。如为了公共利益而对私人财产的使用加以限制,最典型的如为了保护城市空气质量,很多城市都实施了汽车限行政策。

第三,新的、"混合"性法(也称社会法)的出现。既不是公法关系也不是私法关系的法,已经出现并不断增多,如经济法、劳动法、土地法和社会保障法等。回到中国法的语境之中,近年来"刑民交叉""行(政法)民交叉"等疑难案件的出现,也说明了公法与私法之间的交融与互联。值得一提的是,作为根本法的宪法,与其他部门法如民法等法律之间的关系交叉问题,也正成为法学界研究的热点。如2012年2月,四川彭州通济镇农民吴高亮无意中在自家承包地里,挖出了七根乌木。据专家鉴定,这七根乌木仅木材价值就在500万至700万之间。而7月初,彭州市国资委突然对外宣布,吴高亮所发现的乌木归国家所有,对发现者吴高亮奖励7万元。因为难以接受自己发现的乌木被"国家化",吴高亮一纸诉状将彭州市国资委告上法庭。彭州乌木案经过公开审理以及媒体的报道后,引起了社会各界广泛的关注,社会各界围绕着乌木的归属权展开了激烈的讨论。轰动一时的四川"彭州天价乌木案",即为上文所述公私法交融的典型案例,它反映的是在特定自然资源问题上,民法意义上的物权所有权与宪法意义上国家所有权之间的权利纷争。①

公法与私法的交融,是法的成长过程中值得深思且还会继续深入发展的新的法律现象。公私法的这种融合现象对法律的本质必将产生深远的影响。从法的性质层面来看,这种交融性现象的日益普遍,意味着传统的公法与私法二元体系,并不足以全面客观地定义法的性质和描绘法的形态。在今天看来,传统的二元划分方式在很大程度上沦为一种人为的对法律的机械切割。此外,从法的功能上说,公法与私法的交融,也预示着法所调整的社会关系,以及法律的规制范围不是固定僵化的,它必然要随着社会的发展进步而变化。质言之,法律就像置身其中的社会一样,它一直在变化着,成长着。毋庸置疑,这一切也都意味着,法的本质已经发生了深刻的变迁,而这一过程仍将继续。

---

① 与此相关的宪法原理,可参见刘练军:《自然资源国家所有的制度性保障功能》,《中国法学》2016年第6期。

第五节 法治的历史

一、我国古代的人治

"法治"一词很早就出现在我国古书中。《晏子春秋·谏上九》记载:"昔者先君桓公之地狭于今,修法治,广政教,以霸诸侯。"《淮南子·氾论训》记载:"知法治所由生,则应时而变;不知法治之源,虽循古终乱。"此处的"法治"与当今我们所推崇的起源于西方的法治概念相去甚远,后者以约束权力和保障人权为核心,而这两部典籍中所提及的"法治",实则是以律法来约束民众,从而巩固专制帝王的统治地位,它们全然不涉及限制权力和保障人权问题。

先秦时期我国法律文化曾一度兴盛发达,呈现出百家争鸣的繁荣景象。然而,在秦国完成了大一统建立秦朝之后,在法律文化方面百花齐放的局面彻底终结了。秦朝采取法家思想作为其执政的指导思想,强调律法在国家治理中的权威地位,提倡所谓的"法治"原则。如法家代表人物之一的商鞅主张:"智者作法,愚者制焉;贤者更礼,不肖者拘焉。"这句话的意思就是,由精英统治阶级制定详尽细致的律法,通过严格的遵守和执行,以期将严苛律法的威权贯彻到国家的各个角落,从而维护皇权的绝对统治。

据史载,商鞅当年在栎阳城(今西安市境内),运用一种极端残暴的手段管理城市及其人民:

"弃灰于道者",刑!
争讼、吵架、斗殴、游手好闲、衣着华丽者,刑!
有胆敢议论国事者,刑!
有批评变法法令者,更加要"重刑"!

按商鞅制定的《秦律》,这些恶狠狠的"刑",不是斩首就是刖足,不是膑刑(剜膝盖骨)就是黥刑(在人体上尤其是脸上刺字),全都是一些非常残忍、特别野蛮的血淋淋的"肉刑"。据史载,当年的栎阳古城,因触犯商鞅制定的《秦律》而惨遭酷刑的民众之多,"赭衣塞路,囹圄成市"。也就是说,整个栎阳城简直就变成了一座大监狱。

与此同时,商鞅还下令把整个秦国都变成一座大兵营:"令民为什伍,而相牧司连坐。不告奸者腰斩,告奸者与斩敌首同赏。"这段话意思是:把人民五家编为一保,十保编为一甲,互相监督、互相揭发。平时一人犯罪,五家株连;战时一人逃跑,十保连坐,全部都要处以极其残酷的"腰斩"死刑。又据《史记》记载"太子犯法,(商鞅)刑其傅……黥其师"。考诸事实真相,所谓"太子犯法"只不过是因太子说了些对"商鞅变法"的批评意见,就被认为是犯了罪,但由于"刑不能上太子",于是,太子的师傅们就遭到了割鼻、刺面的惩罚。想想那些太子的师傅们得有多冤啊!这里面,哪有什么公平、正义可言?又何来自由与平等?对于那些曾经议论过"变法不便"的民众,商鞅说,"此皆乱化之民也,尽迁之于边城"。其后,全国人民便都"莫敢议令",全体秦国人都战战兢兢,自觉地往自己的嘴巴上贴上了一道严密的"封条"。另据西汉刘歆《新序论》记载:商鞅有一次在渭河边行刑,一日之内,就斩决了700多名囚犯,而令"渭河之水尽赤"。

平心而论,在"商鞅变法"的诸多改革内容和历史影响之中,既有"钳民之口、杀人如麻"等残暴野蛮的一面,也有"奖军功、奖耕织"和"车同轨、书同文"等进步发展的一面。然而,在中国法律制度史上,商鞅最大的罪过就在于,首开了一种"重刑主义"的先河。他把国君的治国之道简化为"刑赏"二字,将人民的命运简化为"耕战"二字,从而,使秦国人的生活全部被压缩为"耕田"和"打仗"这两件事儿。商鞅变法使得法律彻底沦为政治的附庸,使法律变成了专制君主残酷统治国民的工具,并将"战争"与"刑罚"当成了秦国崛起的主要动力。通过商鞅的十年变法,秦国的"国"确实是"富"了,"兵"也确实是"强"了,但秦国也由此开始,迅速走上了一条万劫不复的自我毁灭的道路。[①]

著名法制史专家张中秋进而指出:"传统中国没有民主政治,先秦以前的政治制度即使不能与秦汉以后的专制等同,但亦绝不是什么民主政治,至少是一种贵族专制。作为国家最高权力的皇权从未亦不可被法律所支配,相反,皇权在根本上支配着法权。"这种评述无疑是客观公允的。

在汉朝"罢黜百家,独尊儒术"之后,儒家开始走向了思想文化的统治地位。此后历朝历代所遵循的法律传统,渐渐演变成了由儒家思想主导的"仁

---

① 本部分主要参考余定宇:《寻找法律的印迹(2):从独角神兽到〈六法全书〉》,北京大学出版社2018年版,第137-139页。

政"原则，也可以说建立了所谓的"德治"模式。这一模式强调皇权统治者要体恤民情，在不影响皇权绝对统治的前提下，展现出对民众的关怀，从而在巩固统治的同时收获民心。汉武帝将儒家思想作为专制统治的指导思想，因其让专制统治者对于被统治阶级的剥削显得不那么冷酷无情，从而被其后历朝历代的君主们所效仿。可以说，从汉武帝时期到清朝末期，儒家思想一直在中国作为皇权专制统治的思想源泉，成为统率整个中国两千多年皇权人治传统的精神内核。

值得注意的是，从表面上看，儒家思想与法家思想对于人性和治国理念的阐述存在着很大的差异，但实质上两家的观点有着内在的相同之处。法家思想的"性恶论"与儒家荀子的"性恶论"相接近，而法家的"法治"理念与儒家的"德治"理念，在目标上高度一致，那就是为了维护皇权集团的绝对统治。虽然其中有一些依法治乱的法律规定和政策举措，但是这些被法律所约束和规制的人，不但不包括皇帝即最高权力者本人，而且作为上层阶级的士大夫阶层往往也可以享受法外开恩，所谓"刑不上大夫"是也。简言之，不论是"法治"原则还是"德治"原则，其本质上都是赤裸裸的人治，都是为皇权的巩固服务，身为被统治阶层的普通百姓不但不是这种法治和德治的保护对象，而且是它们坚决防备和打击的对象。

法家思想将皇帝及其官僚士大夫阶层排除在"性恶"的范围之外，而西方的"性恶论"则包括所有的社会成员，君主也不例外。先秦法家既不相信人性本善，更不相信礼教道德可以改善人性。法家坚信人性是恶的，所以现实中的人总是贪生怕死、趋利避害，因此为维持社会秩序须对人性加以规制和利用，具体到刑事政策上便是以恶制恶、以杀去杀的重刑主义。与此同时，将规定刑罚的法律只授权君主一人来制定和掌握，这就必然会导致皇权专制，整个国家彻底被人治所裹挟，而丝毫见不到现代意义上的法治踪影。

而秉持"性善论"的儒家思想所倡导的"德治"模式，因其缺乏切实可行的政策推行，而只是一味地规劝和建议，却全然不提对于皇帝最高权力本身的制约，将皇权本身的善恶全部寄托于皇帝个人的内心自省上。非常明显的是，儒家思想只是隐含在律法之中的法律原则中而不是立法本身。如果认为儒家有机会和条件在国家政治生活中大力推行其"德治"模式，并实现他们所预设的天下大同，那完全是不切实际的幻想。作为前民主社会的皇权专制时代难免有其历史局限性，统治者绝不会主动规制自己的权力。因此，儒家收敛起自己的锋芒，在一次次改朝换代中托生为一代代儒生口中的"圣贤之言"，就这样,儒家思想虽没有在立法层面直接影响中国封建社会的人治传统,可却作为精神内核牢牢扎根在了国家治理领域。

儒家所推崇的德治和礼治本质上只能是人治,即以极少数人的言行为标准,要求全体臣民赋予这些人绝对的权威性,并通过制度和法律而强制推行,使人治制度化。而法家由于将权力的唯一合法性赋予了皇帝,使皇帝成为国家的象征,皇帝的言行就是法律。皇帝可对全体臣民施用法律,唯独他自己可以免除法律的监督制约,这样,皇权成了绝对的不受控制的至上权力,各种社会治理权力都只是这种最高权力的表现和延伸而已。

法儒两家的理论本身就决定了,无论是从性善还是从性恶出发,最后在实践上都必然要滑入专制和人治的轨道。因为两家的理论原本都是站在皇权统治者的立场上所阐述和生发的,其核心是如何巩固皇权家族的统治地位,使其可以千秋万代地统治下去。至于偶尔对普通民众权益予以保护,那只不过是一个附带的产物,它并不能掩盖皇权至上这个内核。若是遇上一个"何不食肉糜"的昏君,那更是将人不当人看待了,总之,所有法律都只是维护专制帝国稳定的工具。

二、西方法治历史的起源与演变

美国法学家埃尔曼曾言:"从古代起,西方人便激烈而无休止地讨论着法律与权力的关系,这种争论造就了法治观念的基础。"[①]这个论断就表明,在西方法治理念孕育之初,就奠定了以法律限制权力的基调。

西方法治的精神及其实践源于古希腊民主城邦制。古希腊亚里士多德第一次系统地提出了有关法治的理论。当然,在其之前柏拉图已经开始了对于政治制度的思考,他在《理想国》中写道:"敏于学习,强于记忆,勇敢、大度是哲学家的天赋。"他认为:"应当正是让这种人而不是让别种人当城邦的统治者。"[②]基于此,柏拉图呼吁让品质高贵、勤于思考的人来统治城邦,憧憬着理想状态的"哲人政治"模式,可见其关于政治制度的思考,仍旧没有脱离人治制度的藩篱。而亚里士多德反对柏拉图的人治观点,他总结了希腊各个城邦不同政体下法律实施的情况,得出的结论是:"法治应当优于一人之治。"人治

---

① [美]埃尔曼:《比较法律文化》,贺卫方、高鸿钧译,生活·读书·新知三联书店,1990年版,第92页。
② [古希腊]柏拉图:《理想国》,郭斌和、张竹明译,商务印书馆1994年版,第244、229页。

容易偏私,而法治可以秉公,因为法律是不掺杂私人恩怨的理性智慧。

法律存在的目的在于限制权力,事实上这也是法律得以问世的重要原因。古罗马的政治家和法学家西塞罗有言:官吏是会说话的法律,而法律是沉默的官吏。① 这句话彰显了古罗马先哲们关于法律与权力的深切思考,即统治者的权力均来自且必须从属于法律,法律存在的意义就在于引导和规制权力,从而初步确立了法治理念的菁华:法律高于权力。

说起法治理念中法律高于王权原则,就不得不提到英国的《大宪章》。1215年英国金雀花王朝国王——约翰在大封建领主、教士、骑士和城市市民的联合压力下被迫签署了该文件。《大宪章》共63条,主要内容是保障封建贵族和教会的特权及骑士、市民的某些利益,限制王权。《大宪章》第1条规定:"根据本宪章,英国教会当享有自由,其权利将不受干扰,其自由将不受侵犯。……此外,余等及余等之子孙后代,同时亦以下面附列之各项自由给予余等王国内一切自由人民,并允许严行遵守,永矢勿渝。"《大宪章》为封建时代的欧洲其他王朝限制王权,提供了切实可行的参照样板,同时,它还为法治精神的理论探讨提供了文本基础。

近代以来,从格劳秀斯、伏尔泰、卢梭到康德,他们先后提出了系统化的有关人权和人民主权思想;而博丹、洛克、孟德斯鸠和杰斐逊等人,则提出并逐步完善了三权分立思想。人权思想与权力分立理念的有机结合,标志着西方法治精神体系的初步建立。二十世纪以来,针对西方法治精神中限制权力和保障人权这两大核心理念的研究已颇具规模,更重要的是在其政治实践中,分权制衡原则日渐成为法治的第三大核心理念。以美国为例,2016年9月,美国国会对总统奥巴马否决"允许'9·11'受害者起诉沙特"法案的推翻,就是最好的证明。

2016年9月28日,美国国会参众两院分别以97∶1和348∶77的压倒性票数,推翻了总统奥巴马对"允许'9·11'受害者起诉沙特"法案的否决。在奥巴马任内,这是被总统否决的法案首次获得强行通过。

此前,美国众议院情报委员会公布了"9·11"恐怖袭击事件调查报告,该报告包含沙特与恐怖分子可能存在联系的绝密内容。报告显示,"9·11"事件部分劫机者在美期间,曾接触与沙特政府可能有关联的人员,并接受后者帮

---

① 参见[古罗马]西塞罗:《国家篇 法律篇》,沈叔平等译,商务印书馆1999年版,第223-224页。

助。据称,参与袭击事件的19名劫机者,也有15人是沙特人。基于此,"9·11"恐怖袭击幸存者和遇难者亲属,在美国法院起诉沙特政府。当然,并不惊奇的是,法院以沙特政府享有主权豁免权为由驳回诉讼。

遇阻之后,幸存者和遇难者亲属转而设法寻求国会立法支持。随后,民主党和共和党两党议员共同提交法案,拟允许在美起诉涉嫌支持恐怖主义的外国政府。2016年5月,参议院批准了该法案,9月初,法案又在众议院获得通过。

然而,2016年9月23号,美国总统奥巴马却以该法案损害国家安全利益为由,动用总统否决权,否定了这一法案。奥巴马坚持认为,法案一旦通过,将显著违反国际法中政府诉讼豁免的相关原则,而且外国政府也可能基于类似理由起诉美国,从而使美国陷入诉讼的泥沼之中。

即便如此,国会仍不甘示弱。在奥巴马动用总统否决权之后,参议院意见代表随即发布声明,"我急切期盼国会能够推翻总统的否决,让遇难者家庭获取应得的司法公正,同时,也借此表达我们的坚定立场:美国绝不容许恐怖势力的赞助者。"[1]这一意见已然成为国会的主流声音。在奥巴马行使否决权的5天之后,国会便毫无悬念地推翻了奥巴马的否决。

根据美国宪法规定,国会通过的法案,须交由总统批准签署方可生效。总统也有权否决国会通过的法案。具体来说,总统否决权分为两类:常规否决权和搁置否决权。总统行使常规否决权之后,如果国会以三分之二以上的票数再次通过法案,总统的否决将被推翻,法案也会获得强行通过。与此不同的是,搁置否决权不能被推翻,但有时间限制。对于国会通过的法案,如果总统10天内不予签署,而此时国会又处于休会时期,那么法案将自动失效,此为搁置否决权。本案中,奥巴马在2016年9月23日否决了国会通过的法案,而此时正处于国会会议期间,因此,奥巴马动用的是常规否决权。国会对总统否决权的推翻,是美国三权分立制度下,权力制衡的生动体现。

法国思想家孟德斯鸠有言:"一切有权力的人都容易滥用权力,这是万古不易的一条经验。有权力的人们使用权力一直到遇有界限的地方才休止。说也奇怪,就是品德本身也是需要界限的!从事物的性质来说,要防止滥用权力,就必须以权力约束权力。"[2]美国政治体制中立法权、司法权、行政权的三

---

[1] Congress Set to Override Obama Veto of 9/11 Families Bill, https://legalinsurrection.com/2016/09/congress-set-to-override-obama-veto-of-911-families-bill/,2019年6月10日访问。

[2] [法]孟德斯鸠:《论法的精神》(上册),张雁深译,商务印书馆1961年版,第154页。

权分立及其相互制衡模式,无疑为这句经典法治名言提供了最佳注解。

英国《大宪章》第39条规定:"任何自由人,如未经其同级贵族之依法裁判,或经国法裁判,皆不得被逮捕,监禁,没收财产,剥夺法律保护权,流放,或加以任何其他损害。"其中的实体性权利规定,虽因历史更迭而已不再适用于当今社会,但其确立的正当程序原则至今在指导着各个国家的法治实践。正当程序原则保证每一个公民在面对审判时,都可以获得合法公正的程序保障。美国联邦宪法第5条修正案第2款规定:"公民不得在任何刑事案件中被迫自证其罪;不经正当法律程序,不得被剥夺生命、自由或财产。不给予公平赔偿,私有财产不得充公。"可以说,美国联邦宪法的这个正当程序规定,已经成了最为重要的捍卫司法公正的程序条款。

总括而言,正是由于立法权、司法权、行政权的三权分立与制衡,才有了将各种不公正行为诉诸法院寻求司法救济的法治制度基础。而正当程序规定则确保了法院在裁判案件时,能够保障当事人的各种程序权利,从而在最大程度上保障当事人获得公正审判的权利,而一个国家的法治程度正是通过一个个公正的判决来彰显和呈现的。

三、我国从人治传统到弘扬法治的跨越

不能不承认,我国历朝历代实行的都是人治。尽管有法律,但所有的法律都是控制人民的工具,法律不是为了保护人民的权益而存在,而是皇权统治的手段,而且是一种非常残酷的手段。在人治制度下,所谓立法在很大程度上就是对皇权的献媚,它意在维护最高权力的稳固,而不是限制以皇帝为中心的统治阶层的政治权力,至于司法公正就更是痴人说梦了。须知,在中国两千年历史上,从未出现过独立的法官职业,从基层的县令到最高的皇帝,他们都是身兼数职,其中就包括裁判案件的法官一职。没有独立的法官,即使法律本身再公正,司法判决本身都难以做到客观公正,因为立场不可能中立的各级行政官员随时都有可能歪曲法律。

20世纪,风云变幻,中国法律史上最光辉的一页,便是共和与宪法观念的破土而出。1911年10月10日,随着武昌城头的一声炮响,中国两千余年的皇权帝制,轰然倒塌。在五千年的中国史上,一个全新的"民国"时代诞生了。

在民国时代,我国的法律体系及法治实践,进步之快堪称史无前例。六法全书的出现就是最好的例证之一。遗憾的是,人治传统在我国太根深蒂固了,与人治完全异质的法治要在我国生根发芽、开花结果,确实不可能一蹴而就,

它需要经历较为漫长的调适过程。从1912年民国成立到1949年民国结束,这段时间可以看作是法治在我国的适应时期。

1949年中华人民共和国成立之后,法治的国家治理模式并未立即随之顺利建立起来。相反,我们还曾一度重返无法无天的人治状态,典型者就是"文革"十年里,我国原本并不完善的公(安局)检(察院)法(院)等执法机构全都被砸烂了,整个社会陷入了"文斗"和"武斗"的混乱中。人治的复活当然也就是法治的幻灭。

正所谓大乱之后必有大治。从1978年党的十一届三中全会开始,我们坚定地选择了法治的发展之路。1989年9月,江泽民同志在中外记者招待会上郑重宣布:"我们绝不能以党代政,也决不能以党代法。这也是新闻界讲的人治还是法治的问题,我想我们一定要遵循法治的方针。"在党的十五大上,江泽民明确提出依法治国的基本方略,将过去"建设社会主义法制国家"的提法,改变为"建设社会主义法治国家",极其鲜明地突出了对"法治"的强调。1999年九届全国人大二次会议通过的宪法修正案规定:"中华人民共和国实行依法治国,建设社会主义法治国家",将其作为宪法第五条第一款。这是中国近现代史上破天荒的大事件,是中华人民共和国治国方略的重大转变。党的十六大报告指出,发展社会主义民主政治,建设社会主义政治文明,是全面建设小康社会的重要目标;要把"依法治国"作为党领导人民治理国家的基本方略,作为"发展社会主义民主政治"的一项基本内容。

2014年10月28日,《中共中央关于全面推进依法治国若干重大问题的决定》发布。全面推进依法治国,总目标是建设中国特色社会主义法治体系,建设社会主义法治国家。这就是,在中国共产党领导下,坚持中国特色社会主义制度,贯彻中国特色社会主义法治理论,形成完备的法律规范体系、高效的法治实施体系、严密的法治监督体系、有力的法治保障体系,坚持依法治国、依法执政、依法行政共同推进,坚持法治国家、法治政府、法治社会一体建设,实现科学立法、严格执法、公正司法、全民守法,促进国家治理体系和治理能力现代化。尤其值得称道的是,在反腐败的过程中,我们提出了一个口号——"把权力关进制度的笼子"。如上所述,权力制约问题正是法治的核心议题,这个口号的提出,标志着在法治认识方面,我国已经迈上了一个新台阶、提高到了一个新境界。

可以说,我国正在践行一条有别于西方法治的崭新法治之路。如果说西方国家的法治大多数是在历史发展中自发形成的话,中国的法治则是悉心建构的。中国特色社会主义法治道路,是一条既借鉴国外经验又扎根本土实践的中国特色法治之路。历史将证明,它是一条把中华民族从几千年的人治传统藩篱中解放出来的现代化之路,也是一条让中国人过上有尊严的自由生活之路。

第三章　法的谱系

中国有家谱概念和文化。家谱是记载某一姓氏家族子孙世系传承的特殊文化遗产，记录着家族来源、迁徙轨迹以及家族生息、繁衍、婚姻、文化、族规、家约等历史文化内容。家谱是用来区分家族成员血缘关系亲疏远近的，它是中国古代宗法制度和谱牒文化的产物。据查《孔子世家谱》已经传续2500年、七十七代之久，家谱档案108卷。

法律和法文化也有"家谱"现象，称之为法的谱系（legal genealogy），也就是法系。法系，并不是指一个国家之内的自身的法律规则和制度，它描述的是超越地缘、血缘、种族、民族、国家区划的"法律家族"的共同法律特征、法文化传统、法律理念和法律规则。"谱系"是将有共同紧密关联的"法律群"作为一个比较单位，对法律进行比较研究的方法。法系被看作是一个有血有肉、有自身发展历史的生命组织体[①]，凸显了各国、各地区法律制度之间存在一定的亲缘关系和共性。

在本章，我们将主要研究法系的涵义、法系的主要特点、法系的分类标准、主要的法系类型以及法系在国际化、全球化时代的发展变化，包括法系之间的吸收、融合和未来一体化发展进程中遇到的诸问题。

[①] 参见[美]威格摩尔：《世界法系概览》（下），何勤华、李秀清、郭光东等译，上海人民出版社2004年版，第953页。

第一节 法系的涵义

一、法系即"法的谱系"

"法系",是比较法学上的一个专门概念,其目的是要把不同民族、国家的法律或者法律秩序,归入为数较少的几个大的"法的家族"或"法圈"里面。[①] 即将多样性的法,归类成系。"法系"是在国家与国家、地区与地区之间进行法律制度、法律文化、法律思维观念进行比较时,发展出来的概念和学术研究新领域。在一国之内,本国法的纵向历史比较或者横向区域比较并不产生法系问题。一般认为,在我国内地与香港、澳门、台湾地区之间形成了不同的"法域",其本质上仍然是国内法,不是法系问题。

据考证,"法系"概念最早提出者是日本近代法学家穗积陈重。他于1881年根据自己在英国、德国留学期间的知识积累,提出了"法族"(legal family,法律家族)概念。穗积陈重概览人类法律文明史,将历史上出现的法律制度和法文化划分为五大法系,包括印度法系、中华法系、伊斯兰法系、大陆法系和英美法系。19世纪末20世纪初,"法系"概念被各国法学界所认可。[②]

"法系"的称谓是多样的。除了"法族""法的家族""法的谱系"等中译名之外,早期流行的叫法还有"法圈""法律集团""法律的系统""法律体系""法律传统"等等称谓。

今天,"法系""法律体系""法律结构"等概念的内涵和外延基本固化了,各自都有了专门所指。法系是指若干特定国家或地区间,具有某种共性或共同传统的法律的总称。法系不是指法律结构上的法律形式或者法律部门。例如,《中华人民共和国民法典》属于民法这一部门法,民法典本身不是法系,民法典是民事法律规范的集合。数个国家法制度共有的东西,才被叫做法系。

在我国,一般法理学或者法学理论中有"法律结构""法律体系""法的

[①] 参见[德]茨威格特、克茨:《比较法总论》,潘汉典等译,中国法制出版社2016年版,第121页。

[②] 参见何勤华:《弘扬中华法系之律家精神》,《检察日报》2018年4月3日,第003版。

历史类型"三个常见的术语。法系是从法律文化视角对法律现象的综合性认识。在宏观结构上,法律被划分出法律体系、法律部门和法三个层级。在微观结构上,法包括三个层级的构成要素,即法律制度、法律规则、法律概念。

法律体系,则是指由一国现行的全部法律按照不同的法律部门分类组合而形成的一个体系化的有机联系的统一整体。每个国家的法律体系是由一定数量的法律部门构成的。法律部门是共同调整某一类型的社会关系的众多法所构成的整体。一个国家的法律体系按照一定的标准和方法被划分为若干法律部门,而每个法律部门又由一定数量的法构成。例如,民法是与宪法、行政法、刑法、经济法、诉讼法、环境法、国际法等部门法并行的,民法本身包含着传统民法、商法、劳动法等。

法的历史类型,是在不同的经济和社会形态基础上演进的不同的法律的类型,反映了法律的纵向发展轨迹。法的历史类型是直接依据社会生产力和生产关系形态而作出的划分。人类社会发展包括原始社会、奴隶社会、封建社会、资本主义社会和社会主义社会等历史形态。当代世界上存在的两百多个国家和地区的法律制度,主要分属于资本主义法律和社会主义法律两大类型,即两大法律体系。

法系的本质内涵是:它是若干国家和地区之间的具有某种共性或共同传统的法律的总称。法系的基本特点是:(1)构成同一法系的诸国或地区在法律和法文化上发生过彼此不同程度的影响。(2)各国的政治经济条件和历史、民族、风俗习惯等因素,影响和促成了各个法系的历史传统和未来融汇。(3)同一法系的诸国之内,在法律内容或形式上有着共同的类似的特征。(4)同一法系的诸国各有典型的代表性国家,并有标志性的法律文件作为代表。本章提及的大陆法系、英美法系、伊斯兰法系、社会主义法系、中华法系,均反映出上述特点。

二、法系是法文明的产物

法系的产生,是由于不同的法文化传统造成的,每种文化都可能产生不同的法系。法系是法律文化和法律传统的组成部分,它通过长期的文化积淀向人们揭示了不同法律文化所特有的价值取向,显现了各种法律文化现象和法律逻辑结构,昭示了在不同的文化土壤中赖以生成的法的有机条件和法的精神。大陆法系和英美法系代表着两种不同的法文化和法传统。

对法系的概念和对法系的研究,是19世纪末在世界范围内兴起的比较法学的产物。其本质是人类经济和社会文化交往超越了本国或洲际地域界限之后,在世界性的交往中逐渐产生的新问题和新的法律需求。法学家对法系的研究,主要是搜集各国法律制度和文化,对其进行比较,辨析差异之处,寻找共同方面,为经济政治和法律改革决策提供服务。

概言之,法系被用来表述不同区域、洲际法律文明的各种法律制度之间的源流关系和相互区别。法系只有在人类文明相互交往达到一定程度时才能出现。不同法律文化在制度、表述形式、内容和方法上有共同特征,法系便利了物质文明、精神文明、政治文明、社会文明、生态文明等等的交流。

三、法系研究的意义

其一,"法系"的提出与研究奠定了比较法学的基础。"比较法"于1900年在巴黎创立。比较法学的发展恰是在"法系"的平台中开始和展开的。世界上存在的法律制度形态各异、纷繁复杂。"法系"作为一个概念和分析工具,简化和凝练了问题,将各国的法律制度根据类似性和相关性归入一定的谱系,从而能整体上进行清晰地把握和研究,目的是创建一种世界法、一种人类的共同法。

其二,法系研究满足了法律的借鉴与移植的需要。法系研究不仅仅有促进经济社会发展的外在工具作用,也有法律制度自身建设和发展的横向"取经"功能。在一国的法律和法治发展进程中,除了挖掘和继承本土法律资源之外,学习他国法律和法治经验也是必然的过程。世界上的每种法系都有着各自的优缺点,在法律价值观、法治思维方法、法律规则和司法裁判技术上,都有值得关注、借鉴或移植的地方。近代中国发生了巨大的政治经济和社会变迁,包括苏联在内的欧美国家的法律文化和制度,对我国也产生了重要影响。

其三,法系研究的物质基础是人类经济社会和政治交往的需要,包括法的国际化、全球化趋同的需要。法系超越了单一的法律制度,构建了面向世界范围内的相同特征的法律制度。对其研究推动了世界法律发展运动,逐渐超越了"西方中心论"和褪掉"法律殖民主义"色彩,反映出法文化和法律制度的多样性、民族性和地方知识性。以民法典为例,法国(拿破仑)民法典、德国民法典、日本民法典、中国民法典四者不仅仅作用不同,而且它们背后的法系源流、民族传统文化也有非常大的差异,但是人身关系、财产关系的共性造成不同法系之内民法的共同性。

第二节 法系的分类标准

分类,是人类逐渐摸索出来的认识事物的基本方法和经验。人类面对多样性和差异性的事物时,通过类型化的概括能力来揭示事物的一般属性和共同本质。分类是将事物划分为若干种类或类型,由此把握事物的内在属性和差异性特征。在哲学意义上说,分类意味着人类对事物认识的深化和进步。无论是自然科学还是社会科学,都在自觉地运用类型化方法认识复杂的现象和问题。例如,一个孩童逐渐从具体的柳树、桃树、杨树的分类中,开始悟出"树"的本质;从马的分类中,认识到"马性",由此深化了对一般和特殊关系的理解。[①]

法系是人们认知不同法律文明的一种分类,不同的法系分类也意味着对法的不同视角的理解。与此同时,不同的法系种类也对应着不同的分类标准。法系的多样化源于法文化的多样性。在研究法系分类时,研究者采用了德国人文社会科学方法论创建之父韦伯的类型化研究方法,目的是使世界范围内的法系研究更加具体化、完备化和协调化。

法系的种类数量,不同的学者和法学流派有不同的界定。日本学者穗积陈重归纳出"五大法系",美国学者威格摩尔归纳出"十六种法系"。为什么会有如此名称不同的"法系"类型?或者为什么法系的种类数量如此参差不齐?主要缘由在于法系的分类标准不同造成的。法系的类型和数量,可以基于相近似的标准,进行增减,并逐步反映出每种独立分类的本质特征,削减局部特征对分类的影响。

人们不断寻找法系的本质特征,希望藉此能有力地概括出适当数量的法系类型。我们总结不同学者的法系分类标准,从民族的差异性、基本意识形态、法律技术、历史文化、法的亲缘关系上,对"法系"进行提炼,作为法系类型划分的主要标准。随着时代的发展,法系的形式化和技术化标准越来越具有跨地区、跨洲际的法律交流上的实质意义,与此同时,法系类型划分的标准又被进一步地向形式化、技术化方向简化了。

---

① 参见冯友兰:《中国哲学史新编》(上卷),人民出版社2007年版,第352页。

一、民族差异性标准

法系类似于生命组织体，最初是基于语系、种族聚居地来划分的。法系以一定的法律现象和法律文明为中心，依赖于法文化的状态和类型。各国和地区甚至特别的民族，其法文化自成体系，反映出其地理、历史和民族文化传统的多样性。人类社会以不同的群居形态、民族形态为特点，法系划分的最初标准是人们能够彼此之间感观到的民族、种族现象，因此民族、种族的差异性最先被作为法系划分的标准。①

人类早期的跨地域、跨文化交往能力有限，地理大发现和后续开始的欧洲工业革命、殖民地拓展，为18—19世纪的世界性法律交流和变迁奠定了客观基础，也就产生了以"法系"研究为中心的比较法学。日本学者穗积陈重是类型学划分法系的第一人，他于1881年（一说为1884年）对世界法律形态进行了宏观比较，以民族差异性为标准，将世界法律划分为印度法、中国法、伊斯兰法、英国法、罗马法。后来又以法律制度的族谱和亲缘关系为主要依据，增补了斯拉夫法和日耳曼法。

法国学者埃斯曼根据不同国家的制定法或习惯法，在1905年以种族和语言为标准将世界各国法律制度划为五个法系：罗马法系、日耳曼法系、盎格鲁-撒克逊法系、斯拉夫法系和伊斯兰法系。此后，瑞士学者赫尔以民族学为基础，按照各民族的文明程度，将世界法律区分为：未开化民族的法律、半野蛮民族（主要指亚洲人）的法律、文明民族（指西欧各国）的法律。还有学者以人种学为基础，将世界法律划分为印欧法系、闪米特法系、蒙古法系以及"未开化民族"法系，等等。

法系的民族标准中包含着文化性。"法系与文化相勾连，而法系又是文化的一部分。"②"各法圈所分别具有的特殊的法律思维和法律逻辑"作为一种标准，体现了各国不同的国民性、民族性格或民族精神结构及不同思维方式，这是作为划分大陆法与英美法、远东法与西方法的一个标准。③但是，种族、语言、民族虽然与"法律群"的分布具有某种联系，实际上并无内在和必然的联

---

① 米健等：《当今与未来世界法律体系》，法律出版社2010年版，第26-28页。
② 参见[美]梅利曼：《大陆法系》（第二版），顾培东、禄正平译，法律出版社2004年版，第2页。
③ 参见[日]大木雅夫：《比较法》，范愉译，法律出版社1998年版，第120-122页。

系。不同的种族或使用不同语言的国家、地区、民族，常常采用相同或相似的法律制度，而同一种族或使用同种语言的不同国家、地区、民族，也往往采用不同的法律制度。[①]例如，朝鲜半岛人们是同一语言、同一民族，但朝鲜与韩国分属不同的法系。

以民族或种族标准划分法系，缺点是分类过程机械化、简单化，在分类结果上出现了严重重叠，这也是法系早期分类的时代局限性。早期的欧洲中心主义和种族主义思潮影响了法系分类。按照种族、地理、生物学甚至遗传学立场进行法系分类的做法，逐渐被抛弃。在现代，法系的划分更强调法系的实质内容，不再注重法系的地理或民族、种族等外在的地缘、血缘等因素，而重视法系的独特性、历史和共同因素。

二、法律形式渊源标准

研究比较法学的早期学者们在逐渐认识到语系（民族和语言）作为法系划分标准的局限性之后，主张透过历史时空，在整体性上以法律渊源为主要依据来划分法系。有人提出大陆法系、英语国家法系和伊斯兰法系三大法系。而1928年，美国学者威格摩尔根据各国法律制度的历史传统和演进顺序以及表现形式，将世界法律制度进一步细分为16个法系：埃及法系、美索不达米亚、中华法系、希伯来法系、印度法系、希腊法系、罗马法系、日本法系、日耳曼法系、凯尔特法系、斯拉夫法系、阿拉伯法系、海事法系、欧洲大陆法系、教会法系以及英国法系。法系的产生和存续被认为取决于"训练有素的法律职业阶层的存续和发展"。[②]比较法学家们创造并延续了法律思想体系的产生和发展，这是决定法系生死存亡的最重要因素。这种划分，实际上透视了法系的源流脉络以及法律职业思想和技术的重要意义。

三、基本意识形态标准

1964年，法国学者达维德最早主张，法系应当根据内含的基本意识形态进行划分。德国学者茨威格特、克茨认为，法系划分的重要的或者本质的标志是：法系的历史背景和发展；所具有的主要的和独特的思想方法；特有的制度；

---

① 参见高鸿钧：《论划分法系的方法与标准》，《外国法译评》1993年第2期，第14页。
② 参见[美]威格摩尔：《世界法系概览》（下），何勤华等译，上海人民出版社2004年版，第954-957页。

法律渊源的种类及方法;法系的意识形态。[①]

所谓思想意识形态,包括不同的宗教观念,以及作为国家政治哲学的有关政治经济、社会文化思想、理论主张等。这些思想意识形态也包括特定法律秩序所依赖的历史文化传统和来源。例如,大陆法系有罗马法传统和自然法哲学基础,伊斯兰法系有《古兰经》宗教信条,中华法系依赖于自身的礼和律法。

不同的法系有不同的哲学基础或者正义观基础。一个法律体系在政治经济学说或者宗教信仰方面的意识形态,可能对法的式样(德文"stile"或译成"格式""样式")有着特别的影响,这在宗教法的法律体系和社会主义法体系方面尤为明显。盎格鲁-撒克逊法系、日耳曼法系、罗马法系和北欧法系的法律意识形态在主要方面是类似的。苏联、中国、越南、朝鲜和东欧社会主义国家则被归入社会主义法系。

第二次世界大战之后,"冷战"思维影响了法系的划分。资本主义国家和社会主义国家构成了两大阵营,它们在政治、经济和思想文化上产生了严重对立。西方大多数比较法学者拒绝承认社会主义法系,苏联和东欧国家的比较法学者认为应该根据阶级本质、经济基础以及意识形态进行法系划分,即按照马克思主义的社会形态说将法律分为奴隶制法、封建制法、资本主义法和社会主义法,它们分属于剥削阶级类型的法与社会主义类型的法。由此,世界法系被划分为社会主义法系与资本主义法系。

迄今,法系的基本意识形态标准仍有非常重要的现实意义。我国法律体系属于有中国特色的社会主义法体系。欧美法律的宗教基础也值得关注。当然,世界上的某些国家或地区,也存在着混合型的法律体系,不容易放在某个法系之中,如希腊、美国的路易斯安那州、加拿大的魁北克省、苏格兰等地的法律。

四、法律技术标准

法律是一门解决现实问题的实用技术。各国各地区的法律在本质上体现为一种特殊的解决社会纠纷的技艺,这种技艺凸显了法的形式理性和工具理性。不同的法系包容着处理社会问题的特有的法律思维方法和技术,它们体现在法律组织结构、法律规则、审判规则和法律思维方式之中。

[①] 参见[联邦德国]茨威格特、克茨:《法系式样论》,潘汉典译,《法学译丛》1985年第4期,第12页。

法国学者达维德在划分法系时,除了提出前述的意识形态标准之外,还提出了法律技术标准,旨在简化法系的分类标准和类型数量。达维德主张划分法系不应以各种法律制度中经常变化的特殊法律规则的异同为基础,而应以法律制度中最主要的特征和原则为标准,主张意识形态和法律技术标准合并使用;对法律概念和技术的含义加以明确界定;法律术语、法律渊源的等级、法律制度所运用的拟制和法律职业者所采用的方法论,在各法系是不一样的。

法律技术标准就是寻找法的多样性之中的更基本、更稳定不变的要素,主要是涉及社会秩序观念的技术要素,包括法的术语、词汇、概念或者法律渊源结构和方法、推理方式等技术性特征,并把它们视为主要特征,它们保证了法的历史连续性、科学性、法律教育的可能性。[1]以日耳曼法系和罗马法系为基础的大陆法系,标志的特征是突出了抽象法律规范和法典的地位,复杂和精确的法律规则体系犹如系统性的机械制造体系。以盎格鲁-撒克逊法为基础的英美法系,是判例法体系,凸显了法官的"造法"功能,在没有制定法的地方,普通法发挥着调整社会生活的功能。

法系的技术标准划分,凸显了法律制度在内容、形式、司法技巧、法律文化的价值取向以及具体的规则等方面存在着重要差异性。根据法律渊源和诉讼技术的外在形式,达维德将世界法律划分为:罗马-日耳曼法系、普通法法系、社会主义法系和其他法系(伊斯兰法系、印度法系、犹太法系、远东法系和以马达加斯加法为代表的非洲法系)。除了"意识形态"标准之外,社会主义法系也大都起源于罗马—日耳曼法系,表明它们在主要术语、概念、法解释、法律推理方法和技术上与大陆法系具有相似性。

五、法的亲缘关系标准

在词源学上,"法系"一词最早源于希腊语geneos一词,原始涵义是指由具有源流关系的事物所构成的一定谱系,即类似于中国的家谱文化。谱系划分的民族、种族、地理、历史、文化、宗教等因素的考量,实际上是法系亲缘关系的考量,说明法系的划分是无法取消其中所包含的文化上的血脉关联的。这是对法系的文化学意义上的划分。例如,中华法系的划分是对中华文化特殊性和特殊辐射性的一种观照。

---

[1] 参见[法]达维德:《当代主要法律体系》,漆竹生译,台北五南图书出版公司1990年版,第17-20页。

日本学者穗积陈重的谱系分类法以"亲缘关系"为根基,其法系划分学说在日本和中国一直影响较深。各国法律制度之间存在一定的亲缘关系和共性。法律文化是法律体系划分时的重要考量因素,法系体现了法在文化和地域上的同一性和一定的亲缘性。[①] 当代中国学者主张以"亲缘关系"为标准,将世界法律制度划为大陆法系、英美法系、伊斯兰法系和社会主义法系。主张既要考虑法律"类群"的"亲缘关系",还要考虑对法律制度存在和发展的本质性因素,例如反映法律内容的法的阶级本质、经济基础和意识形态、特定文化传统,等等。

"亲缘关系"主要是指几种法律制度具有共同的源流,这种源流也可能是法律形式上的。对法律制度进行阶梯型划分,如社会主义法系—资本主义法系、大陆法系—英美法系、西方法系、伊斯兰法系、印度法系、犹太法系和东亚法系这样的划分,更能全面地反映出每一法系内部存在的不同"亲缘关系"。

六、法系分类标准的简化

德国学者茨威格特和克茨提出了"法系式样论",本意是简化法系的划分标准,但是他们反对一元化标准。他们借用文学艺术领域中"样式"(stile)一词作为标准,主张应根据各法律制度的"式样"划分法系。所谓"式样",在文学和美术上是指一件作品的不同要素或其形式的统一性。重要的或者本质性的"要素"有:(1)法律制度的历史背景和发展;(2)在法律方面主要和独特的思想方法;(3)特有的制度;(4)该法律制度所承认的法律渊源种类;(5)意识形态。根据这些"式样",世界法律制度被划分为八个法系:罗马法系、日耳曼法系、北欧法系、普通法法系、社会主义法系、远东法系、伊斯兰法系和印度教法系。[②]

法系的"式样论"实际上是一种综合性"要素"的分类标准,在对世界法律制度分类困难的情况下,它试图寻求一种简化的"法系"的划分标准。

中国家谱文化的宗旨在于"溯源"和"流远"两大目标。"法系"的目标并不是寻求类似于物理学上的"第一推动力"或者"统一场"。"法系"概念和理论的出现,其本身就是一种对世界法律制度相互关系的简化认识。

---

① 参见米健等:《当今与未来世界法律体系》,法律出版社2010年版,第19-23页。
② 参见[德]茨威格特、克茨:《比较法总论》,潘汉典等译,中国法制出版社2016年版,第130-142页。

法系研究是随着近代比较法学的兴起而发展起来的。但是，各国法律千差万别，归类标准五花八门，而且交织着种族、民族和阶级立场的争执，法系分类结果并不理想。我们认为，法系分类标准的设定和争议，不要忘记了"法系"概念产生的初衷，只有从"初心"那里才可能找回失去的世界。亚里士多德的《政治学》是对希腊各城邦158部根本法进行比较的结果，后世的执政官所制定的雅典法律制度、《十二铜表法》，到罗马法、教会法以及英国、法国、德国的法律，它们之间也有相互的比较和借鉴。法系的划分标准，实际上只有从相互比较和相互影响的视角观察，才符合其发生学的意义。

"法系"概念也是功能主义视角的产物。人类文明在寻找法律制度的发展和进化意义，由此，超越种族、民族、地理和历史文化界限的法律认识，实际上是一种功能主义视角的法学研究。目的是以发达和进化的观点，赋予法文明与物质文明、民主政治彼此之间促进的寓意。换句话说，早期对"法系"烙下的民族、地理、种族和文化的印记，到现在已转向法律工具理性主义的视角。"法系"早期的思想背景是"西方发达论"视角，今天则转化到法律技术的工具主义视角。同时，由于世界范围内人权观念和人权制度的出现，对"法系"的划分也融入了非物质文化遗产、世界文化遗产的内容。

概言之，进化论、工具论和多元文化这三个视角，包容了对法律发达与落后以及哪一种法律制度和技术更有效益的思考。因此，"法系"讨论和划分的结果，一方面在趋同意义上不断寻求法律技术标准的统一，例如推行证据和程序规则、审判技术的统一化。另一方面，在工具论上不断出现法律制度的原生关系与仿制现象。最后，在文化多样性意义上，不同国家的法的历史和法文化问题受到重视，尊重法和法系的多样性。

我们是为世界的交融关系而研究法系的。法系研究不再单纯地为了服务于区域发达或落后面貌改变。我们也为了法文化而研究法系，因为法系与人类文明是连接在一起的。如果我们知道法系研究的这些目的性，就能使法系的分类更趋于简单化。包括对逝去的消失的法系和法文化的重视甚至重建和复兴，它们有赖于经济基础和政治实力的恢复。因此，法系从历史的法系和现存的法系视角进行分类，必然包括对"死法系"的重视，这就使"法系"研究有了文化遗产和文化多样性的意义。在开放的世界面前，法系的地域性、民族性都将被保留，法系之间的法律形式、法律技术的趋同性也正在增强。但是，由于民族国家之间的利益博弈关系，法系的意识形态因素在某种程度或场合可能被强化，成为东西方法系划分的主要标准。

第三节 主要的法系形态

法系划分有不同的标准和目的,本章选取的主要的法系形态,包括大陆法系、英美法系、伊斯兰法系、社会主义法系以及正在复兴的中华法系,即新中华法系。它们是当今世界法律制度中具有代表性的影响世界法律制度格局的法系划分。研究中华法系,不仅有文化学的意义,还可以看到东亚与东南亚的法律组织结构、家庭关系、人与自然的关系、权利义务关系以及法律思维上如何融入了传统中国的价值观。在重视西方发达国家的法律文化和法律制度研究的同时,我们也看到了伊斯兰力量与伊斯兰法系等对世界的影响力正在增强。

一、大陆法系

（一）大陆法系的源流

大陆法系以罗马法为基础,是以法国、德国民法典为代表的一系列法律制度和法律文化的统称。大陆法系也称民法法系、法典法系、成文法系、罗马—德意志法系,其渊源在于古罗马法。古罗马法以成文法为主要形式,是世界古代法中反映商品生产关系和保护私有制最典型的法律制度。它对欧洲大陆国家影响深广,是当今世界历史影响最深广的法系之一。

大陆法系的法律概念、原则和程序源于古罗马法。罗马法肇始于罗马奴隶制国家,最早为公元前449年颁布的《十二表法》(《十二铜表法》)。罗马法包括人法、家庭法、继承法、财产法、侵权行为法、不当得利法、契约法和法律救济手段等内容。在公元6世纪,东罗马帝国皇帝查士丁尼(527—565年在位)主持汇编了《查士丁尼法典》《法学阶梯》《学说汇纂》等。这些具有复古性质的文献与《新律》合称《国法大全》。随着罗马帝国的衰亡,《国法大全》被弃而不用。在1135年,《国法大全》被重新发现,由此塑造了欧洲各国的习惯法。这些复兴的罗马法在欧洲大陆被纷纷效仿,与教会法、商事法融合后,形成了今天的大陆法系之法律制度的基础。

大陆法系的杰作是1804年公布的由拿破仑主持编制的《法国民法典》,又称《拿破仑法典》,长达2281条,规定了资本主义财产制度,确立了私有财产不可侵犯、契约自由和法律面前人人平等原则。1896年德国通过的《民法典》是另一部典型的资本主义法典。这两部法典对后世影响深远。大陆法系在商事立法方面,还影响了国际贸易法律规则,统一了国际货物买卖法、国际货物买卖契约的订立。联合国于1981年以大陆法系制度为蓝本,制定了《国际货物销售合同公约》。

属于大陆法系的国家和地区包括法国、德国、意大利、西班牙、葡萄牙、荷兰等传统欧陆国家,也包括它们向外辐射的殖民地国家和地区,例如阿尔及利亚、埃塞俄比亚等非洲国家以及拉丁美洲诸国。俄罗斯以及东欧诸国、中国澳门特别行政区和台湾省也属于大陆法系模式。

(二)法典理性和民族文化性

人们对大陆法系的美誉与对欧洲大陆理性哲学的赞誉一脉相承。欧洲大陆诸国自身的民族文化性,奠定了大陆法系各国法律制度之间的内在差异性。

法典化的成文法模式,是大陆法系的典型特征。大陆法系发轫于19世纪的法典编纂运动,其首要的显著的特征就是以法典形式表现出来的成文法模式。其法典不仅仅条文数量较多,而且内容覆盖广泛。在早期创制了民法典、刑法典,后来又有家属法、诉讼法等颁布。公法领域则编纂了宪法典(基本法)、行政程序法,以及以劳动法为代表的社会法典。法典化代表着高度理性文明,意味着法律原理的抽象化、法律规则的高度概括力和高度适应性。

就哲学渊源而言,成文法的法典化与文艺复兴、资产阶级革命所勃兴的人文主义思潮密切关联。人文主义法学弘扬了人类理性,理性的旗帜则使欧洲大陆的法律创制摆脱了中世纪宗教神学的非理性束缚,使法律变得公开、翔实和明确。席卷欧洲大陆和美洲的革命,是自然权利、权力分立、理性主义、反封建主义、资产阶级自由主义、国家主义以及民族主义等理性力量的汇合,决定了基本法典的模式和风格。①

法的成文化和法典化,是大陆法系显而易见的形式特性,代表着统一的理性哲学的维度。大陆法系呈现出来的基本特点是:(1)它有多元的历史渊源,罗马法居于核心地位,重视公私法和部门法的划分,融合了习惯法、教会法、商事法等。(2)重视基本概念和逻辑,注重法典体系内在的逻辑和精神统一。(3)重视法律职业人的地位,法学家和立法者居于主导的立法创制、法律解释地位,但是法官地位不及英美法系的法官。

---

① 参见[美]梅利曼:《大陆法系》(第二版),顾培东、禄正平译,法律出版社2004年版,第17-18页。

欧洲大陆在其民族统一以及对其他地区进行殖民地统治、解放的过程中，包含着复杂的民族、宗教和文化的冲突、融合过程。欧洲法典运动过程中伴随着结束小国林立的民族统一运动、宗教革命、教权与世俗权力的冲突、对外争夺世界资源、殖民地以及国家之间的战争、两次世界大战等等。因此，早期的法国思想家、德国哲学家等法典创制者，都把保持国家和民族之特点，作为本国法律文化特征之一。在东西方冷战、欧洲一体化、欧盟建立过程中，欧洲思想家主张保卫共同的生活方式和价值观。大陆法系体现了各自国家的语言、民族、道德、宗教、风俗、习惯、传统，其法律制度与本民族的道德、习俗基本相适应，并未放弃本民族文化。大陆法系内部虽也有民族文化的差异，但无论是斯拉夫语系国家、斯堪的纳维亚半岛国家，还是法国与德国之间，都体现出了自身民族文化性在法律制度上的差异性。法国和德国民法典就代表着不同的法律文化背景、立法结构和法律技术风格。欧盟法律也有着民族文化价值观上的缝隙和冲突。

（三）司法演绎推理技术

大陆法系呈现高度法典化，也意味着高度的学理性，意味着诉求高度的法律技术形式和严密的逻辑思维。法典化的法律是欧洲理性主义思潮的产物，有组织的系统的法哲学观念体现在一系列的行为规则、组织规则和程序性规则之中。法典还使用了繁多且较难理解的高度抽象化的术语，因此法律解释至关重要。大陆法系的法律又被认为是注释法、教义法，是法学家的法律而不是一般人的法律。大陆法系在法学上高度重视法律行为概念，重视法律关系合法与非法的构成要件问题。例如，违法（犯罪）构成要件和违法责任阻却事由，在各部门法中的法律行为性质判断和归责中，都居于重要地位。

大陆法系植根于系统化的哲学思想概括的法典，法源是立法形式表现出来的法典。立法只能来自立法机关，议会构成了社会生活的权力中心。与英美法系不同，法官地位和法律解释效力受到限制。司法判决本身不是判例，不会作为判例被引用或仿效。但是，大陆法系强调司法活动是通过推理而完成的，司法活动本身就是推理活动。大陆法系以成文法为主，其主导的司法推理方式是演绎推理，即所谓的"司法三段论"。大陆法系司法演绎推理的基本模式是：法律规范的具体规定是大前提，案件事实是小前提，通过从大前提到小前提的演绎得出司法结论。[①]大陆法系的审判过程被刻画成一种典型的机械

---

① 陈兴良：《法系与推理》，《人民检察》2005年第4期（上），第54页。

式活动的操作流程。

此外,大陆法系的成文法典化也产生了法律漏洞、不确定法律概念、概括条款、法律解释等制度问题。法律原则被作为弥补大陆法系法典刚性缺点的司法副产品,由此因应复杂流变的社会生活之需。例如,民法典上的诚实信用原则,被称为"帝王条款",起到利益平衡的作用。

大陆法系的司法推理方法和技术也存在局限性。举一例说明之。唐代文学名家韩愈卒于824年,1976年是其死后的第1152年,有人著文指"韩愈为人尚不脱古文人风流才子的怪习气,妻妾之外,不免消磨于风花雪月,曾在潮州染风流病,以致体力过度消耗,及后误信方士硫磺下补剂,离潮州不久,果卒于硫磺中毒",韩愈第39代孙直系血亲韩思道对此言论不满,向台北地方法院自诉"诽谤死人罪"。法院判决韩愈后人控告胜诉,诽谤罪成立。此案被认为是大陆法系概念法学机械思维的负面典型。[1]这是因为大陆法系的演绎推理技术,在法典化之后,相信法典万能主义,过度强调法律秩序的体系性、逻辑的一贯性,机械遵循逻辑分析方法研究法学和法律,最后发展成畸形的"概念法学",不顾社会事实,不顾法律目的尤其是法的社会目的,不顾时势,也不进行利益衡量,因此遭到德国法学家耶林创立的新功利主义(目的)法学派的批判。

二、英美法系

(一)英美法系的源流

英美法系也叫英吉利法系、盎格鲁法系、普通法法系。它是中世纪以来的英国法律以及受其影响的英语国家的法律的统称。英美法系源于11—12世纪英国法官巡游各地,解决纠纷时形成的判例遵循制度。因此,普通法又叫判例法。

英美法系在发展过程中,1215年英国《大宪章》的订立和遵守,对英国近现代法治文明产生了重要影响,它也塑造了后世的正当法律程序和法院对违宪进行审查的制度。英国殖民者在入侵美洲,拓展亚洲和非洲殖民地时,将英国的法律原则和审判传统带入了当地。迄今,奉行英美法系制度的国家有英国、美国、澳大利亚、新西兰、加拿大和亚非拉一些采用英语的国家和地区,包括印度、巴基斯坦、新加坡、缅甸、马来西亚以及我国的香港特别行政区。美国

---

[1] 参见杨仁寿:《法学方法论》(第2版),中国政法大学出版社2012年版,第3—7页。

在独立革命之后,在违宪审查、反垄断审查、劳工契约和社会福利保护以及国际法秩序塑造上,对英美法系的判例制度发展和法典化运动,有更大的推动作用。

(二)判例法的适应性

法院作出的判例法具有确定性,构成英美法系重要的法律渊源。判例是英美法系国家主要的法的形式。

判例法是指法院以往做出的判决对法院以后审判案件或下级法院具有法的约束力。法院在审判案件时,遵循以往做出的判例(stare decisis),类似的案件类似审判。判例法制度存在的前提条件:一是有及时准确和全面的判决报告制度,二是有严格的法院等级制度,三是法官尤其是高级法院法官树立起了高度的权威。①

普通法系的哲学文化观是经验性的,具有便宜性和实用性,但这不意味着司法判决因此"一团糟"。判例恰恰是要建立起明确的和连续的法律规则。法官在司法审查时有"造法"功能,但不是"葫芦僧错判葫芦案"似地瞎编硬造,而是遵循证据规则和法庭程序规则,通过将新案与旧的判例进行比较分析,得出辩驳性的、有充分裁判理由的司法结论。

英美法系也有大量的成文法,特别是公法和社会法上有完善的法典。与此同时,英美法系仍然延续了法官造法和判例法制度。遵循先例原则使英美法有广泛的弹性和适应性,推动了法律适用标准的统一,也比较高效地解决了法律纠纷甚至是政治性纠纷,例如违宪审查也坚持判例制度。先例本身具有客观性、可重复性和回应性。也就是说,英美法系也有法的确定性观念,其"确定性"的一个体现是通过赋予司法判例以法律效力来实现确定性。英美法反对僵化观念,其"确定性"与"灵活性"是相对应的,以衡平原则作为补充。②

(三)司法归纳推理技术

英美法系国家的判例法是建立在类比基础上的。普通法适用时有三项标准:社会一致性标准(法律理想与社会关系变动的一致性)、体系一致性、规则稳定性标准。当三项标准指向不一致时,就出现了法律推理问题。普通法的法律推理模式包括了先例推理、原则推理、类推推理、专业推理和假设推理等

---

① 参见潘华仿:《英美法论》,中国政法大学出版社1997年版,第32-33页。
② 参见[美]梅利曼:《大陆法系》(第2版),顾培东、禄正平译,法律出版社2004年版,第50页。

五种推理。① 每一种推理模式要受到司法规则、判例原则的限制,判决不是法官的主观随意决策或决定。至于英美法系究竟是如何展开推理过程的,我们的理解还非常肤浅。随着我国司法裁判说理制度的形成,有对英美法系判例法上的司法审查推理技术进行学习和细究的必要。

在英美法系,法官可以透过判例追求法律发展的一般原理。但是,我们需要注意的是,英美法系严格的先例拘束原理实际上也是纯粹的逻辑推理,这恰恰是哈佛大学法学教授兰德尔所代表的机械法学裁判观的反映。大法官霍姆斯认为普通法的生命不是逻辑而是经验。英美法系正是从经验事实方面认识法学和法律的客观性的。这种"经验事实的验证方法"在审判中反复运用、修正,才最后得出具有"真理性"的司法结论。②

司法归纳技术开放运用的典型的案例是1908年美国的"穆勒诉俄勒冈州政府"女工福利案。穆勒是俄勒冈州一家洗衣店的老板,一个受雇佣的洗衣女工因为劳动时间过长,健康受损,因此要求改善条件和缩短工时。穆勒拒绝后,女工向州法院起诉穆勒违反了俄勒冈州的一项有关女工最高劳动时间的法律,穆勒反诉该法律违反联邦最高法院的契约自由先例。在州法院和联邦下级法院,双方当事人各有输赢。最后,联邦最高法院判决穆勒败诉,俄勒冈州的法律得到维护。女工之所以获得胜诉,得益于布兰代斯(Brandeis)律师与众不同的辩护——"他抱着一叠叠其他女工们的统计表,在庭上把所有女工们一幕幕的凄惨场景,绘影绘声地数说给座上的各位大法官听。"③布兰代斯的辩词中,仅以2页援引先例,其余100多页乃基于社会生活事实展开讨论,例如男女体格、机能、耐力、过分劳动对家庭生活的影响,都是可以观察证明的经验事实方法。美国联邦最高法院接受了这种对法律的社会学解释方法。④自此以后,美国律师界诞生了"布兰代斯式的辩词"(Brandeis brief)这样的新词,它摒弃滔滔辩论中的空话,专以活生生的事实见长。⑤

---

① 参见陈兴良:《法系与推理》,《人民检察》2005年第4期(上),第54页。
② 参见杨仁寿:《法学方法论》(第2版),中国政法大学出版社2012年版,第58-59页。
③ 参见朱瑞祥:《美国联邦最高法院判例史程》,台北黎明文化事业公司1990年版,第237页。
④ 参见梁慧星:《民法解释学》(第4版),中国政法大学出版社2015年,第239-241页。
⑤ 参见朱瑞祥:《美国联邦最高法院判例史程》,台北黎明文化事业公司1990年版,第396页。

三、伊斯兰法系

（一）伊斯兰法系的源流

在世界主要法系中，印度法系和伊斯兰法系属于宗教法的类型。伊斯兰法系是现存世界性的最古老的法系之一。伊斯兰法系和伊斯兰教密不可分，从穆罕默德创建政教合一国家时就开始发挥效力。8世纪中叶，阿拉伯帝国形成，伊斯兰法系借助宗教、军事力量迅速传播，在帝国境内发挥效力。阿拉伯帝国崩溃后，在被征服地区建立的一些封建国家内，伊斯兰教仍被信奉，伊斯兰法仍被采用。历经蒙古人征服和奥斯曼帝国统治，在10世纪前后，伊斯兰教逐渐成为奥斯曼帝国的宗教支柱，伊斯兰法系继续保持着影响力。自近代以来，阿拉伯国家对伊斯兰法系进行了重大改革。

（二）伊斯兰法系的特征

学术研究认为，伊斯兰法系的主要特点有：(1)法律与宗教密切关联；(2)法律与道德界限不清；(3)法学家的作用突出；(4)理论与实践存有差距；(5)法律传统统一中兼有多样形态；(6)理性与非理性共治一炉。(7)稳定中存有灵活机制；(8)体系和思维独具一格。[①]

伊斯兰法系具有严格的宗教性质。伊斯兰法的主要法律渊源[②]是"优素尔"，是指伊斯兰法的源泉、来源、表现形式、创制原则和方法。"优素尔"主要包括《古兰经》、圣训、公议和类比。伊斯兰法律是"天启的律例"。

伊斯兰教是伊斯兰法系的理论渊源。《古兰经》确立了伊斯兰法系的基本原则和精神、基本制度。《古兰经》具有最高权威性，是伊斯兰教的最高经典，也是立法的最高法源，是立法的基本依据，一切法律、教规不得与其抵触。《古兰经》确立了伊斯兰法的基本原则和精神，政治和社会维系的平等原则以及诸多道德伦理。《古兰经》也规定了基本宗教义务、民商事规则、犯罪和刑罚、婚姻家庭制度、日常礼仪和生活习惯以及司法证据制度，等等。

圣训，最初是指氏族和部落所遵循的习惯或习惯法。现在是指"先知的圣训"，即穆罕默德的言论、行为和习惯，其中涉及大量的法律问题。圣训对

---

① 参见高鸿钧：《伊斯兰法：传统与现代化》（修订版），清华大学出版社2004年版，第144-195页。

② 参见高鸿钧：《伊斯兰法：传统与现代化》（修订版），清华大学出版社2004年版，第28-53页。

《古兰经》中的法律规定予以解释、澄清，并发展出新的法律原则，填补了法律空隙。

公议，是指穆罕默德的直传弟子或权威法学家针对某些疑难法律问题发表的一致意见，起源于阿拉伯氏族协商制度。

类比，是指比照《古兰经》和圣训的规则处理类似的情况和问题。例如，如何确定饮酒罪的刑罚，类比诬告，鞭罚80下。

伊斯兰法涉及社会生活的方方面面，宗教、道德和法律三者之间关系紧密，法律内容包含有对伊斯兰教义、宗教仪式和教徒信仰等问题的阐释。并且，伊斯兰权威法学家的主张对伊斯兰法系的发展起到重要作用。对《古兰经》中法律经文的解释，赋予法律问题以神学法理的地位和高度。通晓宗教经典和法律问题的学者担负着伊斯兰法律发展的重要任务，为世人提供解决疑难法律问题的答案。法学家通过阐释《古兰经》中的法律条文和圣训的解释，维护了伊斯兰法的多元性和统一性。法学家创立的法律学说对法官具有法律效力，法官要作为判案的重要依据，不得违反。

四、社会主义法系

社会主义法系，是苏联社会主义法和中国当代法为代表的一系列社会主义国家法律体系的统称。它是与西方资产阶级的大陆法系、普通法系相对应的第三种世界性法系。社会主义法系作为独立的法系，直到20世纪中叶才被学术界所承认，此后在比较法学中受到重视。达维德、茨威格特等比较法学家都把社会主义法系作为自己著作的重要内容。社会主义法律制度是以马克思列宁主义世界观作为共同基础的，与西方法律制度有根本区别。马克思主义法律理论建立在辩证唯物主义和历史唯物主义学说基础之上，认为法律是反映经济基础和生产关系的上层建筑的组成部分。法律内容是统治阶级的利益所决定的，法是统治阶级意志的反映，法是保证和推动无产阶级进行专政和社会管理的工具，法律也是经济和社会政策发展的工具。

（一）苏维埃法系

关于俄罗斯国家的创建，通常认为是在9世纪中期。11世纪俄罗斯出现了以斯拉夫各部族习惯法汇编而成的《罗斯真理》，它与日耳曼习惯法相似，受到罗马法影响。1649年沙皇颁布了《会典》即《阿历克塞·米哈伊洛维奇法典》，涵盖了国家法、诉讼、物权、刑法等，共25章967条，是一部典型的封建农奴制法典。1835年沙皇尼古拉一世公布了共15卷的《俄罗斯帝国法令集》，共4000余条,包括军事法、教会法、宪法、行政法、民法以及刑法等。①

1917年,布尔什维克取得"十月革命"之胜利,1922年建立了苏维埃社会主义共和国联盟(苏联),建立了马克思列宁主义的无产阶级国家政权,废除了旧的俄罗斯法律,迅速完成了主要法典的制定。颁布了《苏俄民法典》《苏俄土地法典》《苏俄劳动法典》《苏俄刑事诉讼法典》《苏俄森林法典》等。1924年颁布了《苏维埃社会主义共和国联盟宪法》,后来又颁布了1936年宪法和1977年宪法。20世纪50年代后期至60年代,又制定了《刑法典》《刑事诉讼法典》《民法典》和《民事诉讼法典》等,并使一系列经济管理和行政管理关系法典化。

苏联社会主义法系在政治上坚持一党制,经济领域对财产实行社会主义公有制,法律思想上奉行马克思列宁主义的意识形态理论,这三个方面构成社会主义法系区别于其他法系最基本的特别要素。②

苏联社会主义的法律部门组成是:国家法(宪法)、行政法、财政法、民法、家庭法、劳动法、土地法和集体农庄法、司法组织和诉讼法。经济法的独立受到争议。取消了公私法划分,不承认私法。③

苏维埃社会主义法律体系,以苏联法为核心,实行社会主义财产公有制,改变了西方法律的传统私法原则。通过社会主义法的所有权制度,确立了国家所有制、合作社和其他群众组织所有制等三种国有财产制度。划分了国家财产、集体财产,个人财产只占次要的地位。国营企业在国家所有权中起着支配苏联经济生活的地位,企业享有受到限制的经营管理权。在契约方面,实行社会主义计划经济下的契约制度。契约是"履行国家经济计划并使其具体化的一种工具",契约不再是当事人之间自由交换商品、服务或劳务的手段。④计划行为是一种行政行为,政府各管理机关向企业发布指令,形成行政法律关系,契约义务实际上是行政义务。国家企业之间的契约是经济契约关系,契约内容和契约责任都是为了完成经济计划和经济指标而订立的。

苏联法律制度以马克思主义学说为意识形态理论基础,并以此构成法的

---

① 参见[德]茨威格特、克茨:《比较法总论》,潘汉典等译,中国法制出版社2016年版,第537、540页。
② 参见王志华:《苏维埃社会主义法系的兴衰》,《北方法学》2018年第2期,第144页。
③ 参见沈宗灵:《比较法总论》,北京大学出版社1987年版,第297页。
④ 参见[德]茨威格特、克茨:《比较法总论》,潘汉典等译,中国法制出版社2016年版,第604页。

创制、运行和监督的最高指导原则。在宪法上,共产党作为国家政权的领导核心,党的意志对于法律规范的形成具有决定性作用。苏联最高苏维埃有权发布法令和通过决议,最高苏维埃主席团在苏联最高苏维埃闭会期间有权修改现行立法文件。法院负责执行政府政策或党的政策,司法确立了具有监督权、侦查、申诉等功能的检察机关和监察机关。

1991年苏联解体之后,苏维埃社会主义法律走向了终结。但是,它作为独立的法系,兼具有大陆法系、民法法系的特征,独联体国家和东欧国家对其民事和福利制度仍有一定的保留。苏维埃社会主义法律通过行政权对经济和社会生活的干预作用、法律对人民信仰的教育作用以及国家福利制度等方面的法律经验,仍对社会主义国家、整个西方及世界法律体系产生着影响。

(二)中国特色社会主义法律体系

毋庸讳言,由于历史变迁,苏维埃社会主义法系中的一些具体制度基本成为了历史。但是,中国社会主义法律制度正在臻于完善,走向法典化、现代化和全球化。

在理论基础和政治基础上,马克思主义法学是中国特色社会主义法律体系的理论基础和指导思想。"马克思主义法学是人类历史上最先进、最科学的法学理论体系。"[①]坚持中国共产党的领导,以中国特色社会主义理论体系为指导,把党的领导贯彻到依法治国全过程和各个方面,这是中国社会主义法治建设的一条基本经验。

在法律性质上,中国特色社会主义法律体系的法律性质是由中国的国体和政体性质决定的,其法律体系必然反映以工人阶级为领导的,以工农联盟为基础的人民大众的意志和利益。要求重视法律和思想政治教育、道德感化的密切结合,专门机关和群众路线密切结合,发扬民族历史的优良传统,重视立法技术、执法和法律监督工作。

在法治目标上,中国特色社会主义法律体系全面推进依法治国和法治中国的总目标,建设中国特色社会主义法治体系,建设社会主义法治国家。这与中国传统法学有本质的区别。中国特色社会主义法治道路,坚持依法治国、依法执政、依法行政共同推进,坚持法治国家、法治政府、法治社会一体建设,加快形成完备的法律规范体系、高效的法治实施体系、严密的法治监督体系、有力的法治保障体系,加快形成完善的党内法规体系,全面推进科学立法、严格

---

① 张文显:《法理学》(第4版),高等教育出版社2012年版,第25页。

执法、公正司法、全民守法,推进法治中国建设。

在法的作用方面,中国特色社会主义法律不仅在立法、执法、司法、监察和守法上发挥着重要作用,其法律体系也是国家治理能力和治理体系现代化的重要体现。法治是实现"两个一百年"奋斗目标、实现中华民族伟大复兴的中国梦的有力保障。依法治国,是坚持和发展中国特色社会主义的本质要求和重要保障,是实现国家治理体系和治理能力现代化的必然要求,事关我们党执政兴国,事关人民幸福安康,事关党和国家长治久安。

在法治道路上,中国社会主义法治纲领和法律体系建设并非一帆风顺,而是经过了艰苦卓绝的法治发展过程。1978年12月,党的十一届三中全会提出了"有法可依,有法必依,执法必严,违法必究"之中国社会主义法制原则。1999年增修宪法条款"中华人民共和国实行依法治国,建设社会主义法治国家"。2004年增修宪法条款"国家尊重和保障人权"。因此确定了法治是治国理政的基本方式,全面依法治国是国家治理的一场深刻革命。走进新时代,党和国家全面建设社会主义法治文化,树立宪法法律至上、法律面前人人平等的法治理念,推进"科学立法、严格执法、公正司法、全民守法"政策。

在法治建设成就上,中国确立了依法治国基本方略,中国共产党依法执政能力显著增强,以宪法为核心的中国特色社会主义法律体系基本形成,人权得到可靠的法制保障,促进经济发展与社会和谐的法治环境不断改善,依法行政和公正司法水平不断提高,对权力的制约和监督得到加强。[1]

在体系内容上,以宪法为统帅的中国特色社会主义法律体系,以法律为主干,以行政法规、地方性法规为重要组成部分,由宪法相关法、民法商法、行政法、经济法、社会法、刑法、诉讼与非诉讼程序法等多个法律部门组成了有机统一整体,[2]国家和社会生活的各个方面总体上实现了有法可依。

在法律实施和监督上,重视保证宪法全面实施的体制机制,加强宪法实施和监督,落实宪法解释程序机制,推进合宪性审查工作,加强备案审查制度和能力建设,依法撤销和纠正违宪违法的规范性文件。坚持宪法法律至上,健全法律面前人人平等保障机制,维护国家法制统一、尊严、权威,一切违反宪法法

---

[1] 参见中华人民共和国国务院新闻办公室:《中国的法治建设》(白皮书),2008年2月发布。

[2] 参见中华人民共和国国务院新闻办公室:《中国特色社会主义法律体系》(白皮书),2011年10月发布。

律的行为都必须予以追究。同时加强对法律实施的监督,保证行政权、监察权、审判权、检察权得到依法正确行使,保证公民、法人和其他组织合法权益得到切实保障,坚决排除对执法司法活动的干预。

中国特色社会主义法律体系体现了社会主义民主政治的价值取向和基本要求,坚持依法治国、执法为民、公平正义、服务大局、党的领导,这五个方面相辅相成,体现了党的领导、人民当家作主和依法治国的有机统一。

中国特色社会主义法律体系体现了中国特色社会主义的本质要求,体现了改革开放和社会主义现代化建设的新时代要求,体现了内在统一而又多层次的国情要求,体现了继承中国法制文化优秀传统和借鉴人类法治文明成果的文化要求。中国特色社会主义法律体系是动态的、开放的、与时俱进的。2020年5月28日,《中华人民共和国民法典》通过,其颁布,标志着社会主义法律体系的建成。民法典在中国特色社会主义法律体系中具有重要地位,是一部"固根本、稳预期、利长远"的基础性法律。

五、中华法系

在西方人视角里,中华法系属于远东法系。中国法长久以来对日本、朝鲜半岛、东南亚诸国产生了持久影响。远东法和西方法在法观念上的差异,主要表现为法律在社会生活中的地位和角色不同,体现了德治主义和法治主义的区别。[①]

(一)中华法系的内涵

1900年1月30日,梁启超在所作《二十世纪太平洋歌》一诗中认为地球上的文明古国有中国、印度、埃及、小亚细亚四个。日本学者穗积陈重把中华法系与罗马法系、英国法系、印度法系、伊斯兰法系并列为世界五大法系。中华法系,是指一个发源于夏、解体于清,以唐律为代表,以礼法结合为根本特征的法系,其影响及于东亚诸国。

中华法系又叫中国法系。"中华法系"的概念产生于20世纪初期比较法研究中。中华法系植根于中国历史文化,诞生于公元6—7世纪的隋唐时期,延续近1300年,是世界上古老的法系之一,保有独特的结构、风格和体系。鸦片战争前,中华法系始终处于独立发展的境地,没有受到外来法系的严重影响。

中华法系是中国古代产生的以礼法结合为基本特点的封建社会的法律制

---

① 参见[日]大木雅夫:《比较法》,范愉译,法律出版社1998年版,第127页。

度。最大的特点是礼法结合,以成文刑法典为核心内容,以《唐律疏议》为典型代表。狭义的中华法系范围仅限于1911之前的中国封建时期的法律制度以及仿效其法而制定的亚洲诸国法律制度。广义上的中华法系也包括近现代中国法律制度及周边国家、地区受中国法律制度影响产生的相关法律。

（二）中华法系的特点

中华法系与农耕文化相契合,具有人文主义的民本思想传统。与西方法的观念不同,中华法系不是以现代意义上的权利为基础的法治,而是礼法合一的人治。陈顾远先生认为,中华法系的特点是:礼教中心、义务本位、家族观念、保育设施(指社会安全和抑强扶弱制度)、崇尚仁恕、减轻讼累、灵活其法、审断有责。[①]

在20世纪80年代,张晋藩先生不断总结对中华法系的研究成果,系统地概括了中华法系的特点。这些主要特点分别是:(1)法自君出;(2)儒法为主,兼融道释;(3)出礼入刑,礼刑结合;(4)家族本位,中央集权;(5)天人合一,世俗主义;(6)减轻讼累,审断有责;(7)民刑不分与诸法合体;(8)律外有"法",等等。[②]张晋藩先生认为,中国古代固有的国情造就了中华法系的一系列特点,其进一步的制度特征是:(1)农本主义的法律体系,推行重农抑商、奖励耕织的国家政策。(2)皇权至上的法制模式。(3)儒家学说的深刻影响。奉行儒家的三纲、贯穿其"德主刑辅""明刑弼教"的治国理念。(4)引礼入法,法与道德相互支撑。礼是一种统治手段,德礼为本,刑罚为用。礼也是民事法律渊源之一。(5)家族法的重要地位。主张家国相通,亲贵合一,家内秩序稳定,国之本在家。(6)法、理、情三者的统一。执法、明理、援情,具有内在的统一关系,是中国法文化中长期积淀的传统。理,主要是指以纲常为核心的政治伦理和体现世俗规则的事理、道理。(7)多民族的法律意识和法律成果的融合。(8)重教化、慎刑罚的人文关怀等,有天道观、明德慎罚的教化。[③]

也有学者认为,法是民族精神的一种表现,法系是一种民族文化积淀,因此主张从思想史角度来研究法系。中华法系的价值观念主要由三部分组成:法典的法家化、法官的儒家化和大众法律意识的鬼神化,即民众在日常的鬼神

---

① 参见陈顾远:《中国法制史概要》,台北三民书局1977年第5版,第53-59页。

② 参见张晋藩:《中华法系特点探源》,《法学研究》1980年第4期,第48-51页;张晋藩:《再论中华法系的若干问题》,《中国政法大学学报》1984年2期,第7-13页;何勤华、孔晶:《新中华法系的诞生?》,《法学论坛》2005年第4期,第45页。

③ 参见张晋藩:《中华法系特点再议》,《江西社会科学》2005年8期,第47-52页。

信仰和仪式中间接地熟悉、无意识地接受了法律规范。①

礼法结合是中华法系的基本特点,除了典章之外,中华法系也重视"律学",即重视法律形式和法律技术的学术研究。法的形式是诸法合体,律、令、格、式、例并存。在司法上,行政与司法合为一体。中华法系重视律家的作用。律家是指法学家、律学家,他们是中国古代从秦汉至清末社会发展中主持和参与制定律、令、科、格、式和例等,并对其进行解释、研究、运用和实施的法律工作者。中华法系的律家构成比较复杂。有的律家是政治家,如魏征、王安石等;有的律家是行政官员,如房玄龄;有的律家也是司法官员,如狄仁杰、包拯等。也有在法律研究领域著书立说的律学家,如王明德、沈之奇等;律家中也有经学家和文学家。中华法系能够传承千年,离不开律家的贡献。律家积极参与立法活动,起草修订律令、注释阐述律令、解答法律疑难,也传授律令知识,培养法律专门人才。②

(三)中华法系的影响

中华法系是东亚、东南亚各国法文化的母法。封建时代的日本法、朝鲜法、琉球法、越南法以及周边其他少数民族地区的法,均受到中国法的影响。中国法在制度和理念上构成了对其他亚洲国家的立法楷模地位。

从隋唐直到明治维新时期,日本一直学习中国的国家制度和文化,在公元7—8世纪分别制定了《大宝律令》和《养老律令》,它们几乎是唐律的翻版。遣隋使、遣唐使学习中国的律令及律学,将律学改为日本的"明法道",吸收了律令注释学的精华。日本律家对司法正义的追求,被近代以后日本法哲学和法律解释学所认同。在朝鲜,李氏朝鲜法的《高丽律》,是以唐律为蓝本制定的。1392—1910年李氏王朝的《经国大典》,受到了宋元明三代法的影响。越南1042年颁布的《刑法》、1230年颁行的《国朝新律》、1401年制定的《鸿德刑律》等,都是遵用和参酌唐宋旧制的产物。

在1840年第一次鸦片战争和《南京条约》签订之后,中国受到列强侵略,国势式微。中华法系不仅对外影响力逐渐消除,而且自身也处于解体之中。1864年(同治三年),丁韪良所译《万国公法》是在中国刊行的第一部西方法学著作,此后京师同文馆、宪政编查馆专司西学翻译,西方法律文化大量涌入,

---

① 参见郝铁川:《中华法系研究》,复旦大学出版社1997年版,第16、86页。
② 参见何勤华:《中华法系之法律学术考》,《中外法学》2018年第1期,第7-36页;何勤华:《弘扬中华法系之律家精神》,《检察日报》2018年4月3日,第003版。

与中国传统法系既有相互交融汇合,也有对中国法的侵蚀。随着民族革命进程的加速,延续千年之久的中华法系在清末逐渐开始解体,近代中国法律制度改革朝着从组织到规则上的西化方向发展。

(四)新中华法系

新旧中华法系,在时间上是以1911年辛亥革命为界。旧的中华法系是指以唐律为代表的古代成文法体系及其对东亚诸国古代法律的影响。新中华法系迄今尚未形成,它以清末的近现代法律传统为特别的时间点,力图在封建王朝消亡之后,在废除不平等条约和领事裁判权以及抗日战争胜利之后,鉴于中华法系的独立性、包容性和开放性,吸收其道德与法律紧密融合的特点,发挥中国法在现代世界上的作用。

20世纪30年初,就有学术和政界人物呼吁中国法系重建。民主革命的先驱者之一居正先生在抗日战争即将结束时,发表了《为什么要重建中国法系?》一文。他自信国家复兴重建,立法也随之重整,也应该在文化上重建中国法系。居正认为,重建中华法系并非复古,而是"为中国法系争取一个新的生命,开辟一个新的纪元"。其要点有四:(1)由过去的礼治进入现代的法治;(2)由农业社会国家进而为工业社会国家;(3)由家族生活本位进而为民族生活本位,(4)以三民主义为最高指导原则。[①]居正立足于社会变迁,由家族本位进入民族本位,排斥欧美的极端个人主义,主张不模仿欧美的个人本位,主张在法律体系中切实贯彻民生主义平均地权、节制资本两大主题。

早在1904年,梁启超等人就言及中华法系的复兴,但是在国家政治经济和社会结构发生了重大变化之后,如何重建中华法系,是一个法学难题。中国法是中华民族固有的产物,逐渐发展形成,自成系统。陈顾远说:"建设中国本位新法系,总得老老实实地先从研究中国固有法系入手。不然,雷声大,雨点小,这个新法系始终也是建立不起来的。"[②]

传统中华法系并没有死,现在的某些法律制度规定"是中华法系某些传统在今日的创造性转化"[③]。进入21世纪,随着中国国力的增强和对全球参与能力的提高,在倡导、推进"一带一路"建设过程中,复兴中华法系的问题再度

---

① 参见居正:《为什么要重建中国法系》,上海大东书局1946年初版,第58-60页。
② 范忠信等:《中华文化与中国法系——陈顾远法律史论集》,中国政法大学出版社2005年版,第33页。
③ 郝铁川:《中华法系研究》,复旦大学出版社1997年版,第20页。

被提了出来。有学者主张模仿和借鉴大陆法系和英美法系的模式及经验,促进"东亚共同体法"的形成。所谓东亚共同体法,指东亚诸国在承袭中华法系传统基础上,发展出来一种全新的法律体系。[①]甚至也有日本学者认为,在儒教文化圈、汉字文化圈的中国大陆、日本、韩国以及中国台湾地区之间,是可以形成"东亚法系"的。无论在法制度上还是法文化上,都存在事实上的"东亚法"。[②]

第四节 法系的未来发展

"法系"作为比较法学的重要内容,其背后是15世纪以来欧美国家资本对外发展和扩张的结果,是民族国家勃兴和统一市场建构的需要。法系的生命力和扩展力取决于不同法律体系的共同性和法律的发展趋势。"法系"本身最初是以差异性面目出现的,是对殖民地之间发达与落后、统治与被统治关系的反映。自第二次世界大战以后,经济社会一体化和政治合作进程的改变,促成了法系的融合化。在全球视角之下,法律发展正从国内法走向区域一体化、全球性的交往以及融合之中。[③]

一、融合化

以英美法系与大陆法系的融合为代表,法系之间存在互动发展。两大法系由于经济、政治条件以及文化、民族、历史等因素的影响,各有自己的独特性,但是其特性并不排斥相互之间可以相互影响和谋求共性。两大法系正在相互接近、相互渗透,它们的彼此差别也正日益缩小。英美法系增加了成文法,大陆法系增加了判例和违宪审查。并且,两大法系在经济法、知识产权法、科技法、数据保护、社会保障法、环境法上,面临着共同的法律议题,意味着特点

---

① 参见王立民:《"一带一路"建设与复兴中华法系》,《法治现代化研究》2018年第3期;何勤华、孔晶:《新中华法系的诞生?》,《法学论坛》2005年第4期。

② 参见[日]五十岚清:《为了建立东亚法系》,林青译,《环球法律评论》2001年秋季号,第267-268页。

③ 参见朱景文:《比较法总论》(第3版),中国人民大学出版社2014年,第30、219、290页。

鲜明的法系正走向混合法系。

二、现代化

"法系"产生于西方为中心的殖民化过程中。西方为中心的法律制度不仅不适应法律落后地区的实际情况,野蛮灌输或强制仿制、实施所谓发达的法律,也剥夺了发展中国家具有自身特色的法治发展道路。因此,相对落后的民族国家、地区,其法律和法学如何发展,是法系研究关注的重点问题之一。

关于有没有非洲法系,曾经存在争议。事实证明,非洲法系是确确实实存在的。非洲大陆在欧洲殖民者到来以前通行的是非洲各种族的习惯法和伊斯兰教法。第二次世界大战后,原法国、葡萄牙、比利时和西班牙等所属的非洲国家获得独立后,其法律保留了大陆法系特点,也保留了自己的法理、习惯法等作为补充法。在20世纪60年代,非洲法从传统转入现代化进程,趋向于以西方为范式的现代型法制。非洲法现代化进程中,如何利用本土法律资源,如何发挥传统习惯法的作用,如何在宗教准则与世俗力量之间找到合理结合点,如何建立职业法学家和职业法律教育机构,如何保持非洲特色并处理好地方主义、民族种族问题以及法律一体化等等,都是非洲法现代化所面临的问题。非洲国家不仅加快了政治、经济领域的国家间交流与合作,而且也开始了法律领域的国际交流与合作,非洲一体化进程正在加快,非洲法的一体化是非洲一体化的重要保障。[①]

三、全球化

"法系"概念和比较法学的出现,实际上是人类交往不断走向深入的自发生成之物。全球化尤其是经济全球化(Globalization),涉及重大价值冲突和利益纠纷,全球经济安全、环境污染、流行性传染病、跨境纠纷和犯罪的滥觞,后工业社会和风险社会的来临,要求建立全球性的法律规则和机制来解决纷争,要求各国法律之间的协调和合作,以及国际统一私法实体法的迅速发展、国际公法超越国家法和非国家化。

全球化力图超越主权国家和民族国家的限制和界限,加快法律制度、法系之间的融合。法系的趋同化既是全球化进程的产物,同时它也促进了全球化

---

① 参见何勤华、洪永红:《非洲法律发达史》,法律出版社2006年版,第19、293-295、520页。

进程。如何超越领土、主权和公民这三个基石性限制[①],是全球化面临的难题,甚至是不可能完成的议题。因此,即使法系之间开始融合,出现了新的混合法系,但是法系之间的差别并不会完全消除,或者根本不可能消除。

站在"全球化整体观"之下看待法系的发展,不同国家和地区的法律是相互连接在一起的。[②]经济全球化已经促成国内法的国际化以及国际法的国内化。在全球化之下,世界法律体系是开放的、多元的,以民族国家为单元的法律制度,以及以法系为单元的法律制度,也逐渐在摆脱狭隘的限制。但是,法律全球化过程中面临着民族国家主权运动和利益选择,因此法律发展也面临着冲突和矛盾。反全球化运动使一国法律必须顾及国家主权的界限,同时为了使自己在利益纷争中处于有利地位,区域性的法律一体化"结盟运动"还会客观存在,甚至被强化。但是,不同法系之间在概念、规则和组织机制上的相互借鉴、移植,仍然存在而且可行。

四、去西方化

全球化不是西方化(Westernization),更不是美国化。但是,反全球化,也一定程度上就是去西方化和去美国化。虽然,法律全球化并不等于全球法律美国化,但是一定程度上美国法因其国家影响力而影响甚至主导了法律全球化的方向、价值和内容。

从道理上讲,法律全球化不意味着西方化或者西方中心论。相反,在全球化进程中,西方中心论的法系思想遭到了中国、日本、东南亚、非洲等国的批评。全球化的进程并没有消除国家之间、洲际之间的文明冲突,也没有使民族国家碎片化。欧美国家在世界新型国家运动中,也逐渐接受了法律和法系的非物质文化遗产的特性,承认法律的多元主义。但是,当代世界法秩序格局毕竟仍处于美国和欧盟等西方国家主导之下,包括中国在内的发展中国家如何做到"去西方中心化",如何将本土化法律和民族性的法文化推向世界,如何与西方法的"普世价值"展开竞争和有理有节的妥协,确实是一件时代性的重大课题。随着中华民族伟大复兴和现代化强国的建成,中国在建构社会主义法律体系过程中,如何在西方法的话语权体系中建立中国法的国际地位,任重而道远。

---

① 参见米健等:《当今与未来世界法律体系》,法律出版社2010年版,第291页。
② 参见朱景文:《比较法总论》(第3版),中国人民大学出版社2014年,第219页。

第四章 法与文化

第一节 文化的概念、特点与类型

概念是我们认识事物的工具,是科学研究的出发点,对事物的认识总是以对事物的准确界定为基础。一个概念包含着一定的内涵与外延,内涵与外延实际上蕴含着研究的范畴与对象。本章对"法与文化"的研究,建立在本书前述"法"的相关介绍基础上,以法与文化的互动关系为落脚点。因此我们首先需要对"文化"进行界定,在明晰文化所指之后,阐述法与文化互动的相关内容。

一、文化的概念

(一)文化概念的核心

文化是一个多义性的概念。不同学者基于不同的立场、方法论对文化的认识差异巨大。历史学派基于其历史学研究的立场,往往将文化与一个社会的历史发展相结合,认为其是社会历史发展的结果;亦或是认为文化是人们在历史中行为方式的持续积累。心理学家则认为人们出于对其心理各种需要的满足会选择特定的行为模式,而文化正是这种行为模式选择的反映。[1]我国学者曾指出"文化作为一个科学术语,1920年以前只有六个不同的含义,而在1952年便增加到了一百六十多个。"[2]文化概念的多样性或许是取决于其所应该涵盖内容范围的广泛性,但究其根本,我们认为是由于社会生活需要对

---

[1] 刘作翔:《法律文化理论》,商务印书馆1999年版,第10页。
[2] 田汝康:《序》,载庄锡昌等:《多维视野中的文化理论》,浙江人民出版社1987年版。

文化的内容的决定性,而人类社会生活需要的多样性、发展性,即生活需要的复杂性决定了文化概念的繁乱。但贯穿于文化概念的核心却一直是"人类生活"。

"文化是人类'生活'和'生存'的一种特有方式,人类总是根据自己特有的文化生活着,反过来,文化又在人类中间创造了一种同样是人类特有的联系,决定了人类生活的人际特点和社会特点。"①可见,文化与生活之间存在非常紧密的关联性。人类与自然物的区别正是由于人类是有"文化"的,文化是通过人的活动加工、创造出来的。但生活涵盖范围及面向具有广泛的复杂性,这决定了任何对文化进行定义的努力,其结果都是内涵丰富但难以确切的。英国人类学家爱德华·泰勒从最广泛的意义上将文化界定为"包括全部的知识、信仰、艺术、道德、法律、风俗以及作为社会成员的人所掌握和接受的任何其他的才能和习惯的复合体"②,可见这一最经典的"文化"概念涵盖范围极广。美国学者鲁斯·本尼斯科特认为:"文化是通过民族的活动表现出来的一种思维和行动方式,一种使这个民族不同于其他任何民族的方式。"③克鲁克洪在对比研究了300多种文化的定义之后,认为这些文化定义基本都很接近,都承认"文化存在于思想、情感和起反应的各种业已模式化了的方式当中,通过各种符号可以获得并加以传播。文化基本的核心由两部分构成,一是传统(即从历史上得到并选择的)的思想,一是与他们有关的价值"④。经过这些演进,我们发现文化不仅仅单纯围绕人类生活,更是为特定区域、特定时期的人类所共享,"文化是人类所以成为人类的基础,它使人类更加完美或趋于完善"⑤。即文化反映并决定着我们的生活方式,它承载着人类美好生活的价值理想,使人类走向完美。因此,文化概念的另一个核心乃是价值。

(二)文化观

文化所涵盖的具体范围具有广泛性、不确定性,这大大增加了我们对界定

---

① 1980年罗马教皇保罗二世在联合国教科文组织所做关于"文化"的演讲,转引自[法]维多克·埃尔:《文化概念》,康新文译,上海人民出版社1988年版,第9页。
② [英]爱德华·泰勒:《原始文化:神话、哲学、宗教、语言、艺术和习俗发展之研究》,连树生译,上海文艺出版社1992年版,第1页。
③ [法]维多克·埃尔:《文化概念》,康新文译,上海人民出版社1988年版,第5页。
④ 转引自许育典:《文化宪法与文化国》,台北元照出版公司2013年版,第12页。
⑤ 教皇保罗二世语,转引自[法]维多克·埃尔:《文化概念》,康新文译,上海人民出版社1988年版,第10页。

文化概念的难度,也因此有学者感叹到文化的定义如此之多、分歧如此之大,为回避矛盾,"最聪明的做法乃是列举文化的几条基本特征而不给他定义"①。而且前文所述几个经典定义中,由于涵盖范围的广泛性,他们主要以列举描述的方式,直接指出"文化"概念包含哪些方面、具体包含哪些东西。然而,鉴于概念对于研究的重要意义,对于内容丰富的文化我们有必要在哲学层面,用抽象的方法,从诸多文化的现象中抽象出文化的指涉,对文化的概念进行相关概括。

(1)广义的文化观

《辞海》对文化的界定如下,"文化,从广义上来说,指人类社会历史事件过程中创造的物质财富和精神财富的总和"②,即文化主要包括物质文化与精神文化两个方面。美国学者戴维·波普诺认为:"文化是一个群体或者社会所共同具有的价值观及意义体系,包括这些价值观及意义的物质体现,……文化由以下重要因素组成:a符号、意义和价值观;b规范;c物质文化。"③因此,广义的文化观认为文化包含物质文化与精神文化,其认为文化与自然物不同,强调文化的"人造性",因而,文化包含了所有人类的创造物:物质的和精神的。

(2)中义的文化观

中义的文化观将人类在历史实践过程中创造的物质财富排除在外,认为文化仅指是人类所创造的精神财富。中义的文化观进一步认为文化具体包括"社会的意识形态,以及与之相应的制度和组织机构"④。具体而言,文化包括"社会意识形态"和"与意识形态相对应的制度、组织机构"⑤。

(3)狭义的文化观

狭义的文化观认为文化仅指社会意识形态,这种观点在我国长期占据主流地位。毛泽东对于文化的描述属于经典的狭义文化观,"一定的文化是对一定社会的政治和经济的反映","一定的文化是一定社会政治和经济在观念形态上的反映",而"经济是基础,政治是经济的集中反映"。⑥这种论述后被

---

① 司马云杰:《文化社会学》,山东人民出版社1987年版,第10页。
② 《辞海》(缩印版),上海辞书出版社1979年版,第1533页。
③ [美]戴维·波普诺:《社会学》(上),刘云德译,辽宁人民出版社1987年版,第137页。
④ 《辞海》(缩印版),上海辞书出版社1979年版,第1533页。
⑤ 《辞海》(缩印版),上海辞书出版社1979年版,第1533页。
⑥ 《毛泽东文集》(第3卷),人民出版社1996年版,第110页。

总结为"经济基础"与"上层建筑"的关系,政治和文化都属上层建筑的范畴,同时文化是为政治和经济服务的。此种文化观认为文化的核心是"意识形态",是观念。

广义的文化观认为文化包罗一切人类的创造物,物质文化是精神文化的载体,同时又蕴含精神文化的底蕴。中义文化观仅指人类的精神创造物,但其又涵盖了与人类精神、思维相联系,并作为其外化表现的制度、组织机构。而狭义文化观则将文化限于人的思维层面,注重人的内在理念即自我意识。

对不同文化观的选择,要以不同的研究对象为根据。基于本章法律文化的研究范围,法律的调整对象是社会关系,社会关系主要包括政治关系、经济关系等;而中义文化观将文化定位于意识形态,意识形态是社会政治、经济的反映,这与法律的调整对象契合;同时中义文化观认为文化也涵盖了作为社会意识形态之外化的制度和组织机构,而法律正是由各部门法律制度构成,法律的运作依赖于各国家组织机构对法律制度的实施。因而,中义文化观为我们研究法律文化时所选取。

二、文化的特征

取中义文化观,文化是人类的精神财富,包含与人类精神、思维相关的制度和组织机构,文化与人类社会共存,具有共生共亡的关系。人类社会的形成过程就是文化的创造过程,人类社会的发展过程就是文化的发展过程。一旦文化消亡了,人类社会也将不复存在,反之亦然。因而文化所包含的特征或者属性一般地与社会属性相关,一定历史、地域的文化,必然是该时期、该地域人类社会的反映。但文化终究不同于社会本身,作为人类社会纷繁复杂的社会存在的抽象,文化自身具有相对独立的特征。

(一) 文化的民族性与世界性

文化是民族性与世界性的特点十分突出。具体包含以下三个层次:第一,先有民族文化后有世界文化,此即文化的出现顺序;第二,从二者相互关系上看,民族文化是基础,各民族文化的交流促进世界文化的产生与发展,而且先进文化预示着世界文化的发展前进方向;第三,从文化的内容上看,任何一个民族的文化又都可以分为民族性文化与世界性文化两部分,例如"科学技术及其物质文明是世界性的,伦理、制度和礼俗是民族性的"[①]。

---

① 何星亮:《文化的民族性与世界性》,《云南社会科学》2002年第5期。

民族性是文化的最基本属性,文化作为人类社会的存在样式,其具体表现为民族的存在样式。民族是在一定地域内经过长期发展而形成的稳定的人群,他们在语言文字、经济生活和政治制度等方面以独特的社会存在区别于其他人群。由于多是在民族意义上谈论文化,因此文化的民族性尤为重要。美国人类学家本尼迪克特认为日本人的行为举止受一种"耻感文化"支配(详见其著作《菊与刀》),与西方人遵从内心的服罪忏悔而行善完全不同,日本人的耻感文化使日本人依靠外部的力量驱使来行善。日本人的行为深受外部行为带来的耻感所驱使,丑行败露、事业失败等这样的事一旦发生,他们深以为耻,而消除耻辱的唯一方法,就是通过极端方式寻求外部社群的谅解,例如切腹自杀,外部的谅解是其自我解脱的前提。而在追求个人主义的美国,这样的事情绝对不会发生。二者的区别,证明了文化的民族性特征。

关于文化的民族性,先贤们对其向来有着深刻的理解与认识,亚里士多德认为是地理、气候、土壤使然,这种观点后演变为地理环境决定论。16世纪的法国人博丹也认识到了地理环境对民族的性格、国家和社会进步的决定性影响。而孟德斯鸠在《论法的精神》中也坚定认为社会制度、国家法律、民族精神系于气候和土地本性的观点。我们认为地理环境在民族文化的形成与发展中确有着重要的作用,但若把民族性完全归于地理环境则明显是错误的。因为地理环境只是文化形成的外部条件,不同文化之间区别的核心制约力量必须从内部寻求,即该民族的能动创造力才是关键。正如李大钊所言中西文明:"一为自然的,一为人为的;一为安息的,一为战争的;一为保守的,一为进步的;一为直觉的,一为理智的;一为空想的,一为体验的;一为艺术的,一为科学的;一为精神的,一为物质的;一为灵的,一为肉的;一为向天的,一为立地的;一为自然支配人间,一为人间征服自然的。"[①]李大钊指出中西民族在共同的对象性占有活动中基于不同的能动创造性活动表现出不同的文化属性。

文化的民族性指明了文化与特定族群的对应关系,那么文化的世界性或者普世性揭示的就是任何族群的文化一旦被创造出来,就有超越该族群的特性,从而为普天下人所接纳、分享和拥有。然而,文化元素在不同民族间的互动、传播决定了不同民族文化又具有相似性,此种相似性即文化世界性的体现。人类既是文化的创造者,也是文化的适用者、享有者。人们固然有民族之

---

① 李大钊:《东西文明根本之异点》,转引自张岱年、程宜山:《中国文化与文化争论》,中国人民大学出版社1990年版,第24页。

分,但不同民族的人在生理构造上却是大同小异、基本相同的,这就决定了即使是不同民族的人仍会产生类似的物质和精神需求。因而,人们在生产和生活活动中会表现出相似的创造能动性,并创造出类似的文化存在形式。同时,类似的文化存在形式一旦被某一民族创造出来,其就不可能为本民族所单独享有,它们会经由多种形式在民族间进行流动、传播,例如和平的文化交流、战争、殖民等,由此,某一民族创造的文化存在形式为其他的民族所习得。所以,可以说文化的民族性就是某一民族文化一定程度上可以为全人类所学习借鉴的属性。

具体来看,文化的世界性主要由以下原因所决定。首先,不同的民族文化有着相似的内部构成。各民族为了在无常的自然环境中求得生存,必须进行必要的生产活动,例如创造生产工具、生活用具,以及在此基础上为了交流而创造语言,为了共同体的运行而逐步建立社会管理组织甚至政府;在基本生存、生活需要得以满足的前提下,为了永续存在下去,人们必定会进行教育、艺术、节日等高级的文化形态。当然,一个民族为了生存、发展而进行的发明创造同样可以成为维持另一个民族人们的生存和发展的东西。虽然不同民族在生存和发展的具体展现形式,即获致目的的具体手段、方法有异,但相似的目的决定了手段的相似性。例如无论服装的样式差别万千,但它们均服务于御寒、遮羞等共同的基本目的。一个发展程度先进的民族能创造出落后民族不能创造的文化,先进性文化引领世界的进步并通过交流传播对落后地区的民族产生影响,处在前列的民族所创造的文化可能迅速被其他民族借鉴,而最终成为其他民族文化的一部分,即体现了民族文化的世界性。近代以来的工业文明由西方传播至全世界即是很好的例证。

文化的世界性或者普世性除了源于共同的物质需求、精神需求外,相似的认识能力是促成这一现象发生的心理基础。古希腊亚里士多德根据灵魂的性质把灵魂作为一种"在最首要意义上乃是我们赖以生存、赖以感觉和思维的东西"[①],亚氏把普世万物分为植物、动物和人三种,他认为植物有生命,而动物不仅有生命更有欲望,人类除了具有生命、欲望之外还有思维。与亚氏大致同时代的中国的荀子在《王制》篇中根据气、生、知、义的有无,提出万物的四分法:"水火有气而无生,草木有生而无知,禽兽有知而无义,人有气、有生、有知,亦且有义,故最为天下贵也。"二者相隔万里,但对于世间万物却有着相同

---

① 苗力田:《亚里士多德全集》(第3卷),中国人民大学出版社1992年版,第303页。

的认识,相似的认识能力使人类的认识活动具有相似性,影响了文化世界性的特征的形成。

(二)文化的时代性和永恒性

每一部中外文化史都可以明显地看到一点,人类文化的发展由低级到高级螺旋形发展,虽有反复甚至倒退,中间有间断性,每个时代也有不同的特征,但总体呈持续上升的趋势。

某一特定的文化总是产生于特定的历史环境下,文化的产生一定会打上其产生时代的历史印记。文化也并非从来即有,即使是经过传播引入而产生的文化亦必然在传播的过程中被时代环境所影响。文化的发展是随着特定时代人类活动的范围和活动方式以及人的能动性的发展而不断进步。马克思说:当古代世界走向灭亡的时候,古代的各种宗教即被基督教战胜了。当基督教思想在18世纪被启蒙思想击败的时候,封建社会正在同当时革命的资产阶级进行殊死的斗争。信仰自由和宗教自由的思想,不过表明自由竞争在信仰的领域里占有统治地位罢了。①马克思指出了人类文化受历史制约的时代性特征。

文化的时代性体现在许多方面。某一文化可能为特定的历史时代所特有,在这一时代产生,也由于某一特定原因在该时代消亡;某一文化可能在特定的历史背景下有了大发展而走向发展的顶峰期,之后随着时代的变化而走向弱势;某一文化产生于特定的历史时期,但在该时期处于发展缓慢期,而随着新时代的到来走向繁荣;某一文化可以同时延续存在于相连续的多个时代,但在不同的时代有着不同的发展形式或者外在表现。即某一时代必定有这个时代的文化特色,本时代的文化为本时代的历史背景所影响甚至决定。中国古代虽因母系血缘而分为不同的氏族,每个氏族有其族号,称之为"姓"。源于同一母性氏族的不同支系后代繁衍、迁移形成支族,有了各自的旗号称之为"氏"。"姓"代表一族的血缘系统,而"氏"代表同一血缘的不同分支。夏商周为姓氏增加了封地意涵,但到了秦汉时期,随着国家的统一,姓氏已几乎失去了既有的意义。同一姓氏文化,在不同的时期有着不同的时代特色。

文化除了具备鲜明的时代性以外,同时也具备连续性甚至永恒性的特点。中国古代社会深受儒家文化的影响,而且经验表明凡推崇儒家文化的朝代,该朝代即能实现文化的繁盛和社会的文明,元朝拒而清朝迎,元、清同为北方少

---

① 《马克思恩格斯全集》(第1卷),人民出版社2006年版,第271页。

数民族入主中原,然不同朝代的文明开化性差异明显。姓氏在不同时期有着不同的文化意涵,但姓氏作为中国人乃至儒家文化圈的文化符号,一直流传至今。

三、文化的类型

什么是文化类型,学者司马云杰在《文化社会学》中认为文化类型乃是历史上形成的各种文化共同体最本质的特征。我们可以从两方面理解文化的类型,首先文化的类型反映不同文化形态的差别,这种差别可能是不同时代、不同群体共同作用的结果;另外,文化类型也充分反映了一种文化的本质特征,一文化区别于另一文化的属性和特色。基于此,我们认为文化类型的根本乃一种文化区别于另一种文化最本质的差异。而人类文化一旦产生,就会在一定的时间和一定的空间内演化,因此,基于不同的分类标准我们可以得出对文化不同的分类结论。[①]结合本章"法与文化"的研究中心,不同地域文化的产生与发展殊异且其对法律发展、演进的影响甚巨,因而有意义的划分乃是横向以不同地域为标准进行的划分;但由于下文将对世界不同地域"法与文化"的互动进行详细说明,因此,此处仅以文化学者从文化学的视角,根据地域对文化进行划分及其划分的本质区别加以简要介绍。另外,法律作为文化的一种类型,其与宗教有着密切联系,尤其是一些时代以及一些地域,宗教对法律的制定与适用、执行有着巨大的影响,因此我们也有必要简要介绍一下世界的主要宗教类型。

（一）东方文化与西方文化

20世纪初,我国文化学者曾开展了一场关于中西文化比较研究的讨论,其中以梁漱溟《东西文化及其哲学》最具代表性。梁先生认为东西文化各自具有鲜明的特征,西洋文化内含有"向前要求",而中华文化则坚持中庸、调和、持中为基本精神。西洋文化意欲向前,奋力获取其意欲获得的东西,西洋文化崇尚奋斗并以解决问题、改造既有现状以满足需求为归依;中华文化更多地是自我调和,面临问题不思解决之道而选择在此境遇改变心态以求自我满足。梁先生举例说譬如屋小而漏,西方文化的处理方法是一定要求另换一间,而中国文化的处理方法则是变换自己的态度而得到心理满足,它并不想去改造局面,而是"幻想的随遇而安"。可见,东西方文化之间理念差异巨大,除

---

① 汪进元:《良宪论》,山东人民出版社2005年版,第101页。

此之外,东方文化在具体价值观念方面亦差异明显。

具体而言,东方文化重社会、重和谐,而西方文化重个人、重竞争。传统西方为重商主义社会,为逐利,人口流动频繁,家庭、集体等观念淡薄;为追逐暴利、扩大个人财产,人人崇尚竞争,突出个人独立价值。因而,个人主义价值观是西方社会文化价值的核心。社会由个人组成,为个人利益而努力就是为社会利益而努力,因而个人乃社会存在的基础与出发点,个人的重要性高于社会整体。同样是出于重商主义的传统,个人要求国家和社会尽量少地干预个人的发展与进步,推崇自由竞争。与西方个人主义价值观不同,传统东方社会以儒家"仁""义"为传统价值,强调社会第一、个人第二。[①]社会是个人存在的基础与前提,社会的安定与发展是个人生存与进步的保障,当个人利益与集体利益相冲突之时,集体利益优位于个人利益。传统儒家伦理重视家人、朋友、亲属之间的连接,强调群体意识,而这种伦理观念根植于传统东方的农耕社会形态。农业生产模式下,个人被束缚于土地之上,人口流动性弱,社会基层稳定;而面对干旱、洪涝等天灾,农业生产者更注重互帮互助,共渡难关,因而传统东方社会更易形成群体观念,儒家的伦理道德成为建构国家集体主义的价值核心。集体主义观念下,东方社会强调个人对国家的服从,要求上令下达,个人不能反抗国家、集体的意志,在社会共同体之下个人作为社会共同体的组成部分而存在,大家荣辱与共、休戚相关。

西方文化重利、重法,东方文化重情、重义。近代以来,西方社会强调天赋人权,个人权利至上。在个人至上观念的支配下,人与人之间的道德连接被忽视,个人私利成为人生活于世的唯一追求,因而法律成为规范人与人关系的当然标准。只有依靠法律才能够顺利解决陌生人之间的利益纠纷,人与人之间的权利冲突依据法律进行裁决。因而,法律在西方文化中占据重要的地位。与此相对照,东方文化对情义的追求,对私利的淡漠有着深厚的文化根源。所谓道是指道义、道德,利为个人利益,多指个人物质利益。孔子在《论语》中认为"君子喻于义,小人喻于利"。孟子认识到了利的存在,肯定个人对财富的追求,但坚持义在利先,义利之争高下立判。儒家以伦理道德为安身立命之根本,以"仁""义"为人生的追求目标,不重视对利的追求,追求道德不追求私利,不能驱义逐利。正因为如此,东方社会重视以礼相待,以义为先,人与人之间关系的调整主要依靠道德而非法律维系。儒家认为,伦理道德乃社会规范

[①] 汪进元:《良宪论》,山东人民出版社2005年版,第118页以下。

的基础,个人不能为了私利而违反社会道德,只要符合社会道德,个人哪怕舍弃个人利益甚至生命也在所不惜。

(二)基督教文化、伊斯兰教文化及佛教文化

宗教在世界历史发展中曾扮演重要角色,在不同的地域和历史时期对社会生活产生巨大影响。英国著名历史学家汤因比认为宗教是一种文化的创造,它是人类对各种自然和社会挑战的回应。在不同的历史时期,许多地区的宗教都对国家和社会政治、经济、法律等的发展产生深远的影响。基督教之于西方尤其对于传统欧洲文明,儒家文化之于中华文化圈,神道教之于日本文化等均产生了巨大影响。基督教、佛教、伊斯兰教是流传至今且产生国际性影响的三大宗教。我们下面对基督教、佛教、儒教(儒家)作简要介绍。

"西方文化是指以基督教为底色的一种文化类型,也因为如此,西方文化也被称之为基督教文化。"[①]基督教在最广泛的意义上指所有信奉耶稣基督为救世主的诸多教派,主要包括天主教、东正教、新教。基督教在世界范围内影响着广泛的区域,而且其信众数量亦在三大宗教中最多。西方文化深受基督教文化的影响,西方社会的政治、法律甚至西方人的思维方式等都受到基督文化的深刻影响。基督教奉《圣经》为经典,《圣经》是信仰的依据和教义的标准,是最高的权威。基督的教义以"博爱"为本。我们可以从两个方面理解基督教的博爱:第一是爱上帝,第二是爱他人如爱自己。基督教将爱上帝置于爱自己及爱世人之前,因此爱世人在实际中的贯彻并不彻底,而且经常为爱上帝所"埋没"。

佛教公元前6世纪时由释迦牟尼创立于古印度。释迦牟尼想解决生死问题,追问生从哪里来、死到哪里去的哲学问题,与中国古代的先哲孔子、老子、庄子等一样,体现了世界文明初期,人类自我意识的觉醒;而作为佛陀的释迦牟尼,则与其他宗教一样体现了人类对永恒的幻觉和对现世的回避。佛教伦理从一开始就遵循不走极端的中道原则,实践佛陀所指出的生活方式,将慈悲和乐善好施视为必要的品行。佛教提倡慈悲的显示超越了简单的乐善好施,要求以佛法教导人,将功德行为施于他人。佛教伦理不仅是佛教徒的行事准则,而且在佛教流行的地区对一般社会大众的思想、生活及为人处世的方式均产生巨大影响。在佛教广为流传的中国、韩国、日本以及泰国、缅甸等东南亚国家和地区,宗教已与当地的其他文化有机融合在一起,成为民族文化不可或

---

① 汪进元:《宪法认同的文化分析》,《中国法学》2005年第1期。

缺的一个部分。

儒家思想是我国传统文化的核心,中华传统文化以儒家思想为主体形成了独具特色的完整文化体系,但儒家思想体系与"宗教"之间的关系似乎在学界一直存有争议,即"儒学是否为宗教"仍在讨论中,甚至有学者认为"这是一场没有结果,但具有历史和现实意义的讨论"[1]。反对者多认为儒学是一种道学,是伦理道德,"儒家并非一个固定的宗教,只是一个独立的学派,是为了良好地治理国家而开创的。"[2]我们认为,"儒教问题"是伴随基督教传入我国,由于与基督教的对比而成为问题的,是伴随东西文化的交流互动而历史地展开的。在这种文化的交流过程中,"'西方文明'与'现代社会'这两大讨论前提正是儒教问题得以成立的关键"[3]。其实,探究儒学是否为宗教,本质上乃是探讨我国传统儒家文化或者说儒家学派究竟该如何面对西方文明、适应现代社会的问题。因此,如何将儒家文化与我国的现代化进程融合,在推进国家和社会现代化的同时保持我国文化上的独特性及发展性才应该是文化研究的关注点,而本章法与文化互动关系的探究正是试图对这一问题进行某种说明和解释。

第二节 西方文化与法的互动关系:理论与实践

一、法与文化关系的法理阐释

(一)法律具有人类文化的共同属性

如前所述,法律是文化系统的一个子系统。但当我们说"法律是一种文化"时,当我们以文化的视角研究、阐释法律或者将法律定性为文化时,我们应该注意文化属性只是法律特性的其中之一,"法律是一种文化"的论断绝不是我们对"法律"下定义的活动。

---

[1] 韩星:《儒教问题——争鸣与反思》,陕西人民出版社2004年版,第128页。
[2] 利玛窦:《耶稣会与天主教进入中国史》,商务印书馆2014年版,第71页。
[3] 蓝法典:《当代儒教问题的争论、理解与反思》,载《国际儒学发展报告》(2016-2017),山东友谊出版社,2019年。

"法律是一种文化",首先表明了法律与文化之间的关联性,法律的生成与发展均离不开特定文化背景的支持。具体而言,法律属上层建筑,是社会经济基础的反映;法律更为社会政治运作所需。原始部落社会既存的大量社会习惯为文化的产生提供了直接的观念及规范来源。法律的发展水平与一定时期、地域的经济、政治、文化发展直接相关,罗马法产生于古罗马的繁荣的商品经济社会,理想国、法治国等公法思维理念均与古希腊的民主政治密切关联。人类社会规范经历了习惯、习惯法、成文法等的调整,每一次法律形态和内涵的巨大进步,无一不产生于社会文化的大发展之中。正如马克思所言,权利永远不能超出社会的"经济结构"以及由经济结构所制约的社会文化的发展。①权利是法律的基本概念和核心构成,权利随社会文化的变化而发展,法律亦然。

(二)法律是文化的一种特殊表现形式

法律虽然是文化的一种,但法律与社会的其他子系统不一样,法律具有文化的共性特征,但由于其功能作用及结构的特征使其具有独特性。法律直接作用于人的行为,法律对社会经济和政治的运行发展具有规范作用,其能够对社会诸多方面的运作产生直接的影响,因此在社会整体文化中具有特殊性地位。关于此,张文显教授有着很精准的论述:"法律文化与文化是个别与一般、部分与整体、子系统与系统的关系。因此,它必然具有文化现象共同具有的一般性质、特征和功能,而且与其他文化子系统,如宗教文化、道德文化、政治文化等相互作用、互为补充。脱离总体文化,与其他子系统不相干的单纯的法律文化是不存在的。但是法律文化毕竟是总体文化中的特殊文化,或者说是文化现象中的一种特殊形态。法律文化特殊就特殊在它以法律现象为特定内容,与人的法律生活相联系的,而法律现象和法律规则均属于上层建筑。"②

具体而言,人类文化尤其是法律文化的发展经历了相当漫长的过程。法律在不同的人类历史发展阶段以不同的形式,发挥着对文化的调整作用。在原始社会,发挥调整作用的是脱胎于各种原始社会风俗礼仪的禁忌性习惯,习惯调整着原始社会的方方面面,这种调整也为规范性更高的法律形式的产生奠定了基础。随着人类社会的不断进步,调整原始社会的各种习惯却在社会生活各方面的运行中得以保留,但习惯经过长期的遵循和演变有了较为固定

---

① 《马克思恩格斯全集》(第3卷),人民出版社2016年版,第13页。
② 张文显:《法律文化的释义》,《法学研究》1992年第5期。

的内涵和后果,对社会整体的运行起到了相对稳定的规范引导作用,美国学者埃尔曼将其称为"习惯的让位",即习惯法逐渐成为社会调控的主流。而结合不同的宗教及社会制度传统,习惯法在英国以判例法的形式发展至今,大陆法系则发展出更为成文化的成文法。但不同形式的法律表现均对其所属的社会文化产生巨大的调整作用。由此,法律对社会文化的调整经历了以下三个阶段:由"习惯调整文化"到"习惯法调整文化",再到"法律调整文化"。在此之后,经过不断的积累和发展,法律在文化发展中的调整作用发挥得越来越完善,并成为现代人类文明中的主流文化之一。

二、古希腊法与文化的互动关系

通常认为西方文明的源头在古希腊和古罗马。但显然在此两个文明之前,在尼罗河和两河流域存在古埃及和古巴伦文明,它们都曾对古希腊文明产生重要影响。但是,西方的法律文化是古西伯来人、古希腊人、古罗马人首创。古希腊人和古罗马人关于法律问题的基本观念,在今天和可以预见的未来,都将是西方人法律生活的最基本来源。古罗马人对希腊地区的征服,将这两个文明联系在了一起。希腊人创造的自然法观念深深影响了罗马法,西方学者甚至认为如果不是古代希腊人在哲学方面的创造为罗马法的体系化奠定了基础,罗马人单凭其务实的品性,是否能够产生出具有世界影响性的法律体系——罗马法,还是个未知数。

(一)理性主义法律思想:自然法思想的产生与发展

理性是贯穿自然法的核心概念,理性被认为是人的本性、一种天然能力,具体而言,理性是人类认识自身、认识自然的能力。人类能否认识自然关乎人类的理性,通过理性人类由此得以与自然进行沟通。人类在认识自然的基础之上,能否按照自然而生活逐步具有了道德的意涵,更深化了理性的含义。英国史学家詹姆斯·希尔认为随着希腊社会的进化,人们对独立的理性思维的依赖和对逻辑准确性的追求不断增长,形成了从神话到理性的进步。而希腊人关于理性与逻辑的深入探索成为希腊文明对人类历史所作的杰出贡献。随着社会的发展,人类对自然界、对社会的观察和思考逐步扩展并深化,人类对理性的依赖体现在诸多方面,理性思维也随着这一过程而进入社会生活和文化的方方面面。

追寻希腊人理性主义思想的渊源,可从文化与法律互动的角度入手。首先需认识古希腊超验的宗教,古希腊的传统宗教认为上帝和人世间相隔离,世界乃上帝所创造,上帝具有某种人格化特征但又超越于现世个人,因而人们对于上帝所创造的世界,能够入世但始终难以完全领悟上帝创造物的全部神圣性,这便是希腊人对理性无限追求的起源。而作为希腊人思想文化反映的《荷马史诗》,其中诸多作品中蕴含世界不以人的意志为转移、人在自然面前无能为力等特征,人们认为这就是古希腊自然法和理性思想的体现。另外,古希腊的自然哲学家也尝试着找出千万自然现象背后的支配力量,对自然支配力量的无限追求也成为古希腊自然法及理性思想的渊源。

期间,古希腊理性主义思想经历了多个学派的论述与发展,至斯多葛学派将自然法思想予以体系化。斯多葛学派坚持本性自身永远给我们善的爱好,提倡过顺从自然本性与理性的生活,认为自然法思想包含诸多基本理念。斯多葛学派认为人是由上帝创造的世界的一部分,人的灵魂正是由于上帝、自然更是由于理性的支配而从事认识现实世界,人可以由理性支配从而理智地认识甚至支配自然法则;斯多葛学派同样认为,人类所追求的应是依据理性自然法的支配而生活,人类有义务不断认识外部世界并不断遵循理性与自然而行为。斯多葛学派的自然法思想中,平等、独立、自由、诚实、责任、节制等都成为以后西方法文化的成长点并构成西方文化传统的核心。

(二)理性主义的代表:苏格拉底、柏拉图、亚里士多德

苏格拉底生活于希腊民主与文化的鼎盛时期,那个时代智者盛行,他们宣称自己能教授政治学的精华——为城邦制定正确的法律和政策,能教授雄辩术。苏格拉底认为智者只传授技艺,但未能理解人生的本质。他认为人应当理性自知,用普遍的价值标准调节自己的行为。他批判智者的盲目引导,提出"知识就是美德"的口号,他认为对于人来说最重要的问题有两个,其一是个人品德的不断完善,其二是探寻个人道德的最高境界究竟为何。苏格拉底认为个人不应以所谓神的启示而应以理性的标准来指导人生,只有如此人生活的目的、人赖以生存的价值等问题才能得以实现。他认为只有经过教育的人生才是有意义的,为了引导人们追求知识,他发明了辩证法。辩证法是交流与对话,是使人们摆脱漠然处事与自命不凡,并迫使其去批判性地验证自己的思想,能用清晰明确的语言来表达自己的思想的方法。可使人们追求知识时积极思考不盲从,这样知识才成为人存在的一部分。用理性来相互学习、相互促进,理智对待自己和他人是人之所以为人的显著标志。即:苏格拉底哲学以理性之人为追求目标,这也是希腊人文主义的精神核心。

柏拉图生活于古希腊由繁荣走向衰落的时代。其师苏格拉底认为教导个

人过理性的生活以此克服精神危机,而柏拉图认为只有以社会理性为基础才能真正保证苏格拉底式个人道德的成功。基于对希腊民主制的批判,苏格拉底心目中的理想国是独立于现实生活的,理想国是比现实生活更高层次的社会。在理想国里,以真善美、正义和真理为做事的原则就可以过上善的生活,懂得了这些原则也就获得了真理。

柏拉图认为如果人们打算过有道德的生活,他们必须按照公正的理性的公民行动原则去行事。一个理想的国家必定是理性的也是正义的,理想国的目标是使国家的公民追求有道德的生活,为了实现这样一个目标,理想国的领导者需要的是美德,同时需要智慧,仅仅有辩才是远远不够的。针对民主制固有的疾病,解决之道不是增加自由而是只有让最富有智慧的人——哲学家掌权,来治理国家。这就是其早期的人治论。接受其师"知识就是美德"的观点,柏拉图认为统治者必须是经过训练和教育的人,必须具有完善的才能,且是爱知识与智慧的哲学家、追求真理的人,这样的人才能真正学会和掌握相论;即要求国王是哲学王,达致人治。但是,到了柏拉图生活的后期,或许是经历了古希腊的逐步衰退,柏拉图关于国家统治者品质的观点发生了转向。他认为如果一个国家的统治者不是哲学家,而且在较短时间内难有好的方法把统治者变成哲学家,则法治仍是较好的,这种好虽比不上最好的政治——哲学王的统治,但仍可以是"次等好的"。柏拉图认为政治绝不仅仅是社会中单个人的善,政治是关于国家整体的公共的善。为了实现公共的善仅仅依靠教育是难以实现的,这是因为根植于人性深处的个人利益观念会阻碍个人追求公共利益,因而为了防止个人为了个人善而侵害公共善,就必须依靠法律来规制个人的行为,通过制裁个人危害公共善的行为实现对公共善的追求。

亚里士多德是一位百科全书式的人物,亚氏生活于古希腊城邦制衰落时期,他虽目睹了城邦制的崩溃,但却未像其师柏拉图一样凭理性去创造一个理想国,而是在实践中细心总结。亚氏坚持真理就在现实的客观世界中,而柏拉图的理想国则具有幻想色彩。亚氏通过对希腊 158 个城邦政制的考察,提出了一个理想的政体——共和制。它的依据力量是中产阶级,治国思想是中庸之道,治国方法是依法治国。是的,亚氏的法治思想只是其构建理想政体中的一部分,但却是其对后世西方文化影响最深远的部分,亚氏提出了一整套完整的法治理论,其科学性已为后世社会实践所证实,且影响至今。具体而言,亚氏的法治思想有着复杂的社会背景,建立在希腊既有的法治理念、法治实践的基础上。这里简要概述下在此之前的希腊法治传统。为了使每一个公民都能够参与公共生活,并且在城邦生活中占据与他出身和他的才能相当的地位,希腊人阐明了自由与法治的关系;希腊人认为公民权利是因出生而享有的一种特权,公民资格的意义即在于参与公共生活,参与政治活动;人的最高幸福即在于参与城邦本身的生活和活动,既然全体公民均应该参与公共生活,因而任何人都不应该因其地位或者财富这些外在差异而被排斥于政治生活之外,人人均有均等机会担任他的天赋所能胜任的职位。这是古希腊文化的核心精髓之所在。古希腊人认为民主制度的基础只能是公民资源的积极配合,因而尊重法律一直与个人自由相伴而行,他们认为人们应该受到约束,但只应受到具有普遍约束力的法律的约束。柏拉图提出过法治,但不完备,总处于人与法的纠结和矛盾之中,而亚氏"吾爱吾师,吾更爱真理",其一大贡献即在于划分了善法与恶法,并建构了一个法治的大致轮廓。在法治理念上,亚氏认为"法律是中道的平衡",法律是稳定性与适应性的统一,立法要防止特权,防止贪污。据此,亚氏给法治下了这个著名的定义:"法治应包含两重含义:已制定的法应得到普遍服从,而大家服从的法律又应该本身是制定良好的法律。""良法是法治的前提,恶法非法。"[①]同时,亚氏认为法治应体现在国家立法、国家机关执法和国家的每一位公民都守法的全过程中。良法已定,就要严格执法。法律如果得不到遵守,那么法律就将是一纸空文,守法不仅系对于普通公民而言,尤其应强调守法对于统治者、执法者的重要性。另外,亚氏还在《政治学》中辟专章讨论公民法治教育等问题。可见亚氏的法治体系,深刻而完整。

三、古罗马法与文化的互动关系

(一)自然法思想:罗马法的法哲学基础

罗马社会连年对外征战及大规模内战在本质上改变了社会经济结构,摧毁了农业经济而使得商品经济发展起来。罗马帝国前期,奥古斯都大帝采取自由放任的政策,让经济生活顺其自然地发展。自由放任的经济政策导致了自治市的繁荣,商品经济得以在广阔地域内长足发展。罗马的对外扩张,其中有一个对后世罗马法具有决定性意义的事就是与东方希腊地区的接触。前述自由政策及自治市的发展均只能对法律的产生、发展提供可能性,而要把这种可能性转变为现实仍需一种崇高的智慧:它需从变动的历史和无限的事实中抽象出一种理论,反过来指导人类的历史和生活。而这种理论即是作为古

---

① [古希腊]亚里士多德:《政治学》,吴寿彭译,商务印书馆2017年版,第38页。

希腊智慧结晶的自然法思想。

如上文所述,自然法思想在希腊源远流长,古希腊晚期的斯多葛学派对其进行了系统总结。当罗马扩张并与之接触后,罗马人对斯多葛学派的哲学思想产生了浓厚的兴趣,他们开始遵循按自然而生活的训诫。同时,斯多葛学派有着充满浪漫主义的世界主义理想,斯多葛学派的理想是世界范围内的每个民族的人都可以获得国家的公民身份,当然全世界范围内遵循同一部法律,而这个世界范围内的法律是与理性原则相一致的,同时这个法律也符合世界运行的自然客观规律。罗马的政治家与思想家在斯多葛学派这一思想的指导下逐步完成了罗马万民法的制定。当然,在此过程中西塞罗等优秀的法学家推动了万民法的制定,并通过著书立说阐述万民法中所蕴含的法学理论。由于斯多葛学派的影响,以及西塞罗等法学家的推动,古希腊自然法思想被很好地融入了罗马法中。

万民法在斯多葛学派世界主义的影响下形成,同时,罗马法自身以成文法为主要表现形式,这一传统同样受到了斯多葛学派自然法中理性主义的深刻影响。斯多葛学派认为理性是唯一贯穿于世界的东西,理性是世界万物发展的指导原则,而理性又是可以被认识的,因此人们相信自己可以根据理性原则的指导发现何以为善以及以善的规则去行动。有了这个自信,罗马人大胆地依靠既有理性去总结甚至发现人类生活中所存在的规则,发现并以社会中善的规则指导人行事。罗马人总结和发现的这些社会规则便是成文法的来源及原始雏形。

(二)商品经济的理性法典:罗马法的文化品格

正如上文所说,法律是文化的一种,法律的产生及发展不可能脱离其所处的时代文化特色。而罗马法的产生正是以罗马商品经济的高度发达为文化背景的。自然法思想是罗马法一以贯之的精神,而商品经济则是罗马法产生和运行的依托。古希腊时代的自然法还仅仅停留在思想阶段,并未有完备充实的体现自然法精神的实在法律,但自然法的理性主义特征,正符合了罗马高度发达的商品经济要求,因而其理性主义精神在罗马法中有着充分的体现。因此,罗马法的文化品格不是别的,正是商品经济的理性法典。这一点具体体现在罗马法本身的主体法、权利法等的性质上。

主体法亦即人法,一切权利因人而设定,只有人才是权利的主体,它是商品经济中一切法律规定的起点,主体法在罗马法中居于主导和首要地位。在传统宗教神学中,个人依附于神,没有独立的人格和地位,不会有独立的人法。

《十二铜表法》中,罗马人认为法律是公共意志的体现,决定法律内容的不是任何所谓的神也不是君主的任意创作,而是罗马社会的公共利益,公共利益是罗马法的目的并决定罗马法的内容。

法律摆脱宗教控制是迈出世俗化的重要一步,是个人地位上升的基础。罗马历史上社会各阶层为争取独立、平等、自由而进行的斗争连绵不绝,这些斗争与商品经济的发展有着密切的关系,生产者与交换者的意志与利益独立,要求人在交换中的自由与平等地位,且越来越多的人参与到此过程中。商品社会以其特有的利益杠杆撬动了个人意识和权利观念。商品经济的发达,使得每一个人都有了走向独立的经济条件,家庭不再是束缚个人发展的羁绊。同时,近代意义上的法人的原型也在古罗马发达的商品经济中有了"踪迹"。权利主体的扩充便意味着一个独立、平等和自由的市民社会的逐步形成。

罗马法的权利法属性有着深厚的哲学基础。斯多葛哲学鼓励人的个性发展,要求人按照自然的本性要求过理性的生活,这种生活是积极的,但不是毫无节制的。斯多葛学派以自然法为基础,认为使每个人都有其作为人应有的权利是正义的根本体现。而罗马法正是追求"为人诚实、各得其所",因而罗马人便在斯多葛学派这一正义的思想的引领下,用法规定了公民所应具有的诸多权利,其中大多是产生于商品经济的私权。"私法财产本质上只是确认个人之间的现存的,在一定情况下是正常的经济关系而已。"[①]罗马法正是在这样的背景下,坚持以权利为本位,法律是每个人在罗马社会中必须遵守的处事行为规范。罗马法特别重视对权利的保护,权利的享有具有较大的真实性,其发展出一套比较完备的救济权制度,如提存权、变更权、解除权、抵销权等。

四、中世纪法与文化的互动关系

中世纪是欧洲的封建社会时期,其时间跨度通常包括从西欧罗马被日耳曼人摧毁的576年,到欧洲文艺复兴全面展开的15世纪中后期,大约十个世纪。中世纪在西方文明史上处于特殊的地位,其总体特征在于古希腊、古罗马理性的衰落与非理性主义宗教思想的兴盛。中世纪神学笼罩一切,人的心灵处于朦胧状态,人们屈从于上帝,从上帝那里祈求希望与慰藉,人们的一切思想都以宗教为主导,法律不是人们生活的中心,光辉的罗马法湮灭于蛮族法典

---

① [美]布坎南:《自由、市场和国家》,转引自 S.斯奇巴尼等:《罗马法、中国法与民法法典化》,中国政法大学出版社1994年版,第112页。

之下，只是作为习惯法保存于西欧，但亚里士多德的法治思想和西塞罗的自然法观念得到了一定程度的延续，从而保存了古代文明的火种。

（一）基督教会与世俗政权之争

在中世纪，一个中心线索就是基督教会与世俗权力之间的斗争，二者之间的强弱对比直接决定了居于主导地位的社会规范，法律受到基督教文化的巨大影响。

教会在西欧封建社会早期充当了一个重要角色。罗马帝国的末期，罗马帝国原有的国家统治组织，其职能由于不再符合社会发展的需要而慢慢衰落，在此过程中罗马教会篡取了原属于国家的社会管理权力。但当时的罗马教会是社会管理与组织中的积极力量，他们有效填补了帝国权力的实在空缺。同时，由于罗马帝国末期，整个社会对传统社会的道德及价值信仰的背离，教会组织和成员得到极大的发展，教会领袖热情地献身于他们的宗教信仰。在公元5世纪和公元6世纪日耳曼人对古罗马人入侵时期，教会充当了先前罗马皇帝履行的政治统治职责，并逐步改变了日耳曼人的信仰，当罗马帝国崩溃之时，教会保留了古罗马社会管理体系，促进了人们信仰的统一，人们的信仰与世俗的统治管理逐步统一于基督教会。在中世纪，一个世界性的教会的成员取代了一个世界帝国的公民。

在公元5—10世纪，教会与世俗王权之间处于相互依存的关系。一方面教会需要国家保护，另一方面，王权也需要教会的支持与认可。当时的教会与世俗王权各自形成自己的管辖范围，宗教权威与世俗政权相互依赖，共同管理社会事务，被称为"双剑论"。到了公元8世纪后期，以教父学为理论基础，教皇权力急剧扩张：他有权向西欧各国派驻使节，有权征收赋税，有权监督地方行政与司法，有权参与最高审判。公元11世纪教会的权力和影响力逐步扩大，到13世纪教皇英诺森时到达权力的巅峰。随着经济的恢复和政治的稳定，普通人民表现出他们对宗教的虔诚；对异教徒的征讨，使人们更加团结在基督教的周围；教会的内部改革加强了教皇的权威。这样一来，教会的地位日益高涨，在思想、政治、经济、文化等各方面都处于优越的地位，教皇的地位高于国王，国王要得到教皇的加冕才具有合法性。公元13世纪，教皇英诺森可以取缔异教、废立国王、干预司法、包庇牧师、发动十字军东征、宣布对教会利益有损的法律无效等等，他的权力超越了以往任何一个教皇。在此期间，托马斯·阿奎那的神学哲学是这个时期的法律思想基础，教会文化对法律的影响巨大。

从 14 世纪起，教会的权力进入衰落期。这一时期，一些思想家站在国王一边，他们批评教权至上，反对教会打着上帝的旗帜肆无忌惮地干涉国家的世俗事务，并主张逐步实现国家相对于教会的独立。到了 16 世纪，马丁·路德和加尔文的宗教改革时期，世界性的教会不再拥有普遍性的权力。在 1545 年，一个名为特伦特的城市召开了一次宗教会议，成为了最后一次世界性的宗教会议。此后，欧洲民族国家的法律规则成为国家内的最高法则，教会干涉世俗事务的权力被国家权力所接管。

总体来看，中世纪法与文化的互动呈现了诸多特点。宗教在社会治理中占据了重要的甚至是主导的地位，宗教法的非理性主义特征在法学中占据主流；法律生活在整个人们的生活中不占据主导地位。中世纪尤其是中世纪后期法律出现多元化的局面，除教会法、作为地方习惯法的罗马法以外，还有日耳曼法、城市中的商业法等。中世纪的哲学家相信上帝的法令高于世俗的法律或者民族的法令，但这也为反抗违反基督原则的暴君政治提供了理论根据。中世纪的封建理论认为国王作为封建社会的一员有责任尊重臣民与他所签订的协约，应受到法律的约束，这对以后对国家元首权力的限制产生了重要影响。

（二）中世纪神学法律思想的代表

在中世纪的漫长时期，基督教的教义曾是法律生活的基础。教义学对基督教的阐释和基督教的发展起到了重要作用。

教义学是由知识渊博的教父解释并捍卫基督教教义时所反映的思想。圣·奥古斯丁是古代社会后期著名的神学家。五世纪初，古罗马逐步走向衰亡，基督教思想的影响力堪忧。此时，奥古斯丁写成了《上帝之城》一书，此书"扶基督大厦之将倾"。公元 410 年西哥特人对罗马的进攻，使整个罗马帝国陷入惊恐。异教徒把这个国家混乱的局面归咎于基督教，他们认为基督教预言过世界末日，基督徒拒绝祭祀神祇而得罪诸神，基督徒拒绝服兵役而削弱国家。基督徒自身也惊恐万分，他们疑惑为什么正义还会遭受磨难，先知们预言的上帝天国又在何方？在这一社会与精神信仰动荡的背景下，奥古斯丁在《上帝之城》中指出世俗之城不会成为基督徒的寄托，并坚持理想的国度不会出现于尘世只存在于天国；基督徒不应该为罗马的不幸而过分烦恼伤神，因为基督徒属于精神王国，它不能同任何世俗政权相提并论。罗马的崩溃丝毫不能削弱基督教的伟大，因为真正的基督徒是上帝之城的居民，而上帝之城是永存的，不大可能被不信奉上帝的蛮族所掠夺。基督教的幸福安宁与罗马的物质繁荣进步甚至存在与否都没有关系。真正具有意义的不是城市或者帝国的循环往复，而是人是否能够入天堂或者下地狱。奥古斯丁认为人间是天国之城的对立面，但却是人类必须予以正视的尘世居住之地，世俗之城罪恶满地且不会马上消失，为了在废墟上建立新的城市就必须以基督教原则为指导。教会对国家不能置之不理，而应引导国家使人类免受罪恶本性的危害。国家应该用镇压、惩罚置于天生负罪的大众，避免其相互残杀。但上帝会关心作为自己创造物的人，他化身耶稣来到人间即是用自己所遭受的惩罚与痛苦唤醒世人，把人类从原罪的囚牢中解救出来。圣经认为人类具有原罪，上帝给予人类的，永远不能让其解脱惩罚。奥古斯丁对此进行发展，吸收斯多葛学派的哲学思想，把人性欲望和理性按照基督用语说成是肉体和灵魂，人总是受欲望驱使，生活中总有原罪，因此，教会和神学这个精神世界具有至高无上的权威。奥古斯丁的学说为因罗马不幸而痛苦不安的基督徒提供了心灵的慰藉，也为基督教的存在进行了辩护；同时，对教会引导国家使人类免受人的罪恶本性的危害提供了理论论证，其观点为教会、为教会法在国家社会治理中发挥主导作用提供了论据与指引。

中世纪另外一位权威神学家是托马斯·阿奎那，他同时是著名的政治思想家。在此之前，亚里士多德的哲学建立于人类理性的基础之上，理性主义与基督教的上帝观、灵魂不朽等许多方面有着本质冲突。但托马斯·阿奎那认为，人的理性与信仰无碍，而且信仰可以得到理性的支持。他坚持理性与自然知识的价值，着手把亚氏哲学与基督教教义结合起来。但阿奎那的神学观是理性的神学观，其学说"打通了亚里士多德关于人的城邦天线的理论和基督教的上帝创造的教义，自然地把国家作为上帝设计的一部分而予以正当化了。"①

亚氏坚持"人是一个政治的动物"，阿奎那从此出发进而认为"人天然是社会的和政治的动物"，因此应有一种秩序，以规定人类在社会中生存和活动的各项行为，形成有序的社会秩序，即要求建立法律秩序。阿奎那认为"法是人们赖以导致某些行动和不作为其他一些行动的准则或尺度"，"人类行动的准则和尺度是理性"，"法律的目的是公共幸福"，总之，法不是别的，"他不外乎是对于种种有关公共幸福的事项的合理安排，由任何有管理社会之责的人

---

① ［爱尔兰］J. M. 凯利：《西方法律思想简史》，王笑红译，法律出版社2002年版，第117页。

予以公布"①。他认为法源自"拘束",他将法与理性联系起来,只有符合理性标准的法才是真正的法。如果单从这些关于法律概念的论述,似乎看不到阿奎那思想中的神学因素,然事实并非如此。作为神学家的阿奎那在其法律思想中为基督教神学保留了足够的空间。他把法律分为永恒法、自然法、神法和人法。其中永恒法代表上帝的理性与智慧,是上帝支配宇宙的法律,是最高的法律,是各种法律的渊源;自然法是上帝统治理性动物的法,也是永恒法,来解释自然规律的法;神法是上帝通过圣经赋予人们的法律,用以补充抽象的自然法;人法是世俗政权所制定的法律。其中,自然法从属于永恒法与神的法律,人法源于神的法律。因此,人的法律背后是自然的法律,在这背后是上帝的法律。由此而来,君主应受法律制约,他的权力源于宗教。

阿奎那是中世纪最大的经院哲学家,阿奎那所认为的自然法与人类法之间的道德关系产生了深远的影响,启蒙时期的代表人物洛克坚持统治者也必须接受正义的约束的观点即被认为是从阿奎那的相关论述中获取灵感。阿奎那的哲学被教皇宣布为罗马教廷的官方哲学,是最高的思想权威。

五、西方近代法与文化的互动关系

近代是欧洲法律与文化发生急剧转变的时期,罗马法的复兴引发文艺复兴,这场罗马法复兴的运动从意大利快速传播至欧洲其他国家。文艺复兴运动以人文主义为核心,标志着欧洲由中世纪进入近代。由此引发一系列影响深远的历史事件:英国通过"光荣革命"建立议会主权的君主立宪政体,法国发生大革命并公布了《人权宣言》,美国发生独立战争并通过联邦宪法,形成了全新的资产阶级法律体系。这些政治制度和法律制度,奠定了西方国家近代文明的法律基石,直到现在都稳固支撑着世界主要发达国家的法律大厦。

(一)从文艺复兴到启蒙运动

"复兴"一词意为"再生",文艺复兴是指中世纪后期的部分艺术家和思想家向往古希腊、古罗马时期的理性与民主,而发动的复兴古希腊古罗马文化的一场运动。"文艺复兴"作为历史术语,既代表了一场文化、思想运动,从意大利北部城市迅速蔓延至欧洲各地;又代表一个历史阶段,始于14世纪中叶,延续至17世纪初。学者大多将这场运动的特点总结为:个人将生活的重心由上

---

① [意]托马斯·阿奎那:《阿奎那政治著作选》,马清槐译,商务印书馆1963年版,第106页。

帝的宗教世界转向个人的世俗生活,逐步关怀个人的世俗幸福,个人希望通过自己的努力改变自己的命运而非由教会统筹一切。文艺复兴最大的口号是对"人文主义"的追求,即关怀现世、关怀个人真实的生活。其中出现了诸多伟大的人文主义者,如彼特拉克(1304—1374)、拉伯雷(1494—1533)、塞万提斯(1547—1616)、莎士比亚(1564—1616)等等,他们以各种方式表达着个性解放的要求,个人要冲破外部强加的特定的命运牢笼,即宗教束缚,要求每个人都可以根据自己的意志决定自己的命运。他们批判封建神权、教权,呼吁宗教和社会改革,他们推崇每个人的自我发展与个人价值的真正实现,并且,影响个人实现的因素只有现实的客观环境以及个人本性的努力,宗教因素被排除在个人幸福实现的因素之外。个人是一切社会活动的具体主体,是社会财富和资源的最终承受者。文艺复兴冲破了中世纪封建主义和宗教神学对人性的束缚,表达了个性解放的渴望与信念,刺激了宗教改革,为资本主义的兴起、近代社会的到来铺平了道路。而人文主义精神的演进和人本主义精神的崛起是西方宪政文化的内核,[①]这为后世资产阶级革命以及在此基础上的近代国家民主宪政和法律制度的建构吹响了号角。

中世纪,以罗马为中心的天主教会将其影响力扩展至社会的各个角落,但是教会对手中的权力和财富的重视远超其对现实世界至善和彼岸世界拯救的追求。以教皇和神职人员为代表的宗教势力积累财富、迷恋权力、沉溺色欲,仅仅维护自己的利益,这使其成为人文主义者批判的主要对象。马丁·路德等提倡宗教改革,认为个人能够实现自己的价值,个人能否获得幸福完全由自己掌握,无论是否得到上帝的救赎,个人完全可以凭借自己的力量实现自我;同时,提倡基于此产生精神和道德上的自信与果敢。

关于启蒙运动早期的代表人物,理论界存有争议,但马基雅维利、格劳秀斯、斯宾诺莎、霍布斯等人确实对当时的社会和历史进程起到极大的推动作用。马基雅维利主张共和制取代君主制,认为共和制体现公民美好的品德,应建立由人民作主和法治的政府。格劳秀斯是古典自然法学派的奠基人,他重新认识了自然法和理性的关系,突破传统关于理性是上帝存在的证据的看法,认为理性就是人性。霍布斯认为君权来自公民契约而非神授。

18世纪,被人们称为启蒙的时代或者理性的时代。人们表现出对理性的

---

① 汪进元、戴激涛:《西方宪政的文化底蕴》,《武汉大学学报(社会科学版)》2003年第6期。

极大信任,力图对欧洲的制度、信仰和传统作出理性的分析。启蒙运动表达了对科学和理性的信仰,启蒙哲学家拥护人道主义,并为宗教自由、思想自由和人身自由而战,在法律领域他们亦提出了这样的要求。启蒙思想在欧洲的代表人物有伏尔泰、洛克、孟德斯鸠、卢梭、贝卡利亚等人。美国独立战争期间,潘恩、杰斐逊、汉密尔顿等人受到来自欧洲大陆思想的影响,是美洲大陆上启蒙思想的传播者、启蒙运动的推动者。伏尔泰批判教会和宗教法庭,他赞扬英国的君主立宪、新科学和信仰自由,他提倡建立法治的出版自由和信仰自由,建立行之有效的政府管理制度。洛克认为统治者权力来自被统治者的承认,通过社会契约的建立,人们承认政府的目的是保护财产,确定财产拥有者的某些自由,政府如违背契约,人们即可推翻;他认为限制政府权力的立宪之功能是个人权利与财产的最好保障。孟德斯鸠提倡平衡政体,应使行政部门受制于立法机构,他强调法制和非君主权威的作用,是使代议制权威合法化的创始人。卢梭主张人民应该选择自己的政府,有效组织公民社会,而社会契约必须不断更新,政府必须直接、迅速地为人民的意愿负责。康德是德国启蒙主义哲学家,德国古典哲学的创始人,他明确提出人是地球上唯一有理性的动物,确认自由是人的天赋权利,并在自由的基础上建立法律的概念,认为"法律是那些使任何人有意识的行为,按照普遍自由法则,确实能与别人有意识的行为相协调的全部条件的总和"。他认为人不应该是手段,而是目的,宣布人在社会中、天地间具有独立而高贵的地位。托马斯·潘恩的《常识》被认为道出了美国人民的心声,被评为"促成思想转变最有力量最有效之刊物",他一生无论在美国还是在法国,都在为争取自由而斗争。汉密尔顿是美国建国初期著名的法律思想家,他发表了一系列为宪法辩护的文章,后人汇编成《联邦党人文集》,是美国三权分立框架的奠基人。

(二)启蒙主义的人权、自由与法治

启蒙主义的法律思想是一个复杂丰富的法律体系,其法律理念、逻辑和制度的设计对人类社会的影响一直持续至今,为此有必要详细论述相关代表思想家的观点。但是在这些复杂的思想体系中,有几个支柱性的理论。首先,自由和人权是近代启蒙思想家手中锐利的思想武器,一切理论几乎都从这里得以论证。为了证立文明社会成立于自由或者天赋人权的基础之上,启蒙思想家建构了一套理论,即"自然状态、自然法和自然权利"。而自然状态与文明社会的连接点即"社会契约",为了建立和维护自由、人权,他们设计了一套政治方案,即以三权分立和法治为基本框架的宪政民主体系。

启蒙思想家设想自然状态是为了探求人类进入法律社会或者政府状态以前的状态及进入这种状态的原因。自然权利,又称为天赋人权,是人生而具存的平等的权利,也是与社会权利或者法律权利相对而言的,主要指自由、平等、安全、财产等。而自然法是建立在自然状态和自然权利的基础上,古典自然法学派认为自然法应该是世俗化的,从人性处寻求,即自然法是人的理性所发现的人的通则,或者人的理性本身;自然法具有先验性和道德性,即自然法不是严格意义上的法律,而是先验设定的道德律。"社会契约论"大都认为由于自然状态的缺陷及人类自我完善的能力而通过社会契约的方式组成国家,承认自然权利的部分或者全部,并制定法律。社会契约论是在自然状态、自然权利、自然法基础上推演出的关于国家与实在法起源上的理性假说。

在"三个自然"与社会契约论的基础上,启蒙思想家进一步论述了人权、自由与法治的思想。这是古典自然法思想的主要内容。霍布斯认为,自由是法律所允许和不干涉的事,而自由的享有离不开法律,自然状态下无实在法保护的自然权利,人们相互侵犯而无自由,有了实在法约束,人们的行为受到了约束,社会中其他所有人的安全有了保障,即每个人都享有法律保障下的安全与自由。斯宾诺莎也认为个人的自由是法律支配下的自由,只有法律获得了权威,法律获得了社会的尊重,人们生活的世界才会是和平的,公民对法律的尊重与维护其根本目的是对个人自由的维护,是为了实现个人的利益。洛克同样认为个人的自由必须受到社会立法权的支配,自由不是任意状态的无拘无束,个人自由受到法律和理性的约束,个人自由的实现是在法律所许可的范围内的自由。

人权和自由是同一事物的两个不同表达。古典自然法学家认为人的权利根源于人的本性,即个人获得权利的根本原因只能是其生而为人的事实,即个人权利来自"天赋",来自"自然权利"。而个人权利不能被国家或者他人所任意剥夺,国家权力存在的唯一目的在于实现公民个人的权利,国家有义务通过不断的立法来促进公民个人权利的实现。

近代的法治思想,基本继承了古代亚里士多德的理论,启蒙思想家们在人权、自由的基础上又予以了发展。孟德斯鸠非常重视立法的重要性,他在《论法的精神》中强调法律应与本民族的实际相吻合,与整体原则相应,遵守民族精神,适合自然条件、社会条件,法律还应与其所规定的事务的性质相一致,立法应注意统一性与多样性的结合。卢梭认为国家立法的追求乃公共全体的最大利益与幸福,公共幸福又具体表现为每个人的平等与自由,"自由是因为一切人的依附都要削弱过全体共同体中同样大的一部分力量；平等，是因为没有它自由便不能存在。"① 贝卡利亚以卢梭的社会契约论为基础，认为人生而自由，人们为追求自由而订约、组成社会，建立国家并赋予其权力，国家之立法权与惩罚权当然是由契约产生的权力的一部分。他提出罪刑法定原则与刑罚人道化原则，并反对刑讯和死刑。贝氏在《论犯罪与刑罚》中指出"为了不使刑罚为某人或者某些人对其他公民施加以暴行，从本质上讲刑罚应该是公开的、及时的、必需的。在既定条件下尽量轻微的，同犯罪相对称的，并由法律规定的。"② 贝氏的思想受到了伏尔泰、卢梭、狄德罗、康德等人的欢迎。

第三节　中国文化与法的互动关系：理论与实践

中华民族在其历史的长河中，塑造出了独特的民族个性和文化传统，显现出不同于世界其他民族的特征。中国文化历史悠久、博大精深，虽间有盛衰，但未尝中断。在中华文化的历史演进过程中，法律与文化相互影响，始终处于一个动态的调适状态之中。随着文化传统的更新，法制实践也不断变迁。从礼治文化发展到儒学内部格局的变化，再到经世致用新儒学思潮的蔚然兴起，法的理论与实践也随着作出调整。19世纪中叶，西学东渐，内外交扰，面对亘古未有之巨变，中国文化被迫转型，民主法治思潮也逐渐浸染着法的内核。

一、中国传统文化与法的互动关系

中国传统文化起源于夏、商、周时期，中间经历春秋战国及秦王朝的发展，定型于西汉中期。随后，尽管其主要宗旨和基本精神没有发生较大的变化，但是随着王朝的兴衰更替与社会经济政治状况的变迁，中国传统文化的内容、特点、风格以及价值取向等也有不同程度的发展。中国传统文化的基本特征表现在不同方面，有学者认为，中国传统文化的特征是天人合一，泛道德化，先王

---

① ［法］卢梭：《社会契约论》，何兆武译，商务印书馆2017年版，第22页
② ［意］贝卡里亚：《论犯罪与刑罚》，黄风译，商务印书馆2017年版，第30页。

观,贤人政治,"政教合一",法律和道德合一以及富贵合一等。①也有的学者认为,儒法合流、法学一统、内圣外王、伦理立法、以礼率法、家庭本位、法自君出、效法古圣、德主刑辅、注重教化、天人合一、顺天则时等是中国传统文化的基本特征。②还有的学者认为,中国古代文化的基本特征可以归结为礼法互补、综合为治、德主刑辅、明德无讼、执法原情、法情并重、立法等差、良贱有别、皇权至上、法自君出、漠视权利、详订义务。③总体而言,中国传统文化的核心要素始终围绕"礼"与"法"两个方面,表现出内容交错、程度不一的社会治理机能。从中华历史演进的角度,中国传统文化与法的互动关系大体表现为宗法礼教与法的互动关系、法家思想与法的互动关系、儒家思想与法的互动关系等三个递进层次。

(一)宗法礼教与法的互动关系

中华民族作为礼仪之邦,我国传统社会往往被称为"礼仪社会","礼"在中国历史文化中占据了举足轻重的地位。中国传统法律文化发展到西周时期,就基本上结束了"神治"时代,进入"礼治"时代,即以宗法家族制度为核心的"礼",获得了空前的政治价值。孔子说:"殷因于夏礼,所损益,可知也;周因于殷礼,所损益,可知也。""周监于二代,郁郁乎文哉。""礼治"作为一种文化观念,开始于殷商,盛行于西周,衰落于春秋。"礼"原本作为祭祀先祖的仪式,具有严格的程序和要求,也就是对参与这一仪式的相关主体的身份、地位和与之相应的权利义务进行划分,适应了社会等级秩序逐渐形成以后所赖以维系这种秩序的社会规范之一般要求。后来,礼由祭祀活动延伸出来,辐射到社会生活的各个方面,成为国家形成之后定位各种社会关系的基本行为规范。周公"制礼作乐","礼"即"周礼",使得"礼"之行为规范和调整范围,得以国家力量确定下来。正所谓"礼,经国家、定社稷、序民人,利后嗣者也"。礼在当时人们的观念中已经发展成为一种最高的、最普遍适用的规范,成为调整社会各类行为关系的准则,从而具有了法的意义。

礼治主义的法律文化观在西周社会中,几乎调整着社会生活的方方面面。"亲亲"和"尊尊"作为"礼"的基本精神,其本质是等级制度。"亲亲父为

---

① 梁治平:《寻求自然秩序中的和谐——中国传统法律文化研究》,上海人民出版社1991年版,第26页。

② 俞荣根:《儒家法思想通论》,广西人民出版社1992年版,第541页以下。

③ 张晋藩:《中华法制文明的演进》,中国政法大学出版社1999年版,第263页。

首"与"尊尊君为首",更是深刻反映了奴隶制统治秩序中的等级观念,对于维护西周奴隶主的统治和稳定社会秩序,起到了重要的历史作用。在国家政治关系与行为中,"礼治"体现为"亲贵合一"的宗法贵族政体与"政以礼成"的行为准则。"普天之下,莫非王土,率土之滨,莫非王臣。"西周初期,周天子按照血缘亲疏标准把国家的土地和居民分封给同姓诸侯和有功的异姓诸侯,让其在各自的封地内掌握统治权力。同姓贵族与异姓贵族又在"同姓不婚"的原则下通过联姻结成政治联盟。各个诸侯又如法炮制,按照与诸侯血缘亲疏的标准将土地、人民分给下级贵族。这样,便在全国形成大大小小成千上万的独立王国。① 在整个封建体制中,血缘亲疏等级与政治尊卑等级合而为一,下级要服从上级,诸侯要服从天子。于是,在"礼治"的约束下,严格的封建等级秩序初步形成。在政治生活中,礼是调整各个等级主体相互关系的主要方式。诸侯拜见周天子有朝觐之礼,诸侯之间有朝聘之礼,祭祀祖先有宗庙之礼,训练部队有军礼……。因此,"礼"与"非礼"成为当时辨别行事是非曲直的一套标准。在法律领域,"礼"成为立法、司法的指导原则,并且"礼"常常以法律或高于法律的形式出现。首先,法律规范的宗法化非常明显,如"不孝不友"即"子不孝父""父不子子""兄不友弟""弟不恭兄"等行为被视为罪大恶极,必须给予严厉制裁,即"刑兹无赦"。这正是后世《孝经》所谓"五刑之属三千,罪莫大于不孝"的开端。其次,明德慎罚的立法观念,追求谨慎司法,不能滥杀无辜。这些也为后世法律儒家化与礼法融合作了铺垫。

到春秋时期,礼崩乐坏,儒家特别强调礼的教化功能。《礼记》记载"礼之教化也微,其止邪也于未形,使人日徙善远罪而不自知"。因为礼可以有这样潜移默化的功能,所以特别受到儒家的重视。荀子认为它不仅可以"正身",并且可以"正国",因为它为一国之内的人和事都订立了一套准则,合乎它的就是正确、正当的,所以他说"礼之所以正国也,譬之犹衡之于轻重也,犹绳墨之于曲直也,犹规矩之于方圆也"②。然而,到春秋后期,随着经济发展,政权更迭,"礼治"又成了社会发展的严重障碍而不断分崩离析。"法治"文化开始兴起,冲破传统"礼治"中宗法制度的束缚,形成以"法治"占支配地位的文化形态。

---

① 武树臣:《中国传统法律文化》,北京大学出版社1994年版,第174页。
② 张建仁:《中国法文化的起源、发展和特点(上)》,《中外法学》2010年第6期。

（二）法家思想与法的互动关系

西周、春秋初期的统治阶级通过"礼治"维护家族内部、家族之间以及家族与王朝的关系来达到"天下大治"；而春秋后期、战国和秦朝则是通过"法治"维护专制王权来实现"富国强兵"。因为"礼治"强调在"家本位"的宗法制度下，人们按照先天的血缘关系来划分阶级，分配权利与义务；而"法治"强调在"国本位"的新兴地主阶级兴起背景下，按照后天的行为和功绩实现权利再分配。然而，"礼治"与"法治"有相互对立之处，也有重叠的地方。首先，在阶级属性上，"礼""法"都代表封建阶级的利益，前者代表封建贵族，后者维护封建地主阶级的利益。在政体形式上，前者强调贵族政体的宗法世袭，后者维护国君的王位世袭，兼顾官吏等地主阶级的利益。在治理方式上，"礼治"重视内在道德教化，"法治"关注外部法律强制手段。如"礼治"要求"以德服人""以德去刑"；"法治"要求"以力服人""以刑去刑"。但两者都维护宗法道德秩序，如《韩非子·忠孝》言，"臣事君，子事父，妻事夫，三者顺则天下治，三者逆则天下乱"。虽然强调"事"的外在行为，但也反映出在宗法观念上，地主阶级维护统治内部秩序的目的。《商君书·画策》："所谓义者，为人臣忠，为人子孝，少长有礼，男女有别，非其义者，饿不苟食，死不苟生，此乃有法之常也。"说明符合法律的行为同时也是道德的要求。

"法治"文化在公元前七世纪到公元前三世纪占主流地位，与当时政治改革和法家思想的传播紧密相关。春秋时期齐国著名改革家管仲，进行了一系列改革，如"与民分货""参国与鄙""匹夫有善，可得而举""劝之以赏赐，纠之以刑罚"等等，为"法治"的进一步发展创造了条件。郑国子产"铸刑书"，颁布成文的法律，保证封建地主阶级的利益，削弱贵族阶级的特权，视为"法治"改革的最初雏形，自此，成文法开始萌芽。魏相李悝著《法经》，分六篇而治，不仅保证了立法的系统性和司法的统一适用性，而且区分实体法和程序法。《法经》的问世可谓中国传统法律文化史上的杰出之作，使得成文法逐步得到完善，以"法"之治的"法治"文化慢慢发展起来。秦国商鞅继承和发展了各国变法的经验，通过改法为律，最终形成《秦律》，传统的成文法体系得以定型。《秦律》强调事皆于法，严法重刑，刑无等级，法出于一。商鞅说"言不中法者不听也，行不中法者不高也，事不中法者不为也"①，就是说明法律在社会关系形成过程中占据统治地位。法律具有强制力，并且这种强制力要得到

---

① 《商君书·君臣》。

有力的实现。韩非子说人们"不蹶于山,而蹶于垤"①,就是指人们因为畏惧重罚,就不敢去犯所禁之事。法家强调行刑要"重其轻者""以刑去刑"也是这个道理。商鞅说"所谓一刑者,刑无等级,自卿相、将军以至大夫、庶人,有不从王令、犯国禁、乱上制者,罪死不赦"②,就类似于平等的法律观念。"法出于一",指君王享有最高立法权,法律是统治阶级意志的集中反映。

春秋战国时期是我国奴隶制向封建制过渡的变革时代,由于经济发展、阶级矛盾和政治斗争,此时的国家形态和法律制度,发生了巨大的转变。政权结构形式由松散的贵族政体向集权的专制政体变化,等级形态实现了由以血缘划分阶级向以地域划分居民的飞跃,治理体制完成了由"礼治"向"法治"的过渡。春秋晚期出现的"法治"思想和以公布成文法典为标志的法制改革浪潮,正是这伟大社会变革在法律文化领域内的集中反映。成文法的诞生和确立,是中国法律文化史上的伟大创举,也是当时上层建筑领域的深刻革命。以"法治"为主体的法律文化,开辟了中国古代的成文法时代,建构了封建法律制度的基本框架。虽然"法治"学说在秦汉之际破产并遭到否定,但是在其指导之下所形成的封建法制体系却一直保持到魏晋时期才得到改变。③

(三)儒家思想与法的互动关系

随着秦王朝的落幕,法家思想中的严刑峻法也逐渐消亡。虽然汉承秦制,也仅仅是体制上君主专制政体的承袭罢了,法制思想却发生了巨大的变化。自西汉至清末的两千余年间,中国传统文化中的儒家思想与法形成了相互交融的结构形态——法律儒家化。两汉四百多年间,传统法律文化自汉初便开始了儒家化的过程,其间从思想到体制虽几经反复,但法律儒家化的进程却始终如一。由汉初礼律混杂的六十篇的汉律结构,到后期"春秋决狱"的广泛应用,无不表明法律儒家化的不断深入。④在三国、两晋、南北朝这近三百七十年间,各种政权交替频仍,为在对峙与兼并中求生存与发展,统治者总结兴亡教训,在政治上多所改易,表现在法律方面,则是立法活动继续受传统儒家学说的影响,律学思想活跃,使法律制度有很大发展,为隋唐法律制度和礼律的高度统一与完备奠定了基础。

---

① 《韩非子·六反》。
② 《商君书·赏刑》。
③ 何柏生:《中国传统法律文化与法律价值》,法律出版社2017年版,第31页。
④ 曾宪义:《礼与法:中国传统法律文化总论》,中国人民大学出版社2010年版,第117页。

法律儒家化形成和确立于西汉初年。汉初,统治阶级渴望寻求一种理论思想作为国家正统思想,由于儒家既重视德政教化、强调君臣尊卑与上下长幼之序,又接受法律惩罚与国家控制,所以既有利于维护君主的统治地位,又保障了社会的安定有序,得以进入庙堂成为封建统治阶级的官方思想。于是,西汉四百多年间,传统法律文化开始了儒家化的过程。以董仲舒为代表的新儒学提出"罢黜百家,独尊儒术"的政治口号,强调以礼为主,礼律结合。这一思想体系主张"则天顺时,法自君出",即法律的制定与实行必须符合"天意",君主则代表"天意"。将"三纲五常"作为法制体系的指导原则,强调德主刑辅,先教后刑,即道德教化作用大于刑法强制,刑罚的适用必须符合礼教。在法律实践中,倡导"引经决狱""据经注律"与"纳礼入律"。如"春秋决狱"就是通过引用儒家经典作品《春秋》中的思想和案例等内容作为司法判案的依据,使得法律儒家化;《礼记·月令》强调春夏万物滋育生长,秋冬肃杀蛰藏,是宇宙永恒的自然法则;董仲舒提出"天人感应"的神学目的论,把"秋冬行刑"说加以神化,后代封建统治者将"秋冬行刑"加以制度化,反映出儒家法律化。至魏晋时期,法律儒家化向纵深发展。法律内容儒家化程度进一步加深,如"八议""官当""重罪十条"等入律,表现了法律制度维护封建地主阶级的政治统治与经济地位的色彩加剧,开始注重法典结构安排和体例形式调整,强调律文注释,[①]丰富和完善了封建法律体系,形成了法律儒家化的结构基础。

法律儒家化成熟于隋唐时期。纲常礼教的地位自魏晋以来越来越高,"礼"逐渐成为成文法典的主要内容,不仅指导司法,而且形成了支配法令的局面。"一准乎礼"是唐朝法律文化的主要标志,唐律以儒家所宣扬的伦理纲常和礼教作为各种刑事法律定罪量刑的基本标准,使礼法得到有机融合。贯彻"三纲五常"是唐律的基本精神,一系列具体的伦理道德观念如忠、孝、友、悌等等,都在法典的有关规定中得以体现。而且许多违反封建伦理道德的行为也已入律,如在直系尊长的丧期内嫁娶、丧服和守丧未按规定、子孙违反家长的教训、与未婚女子通奸等属于道德约束的行为,在唐律中规定为犯罪并处刑。另外,唐律中许多法律条文直接渊源于礼的规范,"礼"所不容许的,即为法令所禁止。如唐律中的八议、十恶、官当、同居相隐、服制定罪、犯罪存留养

---

① 如张斐在《律注要略》一书中对《晋律》二十个名词的解释,特别是他对确定犯罪性质、区分犯罪情节的十五个名词的解释,多为后世法律所遵奉。杜预在《律解》的上奏中说:"法者,盖绳墨之断例,非穷理尽性之书也。"这使律学亦成为注释之学。

亲、子孙不得别籍异财等制度规定均是"礼"入典的表现。总之,唐朝的法律文化实现了礼法深度融合,如唐太宗所言"失礼治禁,著在刑事书"。"礼法共治"将传统的宗法伦理制度与法律系统密切联系,不仅通过法的强制力强化了礼的教化功能,而且利用礼的约束力增强了法的威慑力,二者有机协调,共同完成社会治理和政治统治功能。唐律作为一部优秀的成文法典,是封建成文法治的典范;唐律的诞生,使成文法典日益发展为稳定的法律规范。唐律是中华法系的形成标志,不仅使中国传统法律文化在其影响下走向巅峰,而且也在世界法制文明史上留下了浓墨重彩的一笔。

法律儒家化完善于宋明清时期。宋朝时期,程朱理学对法制的影响较大。程颢、程颐、朱熹等人反对汉唐经学末流的空疏、琐碎之风,以《四书》为核心,吸收道、释二家而创成了新儒学。新儒学多以阐释义理、天道、心性为主,故称理学。在修养方法上,理学创制出一套从"格物""致知""正心""诚意",到"修身""齐家""治国""平天下"的精致学说,其实质是要通过道德的自律和人格的完善,实现建功立业的政治理想。理学是中国古代社会后半期的理论体系,影响至深至巨。从科举考试到人伦日用,无不以理学为价值评判的准绳。[①]新儒学法律观认为法律是"天理"的派生物和"存天理"的力量,是"纲常"的外在表现,主张德、礼、政、刑"相为终始",不可偏废。元朝时期,"礼法共治"的文化形式发生了变化,制定了包括民族不平等观念、维护僧侣特权和农奴制残余以及增设特殊的刑罚制度。明清时期,礼法关系指导下的立法思想经历了"明刑弼教"到"重典治国"的转变。《尚书·大禹谟》"明于五刑,以弼五教"简称为"明刑弼教",朱熹的解释是"故圣人之治,为之教以明之,为之刑以弼之,虽其所施或先或后或缓或急,而其叮咛深切之意,未尝不在乎此也"。意指刑与教的实施可"或先或后""或缓或急"。这与传统的"德主刑辅"中的"德"与"刑"的关系不一样,由此,"出礼入刑""德"往往沦为刑罚的目的,开启了重典治国的新时期。

总之,宗法礼教、法家思想、儒家思想与法的互动关系是我国古代法律文化历史演进的三个阶段。宗法礼教与法的互动关系,表现在周公制礼是其发展的主要标志;法家思想与法的互动关系,表现在从春秋后期礼乐崩坏、法家变革,到《法经》《秦律》完成;儒家思想与法的互动关系,表现在从董仲舒"独尊儒术"、经过律学的兴起、隋唐"德主刑辅"、宋明理学,到明清"明刑弼教"

---

① 张昭军、孙燕京:《中国近代文化史》,中华书局2012年版,第14页。

的完成。这三个阶段首尾相连,呈现出螺旋上升的曲线轨迹,后一阶段在前一阶段基础上发展而来。这一历史演进历程反映出中国传统法律文化的发展既是渐进的、分阶段进行的,又是连续的、稳步发展的。

二、中国近代文化与法的互动关系

鸦片战争以来,中国的大门被打开,西方法律文化开始输入,加上经济结构和阶级结构的变化,彻底打破了传统中国文化的封闭性。处于中西交错之际,西方传教士大量进入中国,并创办刊物,介绍西方的法律思想,将西方的人权理念和平等法制文化观念传播到中国,发挥了思想启蒙的作用。随着清政府战争的失利,被迫签订了各种不平等条约,外国领事裁判权在中国得到普遍承认,使得中国司法主权受到了践踏。与此同时,西方指责清朝法制的专断与不公正,在法律适用过程中引入西方的法律制度。当然,面对清廷的腐败和衰落,有志之士也意识到改良中国政治体制与法治建设的重要性,并致力于富国强兵的目标。近代以来,随着西方文化在中国的传播,中国传统的儒家文化从形式上退居次要地位,文化与法的互动关系也发生了调整。①一方面,不断学习、引进和传播西方先进的法律文化,接受和倡导西方法律文化中的自由、民主、人权观念;另一方面,开始一系列的法制改革活动。

(一)洋务运动与"中体西用"

洋务运动是晚清政治改革家挽救中国的尝试,"中体西用"作为思想基础,是洋务派将东西方两种文化相结合的方案。首先,在政体上,维护封建专制制度的封建礼教,视孔孟之道为中法之根本;其次,在法律制度方面,"采西法以补中不足",即主张要学习西方法律文化,制定新式法律。由于这一改革并未触及封建专制体制之根本,虽然有其进步意义,但是并没有动摇中国封闭、保守的传统法律文化,无法有效吸收西方法律文化所蕴含的法治精神。②戊戌变法意识到了改变专制政体的重要性,主张引进英国君主立宪制,认为应以西方式的政治法律制度治理国家,因而除制定宪法外,应采用西方式的法律制度,建立西方式的法律体系。尽管最后以失败告终,其所引入的现代法制的法律体系,对中国传统法制诸法合一的格局提出了挑战,而且使得法治民主观念深入人心,起到了思想启蒙作用。

---

① 汪进元:《宪法认同的文化分析》,《中国法学》2005年第1期。
② 刘进田、李少伟:《法律文化导论》,中国政法大学出版社2005年版,第388页。

（二）清末修律与礼法之争

清末修律与礼法之争是中西交错时期的核心事件。清王朝末期，迫于国外西方列强的法制侵略与国内政治局势压力，进行了一系列的变法修律活动。在修律过程中，由于封建法律思想根深蒂固，必然与西方法律文化产生强烈冲突，由此引发礼法之争。礼即礼教，是封建法律思想中的三纲五常，旨在宣扬宗法家族制度，维护封建统治。法即资产阶级法律思想，旨在保障人权，维护资本主义制度的目的。修律大臣沈家本认为刑律的修订虽然"不戾乎我国历世相沿之礼教民情"，但是修律的要旨为"折衷各国大同之良规，兼采近世最新之学说"。亦即要根据西方国家先进法律原理制定新刑律。但是这一做法受到封建礼教派的抵制，清廷认为"礼是刑法之源，本乎礼教，中外各国礼教不同，故刑法亦因之而异，中国素重纲常，故于干犯名义之条，立法特为严重"。也就是说，清政府虽迫于形势的压力而主张修律变法，但对涉及维护其统治的纲常名教的态度是不可动摇的。所以清末虽采取了前所未有的法制改革措施，开辟了中国法制现代化的法制改革道路，但中西法律文化在交锋中激烈冲突，表现了中国近代法律文化转型的艰难困境。清末修律是中国法律文化近代化的标志，首先，该次法制活动冲击了中国传统法律的封建伦理主义色彩，增添了西方资产阶级自由平等主义精神；其次，改变了几千年以来中国传统法律体系，宣告了公私不分、诸法合体的中华法系的解散，制定了许多新型独立的法典和法律制度，如民法、公司法、律师辩护制度和公开审判制度等等；最后，增强了世界法律文化间的交流与融合。

（三）民国文化思潮与法制建设

资产阶级革命派推翻了封建君主专制制度，建立了资产阶级共和制度。南京临时政府时期，孙中山以三民主义为指导，制定了《中华民国临时政府组织大纲》，进行了系列的法律创制活动。并且依据西方资产阶级"天赋人权""平等"观念，规定"中华民国人民一律平等，无种族、阶级、宗教之区分"，明确了人民可以享有的各项权利和义务。南京临时政府时期确立的法律制度对近代法律文化的发展作出了巨大贡献。至南京民国政府时期，虽然形成了法律形式化程度较高的"六法全书"体系，也规定了资产阶级的民主法治原则，但是并未能将其法律制度和法律文化落到实处，反而实行总统独裁、专制统治、秘密审判等反法治主义，某种程度上表现出封建法律文化的复归。

三、中国现代文化与法的互动关系

（一）"国—家本位"的衰落与"个人本位"的兴起

传统文化以"国—家"为本位，以维护群体利益为核心，而这种群体往往是马克思所批判的"虚假的集体"，其实这种"虚假的集体"往往人格化为最高统治者个人。因此，作为文化的一部分的法制，在为作为文化本位的群体服务时便转化为为最高统治者个人服务，于是权大于法成为必然，法是帝王之具的结果可想而知。所以，传统文化与法的互动关系只能产生传统法制。在中国两千多年的封建社会里，个人及其权利在法制体系中的地位始终只是国家的附属物，以"权势和财货"为核心内容的"权利"理念，始终没有能够演变为西方式的权利本位主义信条。①马克思把传统文化的演进看作是以人的依赖性到以物的依赖性为基础的人的独立性的演进。所以现代文化以个人为本位，强调人的理性。②那么，现代文化与法的互动关系就是现代文化在法律领域的对象化和具体化，亦即个人和理性在法律领域的表现。

（二）现代文化与法的精神

现代法律既强调义务又强调权利，权利观念的产生和形成是现代法律产生和发展的观念条件。权利的基础和内容是人的利益，之所以注重人的现实的利益是因为人的尊严和理性。于是，现代法律中的权利观念与现代文化价值密切相关，所以中国法制现代化依赖于现代文化价值体系的建构。现代文化中的个人根本性就在于个人的意志自由，不仅包括自由选择的本性或主体的独立性，而且拒绝侵犯或干涉。所以现代法的精神追求自由平等，强调法律在人的自由意志领域的退场，规范国家干预或限制人的行为，树立国家保障人的自由和权利的义务。进一步延伸出私法自治与国家权力的有限性，并且强调法律是理性的和正义的。所以现代的法不再像传统的非理性的法律一样依靠"经义决狱"与"论心定罪"等德治手段，更不提倡传统法制中的"官当"与"八议"等不公正的制度，也不会制定"五刑"与"十恶"等非正义的刑罚与罪状。

在社会主义法治现代化建设过程中，逐渐形成了中国现代法治文化。中

---

① 汪进元：《基本权利的保护范围 构成、限制及其合宪性》，法律出版社2012年版，第5页。
② 刘进田、李少伟：《法律文化导论》，中国政法大学出版社2005年版，第288页。

国现代法治文化的主要特征是"一体多面"与"一多兼融",也就是以传统的儒家文化为根基,以外来的西方文化和马克思主义文化为枝叶和辅助来建构中国的法治文化。[①]我国法治文化是在中国传统法治思想、西方法治思想的共同影响下,以马克思主义法学思想为指导的基础上逐步产生、形成和发展起来的。法治文化是以法治为核心的文化体系,它的全部文化特征都围绕着法治的社会结构和功能展开。"法治"与"法制"既有区别,又有联系。法治,在形式上就是"法的统治",追求"有法可依、有法必依、执法必严、违法必究";在实质上就是"良法善治",要求法律必须体现"民主、人权、自由"等价值。而"法制"指的是一种制度化的法律体系,是一种社会统治工具。"法制"既可以在传统的人治体系下发挥作用,属于人治的范畴;也可以在现代法治体系中建立,属于法治体系内的组成部分。"法治"完全异于"人治","人治"是传统封建专制社会的产物,"法治"是民主制度的旗帜。

（三）社会主义法治文化建设

法治文化是指包含民主、人权、平等、自由、正义、公平等价值在内的人类优秀法律文化类型。中国特色社会主义的法治文化体系,是指以依法治国为原则、以建设社会主义法治国家为目标的法治制度与法治理念,在社会生活各个领域、各个层面得到充分的展开和体现。法治文化的内涵具有二元性,由表层结构和深层结构组成。前者是指制度性文化,包括法律规范、法律制度、法律组织机构、法律设施等制度文明成果;后者是指观念性文化,包括法治理念、法治思想、法治原则、法治精神、法治价值等精神文明成果。法治文化就是法律的意识形态和与其相适应的社会制度和组织机构。对于法治文化的内在关系,一方面,思想支配行为,所以观念性文化指导和影响制度性文化的形成;另一方面,思想需要通过行为来实现,所以良好的制度和规范又影响和塑造着人们的思想观念体系。于是,法治文化建设就是制度性文化建设与观念性文化建设的结合和互动;既应该高度重视制度性法律文化的建设,也要高度重视观念性法律文化的培养和提高。社会主义法治文化具有鲜明特征,主要表现为人民主体性、历史传承性、体系开放性和发展渐进性。[②]人民主体性,是指社会主义法治文化坚持以人民为中心,人民群众是法治文化建设的主体力量和最终受益者,这区别于传统法律文化中的封建统治阶级的主体地位和人

---

① 汪进元:《良宪论》,山东人民出版社2005年版,第124页。
② 刘金祥:《建设新时代社会主义法治文化》,《人民日报》2018年3月16日第3版。

民的被动性。历史传承性，是指社会主义法治文化蕴含中华优秀传统文化基因，有着鲜明的历史性和民族性，在传承和发扬传统优秀法律文化基础上型塑而成。体系开放性，是指社会主义法治文化是一个开放包容的系统，积极借鉴人类法治文明优秀成果，吸收中华民族传统文化的精华和借鉴西方法治建设中的有益经验。发展渐进性，指社会主义法治文化建设不是短期的快餐品，而是一个循序渐进的过程，是面向未来的不断发展的动态趋势。

习近平同志在党的十九大报告中指出："加大全民普法力度，建设社会主义法治文化，树立宪法法律至上、法律面前人人平等的法治理念。"[①]进入新时代，建设社会主义法治文化对于法治中国建设具有基础性作用和持久性功效。然而，社会主义现代化法治建设任重而道远，当下的中国法治文化建设面临不少问题。首先，传统文化观念阻碍了现代法治文化的发展，如在传统礼教的束缚下，官本位思想根深蒂固，"法不外乎人情"的传统观念腐蚀着公正法治的运行；其次，外来文化对中国当代法文化的冲击仍具影响，"西学东渐"是晚近以来中国面临的主要文化趋向，但是中西方的政治体制与基本国情仍有较大差别，如果盲目地接受和崇拜西方法律文化和精神，必然与中国社会主义现代化法治建设格格不入；最后，当前有法不依、执法不严、违法不究、司法不公等现象严重制约法治现代化进程。为此，需要从以下几个方面着力加强社会主义现代法治文化建设。首先，大力弘扬法治精神，加大全民普法力度，牢固树立宪法法律至上、法律面前人人平等的理念，努力形成崇尚宪法、维护法律的良好风尚；剔除传统法律文化中的糟粕制度，吸收我国传统法治文化中的优质资源，推动法治精神时代化、民族化。其次，健全中国特色社会主义法律体系，法律体系的健全和完善应以社会主义法治观念为指导，在坚持马克思主义指导思想的基础上，立足于我国社会主义初级阶段的基本国情，总结既往经验教训，批判性地借鉴西方法治优良制度，不断修正和完善我国的法律法规制度；加强道德法律化建设，如社会主义核心价值观入宪以后，进一步推动其融入立法、执法、司法与守法的整个法治建设过程。最后，坚持依法治国、依法执政、依法行政共同推进，坚持法治国家、法治政府、法治社会一体化建设，深化司法体制改革，保障司法公正。

---

① 习近平：《决胜全面建成小康社会，夺取新时代中国特色社会主义伟大胜利——在中国共产党第十九次全国代表大会上的报告》，载《人民日报》2017年10月28日。

第五章　法与人权

第一节　法与人权的一般关系

一、人权是什么

人权是人之为人应当享有的权利。这一概念包含以下层面：首先，人权是一种权利，强调人权是一种权利，可以把关于尊重和维护人的尊严和价值的要求通过每个人的主张、利益、资格和能力来加以落实。[①] 其次，人权是一种道德权利，既不是由政府创设也不能由政府取消。最后，人权是一种特殊的道德权利，即人享有人权仅仅因为"人之为人"这一事实，而不是基于其他特定的身份地位。人权的这一概念内在地包含着人权的三个特征，即人权是与生俱来的、平等的和普遍的。从对人权的上述界定中我们可以知道人权的主体是人，人权的基础是"人之为人"，人权的客体是人应当享有的权利。但是对于这一界定我们仍然有一些问题需要进一步澄清，这些问题至少包括："人之为人"到底应当享有哪些权利？是否存在一个可以穷尽的权利清单？每一项人权的享有者都是普遍的吗？谁负有保护或不侵害这些人权的义务？接下来我们将对这些问题进行简要的分析。

（一）人权清单

人权是一个开放的体系，人权的范围也不是固定不变的，随着时间的推移和社会的发展，迄今为止已经出现了三代人权：以公民权利和政治权利为核心的第一代人权，以经济、社会和文化权利为核心的第二代人权，以自决权、发

---

① 夏勇：《人权概念的起源》，中国政法大学出版社1992年版，第42-44页。

展权、环境权等集体权利为核心的第三代人权。虽然其中大部分权利已经得到了国内宪法和国际人权法的认可,但是学者们对于其中一些权利的"人权"属性仍存在很多争论,所以很难列出一个边界清晰、得到普遍认可的人权清单。

有的学者按照不同标准提出自己的人权清单并以此检验立法中已经存在的各项权利,人权标准的高低决定了人权清单范围的大小。例如米尔恩以严格的普遍性作为人权标准,他认为人权是建立在共同道德原则基础上的最低限度的普遍道德权利,而这些共同道德原则不仅适用于同一社会伙伴成员,而且适用于全人类,是人们在一切人类交往中奉行的标准,因此他的人权清单只包括存在于普遍道德原则中的七项权利,即生命权、公平对待的公正权、获得帮助权、不受专横干涉的自由权、受诚实对待权、受到礼貌对待权和儿童受照顾权。① 又如克兰斯顿提出了判断人权的三项标准:至关重要性、普遍性和切实可行性,按照这三项标准,他将大部分社会、经济权利排除在人权范围之外。他以带薪休假权为例说明经济和社会权利不是人权,首先,带薪休假是一种美好的理想、是一种享受,根本不具有至关重要性;其次,带薪休假只属于雇佣阶层,不是所有人任何时间和任何情况下都能享有的,不具有普遍性;第三,带薪休假的权利受到资源限制,为每个人提供这样的权利是不可能的②。

也有学者以人权的核心根据和内容作为研究起点,从核心人权向外围逐层扩展来构建人权清单。例如,卡尔·威尔曼将道德人权分为两个层次:第一个层次是基础道德人权,第二个层次是派生人权。前者包括生命权、自由权、结社权和豁免权,这些基础道德人权可以构建一项或多项派生道德人权,他认为至少存在三种类型的构建方式:一是基础道德人权内在地包含某项权利,例如自由权派生出行动自由;二是当派生人权的定义内容是基础人权定义内容的必要条件时,基础人权可以构建派生人权,如不受他人代为承诺约束的基础人权可以派生出非经本人同意不受包办婚姻约束的人权;三是当某种权利有利于保障既存权利时,可以由这种保障关系派生出新的权利,如不被杀害的基础人权隐含着自卫的派生人权。③ 又如格里芬认为人格是人权的核心根据,

---

① [英]A. J. M. 米尔恩:《人的权利与人的多样性——人权哲学》,夏勇、张志铭译,中国大百科全书出版社1995年版,第155-171页。

② 黄金荣:《司法保障人权的限度——经济和社会权利可诉性问题研究》,社会科学文献出版社2009年版,第39-53页。

③ [美]卡尔·威尔曼:《人权的道德维度》,肖君拥译,商务印书馆2018年版,第56-71页。

只有"人的资格所需要的东西才可以成为人权的对象",从人格中可以得到传统人权清单中的大多数权利,如生命权、人身安全权、表达自由、基本教育权和最低限度的供给等。他还认为人格具有自主性、自由和最低限度供给三个价值,所有人权都可以被划归在这三个价值中的某一个下面,从人格价值产生出的人权适用于任何时代的任何人,具有最高的普遍性,因而也是基本的、最高层次的人权。此外,为了提高人格价值的确定性,格里芬还提出了实用性根据作为人格的补充,只是基于实用性根据而产生的人权是基本人权应用于具体环境而产生出来的,其普遍性较低,是派生人权,例如从言论自由的基本人权派生出出版自由。[①]

随着科技的发展,新的人权诉求不断出现,人权清单的范围也有不断扩大的趋势,例如,基因科技的发展和创新催生了以基因为基础的基因权利,具体包括基因的平等权、财产权、隐私权、知情权和人格权。互联网的发展产生了上网权、网络言论自由、网络隐私权、网络通信自由等权利,当然这些新兴人权的确立和保护还有赖于各国立法和司法实践的进一步发展。

(二)人权主体

人权主体是人权的享有者,对人权主体进行研究旨在解决谁能享有人权的问题。同时,因为人权主体并不是孤立存在的,因此对人权主体的不同认识也影响甚至决定着对人权内容和范围的理解,如米尔恩认为人权主体是各个时代的全人类每个成员,那么他的人权清单就限于全人类每个成员都能享有的最低限度人权。格里芬认为人权主体应当是规范行动者,这一界定对人权内容和范围的影响体现在两个方面:其一,胎儿、婴儿、处于植物状态或高度痴呆状态的病人、在精神上具有严重残疾的人被排除在人权主体之外,格里芬反对将道德领域中所有特别重要的东西都转变为人权,主张对于这些种类的人的保护可以从正义和公正的角度考虑,而不应将它们列入人权清单;其二,人权清单以满足人作为规范行动者所需为限。

与人权主体相关的议题主要有三个:一是人权主体的普遍性;二是人权主体的多样性;三是群体是否是人权主体。

1. 人权主体的普遍性

顾名思义,人权的主体是"人",人权概念本身也内含着主体的普遍性和平等性,但是一直以来人们对于这种普遍性和平等性应当如何理解还存在很

[①] [英]詹姆斯·格里芬:《论人权》,徐向东、刘明译,译林出版社2015年版,第40-47页。

多争议。具体而言，影响人权主体普遍性的因素主要存在于时间、空间和对"人"本身的理解之中。

首先，从时间角度考虑，人权主体的普遍性可能指向同时代的所有人，也可能指向不同时代的所有人，在环境权的语境下人权主体甚至可能指向未来世代人。1972年的《人类环境宣言》指出："人类有权在一种能够过尊严和福利的生活的环境中，享有自由、平等和充足的生活条件的基本权利……为了这一代和将来的世世代代的利益，地球上的自然资源，其中包括空气、水、土地、植物和动物，特别是自然生态类中具有代表性的标本，必须通过周密计划或适当管理加以保护。"这一表述为环境权概念的界定提供了基础，许多学者提出环境权的主体除了个人，还应包括全人类，而"后代人是作为人类的构成部分而必将存在的"[1]。之所以将后代人也作为环境权的主体，主要的理由是环境权客体的整体性和不可分割性，地球是人类共同的家园，如果当代人把这个家园毁了，后代人将无家可归，正是这种特性决定了环境权的共同性，即人类"作为一个整体"共同享有环境权。[2]

其次，从空间角度考虑，人权主体的普遍性可能指向全人类的所有人，也可能指向同一类国家或同一个国家的所有人。人权主体在空间上的普遍性一直以来都是广受争议的问题，以《世界人权宣言》为例，该宣言在第2条宣称了人权标准的普遍性，即"人人有资格享受本宣言所载的一切权利和自由，不分种族、肤色、性别、语言、宗教、政治或其他见解、国籍或社会出身、财产、出生或其他身份等任何区别"，但是很多学者都对这种普遍性提出了质疑，查尔斯·贝兹认为宣言中的人权清单是建立在现代化社会的基础上并只能为现代社会所接受的，米尔恩也认为宣言所规定的权利体现了自由主义民主工业社会的价值和制度，其中许多权利都与许多国家，尤其是"第三世界"国家无关。[3]

第三，从"人"本身考虑，人权主体可能是包括男人和女人、各肤色人、成年人和未成年人在内的所有人，也可能仅包括成年男人或某种肤色人。实际上，人权主体经历了一个由有限主体向普遍主体逐渐演进和发展的过程。在

---

[1] 吕欣、李杰赓：《环境权主体研究》，《当代法学》2005年第6期。
[2] 徐祥民：《环境权论——人权发展历史分期的视角》，《中国社会科学》2004年第4期。
[3] [英]A.J.M.米尔恩：《人的权利与人的多样性——人权哲学》，夏勇、张志铭译，中国大百科全书出版社1995年版，第3页。

人权发展的早期,受欧洲中心主义、男子中心主义和种族主义的影响,非欧洲人、妇女、有色人种都受到普遍排斥,这与当时流行的政治词汇,如人类全体、人民、公意等形成了极大的反差。① 人权主体普遍化的契机出现在第二次世界大战之后,战争的惨痛经历引起了人们对人权概念的反思,战后通过的一系列人权文件,如《联合国宪章》《世界人权宣言》与国际人权两公约均以"任何人""人人"作为人权主体,《世界人权宣言》还在"序言"中特别提到应"通过国家的和国际的渐进措施,使这些权利和自由在各会员国本身人民及在其管辖下领土的人民中得到普遍和有效的承认和遵行",这些规定极大地促进了人权主体的普遍化。

2. 人权主体的多样性

人权主体的普遍性和平等性并不排斥人权主体的多样性和特殊性,因为作为主体的"人"并不是抽象的,每个人都有各自的独特性,尊重人权主体的多样性和特殊性是人权概念的内在要求,也是人权主体普遍性的一种具体体现。

人权主体的多样性和特殊性体现在以下几个方面:其一,一般主体因具有特殊身份而成为特殊人权主体,如作为公正审判权主体的犯罪嫌疑人和被告人,根据《公民权利和政治权利国际公约》第14条,涉及的权利主要包括迅速获知指控的权利、辩护权、不迟延地被审判的权利、获得法律援助的权利、询问证人的权利、免费获得翻译的权利、不得被迫自证其罪的权利等;其二,因生理原因而成为特殊人权主体,如妇女、残疾人、儿童、老年人。这类主体的共同点是仅凭其自身无法充分或正当地行使其人权,需要来自社会或他人的特殊照顾与保护,有学者将这些因共同的"弱特征"而归于一类的弱者主体称为"类主体",将其享有的人权称为"类人权",类人权与其类别中的每个个体的人权之间是同一的关系,类人权可以直接落实为每个个体的人权,因此类人权其实是一种特殊的个体人权。② 例如,我国《妇女权益保护法》第26条规定"妇女在经期、孕期、产期、哺乳期受特殊保护",虽然是将妇女作为一类特殊主体加以保护,但是实际上享有权利的是作为个体的每位女性。其三,某些人权的主体只能是特定群体的成员,如选举权通常只能为本国公民享有。我国自2004年开始向外国人发放永久居留证,持证外国人可以凭证参加职业资格考

---

① 齐延平:《论普遍人权》,《法学论坛》2002年第3期。
② 徐显明、曲相霏:《人权主体界说》,《中国法学》2001年第2期。

试、购房、办理金融业务、子女入学、交通出行、住宿登记、缴纳社会保险和公积金，在许多方面享有国民待遇，但是却不享有选举权和被选举权，因为根据我国宪法，选举权和被选举权的主体只能是年满18周岁且未依法被剥夺政治权利的中国公民。

3. 群体能否作为人权主体

群体人权是第三代人权的主要内容，与妇女、儿童、残疾人和老年人的权利相比，群体作为人权主体的典型特点是享有人权的主体只能是一个国家、一个民族或一个种族，而不能还原为群体中的每一个个人的权利。《经济、社会和文化权利国际公约》和《公民权利和政治权利国际公约》都在第1条承认"所有人民"是自决权和自由处置共同资源权的主体，《非洲人权与民族权宪章》第22条规定"一切民族"在适当顾及本身的自由和个性并平等分享人类共同遗产的条件下，均享有经济、社会和文化的发展权，《发展权利宣言》也宣称发展权作为一项人权，其主体既可以是每个人，也可以是所有各国人民。支持群体人权的学者对群体作为人权主体的论证思路主要有两个：一是承认群体的人权对于群体中的单个个体具有重大价值，是个体认同感的基础；二是承认群体人权的目的在于矫正某些群体受到的不公正待遇。

当然，也有学者对群体人权持坚决反对的态度，例如唐纳利认为人权主体只能是个人，将群体作为人权主体至少存在两个问题：首先，群体人权存在概念性偏差，他认为国家和民族等群体确实拥有各种权利，但是这些权利并不是人权，因为人权所依据的基本观点是把个人看作与社会和国家相分离的，相对于社会和国家而言个人拥有不可剥夺的权利，如果承认人民和国家的群体人权，可能导致过分强调社会责任、否定个人人权的问题；其次，群体人权的义务承担者含糊不清，通常指向世界每个人或所有集体。①格里芬也不赞成将群体作为人权主体，他提出了两个解决方法：一是将许多假定的群体权利排除在人权之外，把被剥夺的群体的问题视为正义问题；二是将一些群体权利还原为个体权利。②艾德则专门提到了国家作为人权主体的问题，他认为"将国家定义为人权的主体是不合适的。人权首先关注的是国家与其所属人民的

---

① [美]杰克·唐纳利：《普遍人权的理论与实践》，王浦劬等译，中国社会科学出版社2001年版，第171-172页。
② [英]詹姆斯·格里芬：《论人权》，徐向东、刘明译，译林出版社2015年版，第326页。

关系,个人与群体是人权的受益者,而国家则要承担相应的义务"①。

(三)保障人权的义务

对于一项人权而言,其义务承担者既可能是其他个人、组织,也可能是国家或国际机构,但是从人权概念产生和发展的轨迹来看,国家在人权保障中始终处于核心地位。首先,与个人和其他组织相比,国家拥有更高的权威和更多的资源,能为人权享有者提供更有效的保护。其次,与国际机构相比,国家的保护更容易获得。当普通公民因人权受到侵害需要寻求救济时,他们更愿意求助于国内法和国内机构,因为与国际法和国际机构相比,国内法和国内机构更容易接近、更熟悉、具有更大的合法性,也更容易被本国公民接受。

亨利·舒在批判传统"积极权利/消极权利"二分法的基础上提出了义务层次理论,他认为那种主张积极权利只对应积极义务、消极权利只对应消极义务的观点过于简单,实际上每一种人权的保障都需要多种义务的履行。以安全权和生存权这两类基本权利为例,亨利·舒认为安全权看似是消极权利,只对应不受他人侵害的义务,但实际上安全权的保障还需要警察、刑事法院、监狱、训练警察以及支撑这些系统所必需的税收。同样,被主要作为积极权利对待的生存权,除了对应积极提供最低生活水准的义务外,也对应在个人能够满足自己生存需要时他人不予干涉的义务。在对安全权和生存权进行分析后,亨利·舒将每种人权对应的义务分为三类,分别是避免剥夺的义务、保护个人不受剥夺的义务和帮助被剥夺者的义务。②

艾德将这三类义务分别称为尊重的义务、保护的义务和实现的义务,实现的义务又包括促进和提供的义务。以食物权为例,尊重的义务表现为尊重每个能自力生产或通过交换办法获得自己所需要的食物的人的活动空间;保护的义务表现为国家有义务保护现有权利或资源基地免受第三方侵害,如确保市场上的食品安全和卫生、确保食物供应、管理食物价格和补贴等;促进的义务包括帮助特别是接近贫困线或低于贫困线的人更好地使用他们拥有的权利,如为农民提供提高生产力的服务,为提高人们谋生能力开展技术和职业培训项目等;提供的义务需要国家直接提供最低限度的保障,尤其是采取措施

---

① [挪]A.艾德等:《经济、社会和文化权利教程》(第2版),中国人权研究会组织翻译,四川出版集团、四川人民出版社2004年版,第106页。

② Henry Shu. Basic Rights: Subsistence, Affluence and U. S. Foreign Policy, Second Edition. Princeton University Press, 1996, p.37-40, 52-53.

确保儿童有适当的生活水平,为被剥夺自由的个人提供适当的营养食物和饮用水,为难民提供适当的生活水准等。①

二、人权是法的价值目标和制约因素

人权是法所追求的价值目标之一。在立法层面上,人权提供了评价法律善恶的标准,保护人权的法是善法,侵害人权的法是恶法。作为社会主体对法的需要,人权价值一方面要求法律积极地确认人权并为人权提供有效保护,另一方面也要求法律不侵害人权,包括不规定侵害人权的措施和不过度地限制人权。人权价值在立法中的作用主要体现在以下方面:首先,立法机关应对新出现的人权作出积极回应,通过宪法或法律对人权进行确认;其次,立法机关应规定并不断完善人权保护和救济措施,为人权提供切实保障;最后,立法机关应及时对法律进行清理,修改或废除侵害人权的法律。

在执法和司法层面上,人权同样是评价执法和司法质量、促进执法和司法公正的因素。对于执法机关和执法人员而言,人权标准既强调对人权立法的有效落实,也强调在执法过程中不发生侵害人权的行为;对于司法机关而言,人权标准既是实体标准也是程序标准,前者要求司法机关通过司法裁决保障当事人的实体权利,后者要求司法机关在诉讼程序中保障当事人获得公正审判的权利。

在我国的法治实践中,人权始终扮演着价值目标和制约因素的角色,是推动我国法治发展和进步的动力。例如在我国实施多年的收容遣送制度和劳动教养制度都是因为侵害公民的人身自由权而被先后废除,取而代之的是更能体现人权保障精神的"城市生活无着的流浪乞讨人员救助制度"和"社区矫正制度";又如随着人们对教育、就业、医疗等民生权利的重视,我国的教育公平立法、劳动促进立法和最低生活保障立法都有了长足的发展。此外,随着人权观念的提升,我国对人权的保护也从只重实体权利开始向实体权利和程序权利并重发展,例如2012年修改的《刑事诉讼法》将辩护人责任条款中的"维护犯罪嫌疑人、被告人的合法权益"修改为"维护犯罪嫌疑人、被告人的诉讼权利和其他合法权益",明确了律师辩护的职责和内容不仅包括实体性权利的内容,也包括程序性权利的内容,这样的规定更有利于犯罪嫌疑人、被告人的

---

① [挪]A.艾德等:《经济、社会和文化权利教程》(第2版),中国人权研究会组织翻译,四川出版集团、四川人民出版社2004年版,第119-121页。

人权保障。

三、法律为人权提供保障

（一）法律是人权保障的有效手段

法律保护人权的意义在于将道德人权转化为法律规则，借助法律的强制力实现对人权的保护，"法律发展的历史揭示了这样一个明显的趋势，即通过建立有组织的社会的制裁手段来确保人们对正当行为的基本要求的服从（其中包括可能使用强力）"，与之相反，"那些在法律权利与义务范围之外的道德准则，其特点是它们只具有较弱的强制力"[①]。当然，国际法对人权的保护有其特殊性，依靠的手段主要不是国际法的强制力，而是基于国家利益而产生的国家的配合和服从。

除了强制力，法律保护人权的另一个优势在于它可以为人权提供更高的确定性和可预见性。一般情况下，道德标准的阐述要比大多数法律规则的阐述更笼统，更不准确，人们很难根据道德标准调整自己的行为，作为道德标准的道德人权亦是如此。与道德标准相比，法律能为人权提供更明确的标准，为权利享有者提供更有效的行为指引和保护措施。

（二）法律保障人权的主要表现

法律对人权的保障主要通过在立法、执法和司法中采取各种具体的法律制度和保护措施来实现。

1. 在法律中确认人权

在立法中将道德人权上升为法律人权是法律保障人权的第一步，具体体现为各国宪法、人权立法和国际人权法中的人权条款，这些人权条款从内容上看主要包括两类：一是确认基本人权的原则；二是明确列举各项具体人权。

首先，在法律中确认人权原则。如我国宪法第33条规定"国家尊重和保障人权"，日本宪法序言规定："我们确认，世界各国国民同等享有在和平中生存并免除恐怖与贫乏的权利。"人权原则在法律上的确立，为具体人权的实现提供了一般性保障，同时也为具体人权的发展提供了解释空间。

其次，在法律中明确列举各项具体人权。为了明确人权保障的范围，无论是国内法还是国际法都倾向于列出详细的人权清单，人权清单的形式既可能

---

① ［美］E.博登海默：《法理学：法律哲学与法律方法》，邓正来译，中国政法大学出版社2004年版，第391-392页。

是简单的权利名称的列举,也可能更详细地包含该项权利的基本含义和保护范围。以我国宪法为例,前者如我国宪法第35条规定"中华人民共和国公民有言论、出版、集会、结社、游行、示威的自由",就是仅列举了各项权利的名称;后者如第34条规定"中华人民共和国年满十八周岁的公民,不分民族、种族、性别、职业、家庭出身、宗教信仰、教育程度、财产状况、居住期限,都有选举权和被选举权;但是依照法律被剥夺政治权利的人除外",则是在确认我国公民有选举权和被选举权的同时,还明确了享有选举权和被选举权的主体资格。

值得注意的是,法律对人权的列举并不妨碍人权的发展,人权作为一个历史概念,其内涵和外延都会随着人类社会的发展而不断发展和演变并形成新的人权,法律应对此作出积极回应,在条件成熟时通过修改和解释法律扩大人权保护的范围。

以平等权为例,随着基因检测技术的发展和使用,基因成为就业歧视案件中除性别、身高之外的又一个歧视性事由,2009年发生的基因歧视案使基因歧视和基因平等权进入我国公众的视野。2009年,小周等3人参加了佛山市公务员考试,在体检环节3人因检查出携带地中海基因而被认定为体检不合格,从而失去了被录用为公务员的机会,3人向佛山市禅城区人民法院提起诉讼,认为他们参加的"平均红细胞体积"检测和"地中海贫血基因分析"超出了《公务员录用体检通用标准(试行)》中规定的血常规检测项目,且未对其必要性作出任何说明,从而违反了相关法律规定,侵犯了他们的身体隐私。佛山市人力资源和社会保障局回应称,在公务员录用的过程中,委托医疗机构进行体检是依法行政。对于公务员体检过程中的检验方法,按照项目规定,由主检医生根据需要决定。作为公务员录用的主管部门,不录用上述3位人员符合法律规定。一审法院采纳了被告的观点,驳回了原告的诉讼请求。3名考生向佛山市中级人民法院提出上诉,2010年9月,佛山中院作出驳回上诉,维持原判的终审判决。该案被称为我国基因歧视第一案,该案原告败诉的主要原因就是我国没有关于基因歧视的立法,公民的基因平等权没有明确的法律依据,为此,学者们建议在《就业促进法》中增加禁止"基因歧视"的条款。①

2. 明确人权保障的措施

仅仅在法律中列举各项人权是远远不够的,还需要设定具体的保障措施

---

① 张小罗:《宪法上的基因权利及其保护机制研究》,中国政法大学出版社2017年版,第165-166页。

和救济途径。与尊重、保护和实现的义务相对应，法律针对每项权利都会设置具体的保障措施，如对于人身自由，法律的保障措施通常包括非经正当或法定程序任何人不得被任意限制人身自由；为被限制人身自由的人提供司法救济；为被非法限制人身自由的受害者提供赔偿等。又如对于受教育权，法律通常规定如下保障措施：要求国家举办学校，并在法律中设置初等教育、中等教育和高等教育的标准；要求国家发展教育设施、完善学校制度；要求国家尊重父母和监护人的择校自由；要求国家对受教育权进行平等保护；为受教育权受到侵害的个人提供司法救济等。

在救济途径方面，宪法层面的救济途径主要是合宪性审查制度，即由有权的国家机关对侵害人权的立法和权力行使行为进行审查，普通立法层面的救济包括民事诉讼、行政诉讼和刑事诉讼等多种救济途径。此外，国际法层面还提供了国际法院、区域人权法院和联合国人权条约机构作为个人寻求救济的选择。

3. 法律对人权的限制

与人权保障相伴而生的是对人权的限制，虽然人权是人之为人应当享有的、不可剥夺的权利，但是人并不是孤立存在的，每个人都处于与他人共同生活的社会状态之下，个人人权的享有和实现不可避免地会对他人人权或公共利益产生影响，例如甲的言论自由可能侵害乙的隐私权、名誉权，丙的生育选择权可能侵害丁的生育权，戊的游行自由可能侵害公共秩序……因此绝大多数人权都不是绝对的，法律在确认人权的同时，也应对人权的界限作出规定，以避免形成人权的冲突和对立。

2018年11月26日，南方科技大学副教授贺建奎宣布一对名为露露和娜娜的基因编辑婴儿在中国健康诞生，由于这对双胞胎的一个基因经过修改，她们出生后即能天然抵抗艾滋病病毒HIV，这一基因编辑行为因其对伦理道德的挑战而在中国科学界引起了轩然大波。从人权视角来考察这一事件，我们发现本事件也涉及科学研究的自由及其限制问题。根据我国宪法第47条（"中华人民共和国公民有进行科学研究、文学艺术创作和其他文化活动的自由"），人类基因编辑应属于科学研究的自由，但是这一自由并不是绝对的，至少不应侵害人的尊严和人体健康，为此我国应制定法律，对从事与人体基因有关的科研活动进行必要的限制。

法律对人权的限制主要涉及两个层面：一是人权应有合理的限度和界限；二是人权不应被任意限制，即对人权的限制也应当是有限度的。为了在人权保障和人权限制之间寻求平衡,避免人权冲突和任意限制给人权带来的侵害,法律倾向于明确规定限制人权的理由和方式,如我国宪法第13条规定:"国家依照法律规定保护公民的私有财产权和继承权。国家为了公共利益的需要,可以依照法律规定对公民的私有财产实行征收或者征用并给予补偿。"又如《公民权利和政治权利国际公约》第21条规定:"和平集会之权利,应予确认。除依法律之规定,且为民主社会维护国家安全或公共安全、公共秩序、维持公共卫生或风化、或保障他人权利自由所必要者外,不得限制此种权利之行使。"就上述基因编辑行为而言,法律对基因编辑行为的限制应提供正当的理由,如《民法典》第1009条规定"从事与人体基因、人体胚胎等有关的医学和科研活动,应当遵守法律、行政法规和国家有关规定,不得危害人体健康,不得违背伦理道德,不得损害公共利益",即是以人体健康、伦理道德和公共利益作为限制人体基因科研活动的正当理由。

法律除了规定正常状态下对人权的限制,也会对紧急状态下的人权限制作出特别规定。一般而言,在国家宣布进入紧急状态后,人权会受到比正常状态下更严格的限制,但是考虑到人权的重要性,紧急状态下对人权的限制也应遵循一定的原则,根据《公民权利和政治权利国际公约》第4条,这些原则包括必要性原则、平等性原则和重要人权不得限制原则。首先,必要性原则要求对人权的限制应在"危急情势绝对必要之限度内";其次,平等性原则要求任何限制人权的措施"不得引起纯粹以种族、肤色、性别、语言、宗教或社会阶级为根据之歧视";最后,一些重要的人权不得被限制,这些人权包括生命权、不受酷刑和不人道对待的权利、不受奴役的权利、罪刑法定和法律不溯及既往、不受债务监禁、被承认法律人格以及思想、良心和宗教自由权利。

(三)法律保障人权的主要形式

法律对人权的保护主要体现在国内和国际两个层面。在国内层面,宪法是人权的主要载体,也是人权最重要的保障方式,与其他普通立法中的人权相比,成文宪法自身在国内法律体系中的地位使宪法人权具有了更高的法律效力,当然这种效力是和各国的合宪性审查制度联系在一起的。普通立法对人权的保障通常存在于以下两种情形中,其一是在不成文宪法的国家,立法机关制定专门的人权立法以保障人权;其二是在成文宪法国家,通过普通立法对宪法人权加以具体化,这种保障以不侵害宪法人权为前提。在国际层面,国际人权公约和国际人权习惯法是确认和保障人权的主要形式,为了使国际人权落到实处,在全球和区域层面都进行了有益的尝试。

第二节　宪法与人权

纵观各国宪法文本可以发现，无论是资产阶级革命成功后制定的宪法，还是二战以后制定的宪法，无论是发达国家制定的宪法，还是发展中国家制定的宪法，各国宪法中都包含一个或长或短的人权清单。人权与宪法相伴而生，两者之间存在密切关系：一方面，人权思想是宪法产生的思想条件之一；另一方面，宪法以其国家根本法的特殊地位为人权提供更有力的保障。

一、人权思想是宪法产生的思想条件之一

近代宪法的产生有其深刻的经济、思想和政治条件，就思想条件而言，人权思想是其中不可或缺的关键性因素。虽然在古代和中世纪就出现了人权思想的萌芽，但是人权思想发展为系统的学说则是在十七至十八世纪，这一时期人权思想的发展是和自然法理论和社会契约理论联系在一起的，人权思想杰出的代表人物是洛克和卢梭。洛克在《政府论》一书中详细阐述了他的人权思想。洛克认为在自然状态中，人们拥有一些与生俱来的权利，如自由权、平等权、生命权、财产权和执行自然法的权利等，但是由于自然状态下不存在确定的法律、公正的裁判者和执行正确裁判所需要的权力，因此人们的自然权利实际上是不安全的，随时可能受到他人的侵害。洛克认为在这种情况下，保护人们自然权利的最好方式是通过订立社会契约，建立国家，成立政府，个人放弃他们所拥有的执行自然法的权利，并将这种权利交给政府，由此在自然权利和国家、政府之间建立起了联系，这种联系体现在两个方面：首先，政府权力产生和行使的目的主要在于保护个人权利，保护个人的自然权利是政府的基本职能；其次，政府的权力不是无限和专断的，其范围不能超出自然状态下的个人放弃给它的权利，如果政府违反了社会契约，人民有合理的理由推翻它。此外，为了保护自然权利，防止君主专制，洛克还提出了分权思想，即把国家权力分为立法权、行政权和外交权，并分别由不同部门行使。

卢梭的人权思想建立在自然状态下的天赋人权之上，和洛克一样，他也认为为了更好地保护天赋人权应当在人民之间订立契约，只是洛克主张通过契约交给政府的只是执行自然法的权利，而卢梭则主张每个人都将自己的一切

权利转让给国家。这样,因为国家的权力来自于全体人民的让与,所以国家的主权属于全体人民,人民作为主权者可以委任或撤换官员,如果统治者实施暴政,那么人民就有权以暴力推翻暴虐的统治者。

上述人权思想对早期美国和法国的制宪者产生了重要影响。美国制宪者认同洛克的人权思想,并认为"宪法就是所有人为创造政治社会、建立和服从代议政府而制定的一个契约……它规定了政府的任期和必须满足的条件。在这些条件中,重要的是,政府必须向人民负责并且尊重个人的权利。政府对人民负责,尊重个人权利既是人民同意政府统治的条件,又是政府合法性的基础。"[1]1776年的《独立宣言》正是这种人权思想的产物,宣言中最能体现洛克人权思想的一段是:"我们认为下面这些真理是不言而喻的:人人生而平等,造物者赋予他们若干不可剥夺的权利,其中包括生命权、自由权和追求幸福的权利。为了保障这些权利,人类才在他们之间建立政府,而政府之正当权力,则来自被统治者的同意。任何形式的政府,只要破坏上述目的,人民就有权利改变或废除它,并建立新政府;新政府赖以奠基的原则,得以组织权力的方式,都要最大可能地增进民众的安全和幸福。"美国宪法虽然没有再就人权思想进行如此清晰的阐述,但是字里行间都能看到洛克和孟德斯鸠等思想家的人权思想的影响。

和美国《独立宣言》相比,法国《人权宣言》中的条款更多地受到了卢梭人权思想的影响。首先,宣言在第1条和第2条确认了天赋人权,即"在权利方面,人们生来是而且始终是自由平等的""自由、财产、安全和反抗压迫是人的自然的和不可动摇的权利"。其次,宣言第3条体现了卢梭"主权在民"的思想,明确规定"整个主权的本原根本上乃存在于国民。任何团体或任何个人皆不得行使国民所未明白授予的权力"。

二、人权是宪法的主要内容

虽然不同的启蒙思想家对于人权与政府关系的理解存在一些差异,但是他们的共同点是都承认个人拥有与生俱来的人权,政府的目的和合法性均存在于对人权的保护之中。各国制宪者也大多认同人权保护和政府权力的构建是宪法必不可少的要素,人权也由此成为宪法的重要内容之一,这一点在美国

---

[1] [美]L.亨金:《权利的时代》,信春鹰、吴玉章、李林译,知识出版社1997年版,第108-109页。

宪法和后来各国制定的宪法中都得到了印证。当然，由于受到社会发展和各国政治、经济和文化等因素的影响，不同时期、不同国家的宪法在确认人权的方式和范围上都不尽相同。

（一）宪法确认人权的方式

各国宪法确认人权的方式大体有两种：一是在宪法中概括性地规定人权保障的原则；二是在宪法中具体列举各项人权。对这两种方式进行组合，大体可以细化为以下三种确认模式：其一，只规定人权原则，不列举具体人权；其二，只列举具体人权，不规定人权原则；其三，既规定人权原则，又列举具体人权。

1. 只规定人权原则，不列举具体人权

法国是这种模式的典型代表，法国1958年现行宪法在正文中没有明确规定各项人权或基本权利，只是在序言中概括地提及"法兰西人民郑重宣告恪遵1789年宣言中所明定及1946年宪法序言中所确认与补充之人权及国家主权原则"。

2. 只列举具体人权，不规定人权原则

美国、德国、荷兰等国宪法都采用了这种模式。例如美国宪法并未明确规定人权保障的原则，只是在宪法修正案中确认了公民所享有的各项基本人权；德国《基本法》亦是如此，只是对各项具体人权的确认集中在《基本法》的第一章。

3. 既规定人权原则，又列举具体人权

我国和日本都采用这种模式。我国宪法第二章"公民的基本权利和义务"中共有19个条款列举了我国公民享有的基本权利，又于2004年修宪时将"国家尊重和保障人权"写入宪法作为人权保障的基本原则。日本宪法在宪法序言中确认"世界各国国民同等享有在和平中生存并免除恐怖与贫乏的权利"的同时，也在正文第三章"国民的权利与义务"中列举了国民享有的各项基本权利。

（二）宪法确认人权的范围

以美国1787年宪法和法国1791年宪法为代表的早期宪法所确认和保护的人权主要是自由权。以美国宪法为例，该宪法前10条修正案分别规定了宗教活动自由、言论和出版自由、和平集会和向政府诉冤请愿的权利、持有和携带武器的权利、人身和住宅安全、文件和财产不被任意搜查、获得陪审团审判的权利、公正审判的权利、不受过重罚金和残酷刑罚的权利等。法国1791年宪法除了将《人权宣言》作为指导原则，还在正文中规定了以下权利：平等担任各种职务的权利，迁徙自由，不受任意逮捕的自由，言论、著述、出版和发表思想的自由，集会自由和财产权。

作为早期宪法的代表，美国和法国宪法在对人权的保护方面有很多共同之处，它们都认为个人权利是与生俱来的，权利自身是目的而不仅仅是实现某种良好社会观念的工具，即使是为了普遍的公共利益也不能完全牺牲个人的重要权利。但是由于权利观念和历史发展的不同，两国对人权的理解也有一些差异，如美国认为宪法上的权利"基本是自由，包括免受政府中人民代表侵犯的自由，如果法律越权，也包括不受法律侵犯的自由"，而在法国，宪法上的权利"基本上不是免受法律侵犯的自由，而是根据法律的自由"①。

到了19世纪末，资本主义的高度发展带来了社会的巨大变化，为了回应大规模失业和社会的贫富分化给人们尊严带来的挑战，宪法在人权保障的范围方面作出了调整，除了原有的自由权，一大批新兴权利被纳入宪法。这一转型时期典型的宪法是德国1919年的《魏玛宪法》，《魏玛宪法》第二编"德国人民的基本权利及基本义务"分为五个部分，分别是个人、共同生活、宗教及宗教团体、教育及学校和经济生活，其中除了早期宪法中的平等权、迁徙自由、人身自由、住宅自由、通信自由和表达自由外，在权利内容方面有两个变化：一是对财产权和契约自由进行了限制，如第153条第3款规定"所有权为义务，其使用应同时为公共福利之役务"，又如第152条规定"经济关系，应依照法律规定，为契约自由之原则所支配。重利，应禁止之。法律行为之违反善良风俗者，视为无效"。二是增加规定了教育、劳动和经济等方面的权利，如第145条规定"受国民小学教育为国民普通义务。就学期限，至少八学年，次为完成学校至满足十八岁为止，国民小学及完成学校之授课及教育用品，完全免费"。第157条规定"劳力，受国家特别保护"。这些变化对现代各国宪法产生了重要影响。

二战以后，发展中国家为了谋求公平的国际秩序，提出了以民族和国家为主体的自决权、发展权和环境权等新的人权概念，这些新兴权利正在形成之中，对其权利主体和权利内容都存在较大争议，各国宪法对这些权利的确认也持审慎的态度。值得一提的是环境权，很多国家宪法都承认作为个人权利的

---

① [美]L.亨金：《权利的时代》，信春鹰、吴玉章、李林译，知识出版社1997年版，第221-222页。

环境权,如肯尼亚宪法第42条规定:"每个人都有获得清洁、健康环境的权利。"西班牙宪法第45条也规定:"所有人有权利享受适于人发展的环境,并有义务保护环境。"

当然,上述对不同人权入宪顺序的描述并不是绝对的,这一顺序在一些早期产生的宪法中体现得比较明显,这些宪法通过重新制定或修改来回应新兴人权的入宪诉求。以法国为例,1791年法国宪法虽然规定了一些包含积极义务的权利,但整体上仍然是以自由权为主,二战以后为了回应社会权的诉求,新制定的1946年宪法除了将1789年的人权宣言纳入宪法序言,还在序言中宣布了"我们时代最重大的政治、经济和社会原则",其中明确提到劳动的权利、罢工、集体交涉的权利、工人参与管理的权利、个人及其家庭的社会福利权利和免费公共教育,由此这些权利正式成为宪法权利并为1958年的现行宪法所承认。和早期宪法的发展轨迹不同,二战以后新制定的宪法更倾向于对既有人权进行一次性确认,如南非1996年宪法就同时规定了各项自由权、社会经济权利和环境权。总之,无论是早期宪法还是新制定的宪法,现代大部分国家的宪法都同时为上述不同时期出现的人权提供保护。

我国现行宪法制定于1982年,经过1988年、1993年、1999年、2004年和2018年五次修改,目前共有4章143条,其中第2章对公民的基本权利做了较为全面的规定,其中确认的公民权利和政治权利有八项:一是选举权和被选举权,即年满18周岁的公民,不分民族、种族、性别、职业、家庭出身、宗教信仰、教育程度、财产状况、居住年限,都有选举权和被选举权,但依照法律被剥夺政治权利的人除外。二是言论、出版、集会、结社、游行、示威的自由。三是宗教信仰自由。四是人身自由,即任何公民,非经人民检察院批准或者决定或者人民法院决定,并由公安机关执行,不受逮捕。禁止非法拘禁和以其他方法非法剥夺或者限制公民的人身自由,禁止非法搜查公民的身体。五是人格尊严不受侵犯,禁止用任何方法对公民进行侮辱、诽谤和诬告陷害。六是住宅不受侵犯。禁止非法搜查或者非法侵入公民的住宅。七是通信自由和通讯秘密受法律保护。八是公民批评、建议、申诉、控告、检举和获得国家赔偿的权利。

除了这些公民权利和政治权利,我国宪法还确认了八项社会、经济和文化权利:一是公民有劳动的权利和义务。国家通过各种途径,创造劳动就业条件,加强劳动保护,改善劳动条件,并在发展生产的基础上,提高劳动报酬和福利待遇。国家对就业前的公民进行必要的劳动就业训练。二是劳动者有休息的权利。国家发展劳动者休息和休养的设施,规定职工的工作时间和休假制度。

三是实行企业事业组织的职工和国家机关工作人员的退休制度,退休人员的生活受到国家和社会的保障。四是公民在年老疾病或者丧失劳动能力的情况下,有从国家和社会获得物质帮助的权利。国家发展为公民享受这些权利所需要的社会保险、社会救济和医疗卫生事业。国家和社会保障残废军人的生活,抚恤烈士家属,优待军人家属。国家和社会帮助安排盲、聋、哑和其他有残疾的公民的劳动、生活和教育。五是公民有受教育的权利。六是公民有进行科学研究、文学艺术创作和其他文化活动的自由。七是妇女在政治的、经济的、文化的、社会的和家庭的生活等各方面享有同男子平等的权利。国家保护妇女的权利和利益,实行男女同工同酬,培养和选拔妇女干部。八是婚姻、家庭、母亲和儿童受国家的保护。禁止破坏婚姻自由,禁止虐待老人、妇女和儿童。

我国宪法对自决权、发展权和环境权等新兴人权都没有正面规定,只是在总纲部分提到"国家保护和改善生活环境和生态环境,防治污染和其他公害。国家组织和鼓励植树造林,保护林木"。

三、通过宪法解释发展人权

除了在宪法文本中确认人权,一些国家还通过宪法解释丰富人权的内涵或从宪法文本中发展出新的权利,这是因为:一方面,在通常情况下,"一旦宪法权利被确立,修改宪法文本往往会出现政治上的困难"[1];另一方面,宪法人权条款倾向于使用较为原则和抽象的语言,当遇到具体问题时,需要通过宪法解释对抽象的人权条款重新进行界定、引申出更多具体权利甚至发展出新的宪法权利。

(一)通过宪法解释丰富人权内涵

以美国言论自由为例,美国宪法仅在第一修正案规定:"国会不得制定关于下列事项的法律:确立国教或禁止宗教活动自由;限制言论自由或出版自由;剥夺公民和平集会和向政府请愿申冤的权利。"至于言论自由的范围,哪些言论是属于受保护的言论以及言论自由的保护方式等宪法中没有明确规定的事项都是通过法院的宪法解释不断丰富和发展起来的,通过宪法解释,法院一方面通过使用政治性言论、商业性言论、仇恨性言论、象征性言论等具体的表述来界定受保护言论的范围和程度;另一方面通过确立禁止事前限制原则、明显而即刻的危险标准等明确言论自由保护的方式。可以说,像言论自由这

---

[1] [美]卡尔·威尔曼:《人权的道德维度》,肖君拥译,商务印书馆2018年版,第204页。

样的宪法权利,不仅存在于宪法文本中,更多地是存在于宪法判例和宪法解释中。

（二）通过宪法解释发展新的权利

抽象的宪法人权条款为宪法解释提供了广阔的空间,解释者有时会利用这种空间来发展新的权利。仍然以美国为例,美国宪法制定于十八世纪八十年代,虽然几经修改但却始终没有增加经济社会权利。为了回应民众对经济社会权利的需求,法院通过对财产权、平等权等既有权利进行扩大解释来容纳一部分社会保障权和受教育权。例如在戈尔德伯格诉凯利案[①]中,法院认为对于合格的接受者,福利提供了取得必需食物、衣物、住房和医疗的方式,福利救助金对他们而言不是"特权",而是一项"权利",它们的终止涉及州裁决重要权利的行为。

在美国,通过宪法解释发展新权利的另一个典型例子是隐私权,美国宪法没有明确确认隐私权,但是法院认为"权利法案中的明示权利之间存在着暗影,这些暗影是由这些明示权利的扩散而形成的,并赋予它们生命和内容……各种明示权利产生了隐私区域"[②],这些明示权利包括第三修正案"民兵在和平时期不得进入民宅",第四修正案"人身、住宅、财产不受无理搜查",第五修正案"禁止被迫自证其罪"和第九修正案的未列举权利规定。通过这种解释,法院宣告了隐私权的存在,使本来没有明文规定的权利被纳入到宪法的保护范围。美国法院通过同样的解释技术,从第一修正案中发展出了结社自由、父母选择学校的自由、研究自由、思想自由、教学自由等新的人权。当然,除了权利暗影理论,常被美国法院用于发展新权利的解释技术还有正当法律程序条款和未列举权利条款。

四、宪法为人权提供保障

弗里德曼在谈到基本人权的保障时指出,这些人权具有与众不同的规范特色,只有被赋予特殊的法律地位它们才能得到切实的保障,他认为这种特殊的法律地位就是将这些权利纳入宪法或是基本权利宪章之中,因为只有这样,这些权利"才能够得到锁定、结合和保障,从而摆脱议会、国王、总统、首相和

---

① See Goldberg v. Kelly, 397 U. S. 254(1970).
② See Griswold v. Commecticut, 381 U. S. 479(1965).

政府的影响范围;或者说,超越公众的影响范围"①。很明显,弗里德曼将宪法保障人权的必要性和优势建立在宪法的优越地位之上,这也是我们分析人权宪法保障问题的常见思路。

(一)宪法人权更稳定

为了提高宪法作为国家根本法的稳定性,成文宪法通常都会在宪法中对修改过程作出特别规定,使之比普通立法更难修改。例如我国宪法第64条规定:"宪法的修改,由全国人民代表大会常务委员会或者五分之一以上的全国人民代表大会代表提议,并由全国人民代表大会以全体代表的三分之二以上的多数通过。法律和其他议案由全国人民代表大会以全体代表的过半数通过。"又如美国宪法第5条规定:"举凡两院议员各以三分之二的多数认为必要时,国会应提出对本宪法的修正案;或者当现有诸州三分之二的州议会提出请求时,国会应召集修宪大会,以上两种修正案,如经诸州四分之三的州议会或四分之三的州修宪大会批准时,即成为本宪法之一部分而发生全部效力。"

由于修宪的程序更为复杂,因此宪法中确认的人权具有相对更高的稳定性,即一项人权被确认为宪法权利后,非经法定的修宪程序不得被修改,一方面使人权的变动更加慎重,另一方面可以使一些重要的人权免受立法机关基于政策因素的考量。

(二)宪法为人权提供更高强度的保护

在大多数成文宪法的国家,宪法都被赋予了最高的法律效力,例如我国宪法序言规定,宪法"是国家的根本法,具有最高的法律效力。全国各族人民、一切国家机关和武装力量、各政党和各社会团体、各企业事业组织,都必须以宪法为根本的活动准则,并且负有维护宪法尊严、保证宪法实施的职责。任何普通立法均不能和宪法相抵触,与宪法相抵触的法律无效"。宪法的这种最高效力当然及于宪法中的人权条款,也就是说,一旦人权取得了宪法地位,那么普通立法和其他国家权力行使的行为都不能和宪法中的人权条款相抵触。

为了保证宪法效力的最高性,大多数国家都建立了宪法审查制度,以避免和纠正国家权力运行中可能存在的侵害人权的情况。综观西方各国的宪法审查实践,大概存在三种模式的宪法审查制度:第一种是以美国为代表的普通

---

① [美]劳伦斯·M.弗里德曼:《人权文化:一种历史和语境的研究》,郭晓明译,中国政法大学出版社2018年版,第16页。

法院审查模式,即由普通法院在审理具体案件的过程中对所适用的法律进行附带性审查,采用这种模式的国家有日本、印度、马来西亚、巴拿马、墨西哥、萨尔瓦多等国家;第二种是以德国为代表的宪法法院审查模式,即在普通法院之外另设专门的宪法法院进行宪法审查,采用这种模式的国家除了德国,还有奥地利、俄罗斯、意大利、韩国、泰国等国家;第三种是以法国为代表的宪法委员会审查模式,即在国家机构中设立专门的宪法委员会进行宪法审查,采用这种模式的国家还有摩洛哥、阿尔及利亚、柬埔寨等国家。[①]

我国《宪法》和《立法法》也规定了宪法审查制度,对违反宪法的法律法规和行为进行审查。根据《宪法》第62条和第67条,全国人大及其常委会有"监督宪法实施"的职权,因此我国进行宪法审查的机关是全国人大和全国人大常委会,其中全国人大常委会作为全国人大的常设机关承担了主要的审查任务。全国人大常委会从事宪法审查主要有两种方式:一是依托备案审查制度主动对法规进行审查;二是根据特定国家机关或一般社会组织、公民的要求或申请,对法规进行被动审查。通过宪法审查,违宪的法律法规,包括那些违反宪法人权条款或人权精神的法律法规被修改、废除或不予适用,在形式上维护了宪法的权威和国家法制的统一,但更重要的是在内容上实现了对人权的保护。

除了专门设置的保护制度,宪法中关于国家权力的规定也间接起到了人权保护的作用。如前文所述,宪法包含两个方面的重要内容:一是人权保护,二是政府权力的构建,实际上这两者在宪法上的地位并不是平行的,相较于政府权力的构建,人权保护始终处于支配性地位,"宪法中对国家权力的设计从根本上来说是围绕保护人权这一主题而展开的,国家权力运行轨道、运行规则的设计和安排都要符合保护人权的目标"[②]。因此,我们也可以说,良好的国家权力的设计本身就是一种人权保护制度。

[①] 杨海坤:《宪法基本理论》,中国民主法制出版社2007年版,第346-349页。
[②] 刘志刚:《人权的立法保障》,复旦大学出版社2015年版,第26页。

第三节　普通立法与人权

除了通过宪法确认人权并通过宪法解释发展人权，国内法中还有另一种确认和保护人权的方式，那就是在普通立法中确认人权，并为人权保护提供必要的救济制度。与宪法相比，普通立法对人权的保护更加具体、灵活，但同时也存在不够稳定的缺点。

一、普通立法保护人权的三种情形

一般来讲，在普通立法中确认人权主要存在以下三种情况：一是在不成文宪法国家，为保护人权而专门制定的权利法案；二是在成文宪法国家，通过普通立法将宪法中抽象的人权条款具体化；三是在成文宪法国家，通过普通立法认可宪法中未规定的人权。

（一）不成文宪法国家的人权立法

不成文宪法国家的人权立法，最典型的是英国1998年的《人权法》，该法是为了加强《欧洲人权公约》保护的权利和自由在英国适用的效力而制定的。《人权法》将《欧洲人权公约》的部分内容作为该法的附件（即附件一）纳入英国国内法律体系，这些被纳入的内容包括公约第2条至第12条、第14条、第1议定书第1条至第3条、第13议定书第1条，具体包括：生命权，免遭酷刑或非人道、侮辱的待遇或者是惩罚的权利，免受奴役或强迫劳动，人身自由和安全权，获得公正审判的权利，家庭生活权，思想、良心和宗教自由，表达自由，集会与结社自由，成立家庭的权利，平等权，财产权，受教育权，选举权和废除死刑。

为了保护这些权利，《人权法》要求法院在解释国内立法时应尽可能地与这些权利保持一致，如果法院发现无法做出一致性解释时有权做出"不一致宣告"，虽然这种宣告不影响立法的效力和被宣告的条款的继续实施，但是作为向议会发出的清晰信号，"不一致宣告"有助于议会及时做出立法的改变，以使国内立法与公约保持一致。此外，《人权法》规定除非依据一项议会法案，否则包括法院在内的任何公权力主体做出的与公约不一致的行为都是不合法的，这一规定允许个人在国内法院依据公约权利挑战公权力主体的行为。

（二）对宪法权利的具体化

宪法权利原则而抽象,需要法律加以具体化。通过普通立法落实宪法权利是我国宪法实施的重要途径,以选举权为例,我国宪法第34条只规定："中华人民共和国年满十八周岁的公民,不分民族、种族、性别、职业、家庭出身、宗教信仰、教育程度、财产状况、居住期限,都有选举权和被选举权;但是依照法律被剥夺政治权利的人除外。"而关于选举权的具体行使方式、选举组织、选举程序等都是通过《选举法》加以规定的。又如受教育权,宪法第46条规定"中华人民共和国公民有受教育的权利和义务",而关于受教育权的具体内容则规定在《义务教育法》《高等教育法》《民办教育促进法》等教育立法中。

通过普通立法对宪法权利进行具体化的过程中,很可能同时伴随着对宪法权利的限制,为了防止普通立法过度限制甚至剥夺宪法权利,需要注意以下两个问题:首先,对于被纳入法律保留范围的宪法权利,其限制只能由法律加以规定,例如我国宪法中私有财产权的征收、人身自由的限制、选举权的剥夺等,以及德国《基本法》中的人身自由权、迁徙自由权、露天集会权等权利的限制。其次,对权利的限制不应超出必要的限度,不得侵害权利的核心内容。例如德国基本法第19条第2款规定："基本权利之实质内容绝不能受侵害。"

（三）对宪法未规定人权的认可

当一项人权诉求无法得到宪法确认时,通常会寻求获得普通立法的保护,这种情况既存在于传统人权,也存在于新兴人权之中。前者如隐私权,我国宪法没有明确规定隐私权,但现行立法中有多部法律明确使用了隐私权的表述[1],其中《民法典》对隐私权的确认最有代表性,除了在总则部分规定自然人享有隐私权[2],《民法典》还在"人格权篇"设专章对隐私和隐私权做了具体界定,明确隐私是"自然人的私人生活安宁和不愿为他人知晓的私密空间、私密活动、私密信息",侵害隐私权的方式有"刺探、侵扰、泄露、公开"等,具体的侵

---

[1] 如《妇女权益保障法》第42条规定："妇女的名誉权、荣誉权、隐私权、肖像权等人格权受法律保护。"《澳门特别行政区基本法》第30条规定："澳门居民的人格尊严不受侵犯。禁止用任何方法对居民进行侮辱、诽谤和诬告陷害。澳门居民享有个人的名誉权、私人生活和家庭生活的隐私权。"《涉外民事关系法律适用法》第46条规定："通过网络或者采用其他方式侵害姓名权、肖像权、名誉权、隐私权等人格权的,适用被侵权人经常居所地法律。"

[2] 《民法典》第110条规定："自然人享有生命权、身体权、健康权、姓名权、肖像权、名誉权、荣誉权、隐私权、婚姻自主权等权利。"

害行为包括：以电话、短信、即时通讯工具、电子邮件、传单等方式侵扰他人的私人生活安宁；进入、拍摄、窥视他人的住宅、宾馆房间等私密空间；拍摄、窥视、窃听、公开他人的私密活动；拍摄、窥视他人身体的私密部位；处理他人的私密信息等。① 后者如基因权利，基因权利在很多国家还没有得到宪法认可，与基因相关的人权主要通过普通立法加以保护，如澳大利亚2000年制定的《基因技术法》、美国2008年制定的《反基因歧视法》、2009年德国制定的《基因法案》等。我国宪法中也没有明确规定基因权利，但是2019年制定的《中华人民共和国人类遗传资源管理条例》对基因知情权和隐私权做出了规定，该条例第12条要求"采集我国人类遗传资源，应当事先告知人类遗传资源提供者采集目的、采集用途、对健康可能产生的影响、个人隐私保护措施及其享有的自愿参与和随时无条件退出的权利，征得人类遗传资源提供者书面同意"。

二、普通立法保护人权的优势

与宪法对人权的确认和保护相比，普通立法在确认和保护人权方面更加灵活，对人权的规定也更加具体，更能适应不断变化的环境对权利保护的需求。

（一）普通立法对人权的保护更具灵活性

普通立法对人权保护的灵活性源于修改程序的简单，大多数国家都规定在议会中达到简单多数就可以修改普通立法，这就使引入新权利或变更已被确认的权利提供了便利。此外，这种灵活性也使普通立法成为在国内实施国际人权法的一种重要方式。以我国为例，对于我国批准的国际人权公约中的权利，我国并没有采用修宪的方式加以确认，而是通过制定新法或修改原有法律的方式将其转化为国内法，这种方式简便易行，而且能较好地协调国际人权标准和我国具体实施环境之间的关系。例如在批准《残疾人权利公约》前，为了使立法与公约保持一致，我国及时修改了《残疾人保障法》，却没有修改《宪法》，虽然宪法中关于残疾人权利的规定只限于"国家和社会帮助安排盲、聋、哑和其他有残疾的公民的劳动、生活和教育"，与公约关于残疾人权利的新解释还有很大差距，但是与修宪相比，显然由普通立法确认这种新解释更合适，一方面，新的国际人权或对国际人权的新的解释都可能带来相应的国内法上的权利的改变，这时普通立法的灵活性更能适应这种变化；另一方面，随着国

---

① 《中华人民共和国民法典》第1032-1033条。

际人权法的发展和我国对国际人权参与程度的深入,国内法律权利会更多地受到国际人权变化的影响,宪法既无法容纳这么多新的权利,也无法及时回应对权利的新解释。

(二)普通立法对人权的规定更具体

1. 对权利内容的界定更具体

宪法人权条款之所以原则抽象是为了适应不断变化的环境,以保持其稳定性,但是普通立法则不需如此,普通立法可以根据具体环境的需要对权利的内容进行更具体的界定。例如虽然很多国家的宪法都规定了受教育权,但是从宪法的规定中并不能清晰地界定该权利的内容,最好的方法是在普通立法中具体规定不同阶段的权利主体享有的受教育权的内容,以及权利内容的确切含义,如何为义务教育、何为免费教育等。又如社会保障权在不同国家可能有不同的含义和标准,通过立法进行具体界定是最好的选择。

2. 具体规定救济途径和法律责任

普通立法在确认人权的同时也会明确提供权利受到侵犯时的救济途径和侵害人权需要承担的法律责任,这对人权保护是非常重要的。以上述《残疾人保障法》为例,该法不仅界定了残疾人和残疾人享有的各项权利,还明确规定了残疾人权利受到侵害时的救济途径,这些途径包括可以向残疾人组织投诉、要求有关部门依法处理、依法向仲裁机构申请仲裁和依法向人民法院提起诉讼,同时还规定"对有经济困难或者其他原因确需法律援助或者司法救助的残疾人,当地法律援助机构或者人民法院应当给予帮助,依法为其提供法律援助或者司法救助"。关于侵害残疾人权利的法律责任,《残疾人保障法》进行了分类规定,如对于通过大众传播媒介或者其他方式贬低损害残疾人人格的,由文化、广播电视、电影、新闻出版或者其他有关主管部门依据各自的职权责令改正,并依法给予行政处罚;对于有关教育机构拒不接收残疾学生入学,或者在国家规定的录取要求以外附加条件限制残疾学生就学的,由有关主管部门责令改正,并依法对直接负责的主管人员和其他直接责任人员给予处分。[①]

三、普通立法保护人权的缺点

我们讨论普通立法在保护人权方面的缺点时,是和宪法保护人权的优点

---

① 《中华人民共和国残疾人保障法》第8章第59-67条。

相对而言的。首先,普通立法上的权利不像宪法基本权利那样稳定,容易受到立法机关政策考量的影响,立法机关可能为了更紧迫的政府利益而限制或取消某项权利,相比之下,限制或取消一项宪法权利要困难得多。其次,由于普通立法不具有像宪法一样的最高地位,也不具有最高的法律效力,因此不仅无法使与之相抵触的其他普通立法无效,还可能被其他普通立法废除或修改,从而影响受其保护的权利的实际效果。

第四节　国际法与人权

虽然国际法没有成文的宪法、立法机构或判例法,但依然存在权威的国际法渊源来建构人权。国际人权法最主要的渊源是国际人权条约、国际人权惯例以及一些被文明国家所认可的一般法律原则。以下仅以《世界人权宣言》和联合国核心人权条约[①]为例说明国际法与人权之间的关系。

一、国际人权法以道德人权为前提

像国内宪法一样,国际人权法的产生也受到人权理论的影响,以道德人权的存在为前提。例如在《世界人权宣言》序言部分,在解释制定宣言的目的时明确提到:"鉴于对人类家庭所有成员的固有尊严及其平等的和不可转移的权利的承认,乃是世界自由、正义与和平的基础,鉴于对人权的无视和侮蔑已发展为野蛮暴行,这些暴行玷污了人类的良心,而一个人人享有言论和信仰自由并免予恐惧和匮乏的世界的来临,已被宣布为普通人民的最高愿望,鉴于为使人类不致迫不得已铤而走险对暴政和压迫进行反叛,有必要使人权受法治的保护。"由此可以看出,《世界人权宣言》中确认的人权是建立在人的"固有尊严"之上的"平等和不可转移的权利",这些权利和美国的《独立宣言》、法国的《人权宣言》一样都是以传统的自然权利为前提假设的。

---

① 联合国核心人权条约共9项,我国已批准其中的6项,分别是《经济、社会和文化权利国际公约》《消除一切形式种族歧视公约》《消除对妇女一切形式歧视公约》《儿童权利公约》《禁止酷刑和其他残忍、不人道或有辱人格的待遇或处罚公约》和《残疾人权利公约》,我国尚未批准的有3项,分别是《公民权利和政治权利国际公约》《保护所有移徙工人及其家庭成员权利国际公约》和《保护所有人免遭强迫失踪国际公约》。

同样能体现出道德人权是国际人权法前提的还有国际人权两公约,即《公民权利和政治权利国际公约》和《经济、社会和文化权利国际公约》,这两项公约都在序言部分宣称:"考虑到,按照联合国宪章所宣布的原则,对人类家庭所有成员的固有尊严及其平等的和不可转移的权利的承认,乃是世界自由、正义与和平的基础,确认这些权利是源于人身的固有尊严。"

由于上述国际人权文件已经预设了它们所确认和保护的人权是预先存在的,因此会产生两个可能的后果:其一,当人们解释这些人权的内涵时,这些道德权利的性质和内容可以成为参考的对象;其二,道德人权在为国际人权提供正当性的同时,也可能成为人们判断某项被列入《世界人权宣言》或国际公约中的权利是否构成真正的国际人权的标准。

值得一提的是,在《世界人权宣言》起草的过程中,中国传统儒家思想发挥了重要影响。时任人权委员会副主席的中国著名法学家张彭春先生不仅参与了宣言的起草,而且在起草过程中提出"人的尊严"来源于人心的道德性,即"仁",并认为正是人的这一道德禀赋构成了人权普遍性的基础。后来在宣言的正式文本中,"仁"被翻译成"Conscience"(良心),并与理性一起共同被视为人权的基础。[①]

二、国际人权法对人权的确认

(一)对人权主体普遍性的确认

在西方人权发展的早期,人权主体局限于白人、男人,奴隶、妇女、儿童、有色人种等都被排除在外。人权主体普遍性的观念获得重视是在二战以后,《世界人权宣言》率先确认了人权主体的普遍性,《宣言》除了在第1条明确规定"人人生而自由,在尊严和权利上一律平等",还在第2条对人权主体的普遍性和平等性进行了详细阐释,即"人人有资格享有本宣言所载的一切权利和自由,不分种族、肤色、性别、语言、宗教、政治或其他见解、国籍或社会出身、财产、出生或其他身份等任何区别。并且不得因一人所属的国家或领土的政治的、行政的或者国际的地位之不同而有所区别,无论该领土是独立领土、托管领土、非自治领土或者处于其他任何主权受限制的情况之下"。

这一观念在此后制定的国际人权公约中得到进一步确认,例如《经济、社

---

① 鞠成伟:《儒家思想对世界新人权理论的贡献——从张彭春对〈世界人权宣言〉订立的贡献出发》,《环球法律评论》2011年第1期。

会和文化权利国际公约》第2条第2款规定:"本公约缔约各国承担保证,本公约所宣布的权利应予普遍行使,而不得有例如种族、肤色、性别、语言、宗教、政治或其他见解、国籍或社会出身、财产、出生或其他身份等任何区分。"《公民权利和政治权利国际公约》第2条第1款规定:"本公约每一缔约国承担尊重和保证在其领土内和受其管辖的一切个人享有本公约所承认的权利,不分种族、肤色、性别、语言、宗教、政治或其他见解、国籍或社会出身、财产、出生或其他身分等任何区别。"

(二)对各项人权的确认

《世界人权宣言》是第一个在国际领域内系统地提出保护和尊重各项人权的国际法律文件,共30个条文,涵盖了众多的公民、政治、经济、社会和文化权利,其中公民权利和政治权利包括生命、自由和人身安全权;免于被使为奴隶的自由;禁止酷刑与虐待;"被承认在法律前的人格"的权利;"享受法律平等保护"的权利;"获得有效补救"的权利;"免于任意逮捕、拘禁或放逐"的权利;公正审判权;无罪推定、辩护权、公开审判权、法不溯及既往;"私生活、家庭、住宅和通信不受任意干涉"的权利;迁徙自由、居住自由、迁出权、迁入权;"寻求和享受庇护以避免迫害"的权利;享有国籍和国籍不被任意剥夺的权利;婚嫁权、成立家庭的权利、家庭受国家和社会保护的权利;财产权;思想、良心和宗教自由;主张和发表意见的自由;和平集会和结社的自由;参加本国公务的权利;普遍平等的选举权。经济、社会和文化权利包括社会保障权;工作权;同工同酬权;公正报酬权;组织和参加工会的权利;休息和闲暇的权利;生活水准权;受教育的权利;自由参加社会文化生活的权利。

在《世界人权宣言》尚未完成前,联合国人权委员会就开始着手起草对缔约国有法律拘束力的国际公约,经过近二十年的努力,联合国大会于1966年12月通过了《经济、社会和文化权利国际公约》(以下称为"A公约")和《公民权利和政治权利国际公约》(以下称为"B公约"),两公约都在第三部分规定了各自承认保护的实体权利,其中A公约在第6条到第15条规定了七项权利,分别是劳动权、社会保障权、对家庭之保障、相当生活水准权、健康权、受教育权和文化生活权。B公约关于实体权利的规定集中在第6条到第27条,具体包括生命权,禁止酷刑和残忍的、不人道的或侮辱性的待遇或刑罚,禁止奴隶制度,人身自由与安全,被拘禁者受到人道与尊严待遇的权利,禁止因债务原因而被监禁,迁徙自由,外国人免受任意驱逐的权利,获得公正审判的权利,禁止溯及既往,承认法律人格,隐私权,宗教和信仰自由,表达自由,结社和工会自由，婚姻和家庭受保护，儿童权利，政治权利，平等权和对少数人的保护等。

除了没有明确规定私有财产权，两公约无论在权利的范围还是保护的水平上都较《世界人权宣言》有更大发展。例如《世界人权宣言》强调"技术和职业教育应普遍设立"，而A公约则要求"各种形式的中等教育，包括中等技术和职业教育，应以一切适当方法普遍设立，并对一切人开放，特别要逐渐做到免费"。又如在家庭的保护方面，《世界人权宣言》仅规定"家庭是天然的和基本的社会单元，并应受社会和国家的保护"，而B公约则进一步规定"在解除婚约的情况下，应为儿童规定必要的保护办法"。

此外，在一些专门性人权公约中还对某一项人权进行了更细致的规定，如《禁止酷刑公约》对"免受酷刑和其他残忍、不人道或有辱人格的待遇或处罚"的权利进行了专门规定，《保护所有人免遭强迫失踪国际公约》对"不遭受强迫失踪"的权利进行了专门规定。

（三）对特殊群体人权的确认

除了对所有人的权利进行确认和保护，联合国层面还制定了一些关于特殊群体人权保护的公约，这类公约对特殊群体的人权进行了有针对性规定。如《儿童权利公约》以儿童权利保护为目的，特别规定了：非歧视原则，儿童最大利益原则，确保儿童生命权，生存权和发展权完整原则和尊重儿童意见原则，在这些原则的指导下又具体规定了：儿童的生命权，姓名权，国籍权，不与父母分离权，发表意见权，言论自由，思想、信仰和宗教自由，结社自由，和平集会自由，隐私、家庭、住宅或通信不受任意或非法干涉，获取信息权，健康权，社会保障权，受教育权，享有休息和闲暇权，参加文化和艺术生活的权利，受保护权，不受酷刑或其他形式的残忍、不人道或有辱人格的待遇或处罚的权利，人身自由和获得公正审判权等，此外，公约还特别规定了残疾儿童获得特别照顾的权利和少数人、土著居民的文化权利。

又如《残疾人权利公约》以"促进、保护和确保所有残疾人充分和平等地享有一切人权和基本自由，并促进对残疾人固有尊严的尊重"为宗旨，规定了残疾人享有以下权利：生命权，平等权，获得有效司法保护，自由和人身安全权，免于酷刑或残忍、不人道或有辱人格的待遇或处罚，免于剥削、暴力和凌虐，人身完整性获得尊重权，迁徙自由和国籍权，独立生活和融入社区权，享有个人行动能力，表达意见的自由和获得信息的机会，隐私权，家庭生活权，受教育权，健康权，工作权，适足的生活水平和社会保护权，参与政治和公共生活权,参与文化生活、娱乐、休闲和体育活动权等。

此外,《保护所有移徙工人及其家庭成员权利国际公约》专门规定了移徙工人及其家庭成员的权利,《消除对妇女一切形式歧视公约》专门规定了妇女权利。

三、国际人权法对人权的保障

对于国际法中所规定的各项人权,各国政府是首要的保护者,各国根据本国的法律传统和法律制度,或者将国际人权转化为国内法律权利,或者将国际人权纳入国内法律体系予以保护。作为国内保护机制的补充,国际层面也设立了一些保护机制作为辅助,只是和国内机制侧重履行公约义务不同,国际机制的目的是为了监督缔约各国履行公约义务。以上述全球层面国际人权的保障为例,各人权条约均设立了专门机构负责监督条约的实施,这些机构拥有的监督权限大同小异,基本上都设置了缔约国报告程序、国家间指控程序和个人申诉程序,下面以国际人权两公约的实施机制为例加以分析。

(一)缔约国报告程序

《公民权利和政治权利国际公约》第40条第1款规定:"本公约各缔约国承担在(甲)本公约对有关缔约国生效后的一年内及(乙)此后每逢委员会要求这样做的时候,提出关于它们已经采取而使本公约所承认的各项权利得以实施的措施和关于在享受这些权利方面所作出的进展的报告。"《经济、社会和文化权利国际公约》第16条规定:"本公约缔约各国承担依照本公约这一部分提出关于在遵行本公约所承认的权利方面所采取的措施和所取得的进展的报告。"人权事务委员会和经济、社会和文化权利委员会在对缔约国报告进行审议后发布针对该缔约国的结论性意见,对该国执行条约义务情况做出评论和建议。缔约国报告制度是联合国各核心人权公约都规定的制度,只是其实施效果并不理想,实践中存在缔约国报告逾期提交和积压待审情况严重等问题。①

我国批准的六项核心人权条约都建立了缔约国报告制度,截止2020年7月,各条约机构已发布了17项针对我国的结论性意见,这些结论性意见对我国没有法律约束力,其有效性取决于我国对意见和建议的自愿遵守,我国政府的立场是尊重并积极考虑其中的建设性意见和可行建议,并结合我国国情予

---

① 尹生:《核心国际人权条约缔约国报告制度:困境与出路》,《中国法学》2015年第3期。

以采纳和落实。

（二）国家间指控程序

国家间指控程序是指缔约国中的一国指控另一国不履行公约义务,并提请条约监督机构审查和处理,该程序的适用以缔约国事先声明接受该程序为前提,例如《公民权利和政治权利国际公约》第41条第1款规定:"本公约缔约国得按照本条规定,随时声明它承认委员会有权接受和审议一缔约国指控另一缔约国不履行它在本公约下的义务的通知。按照本条规定所作的通知,必须是由曾经声明其本身承认委员会有权的缔约国提出的,才能加以接受和审议。任何通知如果是关于尚未作出这种声明的缔约国的,委员会不得加以接受。"因为国家间指控通常会被视为不友好的行为,因此该程序从未被任何国家实施过。

（三）个人申诉程序

当个人的某一公约权利受到缔约国侵犯时,其可以向相应的条约机构提出正式申诉,条约机构有权在审议个人申诉后做出"最后意见"(final views),并将最后意见告知有关缔约国和个人。条约机构的个人申诉程序有以下特点:其一,这一程序的适用是以缔约国的事先同意为条件的,取得缔约国同意的方式有两种:一种是缔约国根据公约的相应条款做出同意的声明,如《消除一切形式种族歧视国际公约》第14条规定:"缔约国得随时声明承认委员会有权接受并审查在其管辖下自称为该缔约国侵犯本公约所载任何权利行为受害者的个人或个人联名提出的来文。来文所指为未曾发表此种声明的缔约国时,委员会不得接受。"另一种是缔约国批准或加入设定个人申诉程序的任择议定书,如《公民权利和政治权利国际公约第一任择议定书》和《经济、社会和文化权利国际公约任择议定书》。

其二,无论是上述哪种方式,缔约国只要接受了个人申诉程序,来自缔约国的个人就获得了寻求国际救济的机会,为了防止与国内救济机制相冲突,各公约或任择议定书无一例外地采纳了"用尽国内救济"的原则,即条约机构在受理一项个人申诉前,必须确定申诉者已经用尽了国内可用的补救办法或者国内补救办法的应用被不合理地拖延。

其三,条约机构作为准司法机构,它的最后意见并不具有正式的法律拘束力,"对缔约国而言,是否执行委员会的意见完全在国家的自由裁量范围之内"①。但是这并不意味着条约机构的意见对于缔约国毫无意义,一般情况下,缔约国出于政治压力会认真考虑条约机构的意见,意见中的法律相关性也被一些国内法院所接受,虽然这些法院不会承认它们有义务遵循条约机构的解释。②

四、国际人权机构对人权的发展

联合国人权条约机构和各区域人权法院作为人权条约的监督和实施机构,在实施条约的过程中发展出了大量的案例,这些案例中包含的法理对于人权的发展有重要意义,尤其是对于一些法理比较薄弱的新兴权利而言,国际人权机构的解释极大地丰富了这些权利的内涵,这方面典型的例子是经济、社会和文化权利委员会对经济、社会和文化权利的发展。

首先,委员会的解释使经济、社会和文化权利的含义更加清晰。长期以来,经济、社会和文化权利都被视为是国家发展的目标,而不是个人享有的人权。虽然制定了《经济、社会和文化权利国际公约》,但公约中的权利被认为和《公民权利和政治权利国际公约》中的权利是不同的,其中一个很重要的原因是经济、社会和文化权利的含义不够清晰,无法实施。为此,委员会通过一系列一般性意见来澄清公约权利的含义。例如委员会在第11号一般性意见中对公约第13条第2款"初等教育应属义务性质并一律免费"中的"义务性"和"免费"进行了解释,其中"义务性"包括三个方面:初等教育的非选择性、禁止性别歧视和有质量保证,"免费"则包含了禁止收取间接费用和政府及学校的责任。③又如第17号一般性意见对第15条第1款(丙)项中使用的术语"作者""任何科学、文学或艺术作品""享受保护""精神利益""物质利益"和"产生"均做了详细解释④,使公约权利具有了清晰、可实施的内容。

---

① 邓华:《人权国际司法保护及其限度——基于对"蒂默诉荷兰"案的反思》,《南京大学法律评论》2016年春季卷。

② See Henlen Keller and Geir Ulfstein. UN Human Rights Treaty Bodies: Law and Legitimacy. Cambridge University Press, 2012, p.99.

③ 经济、社会和文化权利委员会第11号一般性意见:初级教育行动计划(公约第十四条),第6-7段。

④ 经济、社会和文化权利委员会第17号一般性意见:人人有权享受对其本人的任何科学、文学和艺术作品所产生的精神和物质利益的保护(公约第15条第1款丙项),第7-17段。

其次,委员会通过解释发展出新的权利。例如公约第11条第1款规定:"本公约缔约各国承认人人有权为他自己和家庭获得相当的生活水准,包括足够的食物、衣着和住房,并能不断改进生活条件。"该条并没有规定独立的住房权,住房只是相当生活水准权的一个要素,但是委员会通过第4号和7号一般性意见将它发展成了一项独立的权利,并从使用权的法律保障、基础设施的可提供性、可承受性、适居性、可获得性、便利性和文化适足性等方面明确了该权利的规范内容。除了住房权,委员会还从第11条中发展出了没有明确提到的水权。在第15号一般性意见(水权)中,委员会认为第11条第1款中使用的"包括"一词表明该条列举的食物、衣着和住房并不是相当生活水准权的全部,水权明显是相当生活水准的必要保障之一,而且水权还与健康权、食物权、生命权和人的尊严密不可分,在论证了水权的存在后,委员会用较大的篇幅集中阐述了水权的规范性内容、缔约国义务、侵犯水权的行为以及国家的执行措施,[①]使水权成为一项具有明确规范内容的权利。

第三,委员会在它的一般性意见中广泛使用"尊重、保护和实现三层义务"的框架来分析国家承担的义务,使国家承担的义务更明确。委员会第一次使用这一框架是在"取得足够食物的权利"的第12号一般性意见中[②],此后在解释健康权、水权、社会保障权、工作权时被反复重申,为从国家义务角度分析公约权利起到了重要的推动作用。

[①] 参见经济、社会和文化权利委员会第15号一般性意见:水权(公约第十一条和第十二条)。

[②] 参见经济、社会和文化权利委员会第12号一般性意见:取得足够食物的权利(公约第11条),第15段。

第六章 法与科技

第一节 法与科技的关联史

一、科学与技术的简史

如今,"科学"与"技术"被统称为"科技",两者虽然都体现了人类对于自然、社会与思维的认识与改造,不过,科学反映了人的思维自由,技术反映了人的行动自由,两者在起源与演进中存在显著区别。

首先,科学以系统理解世界为目的,是对人类知识的一种系统的整理和思考。科学作为以实验观察为基础的、以系统地发现因果关系为目的的社会实践,侧重以认识世界为目的。理想主义科学观认为,科学的功能在于建立一幅符合经验事实的世界图像,它是有关发现真理和观照真理的一种纯思维活动。实用主义科学观认为,科学具有功利色彩,科学真理作为实用行动的手段,也只能据此加以检验。现代科学既起源于巫师、僧侣或者哲学家的有条理的思辨,也起源于工匠的实际操作和传统知识。在远古时期,人人身兼巫师和工匠两职而将科学的这两方面集于一身。原始生活的巫术方面和技术方面都负有主宰外部世界的同一目标。不过,如今人们重视科学的思辨胜于其实操。因此,人类的理论与实践活动的交互作用乃是揭示科学史的一把钥匙。

在古代,技术工匠与巫师僧侣的首次分家是随着农业的养殖、种植、纺织与陶瓷技术开发利用及城镇手工艺尤其是冶金技艺与城市商贸兴起而出现的。到公元五世纪前后随着希腊文明兴起,出现了哲学家支配下的科学,理论家与实干家的分离愈加明显。历经中世纪漫长而稳固的封建社会,安定的社会秩序有助于贸易,贸易促使财富积累,财富积累造成与封建经济不适应并产生某种社会裂痕。理论与实践的分离在某种程度上又呈现弥合迹象,优秀的工匠凭借其手艺出名甚至跻身富人之列,而某些有学问的人和某些贵族竟然肯对机械技巧感兴趣。在文艺复兴时期的意大利城市里,画家、诗人、哲学家和从希腊流浪来的学者都聚集在银行家或巨商的宅第中。最终,第一所现代科学院于1438年在意大利的佛罗伦萨创办起来。此后,发明才能与学术相结合,技术缓慢进步,在手工艺知识基础上建立起了科学,意大利、荷兰、英国相继出现了科学学会。到17世纪伴随牛顿、伽利略、开普勒等在物理、化学、天文等领域的新发现及随着世界贸易开疆拓土的航海术方兴未艾,一些业余科学家转而成为专业甚至职业科学家。特别是蒸汽机的发明及随着化学工业发展起来的"气体革命"出现之后,到19世纪,科学已成为一种必需的东西,作为一种建制的科学事业即纯科学的概念随之建立起来。①

其次,技术是以改造世界为目的进而实现人类对自然与社会客观环境进行控制的手段或活动。"从本质上看,技术是被捕获并加以利用的现象的集合,或者说,技术是对现象有目的的编程。"②技术是实现人的目的的一种手段。例如,美国的GPS或中国的北斗导航作为一种全球卫星定位系统可以实现交通导航、地面定位及巡航等特殊目的,它就是提供定位功能的一种手段或工具。同时,技术是实践和元器件的集成,也是某种文化中得以运用的装置和工程实践的集合。例如,技术所包含的系列操作可谓之"软件",为其操作执行提供所需物理设备可谓之"硬件"。"软件"展示其技术运行的过程和方法,"硬件"展示其技术运行载体即物理设备。

无论简单或复杂的技术都只是应用了一种或几种现象后乔装打扮出来的,因而现象是技术赖以产生的必要源泉。③一旦某种现象被挖掘了,例如置于变换磁场中的金属导体可以产生感应电流,若是要将其转译成技术(作为用来发电的手段)往往并非那么遥不可及。大自然中存在许多现象,经过许多世纪已被我们有目的地发现。这包括史前对火的利用和金属加工、17世纪

---

① [英]J. D.贝尔纳:《科学的社会功能》,广西师范大学出版社2003年版,第7-10页,第18-25页。

② [美]布莱恩·阿瑟:《技术的本质:技术是什么,它是如何进化的》,浙江人民出版社2014年版,第53页。

③ 以下参见[美]布莱恩·阿瑟:《技术的本质:技术是什么,它是如何进化的》,浙江人民出版社2014年版,第65-69页。

的化学和光学、18和19世纪的电、20世纪的量子现象,以及20世纪末的遗传现象等。其中许多现象已被驯服,并被运用到技术当中。同时,这些技术又成为建构未来技术的潜在模块。而有些技术(例如科学仪器和方法)主要用于帮助发现新现象。这是一个良性的因果循环。尽管所有的技术归根到底都是来自现象,但大多数创造技术的现象模块却并非直接对单一现象的驾驭所能实现,而是源自诸多现象的"合奏"。例如火星探测器就是由驱动马达、数字式电路、通信系统、转向伺服系统、摄像头和轮子组合起来的,促成这项技术完成需要对每样东西背后的现象的综合认识来实现。

最后,技术是人类在制造工具过程中产生的以利于生产与便于生活的创造活动,在近代以前技术获得可能符合科学原理,却往往与科学理论并无直接关系。如果说在古代"没有技术的科学是软弱的"(布莱恩·阿瑟语),那么如今可以说"没有科学的技术是盲目的"。尤其随着近代以来实验科学兴起与科研活动的国家建制化的出现,科学与技术之间的联系日渐密切起来。近代以来每一次技术革命均以科学革命为先导,且又为下一次科学革命提供必要的准备条件,而科学革命与技术革命又极大推动了经济生产力发展并反过来为科技进步提供物质经济基础支撑。例如,16世纪40年代到17世纪末的第一次科学革命产生以实验为基础的近代科学;于是18世纪下半叶到19世纪初发生了以纺织机械革新为起点,以蒸汽机的发明和应用为标志的第一次技术革命。19世纪中叶发生了以热力学、电磁学、化学、生物学为代表的第二次科学革命;嗣后爆发以电力技术为主导的第二次技术革命。自19世纪末物理学领域X射线、放射性和电子等三大发现到20世纪40年代现代宇宙学、分子生物学、系统科学、软科学产生,自然科学、社会科学与思维科学交叉渗透,第三次科学革命引发了以核技术、计算机技术、空间通讯技术应用为标志的现代技术革命,以及70年代以来微电子技术、生物技术、空间宇航技术、信息技术等高技术群出现的新技术革命。

如今,技术开发以现代科学实验和理论为基础,科学研究也需以精密仪器的技术工具为条件。技术被深深地织入了科学,而科学通过方法与设备等技术获得对自然的观察与推理的探索。科学与技术以一种共生方式进化,彼此参与对方的创造,相互接受、吸收、使用。例如,望远镜在创造现代天文科学方面与哥白尼和牛顿的推理同等重要;如果没有X射线衍射的方法、设备以及提取和纯化DNA所需的生化方法,沃森和克里克也不可能发现DNA的结构以及其后的互补碱基对现象。历史上曾经仅凭常识便可直接产生新的设备,比如纺织机。而如今只有详细、系统、可编码的理论知识才可能产生基因工程或微波传输等新技术，或借助恒星相对行星位移所致光谱线发生偏移的"多普勒效应"而帮助人们寻找太阳系以外的行星。可见，科学发现日益依赖技术创新，技术创新也日益离不开科学发现，大科学时代呈现"科学技术化"与"技术科学化"双向互动。随着大规模工业制造的迅猛发展与工商业贸易的广泛兴起，科技成果产业化需求不断增长，催生了"科学技术—经济生产"的一体化趋势。

二、法与科学的关联史

回顾历史，在初民社会蒙昧时期，宗教、道德与法律浑然一体，"科学"（或曰巫术）往往与宗教启示一体两面，神明裁判（例如火神判、水神判或稍晚的吃食裁判）盛行并且与宣誓裁判（"共誓涤罪"）制度相结合，直到13世纪都难以废除。不过中世纪中后期，11、12世纪的教会统治已经与世俗权威相对分离，这也为近代科学思想兴起开辟道路了。法学家伯尔曼就从法与宗教的关系角度研究提出，如果用近代西方赋予"科学"一词的标准来衡量，"12世纪西欧法学家的法律科学乃是近代西方科学的先驱"，甚至当时出现了将法律方面发展出的近代科学方法应用于自然现象的早期例证。[①] 不仅当时法学家在组织各种诸如判决、规则、习惯、法令等法律权威资料并探索其意义解决现实问题时，"所使用的方法与后来自然科学家在探索和综合其他种类材料时所使用的方法并无实质性区别"。而且科学从业者所必须遵循的诸如客观性、怀疑论、普遍性以及理性主义精神等价值也源于西方宗教与世俗政治体相分离时的复杂关系。当时神学家寻求"仅凭理性"而非凭信仰或启示证明上帝存在，教会法律家自由地检查教会法律中的矛盾，是因为相信"只有当人们作出了客观地研究上帝以及上帝的法律的努力，才会出现客观地研究世俗生活、世俗法律并最终研究自然和自然法的尝试"[②]。

所以，如今人们不难理解，伽利略、牛顿等人既是科学革命的先驱又是虔诚的基督教徒，而首先把人类与自然关系的理论探讨权从教堂的垄断中解放出来的路德和加尔文等人既是宗教改革家也是基督徒科学家。甚至在教会高

---

① [美]伯尔曼：《法律与革命》，中国大百科全书出版社1993年版，第67-68页。
② 参见[美]伯尔曼：《法律与革命》，中国大百科全书出版社1993年版，第183、187、192页。

度集权下人们仍坚信"科学的进步依赖于科学家们在科学真理方面具有采纳相反观点的自由"①,因为对立统一的辩证综合更符合对信仰的权威性陈述,"在非正统的学说被法律所禁止,坚持'不服从'的异端分子要被处死的同时,科学的客观性、无所偏私、有机的怀疑论、对错误的宽容以及对新的科学真理的开放性"等思想却被声言与表达,走向权威和走向理性同时呈现。因而,美国当代法学家伯尔曼基于法与科学相关视角分析指出,近代西方科学思想发端于12世纪前后西欧的政教分离运动及其理性主义法律文化传统。

从柏拉图到当代,有关正当行为的规则是否可经由人类理性加以发现这一命题争论往往源于对"法"这个字眼的简单与模糊理解。例如,新分析法学家哈特指出,法国思想家孟德斯鸠在其"影响世界历史进程"的经典名著《论法的精神》第一章探问,为什么像星星这种无生命的物体以及动物都遵守"它们的自然法",而人类却不遵守,反倒做恶?就此问题,19世纪英国著名哲学家、心理学家和经济学家约翰·斯图尔特·密尔认为,这暴露了"表述自然过程或者规则性的法"与"要求人们按一定方式行为的法"之间的持久的混淆。前者可由科学家通过观察与推理去发现,是关于事实的陈述或描述;后者却不能这样确立,因为后者是人类应以一定方式行为的"规定"或要求。②由此界分了"关于科学发现的自然法则"与有关人类行为规定的理性法则。当然,及至16、17世纪西方世俗君主制兴起中出现人类自然法与非人类自然法的区分,也为物质自然的科学探索开辟了道路。新自然法学家富勒认为,对应于法律只是"公共秩序之存在"这一观点,我们可以主张"当人们有能力预测和控制自然现象的时候,科学就存在了"。作为法律以暴力之使用为特征的那种观点的对应物,我们可以"将科学界定为某些类型的仪器之使用"。与凯尔森所谓法律的金字塔结构表现为规范之间的等级关系相似,我们可以据此将科学定义为由"根据不断上升的一般性程度而对关于自然现象的命题所做的一种安排"而构成。③

近代以来,科学上的系列重大发现例如哥白尼《天体运行论》提出日心说对托勒密所谓地心说的否定,都对宗教统治与道德控制产生前所未有的冲击,改变了人们的宗教信仰与道德观念,进而间接关联到法律制度变迁。伴随近

---

① 参见[美]伯尔曼:《法律与革命》,中国大百科全书出版社1993年版,第702页。
② [英]哈特:《法律的概念》,中国大百科全书出版社1996年版,第182-183页。
③ [美]富勒:《法律的道德性》,商务印书馆2005年版,第140页。

代西方宗教改革、文艺复兴与罗马法复兴运动,法律从隐居宗教、道德之后的社会调整力量而跃居社会整合的前台工具,人类已然进入"通过法律的社会控制"(罗斯科·庞德语)。庞德征引柯勒(Kohler)的观点指出,法从过去看是文明的一种产物,从现在看是维系文明的一种手段,从将来看是促进文明的一种工具。文明就是最大限度地展现人类潜能的社会发展,法律秩序有其维系文明的既存价值和推进人类能力发展的双重任务,文明则既控制外在的物理自然界,也控制内在的人类本性。"一方面,科学的发展使我们对外在自然界的控制推进到这种程度:人类已经能够开发地球以支撑迅速增长的人口,并保持人类的安定与相对富足。另一方面,对内在的人类本性的控制使得科学成就据以实现的调查、实验和研究有了可能,确保和平、免受攻击或侵扰乃是科学取得奇迹所依凭的调查和研究所不可或缺的。"[1]随着近代以来科学发现的重大突破及其理性主义思想觉醒,祛魅脱神的世俗化运动使法的宗教神圣性与自然法的超越观念日渐衰落,世界正经历一场"整体性危机",正因此伯尔曼发出"法律必须被信仰,否则将形同虚设"[2]的感叹。

实际上,法的英文词汇 Law 便包含科学上的规律、定律、原理等意思。在历经宗教改革与思想启蒙运动以后,如今人们已明白,法作为一种明确公开的具有国家强制力的行为规范,固然形式上体现了国家意志性,但内容上不免要取决于特定社会物质生活条件并反映其内在规律,本质上乃国家意志性与社会规律性的统一。科学的英文词汇 Science 具有学问、知识、专门技术、技巧之意。布莱恩·阿瑟指出,科学既是一种有关自然在本质上可知、可被探察与究因的观念,也是一套包括理论化、想象和猜测的实践与思维方式,还是由一系列既往观察与思考积累起来的理论认识,也是一种有关信仰与实践、友谊与思想交流、观点与确证、竞争与互助的文化。孟德斯鸠在《论法的精神》中详述了法与气候类型、土壤性质、民族精神与风俗习惯等社会物质生活条件之间的密切联系[3],揭示有什么样的社会基础就有什么样的法的科学规律。法的规律内容体现了人们对法的科学内涵的理论揭示与理性认识。如果将科学视作揭示自然界、人类社会与思维的规律认识,那么法的运行便内含有关人类行为规则的科学内容。反之,如将法视为"理"(规律性)与"力"(意志性)的结

---

[1] [美]罗斯科·庞德:《法律史解释》,邓正来译,中国法制出版社2002年版,第37页。
[2] [美]伯尔曼:《法律与宗教》,中国政法大学出版社2003年版,第3页。
[3] [法]孟德斯鸠:《论法的精神》(第3卷),陕西人民出版社2001年版,第265-372页。

合,那么对科学(广义包括自然与人文社会科学)的研究也有助推动并深化对法律变迁与运行现象的规律认识。

例如,就研究方法看,科学倡导通过实验观察与逻辑推理进行实证研究与理性分析,既要根据从个别到一般的归纳推理以概括对自然、社会与思维的普遍规律性认识,也需从抽象到具体的演绎推理将有关理论规律运用于解决实践问题。同样,法也强调对于个案证据的抽丝剥茧进行归纳推理并据以证明其法律事实,即通过事实认定、法律获取(找法)而将事实涵摄于法律规范,借助演绎推理为其事实寻求法律适用依据以解决个案纠纷。科学理论和法律规则都有普遍性、抽象性、概括性等,科学探索与法律适用都强调客观中正、逻辑自洽、形式理性、理论证成、就事论事(类案类判)等。因此,美国联邦大法官卡多佐分析指出,司法裁判"可以被正当地称之为:自由的科学研究",它之所以是科学的,乃是"因为它能在科学才能揭示的那些客观因素之中发现自己的坚实基础",甚至提出"司法过程的最高境界并不是发现法律,而是创造法律。"[1]

再如,就运行机制来看,近代以来科学呈现产业化与社会化趋势,科学不仅被视为系统化、理论化的知识体系与认识活动,也成为一种社会事业与社会建制,由此形成了科学家职业共同体普遍认同的内在价值观与适于交流的科学语言符号体系,他们以此探求未知世界并实现其科学家的职业理想。同样,法学家(法律家)职业共同体共享特定的"法言法语"等符号系统,他们作为职业群体拥有同质化思维方式与共识性精神理念,也有助为法律人实现职业使命担当。不可否认,科学秉持彻底的纯粹客观主义立场,特别强调通过严密的数理逻辑推演与精确的可再现实验观察,揭示并验证客观事物本来面目。法虽也强调求真务实,但其无法达到绝对客观中立与纯粹价值无涉,无法用纯粹的数学模型解释世界和解决问题。民事案件事实证明遵从优势证据原则,而刑事案件强调排除合理怀疑,但两者都要适用"非法证据排除"规则,对待证事实的在案证据除了判明其真实性、关联性之外还要辨识其合法性。限于待证事实经过的不可回溯及司法资源的有限性,法律事实认定虽可借助科学上证伪而排除"非法证据",但不可能像探索科学真理那样无限接近客观真相,往往合法性优于客观性,法律真实优于客观真实,形式合理性优于实质合理性。另外,科学探索往往无终点、无偶像、无禁区并经由反复证伪、不计利弊,

---

[1] [美]本杰明·卡多佐:《司法过程的性质》,商务印书馆1998年版,第75页、第105页。

因而强调开拓创新与质疑批判思维;法律尤其司法代表社会分配利益和负担,往往离不开利弊计算和价值考量,需要当下立判、终极解决、利弊计算,所以往往因循守旧,遵循先例,思维保守,在规则预设的框架内行事。法律的科技化固然会使科技的价值中立性呈现相对化趋势,但就科学的本性与精神而言,其往往只问是非而少计利弊,求真求实而少有立场。

三、法与技术的关联史

在中外法制史上一度呈现所谓水神判、火神判、神明裁判并不仅是因为当时的人们对于是非曲直的因果规律缺乏科学认知,也可看成是其时辩明纠纷因果关系的技术手段匮乏所致。至于其后的刑讯逼供成灾、株连责罚泛滥亦与此不无关联。所谓以"滴血认亲"进行推理断案作为其时的侦查技术"创新",乃反映了其时对生命遗传密码的无知却又不得不竭尽所能探求案件真相的无奈之举。诚然,在科技尚不发达时期,倚仗经验常识的实质判断就可以揭示疑案真相。例如,圣经上就曾记载所罗门国王有关"两女争一子"的著名判例。不过,古罗马法学家乌尔比安在《法学阶梯》第一卷中便声称"法乃善良与公正之艺术"。法律终究是一种"技艺理性"(artificial reason)而非"自然理性"(natural reason)。在英国近代司法史上,著名的柯克大法官与詹姆斯一世国王有关司法权与王权之争①,无疑折射了法与"技术"(诚然此技术并非全然探索自然之术)的关联面向。柯克法官争辩道,"国王虽居于万民之上,却在上帝与法律之下"。在他看来,国王与法官固然都有普通人的自然理性,但普通人的自然理性因未经实践研习与经验积累而往往呈现为未经驯化的直觉甚至带着盲目的偏见,正因国王缺乏法律职业训练而未曾习得法律人(Lawyer)的技艺理性,仅凭其自然理性并不能推理断案。是故,国王"非无权也,实不能耳"。如今,人们已能深刻领悟到美国联邦大法官霍姆斯关于"法律的生命不在于逻辑而在于经验"这一醒世名言的真谛,这更进一步诠释了法律尤其是司法乃是一门"技术活"。

法与技术的关系史还可溯及产权的起源及其功能。产权制度大体经历了排他性产权、可转让性产权、组织化产权等三阶段,建立排他性的产权制度可谓经济史上一次伟大革命。②所谓"风能进,雨能进,国王不能进"这一法谚正

---

① [美]罗斯科·庞德:《普通法的精神》,法律出版社2011年版,第42页。
② 卢现祥:《西方新制度经济学》,中国发展出版社2003年第2版,第160-161页。

说明排他性产权对保障个体安宁的重要性。实际上,"财产所有权是自由的保证",财产所有权保护着的"家"乃是人们逃避垄断权力威胁个体自由的最后堡垒,任何丧失了最后隐居地的个体终归无法免除"多数的暴政"的审判,只有从自由的心灵中才可以涌流出"民主""公正""博爱"等美德。① 就形成产权的众多因素而言,技术在降低排他费用、减少交易成本中可谓功不可没。正因此,西方人把"带刺的铁丝"的发明称作为世界上第七大发明,它大为提升盗窃成本以致因得不偿失让窃者望而却步而有效保护私权,英国近代"圈地运动"和美国西部开发从公共牧场中诞生私人所有和牧场出租也由此成为可能。产权的功能之一就是引导人们以技术手段实现外部性较大的内在化的激励。经济学家科斯在《社会成本问题》中侧重探讨"外部侵害"所致负外部性如何内在化的激励。例如,糖果制造商的机器噪声干扰了隔壁牙医的工作,养牛者的牛闯入了农夫的麦田,火车摩擦铁轨溅出的火星引燃了临近田地的庄稼等。相应地,诺思则侧重从"搭便车"所致正外部性的视角探讨如何内在化的激励而实现产权功能。"当内在化的收益大于成本时,产权就会产生,将外部性内在化。内在化的动力主要来源于经济价值的变化、技术革新……"② 这些历史与现实、理论与实践的例证均揭示了法与技术的密切关联。

技术与法的关联还体现在计量工具、文字契约的使用便利了人们的商事交往,防控商事纠纷的发生。正是金属冶炼、造纸技术进步为度量衡统一与书面合同标准实施提供了现实可能。相应地,在历史上法也为技术生产发展营造有益条件。中国秦代《厩苑律》《牛羊课》和唐代《厩库律》,华夏历法的颁布与修订,秦唐时期的度量衡统一,《九章算术》《田律》等,乃是利用规范律令调整生产技术的经典例证。不过古代中国虽素有"四大发明"美誉,甚至14世纪早已具备被经济学家和历史学家们认作是产生18世纪末英国工业革命的所有主要条件,一度曾是世界科技中心,为何终究止步近代科学革命与工业技术革命之门? 对此困扰世人的"李约瑟之谜"③素有地理环境决定论、语言决定论、思维方式决定论等解读。被马克思喻之为"预兆资产阶级社会到来"

---

① [美]詹姆斯·布坎南:《财产与自由》,中国社会科学出版社2002年版,代译序,第4-5页。

② 科斯等:《财产权利与制度变迁——产权学派与新制度经济学派译文集》,上海三联书店1991年版,第100页。

③ [英]李约瑟:《中国科学技术史》(第一卷序言),科学出版社、上海古籍出版社1990年版,第1-2页。

的古代中国的三项伟大发明——火药、罗盘、印刷术曾在近代西方世界兴起中发挥重要作用①，显然单从技术要素本身无法解释"李约瑟之谜"。李约瑟作为英国皇家科学院院士、科技比较史学家基于社会形态决定论认为，近代中国无缘科技革命与其官僚政体有关，近代科技革命源自欧洲得益于近世西欧资本主义制度兴起。

在新制度经济学家看来，技术进步是经济增长本身或结果而非其增长的原因。诺思通过考察1500年到1700年荷兰、英国等经济增长后认为，制度尤其是产权制度乃是"西方世界的兴起"中经济迅速增长的关键。诺思认为，"尽管火药、指南针、优良的船舶设计、印刷术和纸张在西欧的扩张中起了作用，但结果却很不相同。与产业革命相联系的技术变化要求事先建立一套产权，以提高发明和创新的私人收益率"。因此，激励技术创新必须"发展一套法规以便为无形资产的所有和交换提供更有效的所有权。"②科斯通过其《社会成本问题》(1960年)一文所谓"科斯定理"揭示了在市场运行存在"交易费用"情况下，产权得以有效界定和保护的制度可有效降低市场运行中的交易成本并减少其不确定性，从而可促进经济发展。③由于产权制度是一种有利于资本等利益角逐、能为近代西方科技发展提供激励机制、合乎当时社会变革目标的制度，近世中国的科技经济衰落与其缺乏行之有效的产权制度尤其知识产权制度不无关联，这为破解"李约瑟之谜"提供了某种理论启示。

就技术创新与产权保护关联史来看，15世纪后期威尼斯共和国就已先后颁布保护出版专有权与保护技术秘密的特许令，尽管1474年威尼斯创立《专利法》的初衷旨在鼓励外国人泄漏本国技术秘密而非现代意义上的专利保护，但其保护创新的理念随着欧洲的开放贸易而于16世纪中叶广为传播，英国伊丽莎白一世就曾通过授予专利来吸引外国能工巧匠向英国传入创新技术。此后专利制度也曾作为重商主义政策（即当今所谓"战略性国际贸易"）的重要举措，它以授予专有特权为诱饵来吸引那些拥有特殊技能和专有技术

---

① 《马克思恩格斯全集》(第47卷)，人民出版社1979年版，第247页。
② [美]道格拉斯.C.诺思，罗伯特.托马斯：《西方世界的兴起》，华夏出版社1999年版，第23-24页。
③ 科斯等：《财产权利与制度变迁——产权学派与新制度经济学派译文集》，上海三联书店1991年版，第166页。

的移民。① 随着1623年英国《垄断法规》、1709年英国《安娜女王法令》、1809年法国《关于工厂、制造场和作坊的法律》等早期知识产权立法的颁布,知识产权的权利形态完成了从特许之权到法定之权的制度变革,其权利性质也逐渐演化为一种非物质形态的私人财产权。

不过,深得知识产权保护之裨益的技术如今却广泛渗透社会生活每个角落,庞德所谓"通过法律的社会控制"②正有转向"通过技术的社会控制"趋势。鉴于此,美国的网络法先驱莱斯格尖锐地指出,在一个所谓"代码即法律"的时代,网络包括受控的物理层、内容层和自由的代码层,法与社会规范、市场、架构均对网络空间具有管制功能,但网络架构才是最重要的管制方式,其所含代码就是网络空间的法律。③ 例如,基于大型数据库资源的论文查重模式使防范学术剽窃乃至打击盗版不再仅仰仗法律自身威力才能实现,信息技术本身就有了某种"执法"能力。实际上,在印刷术产生前,尤其是造纸术发明之前,受制其技术条件局限,由于复制的人力成本很高且难以规模化持续,作者的版权根本无须法律的专门保护。而随着复制作品逐渐变得廉价又便利,技术的进步使作者的权利日益遭受巨大威胁以致不断削弱,甚至出现所谓"版权的终结"。如今,一个被称为"分级响应机制"(graduated response systems,简称GRS)的新型版权执法模式可不断升级对涉嫌版权侵权者的惩罚措施,借助技术手段极其有力地捍卫版权人权益。

当然,技术取代法成为网络空间领地守望者也不免会带来隐忧。随着信息社会发展,互联网与实体经济深度融合,传统的工业社会赖以为继的"铁(路)、公(路)、机(场)"等基础设施正趋向于由"云(计算)、(物联)网、(智能终)端"所掌控。大数据产业的兴起使得信息社会的经济增长动力也不仅建基于"劳动力、资本、土地"等传统资源,搜集、挖掘、整理与分析网络空间的数据信息等要素资源将成为未来互联网+模式下的新经济增长的引擎。随着移动互联及微信、微博、APP软件等新型传媒融合技术下服务模式创新,线上线

---

① [美]罗伯特·P.墨杰斯等:《新技术时代的知识产权法》,中国政法大学出版社2003年版,第102页。

② Pound, Interpretations of Legal History (1923) lect. 7; id. Social Control through Law (1942) lect.1. 转引自[美]罗斯科·庞德:《法理学》(第三卷),廖德宇译,法律出版社2007年版,第5页。

③ [美]莱斯格:《代码2.0:网络空间中的法律》(修订版),清华大学出版社2018年第2版,第136-137页。

下（O2O，即 Offline To Online）服务模式互动，新技术开发与运用面临的规制问题亟待法的介入。例如，微信、微博、APP使用中大量采集个人信息所致隐私安全威胁与数据权利归属，搜索引擎技术使用中用户通过购买关键词而攀附他人商业标识所致的不正当竞争行为等均亟待法律的有效规范。

第二节 科技对法律的影响

一、科技对法律的推动

科技与法之间往往互为变量因子，科技既是法的自变量，它也是法的因变量，易言之，法也以科技为自变量。以科学为例，科学立足人与自然的关系视角解析自然现象，法基于人与社会的关系视角调控社会行动，自然与社会构成这个蓝色星球上彼此交融的自组织系统。法通过调控作为社会主体的人类行为而间接作用于人与自然的关系，而科学则通过揭示世界（自然与社会）演化与发展规律而为法律调控人与社会关系提供规律性指引。例如，对于地球温室效应、城市热岛效应、动植物基因性状等自然现象的科学揭示，正为人类借助法的调控机制而实现人与自然协调共生以及人与社会的和谐共存提供了理论认识前提与实践行动指南。

人类历史上科学的重大发现与技术的重要发明都对传统的政治统治观念与经济增长模式产生难以估量的影响，进而间接影响到法制变革进程。以经济增长模式为例，科技进步使生产与服务产出产生了相当程度的规模报酬递增效应，信息成本迅速降低的技术发展例如通讯技术的改进大大降低了建立在空间上相互移动的个人参与基础上的制度安排的组织成本，这就使一系列旨在改进市场主体地位和促进商品流通的制度革新，例如建立更复杂的组织形式或交易模式变得有利可图，典型的譬如基于电子商务的第三方交易平台或是基于P2P技术的数字内容分享机制，因此电子商务立法或者数字传媒立法便不断涌现。以政治观念转变为例，科技既可以除暴安良，也可能助纣为虐，既可以助力积极自由的实现，也可能侵蚀消极自由的空间，既可以规范公权正当行使，也可能助长公权恣意妄为，这就使人们不得不警惕科技的政治功能。在法兰克福学派看来，当代发达工业社会过分依赖科技进步使得技术理性或工具理性渗透社会总体结构各方面,导致单面社会与单面人,统治者借着技术手段将自己的意志内化为被统治者的心理意识。按照马尔库塞(Herbert Marcuse)的说法,技术和统治——合理性和压迫——达到了特有的融合。科技在现代社会已非中立,甚至已成为作为意识形态的制度框架的一部分。①

当新技术作为公权行使手段例如作为政府窃听的侦查工具使用时,对新技术应用的隐喻如何确切理解就显得尤为重要。美国宪法《第四修正案》规定:"人民有保障人身……不受无理搜查与拘捕的权利……"。在美国著名刑辩律师德肖维茨看来,"正如科学进步'来自于令人满意的无知哲学'……权利的进步来自于令人满意的恶行哲学"。"权利发展是一个持续的人类过程,'权利化'的过程必须随着人类做出恶行的能力而作调整"。什么样的做法才构成《第四修正案》所述"保障"与"无理",这完全是程度衡量的问题,取决于眼前的威胁、过去的恶行与其他经验要素。这些开放性的词语,使当代法院能在正当的个人隐私权主张与正当的政府有效执法主张之间找到适当的平衡点。②在2011年美国遭遇"9·11"恐怖袭击之后,法官眼中的适当平衡可能已倾向政府执法利益优位。

例如,20世纪围绕新技术使用中如何理解美国宪法《第四修正案》有关隐私边界就出现了诸多争议。根据《第四修正案》的规定,政府部门在搜查公民的"人身、房屋、文件和财产"之前必须取得搜查令。不过,由于《第四修正案》有关术语的模糊性,对政府使用窃听技术的行为性质的准确认定则是廓清新技术背景下隐私权保护边界认识的前提。首先在1928年奥姆斯特德一案中,如何确定警方未经授权的电话窃听行为性质成为最高法院司法审查中的争议焦点。警方在未取得搜查令的前提下对嫌犯奥姆斯特德使用新型电子技术进行秘密窃听是否构成对其"搜查"? 首席大法官塔夫脱是在物理概念的狭义上而非对新型电子技术的广义上来理解"搜查"。法庭也据此主张窃听既不需要在物理意义上侵入房间,也不需要扣押"有形物质财产",因而《第四修正案》不适用于窃听。

相反,作为少数派的布兰代斯法官却从更为广泛的视角提出,适用《第四

---

① [德]尤尔根·哈贝马斯:《作为"意识形态"的技术与科学》,李黎、郭官义译,学林出版社1999年版,第41页。

② [美]艾伦·德肖维茨:《你的权利从哪里来?》,北京大学出版社2014年版,第78-79页,第42页。

修正案》的保护措施无需以来自新技术的物理入侵为前提，现行法确立了《第四修正案》保障"公民家庭和隐私的神圣不可侵犯性"的原则，而"这些保护措施正在被一些新兴技术所威胁着，比如电子窃听技术。这种技术使一种更微妙、影响更深远的隐私入侵手段得以实现……"，未来科技的发展会给政府带来比窃听更具侵入性和隐蔽性的监视方式，若是直观解读《第四修正案》往往会狭隘又陈腐地认为其只保护有形财产，无法深刻领会新技术带来的威胁的本质。由于没有充分理解新技术的本质——只是应用一种专注于侵犯的物理隐喻而并非植根于隐私意义上的更广泛的理解——法官的立场未能保护好面对新技术时应当保护好的重要价值。①

布兰代斯法官认为，随着技术的不断发展，政府可以在不取出秘密箱中文件的情况下将这些文件复印下来，并可以通过这种方式将家中最私密的情况向陪审团公开。思想和相关科技的进步可能会带来一些探索未被表达出来的信念、想法及情感的方式。②该案判决后不久，国会就颁布了《联邦通讯法》，其中第605条确立了非法窃听罪。1937年最高法官认为联邦探员不能在法庭上将通过非法窃听获取的信息作为证据使用。

在一系列案件逐渐削弱了奥姆斯特德侵权案的隐喻的应用之后，在1967年卡茨案中，最高法官最终改变了策略，采取了布兰代斯法官的立场，将《第四修正案》应用于窃听。该案中，联邦调查局工作人员将电子监控装置贴在公用电话亭的外边，用来监听和记录被告人的电话。工作人员并未非法侵入被告人的房产，但最高法院认为其行为已经侵害了被告的隐私权，因为被告享有使用公用电话亭而不受窃听的合法权利。1934年的《联邦通讯法令》规定，窃听和泄露电话中的谈话是违法行为。1937年美国最高法院宣布在联邦诉讼中任何违反该法令的窃听谈话都是不允许的，但该法院1957年的判例中认为，第三者经参加电话交谈一方的允许所进行的窃听并不违法，因其不属于该法令意义范围内的窃听。1968年的《综合整治犯罪与街道安全法》禁止任何人未经法院授权以电子的、机械的或者其他类型的装置来达到窃听或者企图窃听谈话或电话线传输的目的。该法还规定，除非有法院专门的授权，即使窃

---

① 参见[美]瑞恩·卡洛、迈克尔·弗鲁姆金，[加]伊恩·克尔：《人工智能与法律的对话》，陈吉栋、董惠敏、杭颖颖译，上海人民出版社2018年版，第12-14页。
② 参见[美]瑞恩·卡洛、迈克尔·弗鲁姆金，[加]伊恩·克尔：《人工智能与法律的对话》，陈吉栋、董惠敏、杭颖颖译，上海人民出版社2018年版，第12-14页。

听的内容有事实根据也不能随便泄露,从监听内容中得到的证据只有法官才能在其职务所允许的条件下适当使用。有些国家规定只有在刑事案件中才允许窃听或其他形式的"偷录"。

1967年的卡茨案揭示了《第四修正案》不限于物理意义上的入侵,还同时保护人身,而不只是某个地方不受非法搜查和扣押。随后相关案件进一步构筑了《第四修正案》的适用要求,即个人必须对隐私有一个真实的主观期望,而此种期望是能够被社会视为"合理的"。可见,对于新兴技术如何应用于人类活动中的不同理解会带来截然不同的法律后果。同时这些案例也呈现了对新兴技术的误解包括其如何运作或是其威胁到何种价值观等将会产生恶劣的影响,由于没有认识到不受监管的政府窃听给隐私带来的威胁,在奥姆斯特德案中却坚持了陈旧的无证搜查的物理隐喻,而布兰代斯法官更好地理解了新技术给既有的价值观带来的威胁,他并非追问新的侦察技术是否构成一种物理入侵,而是在关注这是否属于国家对广义上的公民隐私的威胁。他在保留法律原有的规范性价值基础上调整法律以适应变化的技术环境,从而最终产生了一个更好的法律制度成果。①

同样,在2012年琼斯案中,最高法官裁定在未被下达搜查令的犯罪嫌疑人车辆上安装GPS应答器是违反《第四修正案》的。虽然整个法庭都一致认为这样做的确违反《第四修正案》,但法官们就为何违反产生了重要的分歧。多数法官认为可以让基于奥姆斯特德案的陈旧入侵理论的法律归于无效,而其他几位法官则更愿意采取一个更为广泛的隐私权辩护理由以防止非侵入性的GPS监控,还有个别法官被夹在两者之间成为了"骑墙派"。显然,琼斯案也揭示了如何正确看待技术与法律的隐喻的重要性,它可以对法律限制哪些新做法和允许哪些新做法产生重要影响。不过,时至当今进入互联网3.0时代,如何看待政府借助蠕虫代码(worm)窃听公民信息的违宪争议?如何正确认定在大数据、互联网背景下公共领域的私人化与私人领域的公共化趋向?对这些现实问题的法理探究与追问有助进一步丰富人们对科技进步推动法律发展的理论探索与实践思考。②

---

① 参见[美]瑞恩·卡洛、迈克尔·弗鲁姆金,[加]伊恩·克尔:《人工智能与法律的对话》,陈吉栋、董惠敏、杭颖颖译,上海人民出版社2018年版,第12—14页。

② 参见[美]瑞恩·卡洛、迈克尔·弗鲁姆金,[加]伊恩·克尔:《人工智能与法律的对话》,陈吉栋、董惠敏、杭颖颖译,上海人民出版社2018年版,第12—14页。

二、科技对法律的挑战

科技发展使一些新型法律关系客体被不断纳入到传统法律调整范围,有体物与无体物均出现扩张趋势,由此生成一些新型物权。如随着新型技术使用所带来的环境污染增加,人们设计"排污权"制度以实现经济发展与环境治理的动态平衡。再如,近代产业技术革命一定程度上引发传统民法的三大支柱"所有权绝对、过失责任与契约自由"出现了松动趋势,于是不仅使建筑物区分所有权、建设用地使用权分层设立等制度设计成为可能与必要,而且随着新技术开发与产业化运用引致工业灾害、汽车事故、产品责任与公害激增等风险社会到来,传统以过错责任原则归责进行损害救济的侵权责任法也面临危机,往往需要代之以无过错责任原则,甚至出现保险法对侵权责任法的救济机制替代。此外,规模化的工业生产与大众化的定型合同也使传统合同法的契约自由原则需要接受社会正义的重新检视并受到强行法的深度规制。

再者,科技对法律的影响包括改进司法制度和方法(例如智慧司法),拓展立法范围与体系(例如《网络安全法》),更新执法方式与法治理念(例如自动化执法)等。特别是随着大数据、物联网、人工智能、云计算、3D打印、虚拟现实(VR)等新一代信息技术,以及生物识别、基因治疗、基因编辑等生物基因技术的不断发展,法律调整对象(例如人工智能体、基因编辑婴儿等)和法律客体(例如个人信息、大数据资源等)及其法律行为(例如蠕虫窃听、基因歧视等)都面临着新问题、新挑战。信息网络等高新技术发展不仅造成传统的民事侵权行为方式从线下向线上集聚,例如侵犯商业秘密、侵犯软件著作权、域名抢注、互联网广告不正当竞争、网络言论不当、侵犯网络隐私等新型侵权形式;也使信息网络往往成为刑事犯罪的空间、对象抑或其工具,例如侵犯公民个人信息、非法侵入计算机信息系统、非法获取计算机信息系统数据、非法控制计算机信息系统、拒不履行信息网络安全管理义务、非法利用信息网络等新型犯罪模式。这就造成法律在民事侵权与刑事犯罪的预防与控制上的难度增加。这里以静电复印和计算机信息网络及其数字传输技术进步对于传统的版权法保护制度的冲击为例进一步分析。

版权制度随着活字印刷技术出现而诞生,并随着电子复印、网络数码传输等技术进步而愈发面临严峻挑战,甚至出现所谓"版权的终结"的哀叹。"当代科技的发展使复制越来越容易,版权因此受到了威胁。如果复制技术保持不变,强化法律就会增加版权保护的力度。如果法律保持不变而复制技术在发展,版权保护就会被削弱。在这个意义上来讲,版权同科学技术之间始终存在着斗争。"[1]不过,从技术角度讲,数字技术同其他复制技术有所不同,它可以对原版作品进行完美复制,其复制的回报大大增加。而互联网的数字技术实现了版权作品在网上的自由(高效且匿名)传播,复制的利用率大大提高了。在过去的20年里,技术发展破坏了版权权利持有人控制其作品复制和发行的能力,从而损害了其将创作成果进行商业化利用的能力。数字化媒体使复制和发行版权内容的现象随处可见。宽带、无线上网技术和移动设备的出现,使得数据存储的成本急剧下降,下载速度迅速提高,网络访问频率也大大上升。随着流媒体技术、点对点文件交换(peer-to-peer,P2P)技术和社交网站的出现,任何一个缺乏版权保护知识的消费者都可能成为潜在的版权侵权人。由于这些技术的发展,版权侵权变得轻而易举,从而导致版权保护执法成本的增加。因此,长期以来,内容所有者一直在积极寻找能够阻止侵权并恢复版权作品利益的机制。[2]

　　法律为应对这些变化所做的调整正在逐渐被确立。20世纪末,音频复制技术出现时,曲作者受此威胁,法律随即作出调整,赋予了曲作者一项受到限制的新权利。通过行使该权利,曲作者可以从复制品中获取补偿。最初,在广播电台开始播放音乐的时候,曲作者有权就公开播放其作品获取补偿,但不能就公开播放其作品的复制品获取补偿。技术上的革新呼吁赋予版权人一项受限制的新权利(信息网络传播权),可以确保版权人就其作品的重复播放而获取相应补偿。如今,在数字化时代,内容所有者为寻求彻底抑制数字版权侵权,通过一种被称为"分级响应机制"(graduated response systems,简称GRS)的新型版权执法模式打击盗版,并将鼓励消费者回归合法市场。GRS作为一种版权执法机制,对那些涉嫌版权侵权的个人规定了一系列不断升级的惩罚措施。这些措施包括自动跳转到另外一个网络页面和降低网络下载速度。公共与私人实体都可以来管理GRS。2011年,由众多ISPs组成的团体与内容所有者签订了一项谅解备忘录(简称MOU),旨在为实施统一的GRS制定行业标准。MOU的签署方希望由私人管理的GRS能够有助于在互联网领域创设一

---

[1] [美]莱斯格:《代码2.0:网络空间中的法律》(修订版),清华大学出版社2018年版,第186页。

[2] 万勇、刘永沛:《伯克利科技与法律评论:美国知识产权经典案例年度评论》,知识产权出版社2013年版,第54页。

个蓝图,使得获取侵权资料的难度大于免费获得版权资料的收益。①

然而,很多评论家认为,版权保护存在扩张过度的趋势,而MOU又在此基础上向前推进一步,这将会对互联网带给社会的公共利益造成威胁,同时也会损害言论自由、创新以及对版权作品的合理使用。当然,私人管理的版权执法机制相对于依赖缓慢、昂贵的公共执法机构、不可预测的立法及诉讼程序而言,可以更迅速、更灵活、更合理地应对网络世界的急剧变化。因此,如何确保私人管理的执法机制在ISPs和内容所有者之间公平地分配负担,避免用于识别和过滤侵权作品的软件技术在有效提升内容所有者和ISPs有效实施GRS能力方面不致被滥用,使MOU在保护创作者和创意产业相关版权时,也为用户提供程序保障机制,即允许用户为保障自己的合法权益提起诉讼,恰当平衡各方利益,便显得尤其重要。如此才能有效构建一个透明、可预测、有针对性的版权执法机制,为用户提供便捷、定价合理的数字化作品以促使其重返合法市场。

新一代信息网络技术对法律的挑战还体现在区块链的问世及其推广运用上。区块链乃互联网问世以来信息技术的重要发展之一。区块链的设立初衷固然是为比特币等数字货币提供技术支持,但区块链还可以为解决人际间由来已久的信任难题提供新思路。区块链的基本功能即提供分布式但高度精准的记录,即每个个体都可以保留一份自动更新的分类账副本,但这些副本都保持不变,即使没有中央管理员或原本。其具有两大优势:一是可以使使用者对交易安全放心,无须受制任何个体、中介或政府的诚信;二是由单一的分布式分类账取代需要对账的私人分类账,降低了交易成本。区块链的运行机制是建立在分布式分类账、共识和智能合约等系统特征基础上的。正如社会学家马克斯·韦伯(Max Weber)所述,现代资本主义存在的最普遍的前提就是合理的资本核算,复式记账法是现代资本主义的基础,资本主义与复式记账法两者之间是形式与内容的关系。②实际上,区块链的适用无非是用技术手段弥补法律之不足以破解匿名社会下的信用构建难题。例如,在一个基于自动代码运行而完全由自我执行的软件(即智能合约)所组成的DAO(The Distributed

---

① 参见万勇、刘永沛:《伯克利科技与法律评论:美国知识产权经典案例年度评论》,知识产权出版社2013年版,第54-56页。

② [美]凯文·沃巴赫:《链之以法:区块链值得信任吗?》,上海人民出版社2019年版,第3页。

Autonomous Organization，去中心化组织的简称)之中，对股权、债务和公司治理的标准公司安排会被编码为一系列智能合约。投资者可以加密货币的形式进行注资，而分布式应用将会对工资、股息和代理投票等事项的支付进行处理。①

但是，正如在版权保护领域中数字权利管理软件往往忽略合理使用和首次销售原则之类的安全价值观，以致其对内容使用的限制较之著作权法保护更加严格，区块链作为法律执行机制难免存在不足。法律制度和软件代码既能促进信任，也能摧毁信任。纵使区块链潜力无穷，但若无有效管理，其对增进信任毫无助益；如果区块链适用与法律实施完全脱节，区块链系统可能起反作用，甚至造成危险后果。因为即使区块链取代法律、中介和人际关系成为信任的实现载体，并且能够完美运行，但其设计、实施和使用都是由人来完成的。虽然其表现形式是客观代码，但往往因个体的自私行为、攻击和操纵等主观意图而影响到区块链运行。如果没有法律的有效介入，则区块链可能成为另一块"法外之地"以致"无法无天"而成为脱缰野马。因而，无论未来区块链与法律的补充与替代关系如何发展，合理甄别两个系统的各自功能而实现两者的和谐共生与优势互补，才是应对区块链等高新技术对法律之挑战的正确姿态。②

三、法制科技化与法律科技③

迅速发展的现代科学技术正深刻改变人类社会生活，引发社会整体变革，推动法治现代化发展。例如，司法最终解决是现代法治文明的重要标志，司法裁判中的"证明标准"则是证据制度的核心，证明标准的科技化便是排除司法擅断与司法恣意等司法权滥用的重要制衡措施。英国学者摩菲(Peter Murphy)指出，"证明标准是指卸除证明责任必须达到的范围或程度，它是证据必须在事实审理者头脑中形成的确定性或盖然性的尺度，是负担证明责任的当事人在有权赢得诉讼之前必须运用证据说服事实审理者的标准，或是他

---

① 参见[美]凯文·沃巴赫：《链之以法：区块链值得信任吗？》，上海人民出版社2019年版，第3-6页。

② 参见[美]凯文·沃巴赫：《链之以法：区块链值得信任吗？》，上海人民出版社2019年版，第21-22页。

③ 实际上，法与科技的研究存在两个面向，法律科技呈现为法制科技化，科技法律体现在科技法制化。

为获得有利于己的认定而对某个争议事实进行证明所应达到的标准……"①刑事诉讼证明标准"排除合理怀疑",相对民事诉讼证明标准"高度盖然性"之所以更严,乃因刑事惩罚相对民事制裁其责任更重,包括基因与痕迹鉴定、指纹与人脸识别等技术进步有助完善刑事侦察与司法勘验中证据固定工作,增强其证明标准的可操作性,有利避免冤假错案发生。在科技不断发展而各种新型违法犯罪频发背景下,现代法制发展及其司法、执法机制完善日益仰赖司法鉴定与侦察勘验技术进步,呈现法制科技化倾向。此外,脑科学与心理学研究有助揭示某些违法犯罪行为的个体特质与社会成因,为其法律规制的精准高效与合理可靠提供更具科学的理论支撑。

法制科技化还体现在当代高新科技发展给法律服务业带来影响。人工智能技术发展给予法律服务业模式、人员及其行业监管均带来前所未有的机遇,也难免引发相应挑战。社会变革往往经由那些具有技术优势与交易成本优势的制度替代以实现其效率更高的制度安排,法律服务业也不例外。随着图形图像识别、自然语言处理、意识上传等人工智能技术要素日新月异,法律服务业的"人工智能+"通过技术变迁对于制度变革的推动必将进一步实现其模式创新,并借助大数据分析与挖掘等新一代信息技术深刻改变着服务业的发展格局。

其一,包括北大法宝、北大法意、LexisNexis、Heinonline等众多的法律数据库服务平台通过整合法律知识和案例大数据,例如案例要旨、法律观点、法律图书、法律文件、司法裁判、法律期刊等方面资源信息,汇聚大量法律文献,为法律人提供专业知识解决方案、类案剖析、同案智推等服务,为公众提供了法律规范和裁判规则等文献参考,方便了具自主学习能力的公众在遇到简单法律问题时可通过这些数据库自主获得所需法律服务信息,提高了从事法学理论研究、司法裁判实践等专业人员的工作成效。

其二,包括无讼、理脉、快法务、绿狗、赢了网、知果果、八戒知识产权等众多法律电子商务平台,不仅提供专业的在线法律服务,而且融合在线法律服务业信息化管理数据库,为广大中小微企业和个人用户获得法律咨询、合同起草、合同审查、规章制度合法审查等提供专业化、标准化、便捷化、低成本的O2O法律服务解决方案和相关指导意见。另外,企查查、启信宝等App手机软

---

① Rrichard Glover, Peter Murphy. Murphy on Evidence. London: Blackstone Press Limited, 1997: 109.

件可以便捷查询企业工商税务注册登记信息、被执行人及失信人员（企业）信息、专利商标申请授权及其权利状态信息、司法裁判与行政处罚信息等；上上签、契约锁、众签等法律电子商务平台借助电子印章、数字签名、数据存证提供第三方电子合同签署服务。

其三，包括中国裁判文书网、国家企业信用信息公示系统、国家知识产权局政务服务平台等众多法律电子政务平台为从事诉讼与非诉法律事务及知识产权授权与确权工作提供了便捷获取司法与政府公开信息的通道，不仅为申请人提供专利商标电子申请服务，有助迅速完成向域内域外知识产权管理机构的专利商标申请文件的递交与缴费，而且其专利商标检索分析数据库还收录了美国专利商标局（USPTO）、欧洲专利局（EPO）、日本特许厅（JPO）、世界知识产权组织（WIPO）等众多国家与地区和国际组织的专利文献资料等数据信息，方便申请人通过相关检索字段免费查询所需专利商标文献信息并获取有关法律服务。

这些法律科技的迅猛发展都为法律从业者开展信息查询、尽职调查及法律风控提供了极大便利，也给传统法律服务业带来了挑战。随着深度学习技术的发展，在大数据、云计算的日益融合下，通过大数据分析、算法决策等，人工智能已经能够帮助客户预测法律纠纷的结果，甚至提供一定程度上的法律服务策略。互联网2.0时代打破了传统的法律服务供给中的当事人与法律服务从业者之间的信息不对称状态，突破了传统的法律服务空间及工作时间的限制，模块格式化的文件可以通过法律服务机构网站提供，法条的检索与阅读亦可通过法律服务机构网站查询。共享经济模式下的法律服务业其开放性、信息化、协作度水平不断提升，法律服务资源重组必将趋向那些拥抱与接纳新技术的法律服务从业机构与人员。信息时代平等、开放、自由、分享的理念不仅使法律服务需求呈现个性化定制趋向，而且促使法律从业人员日益热衷借助网站、博客、微博、微信公众号等渠道进行服务品牌推广，搭建其在线法律服务平台。这将有助于解决法律服务业供需发展不均衡、不充分的矛盾，法律科技发展促进了法制发展的科技化，科技不仅改变生活，法律服务模式、方式与形式也将因科技而变。

随着大数据、人工智能等新一代信息技术发展，国务院2017年7月发布的《新一代人工智能发展规划》适时提出围绕行政管理、司法管理等社会治理热点难点问题，促进人工智能技术应用，推动社会治理智能化、现代化。例如在智能政务领域，开发适于政府服务与决策的人工智能平台，研制面向开放环境的决策引擎,在复杂社会问题研判、政策评估、风险预警、应急处置等重大战略决策推广应用,加强政务信息资源整合和公共需求精准预测方面,畅通政府与公众的交互渠道。再如在智慧法庭领域,建设集审判、人员、数据应用、司法公开和动态监控于一体的智慧法庭数据平台,促进人工智能在证据收集、案例分析、法律文件阅读与分析中的应用,实现法院审判体系和审判能力的智能化。为此,在法律实践与法学研究及法学教育中,各级司法执法系统都在大力推进司法、执法体制机制改革以适应人工智能技术等法律科技发展,有关高校也在积极开展法律人工智能交叉学科研究与人才培养。

在国外,有研究明确指出科技不仅可用于解决纠纷也可用于预防纠纷。基于互联网技术的在线纠纷解决机制(ODR)用于电子商务、医疗保健、社交媒体、就业保障及法院系统等解决纠纷,有助实现"低成本"和"易接近"的"数字正义"。[①]在国内,杭州与北京等地先后建立了互联网法院,各省市相继建成网上受案与庭审直播等司法信息化平台。据《杭州互联网法院诉讼平台审理规程》,杭州互联网法院是利用互联网技术解决涉网纠纷的专门平台(www.netcourt.gov.cn),旨在方便当事人诉讼,提高办案效率,可以实现案件的网上起诉、受理、送达、调解、举证、质证、庭前准备、庭审、宣判和执行等系列流程。受案类型包括互联网购物、服务、小额金融借款等合同纠纷,互联网著作权权属、侵权纠纷,利用互联网侵害人格权纠纷,互联网购物产品责任侵权纠纷,互联网域名纠纷,因互联网行政管理引发的行政纠纷,上级指定管辖的其他涉网民事、行政案。网上起诉阶段,当事人可使用诉讼平台系统通过实名认证、人脸识别等方式完成身份认证,提交身份材料由法官线下认证。原告注册登陆账户选择"我是原告"及起诉类型、案由,线上提交起诉状、证据名称及来源、身份证明、授权委托书等诉讼材料,由立案庭委派专人负责在线审查起诉材料并决定是否受理,在网上发出受理通知、在线缴费、网上分案、网上应诉与答辩、权利义务告知与文书送达地址确认,进行网上举证与质证、网上庭前准备与庭审,由审理法官在诉讼平台使用人工智能技术在线制作并自动生成裁判文书,完成网上宣判。

此外,为适应科技创新与知识产权强国建设战略需要,我国对原有各级法院设立知识产权法庭进行改组、整合,目前除了最高人民法院知识产权法庭,

---

① [美]伊森·凯什:《数字正义:当纠纷解决遇见互联网科技》,法律出版社2019年版,序言。

在全国各地还分别设有3个知识产权法院（北京、上海、广州），以及20个知识产权法庭（南京、苏州、武汉、成都、杭州、宁波、合肥、福州、济南、青岛、深圳、天津、郑州、长沙、西安、南昌、兰州、长春、乌鲁木齐、海口）。通过知识产权专门法院及其专门法庭建设，强化知识产权审判的集中统一管辖，统一技术性较强的知识产权案件审理时效与裁判标准，着力推进知识产权民事、行政与刑事审判"三合一"制度建设。特别在高新技术迅猛发展的背景下，为解决法官在新型案件中面临技术事实判定上的自然科技知识与专业分析能力局限，各地中高级法院尤其是知识产权法院探索从理工科专业背景的科研人员中选拔技术调查官并加以聘用后以法官助理人员身份直接参与案件审理，或是通过外聘涉案技术事实相关专业领域专家学者参与庭审活动，并就相关技术事实争议问题发表专家意见供法庭审理时作为对相关技术事实认定的裁判依据，从而防止因技术事实认定差错所致的案件错判可能性。

第三节　法律对科技的作用

一、法律对科技的保障

一般认为，知识产权制度是保障科技创新并促进科技进步的重要法律制度。但正如前文所述，科学发现与技术发明是既有联系也有区别的科技活动。不过，在人类历史上很长一段时期并没有知识产权制度，也出现了许多重大发现与重要发明。即便如今，理论与实践中对于知识产权制度尤其是专利制度究竟是否有助创新也是争议不断。实际上，科学研究与技术工程领域存在各种替代性的创新激励机制。例如，科学奖励便是一种以非市场机制的报酬系统来换取社会对科学成果产权公有的激励机制，通常是以优先权（priority）赋予的形式来实现，包括：一是科学发现的命名权，在某项科学成果上以完成该项科学发现的科学家来命名，如牛顿定律；二是科学奖金的获得权，由政府或其他社会组织授予科学发现完成者以科学奖励金，如诺贝尔奖或我国"三大奖"等；三是授予完成者以各种荣誉称号，如院士等。

此外，技术发明奖励制度是通过对技术发明创造所产生的经济效益和社会效益进行评价，由国家给予奖励，即颁发发明荣誉证书、奖章和奖金，而技发明成果的所有权名义上属于国家,但任何人可以无偿使用,这种对创造性智力成果实行产权公有的发明奖励制度,固然可以使信息充分公开并广为使用,在一定时期内使社会支出极小的成本而取得收益,但将创造性智力成果当作纯粹的公共产品而由公众自由使用,就会使私人失去生产信息的积极性,最终造成信息供给不足。由于技术发明奖励制度会使得某些技术成果产权归属不明,最终可能会导致该类技术成果从市场上消失。单一制的技术发明奖励制度在促进技术创新方面存在缺陷,往往需通过技术发明专利制度对创新成果提供更加充分的法律保障。

技术发明专利是一种对技术创新成果实行产权私有的制度安排,它可使技术创新者得以控制信息的外溢效应并得到合理的成本补偿,从而不断刺激技术发明创新者对其创造性知识产品进行生产创造的积极性。不过,并非所有的创新成果保护都适用于技术发明专利制度。其一,能获得作为私权的知识产权保护的科技成果往往要符合一定条件。例如,专利权的授予一般需要满足其新颖性、创造性与实用性的"三性"要求,授予商标权则要求其拟申请的文字、图案等商业标识具有一定的显著性,而作品受著作权保护的前提则是满足其独创性的要求。其二,有些科技成果即便符合技术发明专利保护的条件,但对于某些更新换代频繁或难以反向破解的技术有时采取商业秘密甚至多元知识产权综合与交叉保护往往效果更佳。其三,专利对不同的技术领域所属产业的创新激励效果往往存在差异,相对于商业方法与互联网软件产业,对于制药产业就需要更强的专利保护。[①]不过,专利系统对于特定技术或行业的机能失调并非采取差异化的专利政策所能解决,需要将专利系统作为整体加以结构性改革。[②]

如今,科学发展面向技术运用,技术创新依赖科学进步,科技知识成为经济生产发展的根本动力,经济的持续增长不再单纯依赖资本的投入和运营而更多地依靠技术进步和技术创新,科技创新尤其是规模大、周期长、领域广、风险高的大型科研活动有赖于主权国家乃至国际组织之间人财物的科技资源整合。科学、技术与经济、生产呈现出一体化趋势,往往需要科技创新的政府介

---

① [美]丹·L.伯克,马克·A.莱姆利:《专利危机与应对之道》,中国政法大学出版社2013年版,第123页。

② [美]亚当·杰夫,乔希·勒纳:《创新及其不满:专利体系对创新与进步的危害及对策》,中国人民大学出版社2007年版,第181-182页。

入权①（March-in rights）干预。创新的动力机制不仅源于科学研究推动、技术开发驱动、市场需求拉动，也离不开国家创新系统的助力。例如，德国的"工业4.0"与中国的"工业制造2025"都体现了政府对科技创新的积极介入，这也构成了当代第四次科技革命的重要特征。无论是《国家重点支持的高新技术领域》目录所列七大"高新技术"领域，还是《战略性新兴产业分类目录》所列七大"战略性新兴技术"产业，都呈现了技术创新的全局性、前瞻性、动态性、先导性、成长性和带动性等特点及其科技发展的一体化融合趋势。因而，这就需要"官、产、学、研"的合作及其法律调整，特别在涉及政府资助科技项目成果保护中，尤其要通过法律上的资源优化配置，明晰知识产权归属，促进其有效利用与转化。

这里以斯坦福大学（Stanford Junior Univ.）诉罗氏公司（Roche Molecular Sys., Inc.）发明权属案为例予以评析。②如今，很多大学研究项目都由政府提供财政资金支持。公众一般认为，出于公平起见，这类发明的所有权当然归于纳税人，因为财政资金来源于公众纳税。除了公众所有之外，由政府资金支持项目还有可能归属于四个主体：政府、作为项目承担者的高校科研院所、发明人以及有意对发明产业转化的企业。上世纪八十年代之前，政府资助的科研项目成果往往由公众分享，1980年美国颁布拜杜法案（Bayh-dole Act）后各国争相效仿，将政府资助科研项目成果归于作为项目承担者的高校科研院所，后者通过强制雇佣发明人签署发明转让协议，以实现上述所有权推定要求。不过，如果某一雇佣发明人出于故意或过失将其发明转让给第三方，便往往引发类似罗氏公司纠纷案。

斯坦福大学研究员马克·霍勒德尼博士到罗氏分子系统公司（下称罗氏公司）学习一项称为PCR（聚合酶链反应）的新技术，九个月后霍勒德尼回到斯坦福大学，他将在罗氏公司学到的PCR技术和在斯坦福大学从事的HIV（艾滋病）专业研究结合起来，开发出可以检测HIV病人体病毒数量的一套PCR检测方法。根据霍勒德尼进入罗氏公司学习时签署的保密协议，罗氏公司获得这项发明的所有权，并投入商业化使用，而霍勒德尼在进入斯坦福大学

---

① 政府介入权（March-in rights）是政府机构在一定条件下得依请求或自行决定介入政府资助科技项目研发成果的知识产权之归属与运用及其利益分配的权力。

② 以下参见万勇、刘永沛：《伯克利科技与法律评论：美国知识产权经典案例年度评论》，知识产权出版社2013年版，第242页。

时签署了一份雇佣协议,同意将其未来所有的发明转让给斯坦福大学。据此,斯坦福大学认为,因为这项发明含有联邦政府资金支持,所以拜杜法案的效力应该优先于所有有关发明权利归属的私人协议,尽管罗氏公司与发明人之间存在有效的转让协议,但基于拜杜法案应将其发明所有权归属斯坦福大学,因而双方产生纠纷。

围绕纠纷各方产生分歧。一方面,大学技术管理者协会、美国科学促进协会、美国大学联盟以及美国司法部副部长、前参议员、拜杜法案提出者之一的拜耶等认为,出于便利性和鼓励投资的考虑,基于拜杜法案的立法目的应将发明的所有权自动赋予斯坦福大学以保护政府在联邦资助中的利益。另一方面,工业团体赞同应将其归于罗氏公司,认为如果将其创新成果归于大学则雇佣发明人对其智力成果的控制将被削弱,影响发明人利益甚至阻碍创新。而美国联邦最高法院终审则认为,无论拜杜法案如何规定,联邦政府资金支持下的发明的最初所有权人始终是发明人,只有在合同缔约方即斯坦福大学经由合同法下的转让协议获得发明权后,拜杜法案才产生效力。在先的斯坦福大学与霍勒德尼博士签订的协议仅仅是对未来发明的一个承诺,而之后罗氏公司与霍勒德尼博士的保密协议才是转让未来的还未形成的发明的有效协议。根据合同法,罗氏公司获得发明的所有权。

该案的争议焦点在于拜杜法案的效力是否优先于项目发明人与企业所签私人契约,显然美国联邦最高法院认为拜杜法案不具有优先效力。鉴于此,大学为了防止类似斯坦福案再次发生,应要求大学雇员在转让未来发明的协议中采取相应的合同语言(例如"特此转让")以使未来的还未形成的发明所有权转让即刻生效,同时在制度上要求其雇员在得到技术许可办公室的允许下才能与第三方签约,以避免此类风险发生。不过从艾滋病人的角度来看,斯坦福案的裁判对促进公共卫生健康的技术创新具有良好的激励效应,重要的是,将发明成果赋予发明人可能有益创新,促使作为救命的诊断方法(PCR-HIV病毒载量检测方法)得到有效使用。[①]目前,我国《科学技术进步法》(2007年12月29日修订)也借鉴美国1980年《拜杜法案》有关内容增设第20条、第21条,将政府资助科技项目的知识产权授权项目承担单位,旨在以法律形式保障高校与科研院所从事政府资助项目的科技创新并激励其知识产权创造。不过,

---

① 参见万勇、刘永沛:《伯克利科技与法律评论:美国知识产权经典案例年度评论》,知识产权出版社2013年版,第242-247,285页。

如何确保"政、产、学、研、商"各方利益并真正发挥激励自主创新功能,例如项目第三方参与者的权利义务安排,知识产权共有模式下的利益分配,项目成果产业化不力的情况下政府介入权行使方式,既避免政府资助项目成果的知识产权流失,也有利激励知识产权的产业转化,仍有赖于相关法律改革与政策措施配套实施保障。

二、法律对科技的规制

法律不仅保障科技创新,也要对其加以规制。谈到规制往往让人首先联想到对抄袭或剽窃之类的科研不端行为的制裁,其实科研不端不仅存在于创新过程中也存在于创新成果运用之中。如何保障科技创新者权益时也确保其创新活动自始本着增进社会福祉之宗旨显得尤为迫切。法律规制科技的必要性体现在很多方面。以方兴未艾的区块链技术为例,这种被称为是"最有可能改变未来十年商业模式的技术",往往同时也被称为犯罪活动、庞氏骗局、无政府和独裁主义的避风港。①再如,生殖性克隆人技术可能颠覆传统的身份等级秩序,基因芯片技术可能对个体知、情、意、行产生某种僭越人性的控制,转基因食品可能对消费者生命健康权产生潜在影响。诚然,作为一项创造性活动,科学探索应该成为一种无禁区、无偶像、无终点的开放活动。不过,作为一项实践性活动,技术开发又必须成为一种受社会规范制约与指引的自主活动。对于那些事先难以预料其后果的科技活动,更需要接受社会公众所普遍认同的价值检验,建立健全有关技术风险评估、技术操作规程、技术信息公开等制度,以防其技术创新与科学发现成果的滥用。

近代思想启蒙时期,卢梭在论及人类不平等的起源时指出,当人类仅从事于一个人能单独操作的工作和不需要许多人协助的手艺的时候,他们都还过着本性所许可的自由、健康、善良而幸福的生活,并且在他们之间继续享受着无拘无束自由交往的快乐。冶金术和农业这两种技术的发明,使人文明起来。不过,金属冶炼和农耕一方面创造了富人阶级,另一方面也创造了穷人阶级。科学和艺术的进步又扩大了不平等,从而也就加深风俗的败坏。②以基因科

---

① [美]凯文·沃巴赫:《链之以法:区块链值得信任吗?》,上海人民出版社2019年版,第4页。

② [法]卢梭:《论人类不平等的起源和基础》,商务印书馆1962年版,第120-121、235、145页。

技研究为例,技术突破固然有助改善人类的生命质量与生存资源,但若对其研究成果运用不慎可能引发新的社会不公甚至不义,法律对此不应缺席。早前第一次进行人类基因组测序时花费了15年、30亿美元,但现在只要花上几周、几百美元,就能完成一个人的基因测序,基因测序成本的显著下降所带来的基因信息滥用问题亟待法律规范。比如,保险公司是否有权要求投保人提供DNA测序数据?如果投保人基于保险公司强制要求而被迫提供其基因信息,保险公司又是否有权要求提高保费?用人单位将来能否要求就业者提供的是DNA数据而不是其履历?雇主能否歧视DNA看起来较差的求职者?对于此种"基因歧视"可以寻求司法救济吗?生化公司能不能创造出一种新的生物或新的器官,再申请其DNA序列的专利?①

近代以来的文艺复兴及其人文主义运动确立了人作为"万物之灵"的理性主体地位,正如康德所言:"任一个人都不能被任何人利用作为工具,而是被作为目的对待,这即是其尊严之所在。"②因此,在基因科技研发与运用中,需要确立尊重人的基因个性的原则,树立人人"生而平等"的人权观念,有效避免"基因决定论"所导致的"基因歧视"。同时,基因检测中需要明确被验者知情同意原则,事先明确告知被验人有关检验的意义、程序、结果以及风险,这也是联合国教科文组织《关于人类基因组与人权问题的世界宣言》以及国际人类基因组组织(HUGO)伦理委员会《关于DNA取样:控制和获取的声明》所肯定的。知情同意原则确保雇员在雇主秘密检测其个人基因信息时免受个人数据隐私侵害。尽管近几十年来全球都以为人类将迈向人人平等,而全球化和新技术则会让我们走得更快,但实际上,21世纪可能会产生史上最不平等的社会。不平等的状态可以追溯到石器时代。农业革命之后,财产不断增加,分配不平等的问题也随之出现。但到了现代晚期,平等已经成为几乎所有人类社会的理想。部分原因在于自由主义思想与民主政治兴起提升了民众的政治地位,工业革命及规模化的工业经济需要大量的普通劳动者。但人工智能的兴起可能会让大多数人不再拥有经济价值和政治力量。而生物技术进步则可能将经济上的不平等转化为生物上的不平等。③如果我们希望避免所有

---

① 参见[以色列]尤瓦尔·赫拉利:《人类简史:从动物到上帝》,中信出版集团股份有限公司出版2017年第2版,第385页。

② [德]康德:《道德形而上学原理》,苗力田译,上海人民出版社2002年版,第48页。

③ 参见[以色列]尤瓦尔·赫拉利:《人类简史:从动物到上帝》,中信出版集团股份有限公司出版2017年第2版,第69-70页。

财富和权力都集中在一小群精英手中,就有必要有效规范数据的所有权。

在古代,土地是最重要的资产,政治斗争是为控制土地,而一旦太多的土地集中在少数人手中,社会就分裂成贵族和平民。到了现代,机器和工厂的重要性超过土地,政治斗争便转为争夺这些重要生产工具的控制权。等到太多的机器集中在少数人手中,社会就分裂成资本家和无产阶级。但到21世纪,数据的重要性又会超越土地和机器,于是政治斗争就是要争夺数据流的控制权。目前,以谷歌、脸谱网、百度和腾讯等为首的数据巨头仍多半采取"注意力经济"的商业模式,即提供免费服务吸引用户注意力,再将用户注意力转卖给广告主,但正是倚仗免费服务吸纳的注意力流量攫取了大量的数据资源。这种全新的商业模式将权力从人类转移到算法手中,包括选择和购买商品的权力。从长期看,只要取得足够的数据和运算能力,数据巨头就能破解生命最深层的秘密,不仅能为我们做选择或操纵我们,甚至可能重新设计生物或无机的生命形式。随着越来越多的数据通过生物传感器从身体和大脑流向智能的机器,企业和政府将更容易了解你、操纵你、为你做出决定。① 如果想要避免少数精英垄断数据权力与人类的又一次分裂,必须在用户、数据巨头与政府之间平衡数据资源分配利益。

现代科技活动面临重大资源投入及其国家建制化配置趋势,政府资助科研面临如何实现决策中的政治与科学平衡问题。科学史上的一系列科学丑闻促使了对科学自治的政府监督及其法律规制。例如美国1974年颁布《国家研究法》(National Research Act)便源自美国国会对某种梅毒研究及其他一些不合伦理的人体试验的调查,该法案授权联邦政府制定监管条例规制涉及人类受试者的研究。一方面,为了促进科技进步与创新,有必要赋予科学家、科学组织及机构自治权,政府对科学的控制往往产生妨碍科技创新和进步甚至导致研究偏见(如德国纳粹党的种族优生学);另一方面,这种自治权并非绝对的,过度的自治权可能会产生对社会有害的结果,政府出于捍卫人权、公共健康等伦理与社会价值可以也应该对科研提出伦理和法律方面的要求。因而需在科学自治与政府控制之间保持恰当的平衡。②

---

① 参见[以色列]尤瓦尔·赫拉利:《人类简史:从动物到上帝》,中信出版集团股份有限公司出版2017年第2版,第72-75页。

② [美]戴维·雷斯尼克:《政治与科学的博弈:科学独立性与政府监督之间的平衡》,上海交通大学出版社2015年版,第75-78页。

不过,政府资助的科学研究要保持决策中的政治与科学平衡并非易事。例如在美国,关于人类胚胎干细胞研究的合伦理性及其政府资助限制便是甚难达成平衡的议题,在政府、民众与科学界之间存在广泛的争议。况且,在企业资助的科学研究中也存在资助效应,即资助者会采取操纵研究设计、选择有利数据、强化风险提示、伪造与篡改数据等方式影响其研究结果,因而对科学研究自治的合理规制与恰当的政府监督是极其必要的。例如,美国联邦研究监督条例为监督涉及人体受试者的研究建立了一套制度,要求机构审查委员会批准某个研究方案时须满足如下条件,其一,风险已被最小化且相对受试者和社会期望收益其风险是合理的;其二,受试者的选择是公平的且应得到有据可查的知情同意;其三,如有需要应有关于数据与安全监督条款和弱势群体保护措施;其四,有保护隐私和秘密的条款。①

三、科技法制化与科技法律

人们往往认为科技具价值中立性,为善为恶全赖其研发与使用者所作所为。其实,科学技术作为一种工具理性是达到某种目的的手段,只关心手段与效用,无法证明目的的正当性,并且可能为实现效用而在手段上无所不用其极。法律作为一种制度性预设或规则体系,既是一种工具理性,也是一种价值理性,具有道德维度,其有赖正当性证成,既关注目的的正当,也关注手段和过程本身的正当,并通过手段与过程的正当而实现结果的正当化。因而,人们需要借助法制手段对科技活动施行抑恶扬善,即法律保障科技活动的正效应并规制其负效应。在科技发展的萌芽时期,科技与社会之间有关工具理性与价值理性的分裂趋势有助人类在认识与改造自然过程中获得其生存与发展的必要条件。不过,随着科技发展的影响加剧,不断涌现僭越人性的科技异化现象,人们对科技的人类福祉价值追求理应优先于对自然的征服欲望满足,在推动科技进步、保障科研自由、促进科技成果转化时须以价值理性维度统摄其工具理性向度,并从关注其工具理性转向关注其价值理性,从以"物"为中心转向以"人"为目的。

例如,在备受注目的"深圳快播"案中,其能否适用"技术中立"原则抗辩就曾在法学界引发热议。被告深圳市快播科技有限公司通过免费提供QSI软

---

① 参见[美]戴维·雷斯尼克:《政治与科学的博弈:科学独立性与政府监督之间的平衡》,上海交通大学出版社2015年版,第106-107、125-127、161-162页。

件(QVOD资源服务器程序)和QVOD Player软件(播放程序)方式,为用户提供视频服务,用户(被其称为"站长")均可通过QSI发布所拥有视频资源,被告中心调度服务器在站长与用户及用户之间搭建视频文件传输平台。案发后其能否适用"技术中立"寻求责任豁免成为争议焦点之一。通常,适用技术中立给予法律责任豁免仅限于技术提供者,被告构建的P2P(peer to peer,即所谓"点对点")网络传输服务意味着其并非单纯的技术提供者,也是网络视频信息服务提供者,虽未直接上传淫秽视频,但用户使用QSI软件均可发布淫秽视频,其在明知情况下非但不加监管,反而通过有条件的存储、调取方式提供网络支持,为用户上传、搜查、点播淫秽视频提供便利,致使淫秽视频大量传播。所以对技术使用者而言,如恶意使用技术危害社会或他人则应受法律制裁。即便开发供他人使用而非自用技术,如明知所提供技术的唯一用途就是用于实施违法犯罪,则技术供给者也不能适用"技术中立"而寻求免责。

再如,围绕网络空间数据取用曾出现系列纠纷[1],譬如顺丰与菜鸟互相关闭数据接口争议,华为与腾讯关于荣耀手机侵夺微信用户数据争议,经由国家邮政局、工信部等行政部门协调干预才得以解决。国务院2017年7月发布的《新一代人工智能发展规划》中前瞻提出,建立保障人工智能健康发展的法律法规,妥善应对人工智能可能带来的挑战,形成适应人工智能发展的制度安排,强调"开展与人工智能应用相关的民事与刑事责任确认、隐私和产权保护、信息安全利用等法律问题研究,建立追溯和问责制度,明确人工智能法律主体以及相关权利、义务和责任等"。在大数据时代,个人信息处理与数据资源开发利用互为表里,大数据分析与价值挖掘有赖个人信息生态系统海量集成的大数据资源及其数据"喂养"以优化算法所带来的"公地喜剧"式效应,从而促进共享经济的实现。个人信息处理既引发数据安全风险也带来分享经济价值收益,其双重外部溢出效应呈交互影响格局。高新科技时代法律需因时而动地发挥保障与规制的双重作用,回应科技对法律的推动与挑战,在立法理念与制度体系上及时变革,以实现科技法制化。

首先是科技活动行为的法制化。网络信息与生物基因技术发展催生诸多新型案件,显示科技法制化的必要性。例如某年大学生魏某通过百度搜索竞

---

[1] 例如,新浪微博诉脉脉(2016京73民终588号)、大众点评诉百度(2016沪73民终242号)、深圳谷米诉武汉元光(2017粤03民初822号)、淘宝(中国)诉安徽美景(2017浙8601民初4034号)等不正当竞争案等。

价排名推广信息寻医问药却不治身亡事件,曾一度引发对企业购买关键词进行竞价排名以向用户提供信息检索内容的经营模式是否属于商业广告的争议,由此也促进了广告法、反不正当竞争法等法案的修改与完善。又如,搜索引擎技术使用中的商标侵权及不正当竞争,在线行为广告(OBA)的合法性与精准营销下的消费者权益保护,大数据使用中的个人信息保护及其信息追踪行为的合法性判定,就业者基因资讯披露中的隐私权保护与雇佣者的知情权保障之冲突与平衡,深度链接技术运用中的知识产权侵权判定,电子商务中的知识产权间接侵权责任认定及其司法管辖争议,3D打印技术运用中的知识产权风险防控,P2P技术运用中的版权合理使用,网络服务提供者的侵权责任判定等,都有赖科技法制化加以保障与规制。

其次是科技活动客体的法制化。科技活动兼具创造性与实践性,如前所述,科学探索作为创造性活动应成为一种无禁区、无偶像、无终点的开放活动,技术开发作为实践性活动必须成为一种受社会规范制约与指引的自主活动。对后果难料甚至可能牺牲人的尊严和价值的科技活动,理应受社会公众普遍认同的价值理性的正当性检验。在人体基因科技研发与运用中便需遵循知情同意、尊重个性、利益共享等基本原则。例如,联邦德国专利法院2006年就曾因诉争专利客体触犯人类胚胎生成所形成的人格尊严及其生命权,而违反了公序良俗,出现过"绿色和平组织诉Bruestle神经干细胞专利无效"案[1]。虽然纯粹的自然之物并非可作为专利客体而不能被授权专利权,但基于技术手段"分离"的人类基因是自然之物还是人造之物,能否授予专利权就存在争议。在广受关注的基因专利案(AMP)中[2],美国联邦巡回上诉法院就面临如何界分自然之物与人造之物,以及如何将某些特定的自然之物的新应用纳入可作为专利客体范畴的判定基准难题。

再者是科技活动主体的法制化。近代以来现代科学的迅猛发展往往源自政府与企业及公私基金的巨额资助,后者也期望借此资助实现其某些政治、经济或宗教目的。科研要与某些政治、经济利益团体合作才有其发展生命力,因为后者能使其科研投入正当化。当然科研进程及其成果使用也往往受制于后者的广泛影响。因而,在政府(或企业)资助的科技活动中要保持决策的政治

---

[1] 刘晓海:《德国知识产权理论与经典判例研究》,知识产权出版社2013年版,150页。

[2] See Association for Molecular Pathology v. United States Patent & Trademark Office. 653 F. 3d 1329.

（或经济）与科技的平衡往往面临巨大挑战，这就要借助法治的力量确保科技组织与成员的自治主体地位，以防政府（或企业）作为资助者的不当干预，也要借助法治的手段规范科技组织与成员的自律主体角色，将科技活动主体纳入法制化治理体系。

最后是科技活动权益内容的法制化。创新成果具有公共物品与私人物品之双重属性，赋予创新成果以知识产权对其施以私有产权制度安排，有助于解决创新成果作为私人物品在使用与消费上的排他性问题以减少"搭便车"现象，也确保了创新成果作为公共物品的社会分享以促进知识的传播与利用，从而以经济上效益更高的制度替代某种低效制度，有其经济合理性。因而，赋予创新成果以知识产权保护有助于维系科技创新的可持续投入及其后续创新动力的有效激励，符合功利主义法学基本原理。另一方面，创新成果往往经由创新者的劳动投入而投射了其个性特质与人格属性，按近代思想家洛克的劳动财产权理论及黑格尔的人格财产权理论，对此赋予创新者以知识产权亦完全合乎自然法则及其权利生成基本原理。为此，有必要对科技活动权益进行合理配置并作出相应的制度安排。

第七章 立 法

第一节 立法是什么

概念是我们接触和了解一个事物的出发点,并由此展开对事物其他方面的讨论。作为学术范畴的"立法"概念存在着丰富的内涵与外延。正如有学者指出的:"要把握一般的立法概念或范畴,需要采取正确的方法,即全面把握立法的内涵和外延,揭示出一个可以反映每一种立法共同特征的、可以用来说明迄今所出现的各种立法的概念或范畴。"[1]本部分我们将从立法的概念、立法的特征以及立法的功能三个方面对"立法是什么"展开全方位的解读。

一、立法的概念

立法一词的基本涵义可以从我国汉字释义及古典文籍中寻得痕迹。从结构上看,"立法"一词为动宾结构,即"立"强调动作,"法"是"立"的宾语。从汉字释义上看,"立"有多重含义,包括"站立""设置""建立""订立""直立"等。[2]而"法"亦包含多层含义,包含"方法""办法""规范""效法""守法"以及"最广义的法律通用"等。[3]"立法"亦可以作为名词,是指国家创造的不同法制的结果。[4]一般认为,"立法"是指国家(统治阶级)通过国家机关将自己的意志转化为国家意志的过程。这在我国古典文籍中早就有所体现。

---

[1] 周旺生:《立法学教程》,北京大学出版社2006年版,第54页。
[2] 《辞海》,上海辞书出版社2010年版,第1126页。
[3] 《辞海》,上海辞书出版社2010年版,第454页。
[4] 邓世豹:《立法学:原理与技术》,中山大学出版社2016年版,第3页。

譬如,《左传》中"夏有乱政,而作禹刑"的表述即为例证。梁启超亦主张:"立法者国家之意志也。昔以国家为君主所私有,则君主之意志,即为国家之意志,其立法权专属于君主固宜。今则政学大明,知国家为一国人之公产矣。"① 有学者根据立法主体的不同,将立法大致总结为四类:一是一国的国家机关(包含从中央到地方的各级权力机关和行政机关)依照法定的程序和权限,"立改废并举"法律的过程。这是广义的立法的解释。二是将立法的主体限定在最高国家权力机关及其常设机关之中,这是狭义上对立法的解释。三是一切有权主体都可以成为立法的主体。最后一种则认为立法是从中央到地方享有立法权的国家机关,依据法定权限和程序,制定、修改和废止规范性法律文件的活动。②

在西方古典中,法学家们对立法的表述也层出不穷。譬如,古希腊哲学家柏拉图的《法律篇》开篇部分便对立法的目的进行了解释,并在第三卷对立法的宗旨以及立法者需要具备的素质展开讨论。在英文中,"立法"可表述为"Legislation"。其有动词和名词两种词性,作为动词是指"制定法律"的过程,强调动作。作为名词则是指"制定的法律",强调其名词性质。③《牛津法律大辞典》则明确给出立法的定义,即"立法是指通过具有特别法律制度赋予的有效地公布法律的权力和权威的人或机构的意志制定或修改法律的过程。这一词亦指在立法过程中所产生的结果,即所指定的法律本身。在这一意义上,相当于制定法。"④

我们认为,立法具有名词和动词两层含义,名词意义上的立法是指普遍意义上制定的法律;动词意义上的立法是指享有立法权的国家机关,在自己的职权范围内,依据法定程序,运用专门技术,制定、认可和变动法律规范的活动。本书研究的立法是指作为动词使用意义上的立法。在此基础上,可以对立法的内涵及外延进行如下阐述:

(一)立法的内涵

立法的内涵是立法概念的进一步延伸,反映出立法所具有的本质特征的

---

① 梁启超:《论立法权》,转引自罗传贤:《立法程序与技术》,台湾五南图书出版股份有限公司2010年版,第1页。
② 参见魏海军:《立法概述》,东北大学出版社2014年版,第12-13页。
③ 郭道晖:《法理学精义》,湖南人民出版社2005年版,第292页。
④ [英]戴维·M.沃克:《牛津法律大辞典》(中文版),光明日报出版社1989年版,第547页。

集合。由于立法的种类繁多,立法展现出的形式特征也较为多样。作为展现立法本质特征的立法内涵大致涵盖以下四个层面:

第一,立法是由特定主体进行的活动,即主体特定性。立法的主体特定性解决"谁来立法"的问题。立法是反映统治阶级共同意志的规范创制性活动,由此可以说,立法是以政权为名义进行的活动①。立法的主体是指有法律规定或授权的,有权参与法律的创制、修改和废除的国家机关的总称。首先,立法主体必须是国家机关,只有国家机关才能准确、公正地表达国家意志,相比其他社会组织和个人,国家机关表达的国家意志具有权威性。其次,国家机关只是立法的必要条件,但并不是所有的国家机关都有权限进行立法,只有法律规定或得到法律授权的国家机关才能成为合法的立法主体。再次,立法主体必须是具有立法职能的国家机关。根据职能不同,国家机关的种类多种多样,但并不是所有的国家机关都可以进行立法,具有立法职能是作为立法机关的必要条件。立法的主体特定性要求立法必须是法律明确规定或得到法律授权的,具有立法权限的,并拥有立法职能的国家机关。

第二,立法是在职权范围内进行的活动,即职权法定性。立法职权法定解决立法主体的权限划分问题,即"谁能干什么"的问题。立法具有严肃性,它要求立法主体必须在立法权限范围内进行立法活动,既不可越权立法,又不能滥用立法权。具体包括以下要求:其一,立法主体只能按照法定权限行使相应级别的立法权。比如,传统立法权限的划分将我国的立法权分为中央立法权和地方立法权。我国法律只能由全国人大和全国人大常委会制定,拥有地方立法权的主体不能行使国家立法权,否则便属于越权立法。其二,立法主体只能制定自己拥有立法权限种类的立法。这是对立法主体立法形式的要求。质言之,拥有规章制定权的立法主体不能进行行政法规的制定,同样具有行政法规立法权限的主体亦不能制定法律。其三,有的立法主体只享有特殊事项的立法权。譬如,2015年《立法法》赋予设区的市人大及常委会可就城乡建设与管理、环境保护、历史文化保护等方面的事项制定地方性法规。

第三,立法是依据特定程序进行的活动,即程序法定性。"程序的实质是管理和决定的非人情化,其一切布置都是为了限制恣意、专断和过度的裁量。"②立法程序的法定性要求整个立法过程必须纳入法治轨道,立法应当于

---

① 周旺生:《立法学》,法律出版社2004年版,第28页。
② 季卫东:《法治秩序的建构》,中国政法大学出版社1999年版,第57页。

法有据。立法程序的法定性是立法严肃性、规则性的体现,是法治与人治的基本区别。

立法的程序法定性主要涵盖立法准备程序的法定性、法律制定程序的法定性以及立法完善程序的法定性。譬如,整个立法过程应遵循立项、形成法律草案、审议法律案、法律案的表决以及法律的公布的基本程序设计。当然,在每一个环节也应当遵循具体的程序。譬如,法律草案的形成要遵循既定过程,大致可分为以下几个环节:立项,作出立法决策;建立起草班子,开展起草工作;开展调查研究;形成草案框架和对主要问题的意见;征求各方面意见;形成送审稿并对送审稿进行审查;由提案机关讨论决定,形成正式的法律案等。再如,全国人大常委会审议法律案要遵循既定的程序,征求社会意见的过程中召开论证会、听证会以及向社会公布法律草案公开征求意见亦有严格的程序要求。

第四,立法是运用一定技术进行的活动,即制定技术性。立法技术是指立法主体在制定法律的过程中,运用经验、知识以及操作技巧等有益于提高立法科学性的技术活动的总称。某种意义上说,立法不是制造和发明法,而是运用科学的立法技术表述法。科学的内容要借助科学的方法、技术手段才能予以落实。边沁主张应该把立法技术化,要将立法变得跟数学一样严谨、缜密才会对现实社会产生正向的影响。他认为:"只有通过像数学那般严格,而且无法比拟的更为复杂和广泛的探究,才会发现那构成政治和道德科学之基础的真理。不存在通过立法科学的国王之路和执政之门,正如不存在通往数学的国王之路和执政之门一样。"[①]尤其应注重制度策略和实际操作两个层面的立法技术科学性。在制度策略方面,要求立法者要具有前瞻性,同时兼顾立法的时代性,既要回应社会现实问题,也要对未来社会中可能出现的问题进行预估。质言之,要处理好立法的超前、滞后与同步的关系,扎根实际,把握立法时机。在实际操作方面,要注意运用大数据技术,根据社会现实需要做好立法预测工作,使立法具有现实意义,同时具备操作性。立法者应当根据实际情况做好立法规划与年度立法计划的衔接,展示立法的科学性。

(二)立法的外延

如果说内涵反映事物的本质,那么外延则反映事物的现象。要对立法进行全面了解,不仅要准确把握立法的内涵,对其外延的把握也十分必要。立法

---

① [英]边沁:《道德与立法原理导论》,时殷弘译,商务印书馆2000年版,第56页。

的外延可以从三个层面展开:

第一,立法是历史的范畴。立法的产生与发展与历史的进程关系密切,由于历史发展的阶段性,立法也呈现出不同的特征。从历史的发展看来,古代的法与现代的法差别明显,在奴隶制或封建国家时期,国家君主的个人意志即法律,整个国家的法律都是君主的个人意志的完全表达。即使君主之外有立法机关的存在,他们也是为维护君主统治和个人权威进行服务的。近现代西方国家的三权分立制度将国家权力分为立法权、司法权和行政权,立法权归属国会行使。在我国,社会公众通过各种途径和方式参与立法,而按照社会公众参与立法程度的不同,可将公民参与民主立法的形式分为直接民主和间接民主。在我国立法体制下,以代议制为代表的间接民主立法过程是民主的集中体现。具体而言,人民群众通过投票选举产生民意代表,然后由民意代表代表公民行使立法权。当然,随着时代的发展,协商立法迅速进入大众视野,在立法过程中,立法者往往邀请社会公众或组织进行平等对话,共同协商形成立法决策,这是近年来民主立法的新发展。

第二,立法是国情的产物。孟德斯鸠指出:"法律是一种地方性知识,法律具有地方性"。格尔茨也认为,法律不具有普遍适用性,法律都是地方性的知识,同时也是一种地方性的技艺。正如格尔茨所言:"和航海、园艺、政治和诗学一样,法律与民族志都是地方性的技艺:它们都凭借地方知识来运作。"[1]因此,不同国家、民族、地区的法律往往呈现出不同特点。《中华人民共和国民族区域自治法》第19条规定:"民族自治地方的人民代表大会有权依照当地民族的政治、经济和文化的特点,制定自治条例和单行条例。自治区的自治条例和单行条例,报全国人民代表大会常务委员会批准后生效。自治州、自治县的自治条例和单行条例,报省或者自治区的人民代表大会常务委员会批准后生效,并报全国人民代表大会常务委员会备案。"该条赋予了民族自治地方可以按照地方习俗进行立法的权限,充分体现法律是一种地方性知识的特点。再如,云南省是全国世居民族最多、人口较少民族最多、实行区域自治民族最多的省份,全省37个民族自治地方辖78个县(市),民族自治地方土地面积和人口分别占全省的70.2%和49.6%。近年来,经云南省人大常委会审议批准的自治条例已有37件,单行条例114件,这些条例涵盖地方政治、经济、文化、社

---

[1] [美]格尔茨:《地方知识:阐释人类学论文集》,杨德睿译,商务印书馆2016年版,第261页。

会、资源和环境保护等各方面,为完善具有云南省特色的民族法规制度作出了贡献。

第三,立法的种类具有多样性。即立法按照主体地位、立法形式和立法内容等可以分为不同的种类。按照立法主体的不同,立法可分为中央立法和地方立法;按照立法形式的不同,可分为法律、行政法规、地方性法规、规章等;按照立法的内容不同,立法包含实体立法、程序立法,行政性立法、民事立法、刑事立法、经济立法等。

二、立法的特征

列宁曾说:过于简短的定义虽然方便(因为它概括了主要之点),但是要从中分别推导出应当下定义的现象的那些最重要的特点,这样的定义毕竟是不够的。① 因此,对于复杂事物的理解应当从多层面、多维度找出其与其他事物相区别的特征,把握其本质属性。

(一)立法的政治属性

一方面,立法是国家统治阶级意志的体现。换句话说,立法是指国家统治阶级将自身阶层的共同意志转化为国家意志,并通过立法的形式固定下来,上升为法律的过程。恩格斯在抨击资本主义立法时就有一段经典论述,他指出:对资产者来说,法律当然是神圣的,因为法律本身就是资产者创造的,是经过他的同意并且是为了保护他和他的利益而颁布的。资产者懂得,即使个别的法律条文对他不方便,但是整个立法毕竟是用来保护他的利益的,而主要的是,法律的神圣性,有社会上一部分人积极地按自己的意志固定下来并由另一部分人消极地接受下来的秩序的不可侵犯性,是他的社会地位的最可靠的支柱。② 可见,资本主义立法的政治意味十分浓烈。而我国《宪法》的明确表述也体现出了政治取向,比如,《宪法》对我国的国家性质和阶级基础都有所规定。

另一方面,被统治阶级的意志对立法也产生了重要影响。某种程度上讲,法律是反映统治阶级意志的产物,同时也应该考虑被统治阶级的意志,是两个阶级意志对抗、博弈和修正的结果。譬如,英国《大宪章》便是限制王权的经典产物。在《大宪章》创制过程中,蕴藏着阶级意志之间的博弈与抗衡,如王

---

① 《列宁选集》(第二卷),人民出版社1995年版,第651页。
② 《马克思恩格斯全集》(第二卷),人民出版社1965年版,第515-516页。

权与人民自由权利之间的抗衡等。虽然《大宪章》中多数内容是保障封建贵族权益的,但是不得不承认,它对人民权利自由的保护也作出了正向的推动。如,《大宪章》第39条的规定衍生了人身保护的概念:"除非经过由普通法官进行的法律审判,或是根据法律行事,否则任何自由的人,不应被拘留或囚禁、或被夺去财产、被放逐或被杀害"。

(二)立法的社会属性

立法除了具有鲜明的政治属性之外,还具有非政治属性,即社会属性。立法的社会属性反映的是立法内在的社会品质,即反映出全社会的共同意志和共同利益。对此,西塞罗讲到:"毫无疑问,法律的制定是为了保障公民的幸福、国家的昌盛和人们的安宁而幸福的生活;那些首先通过这类法规的人曾经向人们宣布,他们将提议和制定这样的法规,只要它们被人民赞成和接受,人民便可生活在荣耀和幸福之中。显然,他们便把这样制定和通过的条规称为法律。由此可以看出,那些违背自己的诺言和声明,给人民制定有害的、不公正的法规的人立法时,他们什么都可以制定,只不过不是法律。"① 卢梭的"公意论"也强调:"一个人,不论他是谁,擅自发号施令就绝不能成为法律。"② 可以看出,良法善治是立法的不懈追求,也是社会本质的体现。换句话说,立法活动除了具有浓烈的政治属性外,也应该充分考量本国自身社会因素相应做出修缮。

三、立法的功能

功能是指一个事物对其他事物产生的积极影响,立法的功能即是指立法活动可以对人们的行为及社会关系产生的积极作用。我国《立法法》第1条规定:"发挥立法的引领和推动作用,保障和发展社会主义民主,全面推进依法治国,建设社会主义法治国家。"埃里克森也指出:"法律制定者如果对那些促进非正式合作的社会条件缺乏眼力,他们就可能造就一个法律更多但是秩序更少的世界。"③ 综合来看,立法的功能可分为规范功能和社会功能两部分。

(一)立法的规范功能

---

① [古罗马]西塞罗:《国家篇 法律篇》,沈叔平、苏力译,商务印书馆1999年版,第181页。
② [法]卢梭:《社会契约论》,何兆武译,商务印书馆1982年版,第51页。
③ [美]罗伯特·C.埃里克森:《无需法律的秩序》,苏力译,中国政法大学出版社2003年版,第354页。

法律的规范功能是指法律规范直接作用于人们的行为而产生的积极影响,具体可分为指引功能、评价功能、预测功能、强制功能和教育功能等。而立法仅仅是法律运行的一个环节,因此不能简单地将法律的规范功能等同于立法的规范功能。

第一,规范指引功能。根据分类标准的不同,法律的规范指引功能可分为确定性指引和不确定性指引,规范性指引和个别性指引以及个人指引和社会组织指引。就立法的规范而言,侧重规范的指引、社会组织的指引。换句话说,立法的规范指引功能应与法律的规范指引功能相区别,立法的规范指引功能侧重于提供规范意义上的指引,也就是通过对普通法律的规定对一般或普通的法律关系主体的行为进行概括性的指引,当然,这种指引应当是可以反复适用的。与之相比,法律的规范指引功能则可以提供个体的指引。也就是说,法律对个体的指引是具体的,并且是一次性的。

第二,评价与预测功能。立法的评价功能是指立法者可以通过立法活动对法律关系主体的活动进行评判,从而为其活动提供法律意义上的标准。应当注意的是,与法律的评价功能不同,立法的评价功能是应然意义上的。立法的预测功能是指法律关系的主体可以通过立法者的立法活动对自己行为产生的法律后果进行预判,从而得出对其行为判断的肯定性评价或否定性评价,进而指导行为人遵守法律规范。

第三,强制与教育功能。立法的强制功能是指国家通过立法活动,运用强制力迫使法律关系的主体行为纳入既定的法治秩序。立法的强制功能具有间接性和潜在性的特点,换句话说,立法的强制功能是应然意义上的强制,只有在立法活动转化为法律规范时,它的强制功能才加以体现。立法的教育功能是指国家通过立法活动引导人们的行为,提高人们的法律意识。立法教育功能的实现,需要公民的广泛参与,这也满足民主立法的基本要求。

(二)立法的社会功能

立法的社会功能是法律的社会功能的表现形式之一,是应然层面法律价值的体现。总的来说,立法的社会功能包含社会秩序功能、社会构建功能和社会调控功能三个方面。

第一,立法的社会秩序功能。立法的社会秩序功能是指可以形成社会秩序的功能,尤其表现在以下三个方面:一是提供政治权力秩序;二是提供经济运行秩序;三是提供社会生活秩序。

第二,立法的社会构建功能。立法的社会构建功能是指可以通过废止旧规则、旧制度构建新规则、新制度的功能,尤其表现在以下两个方面:一是在国家机构的组成上,可以通过立法实现国家机构建立的正当性;二是在国家基本制度上,可以通过立法实现对基本制度的确认和保障。

第三,立法的社会调控功能。立法的社会调控功能是指立法具有对社会关系加以调整、配置和控制的能力和作用,尤其表现在资源配置上,立法者可通过立法活动,实现对各类资源的合理利用。

第二节 立法的基本原则

实现全面依法治国与国家治理能力和治理体系的现代化,首先需要制定良好的法律作为依托。立法过程中需要解决的问题非常多,需要通过共同遵循的基本原则指引立法工作的开展。因此,确定立法遵循的基本原则,具有重大意义。

我国是一个统一的多民族国家,幅员辽阔,各地区之间差异较大。我国在宪法的基础上确立了中央统一领导下的双轨分级多层次的立法体制。[①]在中央统一领导下,中央和地方法定的权力机关和行政机关都享有立法权,立法权的分配与立法内容十分复杂。中央立法与地方立法遵循的立法原则具有差异性;地方立法中,民族自治立法、经济特区立法、特别行政区立法更是各具特色。可见,确立立法遵循的基本原则并非易事。

事实上,我国在确立立法基本原则的过程中,也经历了一段探索和发展的历程。改革开放之初,我国社会主义法制建设的主要问题是法律不够完备,迫切需要开展立法工作,这一时期一些重要的基本法律制度被相继制定出来。在20世纪90年代,国家大力加强了经济领域的立法工作,一批符合社会主义市场经济体制的法律制度相继制定。随着基本法律制度逐步完善,党的十五大提出"2010年形成中国特色社会主义法律体系"的法治目标。2000年《立法法》颁布,为形成中国特色社会主义法律体系奠定了制度基础。党的十五大和党的十六大相继提出立法科学化的要求。党的十七大则进一步提出了

---

① 孟鸿志:《行政立法》,载原劳动人事部人事教育局组织编写《法学基础与行政法》,吉林人民出版社1988年版,第261页。

"坚持科学立法、民主立法,完善中国特色社会主义法律体系"的要求。党的十八大以来,坚持党中央对立法工作的集中统一领导日益获得重视,开启了新时代立法新篇章。党的十九大报告提出:"推进科学立法、民主立法、依法立法,以良法促进发展、保障善治。"在党的十九届四中全会上,再次申明要坚持党的领导,推进科学立法、民主立法、依法立法的立法要求。

经过多年的立法经验的积累,我国目前已经确立了党领导立法、科学立法、民主立法、依法立法的立法基本原则。

一、党领导立法

中国共产党领导是中国特色社会主义最本质的特征。坚持党领导立法,是中国特色社会主义制度的优势,也是依法治国的根本政治要求。[①]党领导立法是确保党的主张通过立法程序成为国家的意志,推进国家重大改革于法有据,避免地方立法保护主义的重要保障。党领导立法工作,有利于推动重大立法工作的顺利进行,有利于拓宽人大代表与人民群众对立法意见的反馈渠道,保障立法为民,维护人民群众的利益。

"党领导立法"是一项具有中国特色的立法工作原则。这一原则的确立主要来源于三份重要的文件依据,[②]特别是2016年中共中央印发的《中共中央关于加强党领导立法工作的意见》,明确提出立法工作要坚持党的领导,"要遵循党内重大决策程序规定,集体研究决定立法中的重大问题"。三份文件分别制定在1979年、1991年和2016年,反映出不同历史时期党领导立法工作的内涵变迁。1980年,时任全国人大常委会法制委员会主任的彭真同志在一次会议提出:"党对包括立法工作在内的领导,根本的是政治领导。党只管方针、政策和原则问题,而不负责各种具体问题。"[③]在1991年、2016年的文件中都明确提出,党对立法工作的领导主要是政策方针的领导。党的十九大通过

---

① 全国人大常委会法制工作委员会研究室:《我国改革开放40年立法成就概述》,法律出版社2019年版,第1页。

② 第一份文件是1979年8月中共中央办公厅印发的"彭真同志关于制定和修订法律、法规审批程序的请示报告",第二份文件是1991年2月中共中央印发的"关于加强对国家立法工作领导的若干意见",第三份文件是2016年2月中共中央印发的"关于加强党领导立法工作的意见"。参见刘松山:《党领导立法工作需要研究解决的几个重要问题》,《法学》2017年第5期。

③ 彭真:《彭真文选(1941—1990年)》,人民出版社1991年版,第389页。

了党章的修改,将党的领导由原来的"政治、思想、组织的领导"改写为"党政军民学,东西南北中,党是领导一切的"。由此确立了党领导立法由"政治、思想、组织的领导"转向"全面领导"。

在新时代的背景下,党全面领导立法的基本原则在立法学理论上如何展开,还有若干问题需要解决。

第一,党领导立法中对"党"的理解。在党的组织建设上,中国共产党形成了一套从中央到地方的党组织机构。党领导立法的具体领导主体究竟是哪个党组织,是否所有的党组织都可以领导立法?对于这一问题,曾任全国人大常委会委员长彭真的秘书项淳一曾作出相关的论断,"只有中央的领导才是代表党的领导,任何一个党组织或者领导人如果离开了党的路线、方针、政策,都不能代表党说话。"[①]在立法工作中,党的领导绝不是由某一个领导人就能代表的。另一方面,党领导立法也不意味着所有的党组织都可以领导立法。党的领导应当首先确立为是党中央的领导,而具体的立法工作中,各级立法机关的党组织则应贯彻落实党中央的意志。

第二,党领导立法中对"全面领导"的理解。党领导立法从"政治、思想、组织的领导"到"全面领导"的转变,需要进一步理解党领导立法的内涵。首先,党的全面领导包含了党对立法工作的政治领导、思想领导和组织领导。政治领导,即确保立法工作的政治导向不犯错。习近平总书记强调:"法治当中有政治,没有脱离政治的法治。"[②]党领导立法,就是立法过程要沿着正确的政治道路,在党的大政方针下推进立法工作,使法律的制度设计与党的政治方向保持一致,落实党的政策决议。思想领导,即立法工作需要及时吸收马克思列宁主义、中国特色社会主义等党的先进思想理论。组织领导,主要表现在对立法工作人员队伍的选拔上,推荐优秀党员投入立法工作,并对党员实施组织领导工作。其次,党的全面领导意味着在立法工作中,法律制度在制定过程中需要主动对接,积极融合党的政策方针。最后,确立党对立法工作的全面领导,是通过立法工作推进党的法治化,扩展党的领导在法律上的适用性。党在立法工作中的全面领导,也意味着党的建设融入法治建设的整体目标。正如有学者提出,"党领导立法工作与依法治国、依法执政、依规治党相辅相成、相互

---

① 项淳一:《关于学习宪法的几个问题》,《人大工作通讯》1995年第19期。
② 中共中央文献研究室:《全面依法治国,开启中国法治新时代——学习〈习近平关于全面依法治国论述摘编〉》,《人民日报》2015年5月5日第6版。

促进。"①党对立法工作的全面领导,是党依法执政的前提。党领导立法更要守法,各级党组织要遵循宪法和法律,在制度规范下领导立法工作的开展。

第三,党领导立法的实现路径。党对立法工作的全面领导,不是党对立法工作的全面介入,更不是干预立法、"党内立法"。全国人大、地方人大等立法机关是具体开展立法工作的机关。党有什么具体途径可以实现在立法工作中的领导?具体而言,党领导立法的实现路径有以下四种方式。一是重大立法事项请示报告和工作汇报制度。请示报告制度首先由人大常委会的法制工作机构向人大常委会党组请示,再由人大常委会党组向党中央或地方党委进行汇报。二是行使宪法和法律修改的建议权。党领导立法工作,可以提出相关法律制度的修改建议,领导和推动立法工作进行。三是决定重大立法事项。一些对社会发展具有重大影响、情况复杂的立法制度,需要通过党中央的立法决议。随着地方立法权的扩容,地方党委也逐步展开了重大立法事项决策的制度制定。四是审定立法规划。立法规划工作决定了未来立法工作内容和发展目标,通过由人大常委会党组将立法规划向同级党委报请审批,经过审批的立法规划再经过审议、决议通过之后予以发布。

二、科学立法

科学立法的提出是立法理论的一次重大突破。早期的科学立法的内容主要体现在权利与义务、权力与责任、效能与便民相一致等原则上,着重于对立法内容的科学化要求。例如,刘少奇曾指出"任何人不会只尽义务,不享受权利;任何人也不能只享受权利,不尽义务。"②科学立法侧重于立法的权利义务内容也反映在《立法法》中,我国《立法法》第6条规定:"立法应当从实际出发,适应经济社会发展和全面深化改革的要求,科学合理地规定公民、法人和其他组织的权利与义务、国家机关的权力与责任。"但有学者指出,这只是强调了权利义务制定的科学性,并没有从立法程序上确立各个立法环节的科学性,更没有将科学性作为我国立法的一个价值判断。③随着党和国家对科学立法的认识逐步深入,科学立法作为一项重要的立法基本原则被确立了下

---

① 秦前红:《依规治党视野下党领导立法工作的逻辑与路径》,《中共中央党校学报》2017年第4期。

② 刘少奇:《刘少奇选集》(下卷),人民出版社1985年版,第162页。

③ 关保英:《科学立法科学性之解读》,《社会科学》2007年第3期。

来。2012年党的十八大提出,"要推进科学立法、严格执法、公正司法、全民守法。"2017年党的十九大报告再次重申了科学立法的重要性。

科学立法已经成为我国立法的一项重要原则。为了更好地贯彻科学立法这一项立法基本原则,需要在理论上对科学立法的内涵、理念目标、判断标准、工作内容等进行研究。

首先,是科学立法的内涵问题。科学立法最本质的内涵就是尊重客观实际,反映规律。[①]这是立法"科学"的客观体现。在立法领域,立法的客观实际就是社会现实。虽然立法存在滞后性、超前性等不可避免的时间差异,但总体上应当与特定时期的社会现实相匹配。立法应当解决社会生活中出现或即将出现的重要问题,理顺各种社会关系,科学规范权利和义务,引导和保障社会健康发展。在尊重客观实际的前提下,制定的法律法规才具有科学性。在立法领域,立法的客观规律就是立法过程中自成体系的法律逻辑。从立法的内容的角度看,法律法规从上到下,由内到外,存在一个逻辑体系。不同层级之间的法律法规在制定过程中应当注意上位法与下位法之间的效力等级,避免立法之间相互抵触。立法过程中的权利与义务的划分必须满足均衡原则,避免立法中出现"绝对的权利"或"绝对的义务"的情况。

其次,是科学立法的理念目标问题。科学立法的理念目标随着立法实践的发展而逐渐明确,经历几次重大的变化。第一个变化是,从"先改革,后立法"到"重大改革于法有据"的立法理念转变;第二个变化是,立法"宜粗不宜细""宁疏勿密"到"注重立法的可操作性"的转变;第三个变化是,"有立法比没立法好,立法快比立法慢好"转向"立法应当确保立法质量";第四个变化是,从注重制定法律,到"立、改、废、释"多种立法方式并举。从这些立法理念目标和立法方式的变化中可以看出,我国立法工作实现了从"粗放立法到象征立法再到科学立法"[②]的蜕变。

再次,是科学立法的判断标准问题。什么样的立法符合科学立法的要求?掌握判断科学立法的判断标准是实践科学立法的前提。有学者提出了科学立

---

① 李培传:《论立法》,中国法制出版社2013年版,第11页。
② 刘艳红:《以科学立法促进刑法话语体系发展》,《学术月刊》2019年第4期。

法包含八个判断标准。① 也有学者提出科学立法有合宪性、合民意性、可操作性及合民族性四个判断标准。② 还有学者认为科学立法包括价值标准、合法性标准、科学性标准、融贯性标准以及技术性标准五个方面。③ 由于对"科学"界定不同,科学立法的判断标准也存在不同。这些科学立法的判断标准都有一定的意义,反映出科学立法过程中的具体要求,但存在一定的交叉。我们认为,以科学立法的内涵为依托,其判断标准主要可以确定为立法过程、立法内容和立法结果的三个判断标准。第一,从立法过程来看,科学立法需要遵循规范的立法流程。第二,从立法内容来看,科学立法应当协调权利与义务、权力与责任的法律关系,应当遵循立法的逻辑规则,规范立法语言,避免立法冲突或立法重复。第三,从立法结果来看,科学立法应当是获得民众普遍服从和使用的良法。如果在立法制定后,法律制度没能得到实施,成为"观赏性立法""休眠性立法",则可以判断这一立法违背了科学立法的内涵要求。

最后,是科学立法的工作内容问题。科学立法要反映客观规律,需要在立法工作中加强对立法理论的学习和研究,在立法流程中确立规范严谨的立法审议制度。具体而言,科学立法要求从拟定立法规划、审议立法计划到确定立法、条例草案的起草、调查研究、征求意见、修改、审议、表决、发布等各个环节都有科学的细化标准,需要健全和完善多数决制度、审级制度、统一审议制度、联组会议、辩论制度、重大问题的事先协调和请示报告制度等,为科学立法提供依据和保障。④ 科学立法工作中,还要求对立法队伍定期培训和选拔,提高立法人员的立法技能,严格把握立法的技术标准。

三、民主立法

人民民主是社会主义制度发展的根基,社会主义法律制度是人民利益的意志体现。我国宪法规定,一切权力属于人民。人民民主在立法工作的体现

---

① 分别是:准确认识和反映客观规律的认识论标准;妥善处理改革、发展、稳定关系的策略标准;科学规定权利与义务、权力与责任的公平正义标准;考虑立法中各种特殊情形的合理因素标准;用程序民主实现内容科学的程序标准;成熟管用的立法技术标准;可执行性标准;立法者的政治与专业素质标准。参见刘松山:《科学立法的八个标准》,《中共杭州市委党校学报》2015年第5期。
② 汪全胜:《科学立法的判断标准和体制机制》,《江汉学术》2015年第4期。
③ 宋方青:《立法质量的判断标准》,《法制与社会发展》2013年第5期。
④ 田成有:《科学立法的三个维度》,《人大研究》2018年第7期。

就是民主立法,即立法者必须广泛听取民意,顺应民心,将人民的意志转化为法律制度。民主立法应保障人民民主的主体地位,在立法过程中建立公众参与的渠道,保障立法可以汇民意、集民智,吸收人民的意见和需求。民主立法同时也是立法正当性的必然要求。卢梭指出:"负责起草法律的人并不拥有立法权……根据社会契约,只有公意才能约束个人行为,决定个人意志是否为公意,必须要通过全民自由投票表决之后。"[①]我国《立法法》第5条也规定:"立法应当体现人民的意志,发扬社会主义民主,坚持立法公开,保障人民通过多种途径参与立法活动。"民主立法已经成为立法的一项基本原则。从《立法法》的规定看,我国民主立法原则主要体现在两个方面:第一是立法内容要符合人民的意志,做到立法为民;第二是立法的过程要保障公众参与,做到立法靠民。

民主立法是立法的基本原则,但不是唯一的原则。民主立法与科学立法紧密相连,又存在潜在的张力。一方面,科学立法的过程必须经过民主的程序,而民主立法的程序设计也必须符合科学立法的要求。另一方面,民主立法主要强调立法内容要符合人民利益,立法过程需要人民参与,重视立法的人民主体性地位;而科学立法则强调立法要符合客观规律和客观实际,追求立法的客观科学性。由于科学立法追求"客观规律性",民主立法强调"民主意志",两者不一定重合,有时可能出现冲突,片面强调科学立法或民主立法则会出现"精英决策"或"大众决策"的两种极端立法制度设计。[②]事实上要求全体人民参与立法也不符合实际。消解两者之间的冲突,需要完善立法程序的制度设计,落实科学立法与民主立法的要求,将科学立法融入民主立法程序,将民主立法作为科学立法的必经路径。

在融合科学立法与民主立法的基础上,完善民主立法的机制将更加明确。在我国,立法工作主要依托于人民代表大会制度,本质上这就是民主立法的体现。如何具体完善民主立法的机制,主要可以通过以下四个方面。

第一,完善人民代表选举制度。人大代表是反映人民群众利益和诉求的代表,是民主立法的集中体现。完善人民代表选举制度,是保障民主立法实现的基础。不少地方存在人大代表贿选、暗箱操作等不法行为,还有一些地方人大代表长期霸占代表职位,却缺乏与选民有效沟通,不能有效反馈人民的意

---

① [法]卢梭:《社会契约论》,戴光年译,武汉出版社2012年版,第41页。
② 黄建武:《科学立法与民主立法的潜在张力及化解》,《地方立法研究》2020年第2期。

见。对此,应当构建人大代表选举的监督机制、建立人大代表考核机制,鼓励人民竞选人大代表,为立法建言献策。

第二,拓宽民众直接参与立法的渠道。网络科技时代的到来,极大便捷了民主立法的参与方式。对此,立法机关在编制立法规划、起草立法草案时,可以充分利用现代媒体,提高立法的信息公开程度,让民众通过报纸、网站、网络通讯软件、电台等多种方式了解立法情况,通过电话、信函、邮件、网站留言等方式将立法意见反馈给立法机关。这也便于立法机关可以广泛收集广大人民群众的立法建议,形成良性的立法互动。

第三,完善立法文件相关信息的公开制度。在征集公众立法意见时,立法机关如果仅仅将立法草案公布,由于公众对立法草案的背景知识不够了解,可能导致无法收集到有质量、有针对性的立法意见的后果。公开征求立法草案意见时,除了公布立法草案外,还应当一并公布立法草案相关的背景资料、立法说明等文件,帮助公众全面了解制度设计的缘由,提出更有质量、更有针对性的立法建议。

第四,召开立法座谈会、立法论证会。在立法过程中,就立法过程出现的疑难问题、重点问题邀请部分公众、行业代表、专家学者进行座谈、论证,集中各方面的意见,也是一种重要的民主立法的参与方式。通过立法座谈会、立法论证会,立法机关可以邀请到与立法内容相关的社会群体,就立法的利益权衡、制度设计的主要问题进行讨论,获得更有质量的立法建议。这种专家型的民主立法参与方式,可以帮助立法工作人员更加全面地认识有关方面的专业知识,完善立法的语言规范表达,对提高立法质量大有裨益。

四、依法立法

党的十九大报告在"科学立法、民主立法"的基础上加入"依法立法"的要求,反映出新时代立法原则的发展。依法立法,蕴含了根据我国《宪法》和《立法法》等依据、遵循立法权限和程序、维护国家法制统一等核心要素成分。[①]依法立法原则虽然是党的十九大报告中新增加的立法基本原则,但依法立法的原则要求本是法治原则的应有之义。《立法法》第4条"立法应当依照法定的权限和程序,从国家整体利益出发,维护社会主义法制的统一尊严",就是依法立法原则的体现。

---

① 陈俊:《依法立法的理念与制度设计》,《政治与法律》2018年第12期。

作为一项蕴含在法治原则之中的立法原则,在党的十九大报告中明确提出,有着重要意义。随着中国特色社会主义法律体系建设完成,我国进一步推进中国特色社会主义法治体系的建设,推进国家治理能力与治理体系现代化。其根本抓手就是通过法治的方式实现制度的体系化、规范化。早期为了尽快实现法制化,不少法律制度制定较为粗糙,甚至相互冲突。在推进重大改革时,立法经常落后于政策的实施,虽然提高了行政效率,但也隐藏着诸多违法、腐败的风险。立法领域是国家法治建设的基础,更应当强调依法立法的要求,实现"重大改革于法有据",修订或废止依然存在的劣法、恶法、闲法。依法立法,应当在尊重宪法和法律的前提下,按照法定的权限和程序立法,并保证法制整体统一性和立法内容协调性。

依法立法,作为一项立法基本原则,需要我们对其地位、内涵与作用进行全面理解。

第一,依法立法是科学立法、民主立法的基础保障。科学立法与民主立法是立法工作应当遵循的两大基本原则,而"依法立法"则从规范上确立了立法工作必须遵循科学立法、民主立法的要求。科学立法、民主立法是规范立法活动的基本要求,但如果没有依法立法作为保障,则无法落实。另一方面,科学立法、民主立法则构成了依法立法的主体内容,是依"法"立法中的规范要件。科学立法、民主立法、依法立法三者相辅相成、相互联系。在立法基本原则中,依法立法具有基础性保障地位。

第二,依法立法是法治原则在立法领域的集中体现。依法立法强调立法工作应当制度化、规范化、法治化,从根本上保障立法工作的科学性与民主性要求。依法立法,就是要在立法工作中依照宪法、立法法等相关法律的规范要求,开展对各个层级、各种类型的立法,确保立法成果形成有机统一的法律体系,避免法律制度之间出现内在冲突与牴牾。在依法立法的原则下,立法成果才能形成纵向的效力等级秩序,横向的权限界定关系,使下级规范不与上级规范冲突,同级规范之间调整的内容不存在重叠或真空的法律体系。

第三,依法立法有利于实现"良法"和"善治"。一方面,依法立法可以较大程度地避免"恶法""废法"的出现,有利于"良法"的产生。依法立法要求立法职权必须在宪法和法律规定的范围内行使,不能僭越立法的程序,制定超越立法职权范围的法律制度,树立了宪法和法律的权威,也提高了立法质量,推动良法的产生。另一方面,依法立法形成的"良法",有利于推动社会管理"善治"的局面出现。在依法立法制定的"良法"的基础上,依法执政、依法行政、公正司法的能力将大大提升,实现"善治"。没有"依法立法"作为保障,良法善治也难以实现。

第三节 立法中的几对关系

法律是治国之重器,良法是善治之前提。虽然中国特色社会主义法律体系已经基本建成,但立法质量参差不齐,立法的社会回应性仍然不够。当下的中国正处于一个深刻的社会转型期,大数据、人工智能等信息技术不断迭代更新,突发公共卫生事件、环境污染、转基因食品安全等现代社会风险频发。法律既非建立在绝对抽象的价值基础上,也非个人权威的产物,社会才是法律立足的根基。社会转型必然会对现有的法律体系带来挑战,立法必须有所回应。由于立法根植于复杂的社会背景,因此立法中应当妥善处理的问题极为复杂,传统的法理学教材大多从抽象层面探究法与道德、法与宗教、法与文化、法与政策之间的辩证关系,本书尝试跳出传统法理学的分析框架,以问题为导向,从中国立法的现实出发着重探讨立法与改革、中央立法与地方立法、人大立法与行政立法、正式立法与试验立法四对关系,对这些颇具现实感的问题展开的法理探讨兼具理论深度和现实意义,从功利的角度看,也只有处理好这几对关系,才能够既维护好法律的权威性、有效性,也实现法律对社会的适应性。

一、立法与改革

党的十八大报告提出,要用法治思维和法治方式深化改革,这为进一步处理好立法与改革之间的关系提供了新契机。正如有学者指出的那样,立法与改革的关系实质上是法律与社会变迁之间的关系,作为一个法理学上经久不衰的话题,古今中外的诸多学者对法律与社会之间的辩证关系已经有极为丰富的真知灼见。[①]其中,德国社会学家尼克拉斯·卢曼的社会系统理论为理解这一问题提供了极具启发性的解释,卢曼的社会系统理论建立在一个功能分化的现代社会基础之上,认为对法律与社会关系的认识必须基于系统与环境的二元区分,"一个系统的结构和过程只有在与环境的关联中才有可能存在,

---

① 参见刘松山:《当代中国处理立法与改革关系的策略》,《法学》2014年第1期。

而且只有在这样的关联中加以考虑才有可能被理解。"① 基于此,法律系统与社会中的其他社会子系统一样,是一个兼具系统运作的封闭性和认知开放性的社会功能次系统,从而使得法律系统与社会环境之间维持一个互动和共同演化的关系,至于它们具体的演化方向和状态,则具有强烈的偶然性和复杂性。正如我们所观察到的,在实际的社会转型过程中,具有独特功能承载的法律系统的转型是社会转型中的一部分,同时,立法在推动社会转型中的作用也效果各异,既可能促进改革,也可能阻碍改革,在解决社会问题的同时也可能引发许多新的社会问题。②

立法与改革的关系是法律与社会变迁的关系在当代中国的具体呈现。表面上看,立法与改革之间在思维倾向上存在内在冲突和矛盾,原因是,立法的目的是将一些稳定的社会关系上升为法律,彰显的是一种守成思维,追求法律应当具有的准确性和安定性以稳定社会预期;而改革则强调革故更新,求的则是"变",改变一切同生产力发展不相适应的生产关系和上层建筑,③法律作为上层建筑的组成部分,自然也是改革的对象。总之立法与改革"有不同的思维路径,如果不加以区分和选择就可能使两者的功能相互抵消"④。立法与改革之间的矛盾并非决然不可弥合,要正确处理好立法与改革之间的关系,就必须抛弃那种将两者截然对立的思维方式,认识到立法与改革之间应当是一种对立统一而非零和博弈的辩证关系。一方面,既应确保法律得到严格实施,尊重法律的权威,另一方面也要有冲破僵化规范的改革魄力,敢于去疴除弊。

如果运用历史的长镜头,仔细回顾和总结一下新中国立法与改革的历史经验,可以发现,新中国成立以来中国立法与改革之间的关系在不同的历史时期展现出完全不同的面貌,总的来看,大致可将其划分为三个历史阶段:

第一,新中国成立到改革开放之间。在这一阶段,立法与改革之间处于对立状态,新中国成立初期,由于深受革命思维和革命传统的影响,革命与法治

---

① Niklas Luhmann. The Differentiation of Society. New York:Columbia University Press,1982:257.
② 参见杜健荣:《法律与社会的共同演化——基于卢曼的社会系统理论反思转型时期法律与社会的关系》,《法制与社会发展》2009年第2期。
③ 参见中央文献研究室:《三中全会以来重要文献选编》(上),中央文献出版社2011年版,第4页。
④ 陈金钊:《法治与改革思维的冲突及消解》,《南京师大学报(社会科学版)》2014年第3期。

对立的思维盛行,引发形形色色的"法治无用论"和"法律虚无主义",国家治理具有鲜明的政策导向性,政策在改革实践中发挥着主导作用。①将立法与改革完全对立起来的观念潜藏着巨大危害,由于缺乏稳定的规则和体制,改革中的非理性因素一旦占据主导,最终可能导致秩序的崩解。

第二,改革开放到20世纪90年代之间。相较于第一阶段,这一阶段立法的作用逐渐凸显,领导者开始认识到,各项经济体制改革中的经验需要通过立法的方式转化为制度性成果才能在全国得到推广,这一时期并不要求立法全面开花、事无巨细,法律的规定较为原则,目的是为改革实践提供宽松的法治环境和生长契机,但整体而言,立法仍然附随于改革,两者之间的关系可以简单描述为"改革引导立法,立法保障改革",其深层次的逻辑关系是改革为法治提供正当性依据而非相反,②这一时期的法律体系也具有鲜明的时代特点,一系列重要法律法规甚至是宪法的修改都与改革大局同步推进。随着社会的不断发展和改革的深入推进,对法治提出了新要求,如果立法仍附随于改革已经无法适应改革的需要,这呼唤一种新的处理改革与立法关系的理论。

第三,20世纪90年代至今。这一阶段,法治开始逐步引领改革,其开端于1996年依法治国战略决策的提出和1999年"依法治国,建设社会主义法治国家"在宪法修正案中的确定,直到2014年2月中央全面深化改革领导小组第二次全体会议上法治引领改革成为处理立法与改革关系的主导观念,习近平总书记特别强调"重大改革都要于法有据。在整个改革过程中,都要高度重视运用法治思维和法治方式,发挥法治的引领和推动作用"。③立法对改革的引领将两者之间的对立限缩到思维逻辑的范畴,从现实来看,法治是国家常态的治理方式,改革也是一种普遍性的社会存在。④既然如此,立法与改革就应当是相依相存的关系,很难说立法与改革之间存在根本矛盾。立法对改革的引领也彻底反转了前者对后者的附随关系,法治的目标属性获得广泛承认,全面深化改革的总目标是实现国家治理体系与治理能力的现代化,而国家治理现代化的主要标志是治理的法治化,在这个意义上,全面深化改革的目标即是

---

① 参见韩大元:《"五四宪法"的历史地位与时代精神》,《中国法学》2014年第4期。
② 参见周叶中、庞远福:《论法治与改革之关系的演进及其未来面向》,《江汉论坛》2015年第9期。
③ 习近平:《在十八届中央政治局第四次集体学习时的讲话》,载《习近平关于全面依法治国论述摘编》,中共中央文献出版社2015年版,第43页。
④ 陈金钊:《法治与改革的关系及改革顶层设计》,《法学》2014年第8期。

法治化。

总之,在全面深化改革的新时代,在处理立法与改革的关系时,既不应让立法成为确认改革经验的橡皮图章,也不应将立法简单定位于保障改革的法治工具,而应发挥立法对改革的引领作用,在法治主义立法理念的引导下转变立法的定位,学会运用法治思维、法治方式全面深化改革。具体而言,首先,应当通过立法明确改革的社会主义方向,在不同改革主体之间合理配置改革权限,避免越权改革、违宪改革;其次,应当通过立法明确改革的重点领域和具体内容,虽然改革的领域和内容在每个时期各有侧重,需要因时因势作出改变,但是通过立法大致划定一个较为明确的改革领域,并以具体问题为导向确定改革的具体内容,有利于集中资源推进重点领域改革。最后,应当通过立法明确改革的基本方式,在法治思维的引领下,改革大致可以分为两类:在立法条件尚不成熟,但改革势在必行的情况下,应当建立授权改革的机制,遵循法定条件并按照法定程序授权相关地区或者部门先行先试;在立法条件已经成熟的情况下,应当及时启动立法程序落实改革要求。①

二、中央立法与地方立法

现代国家的立法权并不掌握在某一个立法主体或者某一级立法部门的手中,在横向层面,严格意义的三权分立格局并不存在,随着行政权的扩张,行政机关拥有广泛的行政立法权,同样,最高人民法院出台的司法解释也是一种颇具中国特色的转授权立法,本质上可将其称为"司法立法"。②虽然我国是一个单一制国家,但立法权的纵向配置也不是铁板一块,在人民代表大会制度这一根本政治制度之下,实际上存在着中央与地方两级立法权的划分,有学者将我国中央与地方立法机关之间的立法体制总结为"一元两级多层次的立法体制"③。抛开行政立法和司法立法不谈,仅就人大立法而言,我国立法体制中的中央立法指的是全国人民代表大会及其常委会制定的法律,地方立法则主要是指省级人民代表大会及其常委会制定的地方性法规和民族自治地方的人民代表大会制定的自治条例和单行条例。需要说明的是,新修改的《立法法》将

---

① 参见石佑启:《论立法与改革决策关系的演进与定位》,《法学评论》2016年第1期。
② 参见聂友伦:《论司法解释的立法性质》,《华东政法大学学报》2020年第3期。
③ 廖健、周发源:《中央与地方立法机关相互关系辨析与重塑》,《湖南社会科学》2015年第4期。

立法权进一步下放到设区的市一级,因此,设区的市人大及其常委会围绕城乡建设与管理、环境保护、历史文化保护等事项制定的地方性法规也应纳入地方立法的范围。①

关于中央立法与地方立法的关系,有必要澄清一个错误的观念,即认为地方立法权来源于中央授权,换言之,地方立法权完全来自中央立法机关自上而下的授权和分配,在这种科层立法体制之下,地方立法是中央立法在地方的延伸和附庸,地方立法机关是中央立法机关在地方的代理机构,未得到中央授权,地方不得擅自立法。之所以持此类观点,主要理由是我国是一个单一制国家,因此地方并不享有固有立法权,其立法权只能是从中央立法权中派生出来的,具有"从属性"。②当然,也有学者从宪法规范入手论证地方立法权的依附性,主要理由是《宪法》第62条和第67条在对全国人大及其常委会的职权做出规定时并没有规定不得对地方立法事项进行立法,由此可以解释出中央享有绝对立法权。③

从宪法规范入手研究中央立法与地方立法关系的思路无疑是正确的,然而,仅从第62条和第67条就得出中央垄断立法权,地方立法必须附属于中央立法的观点却有失偏颇。对央地立法关系的理解必须进一步结合《宪法》第2条第2款、第3条第2款和第57条才能得出准确认知。《宪法》第57条规定全国人大属于最高国家权力机关,但正如有的学者分析的那样,无论是"最高"还是"国家权力"都无法直接得出立法权专属于中央立法机关的结论,④"最高"只能得出中央立法在效力位阶上高于地方立法,对中央立法权"国家权力"的界定也不能作为否定地方立法权"国家权力"定性的理由。相反,由于《宪法》第2条第2款规定:"人民行使国家权力的机关是全国人民代表大会和地方各级人民代表大会。"可见,"国家权力"并非全国人大独享的权力,地方各级人民代表大会同样享有国家权力。而且,《宪法》第3条第2款进一步规

---

① 《中华人民共和国立法法》第72条。

② 关于地方立法权的附属性,可参见黄子毅:《中央地方权力配置与地方立法》,《中国法学》1994年第4期;崔卓兰、赵静波:《中央与地方立法权力关系的变迁》,《吉林大学社会科学学报》2007年第2期;王春业:《论赋予设区市的地方立法权》,《北京行政学院学报》2015年第3期。

③ 参见李少文:《地方立法权扩张的合宪性与宪法发展》,《华东政法大学学报》2016年第2期。

④ 赵一单:《央地两级授权立法的体系性思考》,《政治与法律》2017年第1期。

定地方各级人大与全国人大一样都由民主选举产生,这足以表明,地方立法权同样源于人民,并非从全国人大所享有的国家权力中派生出来的权力。

虽然从应然层面来讲,地方立法与中央立法一样属于地方立法机关的原生性权力,但是在实然层面,我国央地立法之间的关系并未彻底厘清,导致地方立法面临重重困境,具体表现为:

第一,地方立法"抄袭"严重。所谓地方立法的"抄袭"现象,是指地方立法机关在制定地方立法时,不必要地重复上位法的已有规定,导致地方立法变成上位立法的"传声筒"和"应声虫",损害地方立法的权威,影响地方立法的质量,[1]贬抑了地方立法的应有角色。不过需要强调的是,地方立法对上位法的适当重复是必要的,如果仅是贯彻上位法的立法精神和法律原则就不构成"抄袭"。另外,在上位法已对某些事项作出规定的情况下,下位法针对同一事项可以作出细化规定,因此,地方立法对上位法法律规则中前提条件的重复也不构成"抄袭"。[2]

第二,地方立法陷入权限困境。与地方立法的"抄袭"不同,也有些地方试图有所作为,想要通过对中央立法的突破和变通为地方实践创新提供规范依据,但是,由于央地立法之间的关系未被理顺,因此这些地方立法创新很容易陷入权限困境,导致地方立法窒碍难行,一定程度上牺牲了地方立法的实效性。[3]举例来说,为了推进社会信用体系建设,地方立法频频出台黑名单等各种信用监管措施,这类措施具有明显的"惩戒性",但由于我国《行政处罚法》关于行政处罚种类设定权的规定仅限于法律和行政法规,导致地方立法在设定各类非法定的行政处罚种类时陷入权限困境,很大程度上制约了地方立法对地方治理需求的回应性。[4]

第三,地方立法的地方性欠缺,特色不足。地方立法与中央立法最大的不同是中央立法主要着眼于对具有全国影响的事项进行立法,但地方立法存在的价值正在于其必须反映地方的利益,解决地方治理的问题,对接地方的实际需求,因此如何实现地方特色是地方立法永恒的主题。但问题是,目前我国的

---

[1] 参见孙波:《试论地方立法"抄袭"》,《法商研究》2007年第5期。

[2] 参见汤善鹏、严海良:《地方立法不必要重复的认定与应对——以七个地方固废法规文本为例》,《法制与社会发展》2014年第4期。

[3] 参见向立力:《地方立法发展的权限困境与出路试探》,《政治与法律》2015年第1期。

[4] 参见黄喆:《地方立法设定行政处罚的权限困境与出路》,《政治与法律》2019年第7期。

地方立法严重缺乏特色。在纵向上,地方立法对上位法存在过多不必要的重复,对此上文已有详细论述,不再赘言;即便在横向层面,不同地域之间的地方立法也大同小异,据有关学者研究发现,多数地方立法机关在立法时并未全面将自身经济发展水平、历史渊源、传统文化等特色因素考量在内,地方立法的横向特色不足。[①]

面对上述问题,根本解决之道是彻底划分清楚中央立法与地方立法之间的界限,既让中央立法发挥维护全国法制统一的作用,也使得地方立法具有包容创新的立法空间。一个国家中央立法与地方立法之间立法权限的划分是解决央地各种利益争执的关键。[②]具体来说,应当建立一个明确的央地立法权划分标准,目前我国《立法法》主要根据"重要程度标准"对中央立法事项有较为明确的规定,[③]2015年新修订的《立法法》第72条虽然试图对地方性立法事项作出列举式规定,但从该条的具体表述来看,由于有"不同宪法、法律、行政法规和本省地方性法规相抵触"的规定,这些地方立法事项并不具有彻底的地方独占性,距离"地方专属立法事项"仍相距甚远,这意味着我国"设区的市"在规范列举的立法事项范围内进行的地方立法仍然要受到中央制约。未来,有必要进一步引入"影响范围标准",根据立法事项的影响范围大小和程度决定其究竟是中央立法事项、地方立法事项抑或央地共同立法事项,并建立央地立法事项的动态调整机制,根据社会生活的变化适时调整立法事项的央地划分。[④]

三、人大立法与行政立法

立法权不仅存在纵向层面的央地划分,同样也涉及横向层面的权限分配问题,应当说,如何妥善处理好立法机关与行政机关之间的关系一直是法学研究中的一项重要话题,在中国语境下,这一话题可以转化为人大立法与行政立法之间的关系问题。

---

① 参见赖芸池:《地方立法中的"地方特色"研究——以浙江省设区的市〈市容环卫条例〉为例》,《人大研究》2020年第2期。

② 参见封丽霞:《中央与地方立法权限的划分标准:"重要程度"还是"影响范围"?》,《法制与社会发展》2008年第5期。

③ 《中华人民共和国立法法》第8条。

④ 参见封丽霞:《中央与地方立法事权划分的理念、标准与中国实践》,《政治与法律》2017年第6期。

我国现行宪法第89条第1项规定，国务院"根据宪法和法律"制定行政法规，基于对"根据宪法和法律"内涵的不同解读，行政立法与人大立法之间的关系呈现出不同的面貌。关于"和"，存在"且"和"或"两种不同理解，如果作"且"理解，意味着虽然要受到宪法制约，但行政立法必须以"法律"的存在为前提，如果没有"法律"作为依据，国务院不得制定行政法规；如果作"或"理解，则说明即便没有"法律"作为依据，国务院可以直接以宪法上的规定为依据制定行政法规。由此，形成了行政立法的"授权说"和"职权说"两种意见。"职权说"认为仅有宪法上或者组织法上的职权规定即可以进行行政立法，[1]"授权说"旗帜鲜明地反对"职权说"，主张行政立法必须有直接的法律授权作为依据。[2]

法学界争议的焦点是职权立法是否存在正当性。从我国立法实践的实然层面来看，行政机关进行职权立法是现实而广泛存在的，且有日益扩张的态势。[3]因此，如果从纯粹实用主义的角度出发，应当肯定职权立法的作用，但问题是实然的有效并不能赋予职权立法应然层面的正当性。争议的解决仍应回到应然层面展开讨论，为此，有必要追根溯源，探求立法的本质。立法权是国家的一般意志，司法权和行政权只是这种意志的维护者和执行者，基于此，通过立法程序制定的法律应当是一种一般性规范，也就是对不特定主体制定可以普遍适用于未来的规范，之所以如此要求，则是因为只有赋予法律一般性，公平和自由才能得到保障。除此之外，由于法律最终要普遍适用于不特定主体，因此法律也必须具有民主性，这是人民主权的基本要求。

职权立法存在问题不在于其不具备法的一般性特质，而在于欠缺法律独有的民主正当性。就国务院的职权立法而言，由于国务院的宪法地位是由全国人大产生、向全国人大负责的执行机关，并不能直接代表民意，因此国务院的行政立法要具有法的资格，须获得全国人大及其常委会制定的法律的授权，否则，仅依据抽象的宪法规范和组织规范进行的职权立法与立法的本质相悖。

综上，关于人大立法和行政立法的关系，可以概括如下：凡是具有一般性

---

[1] 参见陈斯喜：《论我国立法权限的划分》，《中国法学》1995年第1期；邹奕：《论我国行政法规的宪法基础》，《法学论坛》2012年第6期。

[2] 参见曾祥华：《职权立法应当取消》，《人大研究》2005年第9期；许元宪、吴东镐：《论国务院制定行政法规的宪法根据》，《法学家》2005年第3期。

[3] 参见喻少如：《论我国行政立法中的职权立法》，《武汉大学学报（哲学社会科学版）》2009年第1期。

的规范,原则上都应由人大制定,只有当人大存在明确的授权时,行政立法才有存在的空间,换言之,仅依靠抽象的宪法规范和组织法规范进行的职权立法应被禁止。①

四、正式立法与试验立法

我国立法与改革的关系应当是通过立法引领改革,保证改革在法治的轨道内运行,换言之,"凡属重大改革要于法有据"已经成为把握立法与改革关系的主导思想。但问题是,法律规范与社会变革之间存在一定的紧张对立,在社会转型时期,这种对立会更加凸显。试想,如果任何改革创新都需要通过冗长的立法程序才能向前推进,实践中的很多创新做法就将丧失其创新性和前瞻性,这显然与改革的宗旨不符。为此,如何缓解法律规范与改革创新之间的紧张关系是立法者必须面对的问题。

进行试验立法是有效缓和正式立法与改革创新之间张力的重要举措。所谓试验立法,是指围绕某一个立法事项,先进行试验性立法,当积累足够的经验后再决定是否进行正式立法,有学者认为试验立法是一个从演练中吸纳地方知识和经验,进而反馈到立法决策层为正式制度的生成提供机遇的过程。②可以说,某种程度上,试验立法的作用就是为正式立法积累经验。从功能上看,通过试验立法可以将试验规则置于实践中进行检验,由此可以在试验中全面收集试验信息,从而为后续正式立法提供充足信息,确保正式立法的科学性,提高立法质量。同时,立法是一个需要平衡各种冲突利益,寻求政治共识的过程,由于我国已经进入改革深水区,每一次立法必然会牵动各方利益,如果不能很好地化解利益冲突,改革也将难以为继,试验立法具有化解各方利益冲突的明显优势,③因为立法试验可以将利益冲突限定在特定地域、人群和时段内,而且可以根据试验立法的结果不断试错,调整立法规则甚至因为不可调和的利益冲突取消后续正式立法的计划。

然而,虽然试验立法具有如此明显的价值,但是关于试验立法的制度建设却极不完善,试验立法的条件、内容、制定程序、规范效力等都不明确,面对实

---

① 参见王贵松:《论法律的法规创造力》,《中国法学》2017年第1期。
② 参见安晨曦:《在经验与规范之间:试验立法及其类型化——一种立法进路的提倡》,《北方法学》2015年第3期。
③ 参见黎娟:《"试验性立法"的理论建构与实证分析》,《政治与法律》2017年第7期。

践中如火如荼的立法试验,法学能够提供的理论支撑也少之又少,无怪乎有学者发出感叹"现在该是对我国试验立法进行回顾和总结的时候了"。①

从理论上看,试验立法可能面临一些理论诘问:一方面,相对于正式立法所拥有的确定性和稳定性,试验立法与生俱来的暂时性、不确定性特点是否违反法律确定性原则?另一方面,在特定区域、针对特定人群进行的试验性立法是否违反法律面前人人平等原则?②

试验立法并不违反法律的确定性原则,因为试验立法的试验条件、地域、人群和期限等都是事先明确的,人们并不会因为是试验性立法而丧失对自身行为及其后果的预测;另外,试验立法虽然是一个不断试错、调整和适应的过程,但却是以最终出台具有明确性的正式立法为目标,而且与不经实践检验直接出台的正式立法相比,试验立法所具有的试错性、过渡性等特性,恰恰反映了试验立法对法律确定性原则的维护。

同样,试验立法也不违反法律面前人人平等原则,平等包括形式上的平等与实质上的平等,立法不可能追求平均化的正义,只要符合实质平等的要求,立法就不违背平等原则。表面上,试验立法似乎存在适用地域和人群的不平等,但试验立法采取的是必要的区别对待,目的是降低立法的风险,平衡各方利益冲突,同时经由试验性立法不断试错后积累的经验可以反映到正式立法中去,并最终让更多人受益,因此,试验立法无疑符合实质平等的要求。

一旦为试验立法正名,就应当进一步为实践中的试验立法提供制度支撑。具体而言,应当明确试验立法的运用条件、范围、权限、程序还有效力等问题。首先,应当在制度上明确试验立法的条件,换言之,试验立法只能基于改革试验的目的才能进行,因此,如果与立法事项与改革创新无关,不应进行试验立法;其次,应当明确试验立法的程序,尤其是要建立试验信息收集反馈机制和事后的试验评估机制,平衡好各方利益,确保立法的科学性和民主性;最后,明确试验立法的时间效力,确定合理的试验期限,具体期限应当根据立法事项的特点科学设定,但规范试验立法的法律应当通过"落日条款"对最长试验期限作出规定。

---

① 杨登峰:《我国试验立法的本位回归——以试行法和暂行法为考察对象》,《法商研究》2017年第6期。

② 有学者就质疑《立法法》第13条规定的"暂停法律实施条文"有可能形成法律豁免区,违反平等原则。参见傅蔚冈、蒋红珍:《上海自贸区设立与变法模式思考——以"暂停法律实施"的授权合法性为焦点》,《东方法学》2014年第1期。

第八章 执　法

第一节　徒法不足以自行

　　法律的生命在于实施，法律一经制定，就必须付诸实施。"天下之事，不难于立法，而难于法之必行"①，有了法律如果不能有效实施，那么再多的法律也是一纸空文，必将失去其应有的权威、价值和效力。法律实施就是让法律从"纸上的条文"变为"生活中的行动"，使抽象的法律规范在社会实际生活中得以普遍遵守和贯彻执行。古希腊著名哲学家亚里士多德指出："法治应包含两重意义：已成立的法律获得普遍的服从，而大家所服从的法律又应该本身是制订得良好的法律。"②这说明，制定良好的法律以及法律得以严格实施，构成了法治的两项重要内容。

　　"徒法不足以自行"，法律实施又必须通过一定方式和机制得以实现。法律实施的基本方式包括执法、司法和守法。所谓执法，即法律的执行。广义上的执法与立法相对应，是指一切执行法律的活动，既包括国家行政机关执行法律的活动，也包括国家司法机关适用法律的活动。通常所称的执法，则是与立法、司法相对应，并不包括司法机关的司法活动，而仅指国家行政机关执行法律的活动，即"行政执法"。在这种意义上，执法作为一项重要的法律实施活动，在性质与功能上即等同于"行政"。

　　根据性质和功能的不同，现代国家职能可以分为立法、行政和司法。相对于立法而言，行政是一种持续不断的规则执行活动。立法实质上是立法机关

---

① ［明］张居正：《张居正奏疏集》，华东师范大学出版社2014年版，第232页。
② ［古希腊］亚里士多德：《政治学》，吴寿彭译，商务印书馆1965年版，第200页。

制定法律、确定规则的一种国家职能。由于这些规则具有持续的法律效力,可以在短期内制定,这就决定立法机关履行其职能的形式往往采取的是会议制,即以定期开会的方式履行其职能,而不必每天制定规则,闭会期间可视为立法活动的中断,因而立法属于一种定期性的规则制定活动。但是,"由于那些一时和在短期内制定的法律,具有经常持续的效力,并且需要经常加以执行和注意,因此就需要有一个经常存在的权力,负责执行被制定和继续有效的法律"①。这种经常存在的权力即行政权,必须持续发挥作用,以确保立法机关制定的规则能够持续不断地得以执行。相对于司法而言,行政则是一种积极主动的利益形成。行政和司法都是国家意志的执行,都是适用法律的活动。然而,司法是为解决纠纷而设置的,其实质上是司法机关裁判纠纷、处理利益冲突的一种国家职能。这就决定司法机关只能以被动的方式即按照"不告不理"的原则来启动其职能的履行,如果社会上并未发生利益冲突的各种案件或这些案件并未告到司法机关,则司法机关并不能主动发挥作用。而由于人们对处理利益冲突的核心要求是公正,因此司法所追求的核心价值目标是裁判公正。这也就决定了司法权必须应当事人的请求而启动,即司法具有被动性,旨在防止司法人员单方面接触、先入为主,从根本上保证司法公正。然而,行政则是以利益形成为内容,往往并不取决于相对人的请求或同意,而是取决于是否存在利益形成之必要。这就决定了行政机关必须积极、主动地去集合、维护和分配公共利益。否则,公共利益就会被漠视、侵犯而无法得到有效的利用和发展,个别的利益主体也会由于无法分享公共利益而受到损害。

当然,随着社会的发展,国家的行政职能大为扩展,现代行政也包含了一部分制定规则和裁判纠纷的活动。但是,这类行政立法和行政司法,并非行政机关固有的职能,必须得到立法机关的授权。同时,相对于国家立法机关的立法而言,行政立法处于从属地位,是一种准立法活动,其目的仍然是执行立法的意志;相对于国家司法机关的司法活动而言,行政机关并无最终裁决权,即对行政机关裁决纠纷的活动不服,当事人还可以诉之于法院,法院的司法裁决才是最后的结局,具有终局性。

正因如此,就执法的范围而言,执法可以等同于行政的全部,即包括行政立法和行政司法在内,但在有些场合下也可以将行政立法和行政司法排除在外,仅限于更狭义上的"行政执法",即仅指行政机关依照法定职权和法定程

---

① [英]洛克:《政府论》,叶启芳等译,商务印书馆1964年版,第91页。

序,执行法律、法规和规章,直接针对特定相对人实施行政处理并影响其权利义务的行为。此外,由于行政处理的范围是十分广泛、方式各式各样,如许可、审批、征收、征用、给付、确认、裁决、检查、奖励、处罚、强制等,因此在实务界,人们一般习惯于将监督检查、实施行政处罚和采取行政强制措施这一类最直接影响相对人权利义务的行为方式称为"行政执法"。①

可见,执法或行政执法一词,是一个内容和范围十分广泛的概念,其含义因使用的场合不同而不同。在这里,我们主要是从执法相对于立法、司法、守法这些法治的基本环节而言来使用的。在此意义上,执法作为一种法律实施方式,是指国家行政机关对法律的执行,包括国家行政机关执行法律的一切行政行为。

在现代法治国家,执法作为一种重要的法律实施活动,在全面推进依法治国和依法行政的进程中具有重要的地位和作用。按照法治基本原理来讲,"治国者必先受治于法",依法治国要求从中央到地方的各级权力机关、行政机关和司法机关都要严格依法行使国家权力。历史经验告诉我们,有权力必有制约,权力如果没有制约,就容易滥用、出现腐败。在现代法治国家,这种对权力的制约主要来源于法的控制。如果权力没有法的控制,法治也就不可能存在。因此,依法治国的实质在于"依法治权"。而行政权力在所有国家权力中最为庞大、最为活跃,最具有扩张性、裁量性和侵犯性,因而是一种最容易被滥用、最容易膨胀、最容易自由无度的权力,也是最需要控制但又最难以控制的权力。可以说,依法治权的核心就在于治行政权,确保依法行政。能否依法行政,是能否依法治国的关键。同时,"依法行政"所要解决的关键问题是政府与老百姓之间的关系,也就是"官民关系"。自古以来,官民关系定则天下定,官民关系乱则天下乱。在一个以官本位为主导的国度里,"官民关系"在各种社会关系中无疑起到主导性的作用。②因此,只有确保政府公权力合法、正常和有序的运行,才能建立一种良好的"官民关系",确保社会的和谐,保障法治社会的实现。

而依法行政的重心又在于行政执法。在我国,行政机关作为国家权力机关的执行机关,其主要职责就是执法,严格执法是依法行政的直接体现。同时,

---

① 姜明安:《行政执法研究》,北京大学出版社2004年版,第9页。

② 参见《一堂别开生面的"普法课"》,载新华网2017年12月14日,http://www.xinhuanet.com/legal/2017-12/14/c-1122113328.htm,最后访问时间2021年4月19日。

行政机关是国家机关中权力最大、人员最多、管理范围最广且灵活性最高的机关。行政机关的执法水平直接关系人民群众的切身利益。因此,高度重视行政执法,是现代社会实行法治国家的必然要求。只有切实地搞好行政执法,才能真正地实现依法行政和依法治国。可以说,行政执法是依法治国和依法行政的核心和关键。

行政执法的作用还体现在提高行政效率、消除腐败现象、保护行政相对人的权益等方面。首先,行政权是国家运用最广泛的权力,直接关系着国家的政治、经济、教育、科学等各方面的发展和进步。行政效率的高低对经济和社会的发展具有十分重要的影响。完善行政执法体系,必将极大地提高行政效率,促进经济、社会的发展。其次,在行政执法中容易发生以权谋私等腐败现象。建立和完善各项行政执法制度,有利于消除腐败现象,促进国家的廉政建设。再次,执法的根本目的是保障和实现人的权利。立法是确认人的权利,明确各种不同的人的权利的性质、类别、范围和实现途径;执法则是使立法所确立的人的权利得以实现,包括提供权利实现的途径、条件,排除权利实现的障碍,制止权利滥用或侵权,查处侵权者的责任。因此,执法直接使人的权利由"应然"变为"实然",保障人的权利实现。同时,执法还有助于维护社会秩序和增进社会公共利益,从而间接地促进相对人权益的实现。

第二节　执法原则:法定、均衡与正当

执法原则,是指贯穿于执法活动的整个过程,对执法行为起着普遍性指导作用的基本法律准则。它反映执法的客观规律,体现执法的根本宗旨,适用于执法的一切领域。在法治国家中,行政机关的执法活动是国家权力行使的表现,不仅要受到法律规则的控制,还必须严格遵循法律原则的要求。违反法律原则的执法行为,同样构成一种违法行为,必须承担相应的法律责任。执法原则不仅是行政机关实施执法行为应当遵循的基本准则,也是法院对执法行为进行司法审查的依据,具有司法适用的价值。也就是说,当某一个执法行为被诉诸法院后,法院可以也应当适用法律原则作为对该执法行为进行合法性审查的依据。从司法实践来看,大量的实例表明我国法院在运用法律原则进行判案。如在田永诉北京科技大学一案中,法院实际上运用了法律优先、比例原

则、程序正当、信赖保护等原则。[①]

从总体上讲,执法的原则即为"依法行政原则",它要求所有的执法活动都必须受到法律的约束。具体而言,执法的原则包括法定、均衡和正当三项原则。

一、法定原则

行政机关的执法作为一种执行"法"的活动,必须以"法"为准则,严格遵循行政法定原则(或称之为合法性原则)。该原则要求行政执法的权限、内容、程序等方面,都应符合法律的规定,具体包括职权法定、法律优先与法律保留等原则要求。职权法定是指任何行政执法都必须来源于法定的行政职权,具有明确的法定依据;法律优先强调下位法的规定不得与上位法的规定相抵触,否则,必须优先适用上位法的规定;法律保留则强调凡是只能由法律规定的重要事项,非经法律的授权,任何执法机关和个人都不得随意作出规定。

在现代法治社会里,作为行政权力的执法权与公民权利的运行规则有着明显的区别。对于公民而言,凡法律没有明文禁止的即意味着有权行使。换言之,只有当法律明文禁止时,公民才不得为之;凡无法律明文禁止的,公民则有权为之,其活动无需法律的明文授权。但对行政机关而言,只有法律明文规定或授权的才得为之,严格遵循"法定职责必须为,法无授权不可为"。因此,行政机关必须在法律规定的职权范围内活动,非经法律授权不得行使某项职权,尤其是在涉及剥夺公民权利、科以公民义务的时候,必须要有法律的明确授权。这就是职权法定原则。它要求任何行政执法的职权都必须合法产生,或由宪法、组织法设定,或来源于其他法律、法规的授予,否则权力来源就没有法律依据。同时,职权法定意味着拥有行政执法职权的行政机关必须依法设立,具有法定依据。在没有法定依据的情况下,不得设置任何机构,即使是行政机关自己设定临时性的机构都是违法的。

在职权法定的基础上,任何行政执法还必须严格遵循法律优先与法律保留原则。这是因为,作为执法依据的"法"的范围十分广泛,既包括立法机关所立之"法"的法律、法规,也包括行政机关所立之"法"的行政法规、规章和其他规范性文件。而在这样一个多层次立法的情况下,"以法律形式出现的

[①] 周佑勇:《行政法基本原则研究》,法律出版社2019年版,第273页。

国家意志依法优先于所有其他形式表达的国家意志"①。也就是说，立法机关所制定法律处于最高位阶、最优地位，在效力上要高于其它法律规范，其他法的规范都必须与之保持一致，不得相抵触，否则无效，这就是法律优先原则。进一步而言，它要求任何下位法的规定不得与上位法的规定相抵触，否则在执法过程中应当优先适用上位法的规定。譬如在田永诉北京科技大学一案中，北京科技大学对田永做出退学处理决定所依据的其校内规章与教育部制定的《普通高等学校学生管理规定》相抵触，这就违反了法律优先原则。如果说法律优先要求行政执法的依据不得与法律相抵触，那么法律保留原则进一步要求特定范围内的某些事项必须专属于立法机关规范，行政机关非经法定授权不得为之。根据该原则，凡行政机关对限制或剥夺公民自由和财产及其他重要权利的行政作用，都应受法律的约束，都应有具体、明确的法律依据。

二、均衡原则

均衡原则是在法定原则的基础上进一步要求行政执法必须全面权衡各种利益关系，做到实体内容上的公平合理，而不能机械、片面地"照章行事"、照搬条文的规定。具体包括平等对待原则、比例原则与信赖保护原则等。

平等对待原则，是作为宪法原则的"平等原则"在行政执法中的具体化。我国宪法第33条明确规定公民在法律面前一律平等的原则，因此平等原则系宪法位阶的法律原则，可拘束行政、立法和司法。作为拘束行政的基本准则，平等原则在行政执法中具体化为"平等对待原则"。它要求行政机关针对多个相对人实施执法行为时应一视同仁，不得恣意专断，做到同样情况同样对待，不同情况不同对待。平等对待原则，又可具体导出禁止恣意原则和行政自我拘束原则。所谓"禁止恣意"，是指行政机关的任何措施必须有其合理的、充分的实质理由，与其所要处理的事实状态之间保持适度的关系。禁止恣意原则不仅禁止故意的恣意行为，而且禁止任何客观上违反宪法基本精神以及事物本质的行为。例如参政权之行使因需有成熟的判断经验，固设有年龄限制，但以外观之美丑作为决定公务员录取之标准者，则不合乎事物本质必要性之要求。此外，超过合理程度的差别对待，亦构成"恣意"。例如在公务员招考中以身高不够限制报名资格，即构成平等原则所不容许的差别对待情形。行政拘束原则，是指行政机关在作出行政决定时，如无正当理由，应受行政惯

---

① ［德］奥托·迈耶：《德国行政法》，刘飞译，商务印书馆2002年版，第70页。

例或者行政先例的拘束,对于相同或者同一性质的事件作出相同的处理。该原则的实质在于要求行政机关受其先前所作出的决定的拘束,对之后发生的同类事件应当作出与之相同的决定。当然,作为行政自我拘束之依据的行政惯例或先例本身必须合法,"不法的平等"是被排除的,当法的拘束与平等处理问题间有冲突时,应以法的拘束为优先。否则,行政机关便可有意或无意地透过违法的行政先例而排斥法的适用或变更法的适用。就相对人的请求权而言,亦不可要求行政机关援引不法的先例而给予平等的待遇。如公民不能以公安未取缔他人违规,而主张自己遭取缔为违法的决定。

比例原则首创于德国,被誉为行政法中的"皇冠原则"或"帝王条款"。该原则要求行政机关在限制个人利益的手段与实现公共利益的目的之间进行权衡,以选择一种既为实现公共利益所绝对必要,也为对相对人利益限制或损害最少的手段,具体包括必要性原则和合比例性原则两个部分。必要性原则,又称最少侵害原则、不可替代原则,或最温和方式原则,是指行政机关在面对多种适合达成行政目的的手段可供选择时,应选择对相对人利益限制或损害最少的措施。譬如,对于某违法的企业,行政机关可依法给予罚款、吊销执照或者责令停产停业的处罚,如果只需对企业处以罚款即可达到制裁和防止其违法的效果时,行政机关即不得施以其他影响更大的行政处罚措施。该原则意在防止行政机关在作出决定时"小题大做",正如中国俗语"杀鸡焉用牛刀",表明了最严厉的手段惟有是在已成为最后手段时,方可行之。合比例性原则,又称相称性原则,是指在行政执法中行政机关对相对人合法权益的干预不得超过所追求的行政目的的价值,两者之间必须合比例或相称。具体而言,某一行政执法行为的作出虽然为达到行政目的所需要,但如果该行为作出的结果会给人民带来超过行政目的价值的侵害,那么该行政执法行为的作出就违反了合比例性原则。该原则要求行政机关在作出行政执法行为前,必须将其对相对人可能造成的侵害与达成行政目的可能获得的利益之间进行权衡,只有在后者重于前者时才能采取;反之,则不能采取。若以中国俗语,可比喻成"杀鸡取卵",形容一个行为(杀鸡)和所追求的代价(一个鸡卵)之间,不成比例、失去均衡的关系。德国学者对该原则也曾作过形象的比喻:警察为了驱逐樱桃树上的小鸟,虽无鸟枪,但也不可用大炮打小鸟。因为用大炮击鸟,不论击中与否,炮声会惊吓邻居(即造成了不堪设想的后果),违反了合比例性原则。[1]

信赖保护原则,是诚实信用原则在行政执法中的运用。它要求行政机关在执法过程中必须信守承诺,不能随意变更或者撤销已经生效的行政执法行为,否则必须对造成相对人因信赖该行为有效存续而获得之利益的损失予以补偿或赔偿。我国《行政许可法》首次将该原则适用于行政许可领域,并在第8条和第69条作出了明确规定,要求行政机关实施行政许可必须诚实信用,不得擅自改变已经生效的行政许可。除了行政许可之外,在诸如发布政策、签订契约、做出承诺、提供指导或信息咨询等广泛众多的行政执法领域,行政机关都应当遵循"信赖保护原则"。如果行政机关随意改变政策,或者在个案中偏离政策、不兑现承诺、提供错误的指导或者信息咨询意见等,都可能引发相对人预期的正当信赖利益丧失或受损的问题。譬如,行政机关为吸引企业前来投资而向其作出给与税收、土地使用权等方面的便利或优惠之承诺,但在某企业投资建厂后,却没有兑现这些承诺,使得企业先前的计划落空、预期的收益受到损失。再比如,某企业经过向税务机关咨询,该企业的一笔收入不属于应税所得,但事后被上级税务机关在税务检查中认定为属于应税所得,并受到追加税款和罚款的处罚。这里就是由于税务机关提供了错误的咨询信息而导致该企业的信赖利益受损,税务机关应当对此承担责任。

三、正当原则

如果说均衡原则是对行政实体内容的要求,正当原则则是对行政程序提出的进一步要求。该原则源自于英国的自然公正原则和美国的正当法律程序原则,它要求行政执法的运行必须符合最低限度的程序公正标准,具体包涵避免偏私、公平听证和行政公开三项内容。

避免偏私原则,是指行政机关在行政执法过程中应当在参与者各方之间保持一种超然和不偏不倚的态度和地位,不得受各种利益或偏私的影响。其具体要求包括:第一,没有利益牵连,即行政机关及其工作人员(和工作人员的亲属),与所作的行政执法行为没有个人利益上的联系。第二,没有个人偏见,即行政机关及其工作人员在行政执法过程中应给予当事人同等的机会,不偏袒任何一方当事人,不带任何偏见。避免偏私原则的贯彻实施,需要一系列的制度来加以保证,这些制度主要包括行政回避制度、禁止单方接触制度以及

---

[1] 陈新民:《德国公法学基础理论》,山东人民出版社2001年版,第397页。

内部职能分离制度等。

公平听证原则，又称狭义上的"正当程序"，是指行政机关在行政执法过程中，必须充分听取当事人的意见，尤其是在作出不利于当事人的决定时，应当说明理由，及时告知并充分听取其陈述和申辩，必要时可以采取举行听证会的方式听取意见。目前，世界上许多国家的行政程序法中都明确确定了公平听证原则。譬如葡萄牙《行政程序法》第8条明确规定："公共行政当局的机关，在形成与私人有关的决定时，尤其应借本法典所规定的有关听证，确保私人以及以维护自身利益为宗旨团体的参与"。在我国，《行政处罚法》关于听证程序的规定开创了我国行政程序立法中公平听证的先河。《价格法》《立法法》和《行政许可法》中关于举行听证会的规定，则使公平听证原则的范围和内容进一步扩大了。

"没有公开则无所谓正义"，公开原则的主旨就在于让民众亲眼见到正义的实现过程，因而公开原则长期以来也一直被视为是程序公正的基本准则和要求。行政公开即行政的公开化，是指行政权力运行的每一个阶段和步骤都应当以相对人和社会看得见的方式进行。它要求行政机关在行政执法的过程中，应当依法将行政执法的依据、过程和结果向行政相对人和社会公众公开，以使其知悉并有效参与和监督行政执法的运行。按照现代民主与法治的基本要求，行政公开的内容应当是全方位的，行政执法的整个运行过程都要公开，包括事先公开职权依据、事中公开决定过程和事后公开决定结论。根据公开的对象不同，对社会公众的公开主要有会议旁听、媒体报道、刊载、查阅、公榜、新闻发布会、电子政务等方式；对特定相对人公开的方式主要有阅览卷宗、表明身份、告知或送达等。

第三节　执法构成：主体、行为与监督

从系统论的角度看，行政机关的执法活动并不是孤立的，而是一项复杂的系统工程，包括多个构成要素和环节。其中，至少有主体、行为和监督三个基本要素。

一、执法主体

一项执法活动的运作必须首先具有执法主体,没有执法主体,也就不存在执法。同时,这种主体必须具备相应的执法主体资格,才能保证执法的合法有效运作,这是执法的首要环节。

相对于立法、司法而言,执法即等同于行政,执法主体即等同于行政主体。在这个意义上,所谓执法主体,是指具有行政权能,能以自己名义运用执法权,独立承担相应法律责任的社会组织。从这一定义可以看出,一个社会组织要取得执法主体资格,首先必须具有行政权能,即依法被确定享有行政权的能力或资格。行政权力不同于立法权和司法权等其他国家权力,也不同于公民、法人和其他社会组织的权利;只有具有行政权能的社会组织,才能成为执法主体或行政主体。其次,判断某一组织是否具有执法主体资格,还要看其是否具备以自己的名义对外行使执法权或具有行政权的行为能力。否则,即使具有一定行政权能,行使着一定的执法权,也只能是一定主体的代表及其意志的具体表达者,而并非独立的执法主体。再次,一个社会组织要取得执法主体的资格,还必须有能力独立承担实施行政执法行为所产生的法律责任,即具有责任能力。如果一个组织不具有责任能力,则不能以自己的名义实施行政执法行为,因而也不能成为独立的执法主体。

根据以上资格和条件,执法主体包括两大类:一类是各级各类国家行政机关,自组织依法成立时即自然取得执法主体资格,通常称之为职权行政执法主体;另一类是授权行政执法主体,即法律、法规或规章授权的非行政机关的其他社会组织。一般而言,行政职权应由行政机关来承担并实施,国家的行政职能总是同国家行政机关相联系。因此,国家行政机关是最主要的执法主体。但是,由于社会的发展和需要,现代公共行政事务不断地扩展和增加,许多涉及社会性和专业性的行政事务,如市容环境卫生、食品卫生监督、物价检查、医疗事故鉴定等,都需要社会组织来参与和解决,而如果仅仅靠行政机关,未必能够取得良好的社会效果。同时,将日益增多的行政事务分出一部分由其他组织来承担,实现部分行政事务的民营化、社会化,有利于减轻行政机关的负担,提高效率和节省费用,还有利于调节政府与公众之间的关系,减少官民矛盾和冲突。正因如此,自1970年代以来,介于政府与非政府组织之间的"第三种组织"大量出现,使得行政主体日益多样化。这表明,现代行政的目的不再仅仅是单纯的"管理行政",而是最优地实现公共利益;非营利组织、地方团体等非政府组织(成为第三种组织),在参与公共事务的治理和公共服务等方面的作用日渐突出,成为实现公共利益不可或缺的重要力量。这说明,公共管理和公共服务不再单纯由政府全部包揽,只要能够最优地实现公共目标,非政府组织也应该通过法定渠道进入公共管理领域,成为与行政机关相对应的另一类执法主体即授权行政执法主体。

当然,一个非行政机关的社会组织要取得授权执法主体资格,也并非任意的。它必须是具有管理公共事务职能的社会组织,且必须得到法律、法规或规章的明确授权。这类被授权的组织主要包括行政机构和其他公益类组织。其中,行政机构是国家行政机关因行政管理的需要而设置的具体处理和承办各项行政事务的内部机构、派出机构或临时机构。行政机构隶属于行政机关,不具有独立的编制和经费预算,一般不具有独立的执法主体资格,只能以所在行政机关的名义对外实施行政职权。但是,行政机构在经过法律、法规、规章授权的情况下,可以成为授权执法主体。如《治安管理处罚法》第91条规定:"警告、500元以下的罚款可以由公安派出所决定"。由此授予公安派出所特定范围处罚权而使其在该职权范围内具有独立执法主体资格。另一类是其他公益性组织。在我国,这类组织主要有邮电部门、铁路运输公司、煤气公司、自来水公司等公用企业,以及从事教育、科技、文化、卫生等活动的事业单位及其他社会组织。例如,《铁路法》第3条第2款规定:"国家铁路运输企业行使法律、行政法规授予的行政管理职能。"据此国家铁路运输企业在法律、行政法规授权的情况下可成为授权执法主体。《学位条例》第8条规定:"学士学位,由国务院授权的高等学校授予;硕士学位、博士学位,由国务院授权的高等学校和科学研究机构授予。"这就授予了高等学校和科研单位学位授予权而使其具备了在高教行政执法方面的主体资格。再如,《消费者权益保护法》第37条授权消费者协会对商品和服务的监督、检查,受理消费者的投诉并对投诉事项进行调查、调解等职权。根据《体育法》相关规定的授权,我国的各类单项体育协会如中国足球协会、篮球协会等均具有相应的运动员注册管理、各类体育竞赛管理及处罚的职权,因此也具备执法主体资格。

此外,依照法律、法规、规章的规定,行政机关还可以将自己的部分执法权委托给具备执法条件的社会组织行使,但被委托组织并不具有执法主体资格,并不能以自己的名字进行执法,也不承担执法的后果。因此,被委托组织不能成为独立的行政执法主体。当然,国家行政权力具有不可随意转让或者任意处置性,因此行政机关在进行行政委托时必须遵循一定的规则。这些规则包括：第一，委托必须有法定依据，即行政机关必须在法律、法规或者规章规定可以委托的条件下，才能委托。没有法定委托依据，行政机关只能作些临时性委托，即一次性执行完毕的行政委托。第二，委托必须在法定权限内，即行政机关只能在自己的职权范围内进行委托，超越权限的委托当然无效。第三，必须履行书面委托手续。在书面委托手续中，明确委托的范围、权限、期限及相应的要求。第四，必须对受委托组织的行为加强监督。这是委托机关的职责，决不允许一托了事，撒手不管。同时，受委托的组织尽管不具有执法主体资格，但代表委托的行政机关实施着一定的执法权力，因此受委托的组织也必须符合法定的条件，如该组织是依法成立的，具有法人资格等；并在具体实施行政执法行为时也要遵循一定的规则。这些规则包括：第一，必须以委托机关的名义实施行政执法行为。第二，必须在委托的范围内实施行政执法行为。如果不以委托机关的名义，或超越委托范围而作的行为，由此产生的法律后果，不由委托的行政机关来承担，而应由受委托的组织自行负责。第三，不得再委托其他任何组织或者个人实施行政执法行为。这是因为行政权力不具有双重转让性，受托人不应具有自行再转让委托的权力，因而受委托的组织不得将委托的事项再行委托。

二、执法行为

一项执法活动的运作必须客观地表现为一种行为的存在，而且这种行为必须合法有效成立。只有合法有效的执法行为才能实现执法之根本目的，而对于违法的执法行为，则必须对其加以补救，以消除其不良影响。这是行政执法的第二个环节，也是其中心环节。

所谓执法行为，是指执法主体行使执法权力而在客观上表现出来的各种行为方式、方法等的总称。其核心要义在于一种执法权力的行使，没有执法权力的行使就没有执法行为的存在。而执法权力的行使必然以各种方式、方法表现出来，这些方式、方法正是行政执法行为的客观外在形态。这些方式、方法经过学理上的定型和模式化而称为行政检查、行政许可、行政处罚、行政奖励、行政处分、行政强制等具体表现形式。根据不同的标准，可以对这些各种形式的执法行为进行不同的分类。

以执法行为受行政法规范的拘束程度为标准，可将其分为羁束性执法行为与裁量性执法行为。羁束性执法行为，是指行政机关只能根据行政法规范的严格规定实施而不能灵活处理的执法行为。例如，税务机关只能严格按照税法规定的各种税率进行征税,不存在裁量的余地,这种征税行为就属于羁束行为。裁量性执法行为是指行政机关对行政法规范的适用具有灵活性的执法行为。它具体表现为两种情况:一是行政机关是否采取某个法定措施,此谓之决定裁量;二是在各种不同的法定措施中,行政机关根据案件的具体情况选择哪一个,此谓之选择裁量。[①]如《道路交通安全法》第92条第1款规定:"公路客运车辆载客超过额定乘员的,处二百元以上五百元以下罚款;超过额定乘员百分之二十或者违反规定载货的,处五百元以上二千元以下罚款。"那么在相对人有载客超过额定乘员的情况时,由行政机关根据具体情况选择适用。这种分类,对分析和认定执法行为的合法性和合理性具有一定的意义。在法律适用上,羁束行为只存在着合法性的问题,而裁量行为不仅存在着合法性问题而且还存在合理性问题。这又进一步影响到人民法院司法审查的标准问题,因羁束行为只涉及合法性问题,因而全部构成人民法院司法审查的对象;但对于裁量行为,只有存在滥用职权和明显不当的情形,才构成人民法院司法审查的对象。

以执法行为是否可由行政机关主动实施为标准,可以将其分为依职权执法行为和应申请执法行为。依职权行为是指行政机关根据其职权而无需行政相对人申请就主动实施的执法行为,如税务征收、行政处罚等。应申请行为是指行政机关只有在相对人提出申请后才能实施而不能主动采取的执法行为,如行政许可等。这里的申请应当是一种法律规范规定的申请即法定的申请,而非相对人实际上提出的申请。相对人的申请作为一种法定的申请,不同于告发或举报,后者只是一种不涉及自己权利义务关系事件的揭发和通知行为,仅仅是对行政的一种参与,其作用在于使行政机关知晓情况,以便于履行相应职责,并不是一种法定申请。行政机关基于举报所作出的执法行为并不是应申请行为,而是依职权行为。这类区分的意义在于,对依职权的执法行为,行政机关必须主动实施,否则就构成行政失职。而应申请的执法行为,如果相对人没有提出申请,行政机关就不能实施,也不需承担责任,但只要相对人提出申请而行政机关不予答复或拖延的,即构成行政失职。

以执法行为的存在方式,可以将其分为作为的执法行为与不作为的执法行为。作为的执法行为是行政机关在程序上积极有所为的行为,也就是说,只要行政机关及其工作人员有了肯定或者否定的明确意思表示或者实施了一定

---

① [德]哈特穆特·毛雷尔:《行政法学总论》,高家伟译,法律出版社2000年版,第125页。

的动作行为,即可认定作为的执法行为的形成。而不作为的执法行为则是行政机关负有某种作为的法定义务,并且具有作为的可能性而在程序上逾期有所不为的行为。这种分类的意义在于将不作为纳入执法行为的范畴而加以有效规范。当然不作为的构成,首先必须具有作为义务的存在,即行政机关及其工作人员负有为一定行为的义务,且具有履行该义务的可能性;其次是程序上有所不为,既包括没有作出任何明确的意思表示,如不予答复、拖延等,也包括没有完成最后的决定行为。

以执法行为的内容对相对人是否有利为标准,可以将其分为授益性执法行为和负担性执法行为。授益性执法行为是指行政机关为相对人设定权益或者免除义务的行为。负担性执法行为是指行政机关为相对人设定义务或者剥夺、限制其权益的行为。但是,执法行为并非要么是授益行为要么是负担行为,如一个执法行为既设定了相对人的权利又设定了相对人的义务,则其既是授益行为也是负担行为。当一个执法行为有两个相对人时,也可能对一个相对人是授益行为,而对另一个相对人则是负担行为。这一分类对信赖保护原则的适用具有重要意义,只有对授益性执法行为的撤销才产生信赖利益保护问题,才能适用信赖保护原则。

以执法行为是否是行政机关单方面的意思表示和是否需征得相对人的同意为标准,可将其分为单方执法行为和双方执法行为。单方执法行为依行政机关单方意思表示即可成立,而无需征得相对人同意。而双方执法行为必须征得相对人的同意才能作出。两者的区分对于认识两类行为的不同特征和各自的行为规则,进而认识其不同的救济规则具有重要的意义。

无论何种类型的执法行为,只有在具备一定条件的情况下,才能合法有效成立。具体包括以下五个要件:第一,主体要件。作出执法行为的主体应当具备执法主体资格。只有具备法定资格的执法主体所作的执法行为,才是合法的执法行为。同时,代表执法主体实施执法行为的公务人员,也必须是合法取得执法身份的人员。第二,权限要件。执法行为必须是属于执法主体法定权限范围之内的行为。被授权组织必须在授权范围内、被委托组织必须在委托范围内来作行政行为。否则,就是一种越权行为,而不是合法有效的行为。第三,内容要件。执法行为的内容必须合法、适当、真实、明确。所谓内容要合法,即执法行为的作出必须具有法定的依据,且严格符合有关行政法规范的规定。所谓内容要适当,即执法行为的作出必须公正、合理,符合实际,不能畸轻畸重,尤其是行政裁量权的行使不能显失公正。所谓内容要真实,即执法行为必须基于执法主体的真实意思表示,意思表示不真实的执法行为如公务人员在受欺诈、胁迫等情况下采取的行为,或在受贿赂、精神错乱等情况下作出的行为都是无效的。所谓内容要明确,即执法行为所表达的内容要清楚具体、充分确定,不至模棱两可,使相对人无所适从。内容不确定或不明确的执法行为,实际上只能是无法执行的行为,因而也就不能有效成立。第四,程序要件。执法行为的作出必须符合法定的程序。违反法定程序,即使内容合法、正确,同样构成执法行为无效。第五,形式要件。执法行为的作出还必须具备法定的形式,否则也不是合法、有效的执法行为。

这其中,执法的主体、权限和内容属于实体法的规范,程序和形式则属于程序法的规范。行政机关实施执法行为既要遵循实体法规范的规定,同时还要遵循程序法规范的规定。而且,行政机关行使行政权力所遵循的法定程序,还必须是正当的法律程序。根据程序正义理论,程序并不仅仅只是实现某种实体或结果的技术性手段或工具,还有着独立于实体而存在的内在价值,即程序本身的正义。这种程序本身的正义,并不取决于通过该程序所产生的实体结果如何,相反,程序的正义甚至决定着实体结果的正当性,是实体公正的基本保障,没有程序正义就没有实体公正。也就是说,根据程序正义理论,通过程序本身的正当性可以使程序的结果获得正当性。如果程序缺乏正当性,即便某项决策或行政决定的实体是对的,也有可能并不为公众和当事人所接受。例如,"刑讯逼供"有可能获取真实的证据,查明真实的案件事实,但这种野蛮、非人道的程序却是令人无法接受的,由此作出的裁判也是不可信、值得怀疑的。因此,在现代社会,随着行政权力尤其是裁量权的不断扩张,各国越来越注重对执法权的程序控制,不断加强对程序法治的建设。

从我国行政法治的现状及立法反映的程序制度来看,常见的程序制度主要包括表明身份、立案或受理、调查取证、听证、告知、说明理由、送达、失效等。其中,表明身份是行政人员在行政执法时应向相对人出示证件,以证明自己享有从事该执法行为的合法资格和职权。建立表明身份制度,不仅是为了防止假冒、诈骗,还是防止执法人员超越职权、滥用职权的有效措施。从执法程序的时间顺序看,表明身份一般在执法程序之前。立案,即案件的确立,它主要适用于依职权的执法行为。受理,是指行政机关对相对人提出的某种请求明确地表示接受,它一般适用于应申请的执法行为。如果对相对人的某项请求不予受理,则应通知请求人,并说明不予受理的理由,否则即构成不作为的违法。调查取证,即行政机关在受理或立案之后,为查明事实而收集证据的过程。任何执法行为都必须建立在调查取证的基础上，严格遵循"先取证、后裁决"的程序规则，要以客观证据来说明有关事实的真相，防止主观臆断。因此，行政机关在实施执法行为时，必须全面、客观、公正地调查、收集有关证据。调查取证的方法包括询问当事人和证人、提取物证和书证、进行现场勘验和鉴定等，必要时可以采取有关强制措施。但任何证据材料获取的主体、程序和手段都必须合法，凡是来源和形式非法的证据材料都应当加以排除，不得作为认定案件事实的依据，此谓"非法证据排除规则"。此外，行政机关据以定案的证据只能是记载于行政案卷之中并经过当事人口头或书面质证的证据，凡未经记载和质证的证据不得作为定案依据，此谓"行政案卷排除规则"。听证，是指行政机关在实施执法行为的过程中，应当充分听取相对人的意见。告知，即当行政机关在使当事人承担某种义务时，应告知当事人在程序上享有何种权利。对于有些行政行为，行政机关不但要把结论告知当事人，而且应当说明作出该行为的事实根据、法律依据或其它理由，相对人对此也可以提出咨询。送达，即将处理结果告知或交付当事人的程序。送达的方式包括直接送达、邮寄送达、留置送达、公告送达等。时效，是指执法行为经过法定期限而产生的一定法律后果。为了保证行政执法的高效率，执法程序的各个环节应当有时间上的限制，如果超过法定时限，就构成违法，要承担相应的法律后果。

三、执法监督

执法的运作亦即是一种执法权力的行使，"有权力必有制约"，只有对权力进行有效制约，才能确保权力在既定的范围内和预定的轨道上运行，防止权力的滥用和越轨。执法监督就是对执法权的一种法律制约机制。为了防止执法主体及其执法人员滥用执法权力，促使其合法、高效地实施执法活动，必须建立健全执法监督机制，这是行政执法的第三个环节，也是一项完善的执法制度不可缺少的重要环节。

从体系上看，中国已经建立了从党的纪律监督，到国家专门的监察监督、人大监督，再到行政系统的内部监督、法院检察院的司法监督等多种监督机制，建立了多套机构、多个层级的执法监督体系。其中，行政系统的内部监督又包括上级机关对下级机关的层级监督，以及专门的审计监督、复议监督等。内部监督是一种十分重要的执法监督，尤其是行政机关系统内部的层级监督是一种经常性的监督形式，其监督方式也应是灵活多样的。但要使各种监督方式规范有效，必须建立相应的制度。对此，伴随我国行政体制改革的不断深入,各地执法实践中逐步建立了一种十分重要的内部监督机制即行政执法责任制。它是指行政机关按照宪法、法律和法规的规定,在执法主体内部界定执法职责职权、设定执法岗位及人员、规范执法程序、公开评议考核、实行过错或错案追究等制度的总称。

行政执法责任制度是一种基于行政权力运作的责任追究制度。它通过明确执法职权职责、规范执法程序的方式进一步明确执法违法责任,体现的是"责任政府"的价值理念,即行政机关必须对自身作出的执法行为承担相应的法律后果,行政机关内部的工作人员也应当承担相应的责任。可以说,行政执法责任制的重心不在于"执法",而在于"责任",突出对过错或错案予以追究的"责任"是该项制度的核心内容,因而明显不同于一般的行政机关内部层级监督制度。

行政执法责任制度也不是一种单一的制度,而是由多个行政法律制度构成的复合体。一套完整的行政执法责任制度包括执法职权职责划分制度、岗位职责制度、评议考核制度、责任追究制度。执法职权职责划分制度,是实施行政执法责任制度的前提条件,按照我国宪法、法律和法规的规定,准确界定执法主体的职责、职权,同时明确规范相应的行政执法程序,要求执法主体及其工作人员严格遵守。岗位职责划分制度,是建立在前一制度的基础上,按照主体所承担的行政管理职能,科学合理设置内部岗位,明确各级各类岗位上岗人员的基本条件和岗位职责,将执法主体对外承担的执法责任逐项分解到不同的执法岗位和执法人员,并且固定为各执法人员的内部考核指标。评议考核制度,即建立健全执法考评体系,突出对执法效果的评价,通过上级对下级、机关对内部机构、机构对人员的层层考评以及引进执法机关以外的社会评议机制,建立对执法机关和人员的奖励和惩罚机制。责任追究制度,即政府通过评估所属工作部门的执法绩效,严肃追究违法违纪单位和人员的方式,强化对执法责任主体的监督。此外,还需要有针对性地建立配套制度,包括执法公示制度、监督评议制度等。

为健全执法责任制度,加强执法监督,国务院办公厅于2019年1月印发了《关于全面推行行政执法公示制度执法全过程记录制度重大执法决定法制审核制度的指导意见》。该文件聚焦行政执法的源头、过程、结果等关键环节,就全面推行行政执法公示制度、执法全过程记录制度、重大执法决定法制审核制度的工作提出了明确要求。全面推行行政执法公示制度,就是要按照"谁执法谁公示"的原则,明确公示内容的采集、传递、审核、发布职责,规范信息公示内容的标准、格式,及时通过政府网站及政务新媒体、办事大厅公示栏、服务窗口等平台向社会公开行政执法基本信息、结果信息。全面推行执法全过程记录制度,就是要通过文字、音像等记录形式,对行政执法的启动、调查取证、审核决定、送达执行等全部过程进行记录,并全面系统归档保存,做到执法全过程留痕和可回溯管理。对查封扣押财产、强制拆除等直接涉及人身自由、生命健康、重大财产权益的现场执法活动和执法办案场所,要推行全程音像记录。全面推行重大执法决定法制审核制度,就是行政执法机关作出重大执法决定前,要严格进行法制审核,未经法制审核或者审核未通过的,不得作出决定。此外,还要全面推进行政执法信息化建设,加快推进执法信息互联互通共享,有效整合执法数据资源,为行政执法更规范、群众办事更便捷、政府治理更高效、营商环境更优化奠定基础。

第四节 执法的基本形式及其时代变革

执法权的行使必然以各种方式、方法表现出来,这些执法权力行使的客观外在形态就是执法的形式。执法的内容决定执法的基本形式,但实现同一执法内容的基本形式并非总是唯一的,有时候相同的执法内容也可能通过不同的执法形式来实现。如随着执法的创新发展,行政合同被广泛应用于多种执法领域,原本只能通过其他形式实现的执法内容,现在都可通过行政合同这种形式来实现。因此,执法的形式并不是固定不变的,随着时代的前进与法治的发展,会出现一些新的执法形式,如行政合同就是一种较新的执法形式。

一、执法形式的价值

执法的形式是根据执法活动的典型特征而建立的,并不以所有的执法活动为概括对象,而仅仅是对内容和程序上具有相同特征的执法活动的概括,是经过学理上的定型和模式化而形成的。我们只要认定了行政执法活动属于某种形式的行政执法,就能够推知该行政执法活动的有关内容及程序。因此,分析与认定不同的执法形式具有重要的理论与实践价值。

首先,执法形式具有沟通价值。不同的执法活动具有不同的内容和程序上的特征,根据执法活动的内容和程序上的特征,执法形成了不同的稳定的执法形式。这些稳定的执法形式的存在,对于学理研究及法治实践都是十分重要的。如果没有这些相应的执法形式的存在,就很难对各类执法活动进行系统的介绍和分析,将造成沟通上的困难。而在实务中,也会因概念的不统一而造成立法、执法过程中沟通上的困难。

其次,执法形式具有规范价值。在法治社会中,任何执法活动都应得到法律的规范,执法主体应按照法律规则活动。法律是对普遍性社会现象的典型特征和已有规律的固定化和永久化。只有当千变万化和错综复杂的执法现象的典型特征和共同性被分析、提炼和概括出来并被固定下来形成执法的基本形式以后,才有可能制定法律来加以规范和约束。譬如,只有当各种颁发许可证、特许、核准等执法现象的典型特征和一般规律被人们掌握,并形成"行政许可"这一基本的执法形式时,才有可能制定统一的行政许可法来规范执法主体的许可执法活动。

二、执法的基本形式

任何执法活动都外在地表现为执法的形式,由此导致执法的形式多种多样、纷繁复杂。我们将那些内容和程序方面的特征比较明显、人们已经形成统一的认识、在实践中应用比较普遍的执法形式称为执法的基本形式。我国对执法的基本形式的立法取得了重大进展,部分执法的基本形式已经有单行的法律对其予以规范,如《行政处罚法》《行政许可法》《行政强制法》分别对行政处罚、行政许可和行政强制的设定与实施程序等作出了明确的规定。其他的执法基本形式,绝大多数也有相应的法律、法规等对其予以规范,如《税收征收管理法》对作为行政征收具体表现形式的税收征管作出了明确的规定。各种行政执法的基本形式共同构成了我国执法形式的核心体系。

行政许可,也就是通常所说的"行政审批",是指根据公民、法人或者其他组织的申请,经依法审查,准予其从事特定活动的行为。它既是一种重要的行政执法行为,也是现代国家管理经济和社会事务的一种重要的事前控制手段。在我国,行政许可已被日益广泛地运用于许多行政管理领域,对于保障、促进经济和社会发展发挥了重要作用。为全面、有效地规范行政许可的设定和实施,2003年8月27日第十届全国人大常委会第四次会议通过了《行政许可法》,并自2004年7月1日起正式施行。该法主要是规范政府行政审批权限的法律,直接涉及国家体制改革问题,它的出台从体制上直接影响到了政府和老百姓的关系,是迄今为止对老百姓影响最为广泛的法律。更具有历史意义的是,《行政许可法》以追求法治政府为宗旨,全面体现了建设法治政府的一系列基本理念和要求。首先,许可法针对审批事项过多过滥的问题,明确了政府该管哪些,不该管哪些,即政府职能的定位,限制了政府设定许可的范围和权力,这无疑向"有限政府"迈进了一大步。其次,许可法针对行政审批中的权力腐败和暗箱操作问题,确立了许可设定和实施的公开原则,并建立相应的监督机制,这无疑有助于建设透明、廉洁政府。再次,许可法还规定了许多简便、快捷和便民的许可方式和制度,力求建设高效、服务政府。最后,许可法首次在行政许可领域引入了"信赖保护原则",它要求政府实施行政许可行为必须诚实守信,发布的信息必须真实可靠,政策必须保持相对稳定,不得擅自撤销和变更已经作出的许可决定。如果行政许可所依据的法律、法规、规章修改或废止,或者准予行政许可所依据的客观情况发生重大变化,为了公共利益的需要必须依法变更或者撤回已经生效的行政许可时,行政机关必须对公民、法人或者其他组织受到的财产损失依法给予补偿。这些规定都是旨在努力打造诚信政府。可见,行政许可法的颁行,试图在建设有限政府、开放政府、高效政府和诚信政府等方面全面推进我国行政法治建设,成为我国政府走向法治政府的一个重要的里程碑。

行政处罚,是指具有法定权限的行政机关,对违反行政法规范的公民、法人或其他组织所实施的法律制裁行为。它也是一种重要且应用广泛的执法行为,其范围几乎涉及行政管理的各个领域,成为国家管理各项行政事务的一种重要法律手段。为了统一规范行政处罚的设定和实施,保障和监督行政机关有效实施行政管理,维护公共利益和社会秩序,保障公民、法人和其他组织的合法权益,1996年3月17日第八届全国人民代表大会第四次会议通过了《行政处罚法》,并自1996年10月1日正式施行。该法作为我国第一部行政程序方面的立法,不仅确立了权力法定、法律保留和法律优位等依法行政的基本原则,而且在我国法律制度中首次引入了"听证"这一正当程序的基本制度,在我国法治史上具有里程碑式的重大意义。首先,它确立了"处罚法定"原则,与刑法确立的"罪刑法定"原则共同说明了国家公权力必须法定,必须具有明确的法律依据这一公法的基本准则,构成了现代法治国家的基本标志。其次,它规定,对限制人身自由的行政处罚,只能由法律设定,法规、规章等都无权设定,从而首次在我国触及法律保留原则的核心内容;同时规定,在法律已经有规定的情况下,其他规范性文件必须与之相一致,从而也明确了法律优位原则。再次,它规定行政机关作出责令停产停业、吊销许可证或者执照、较大数额罚款等行政处罚决定之前,应举行听证会,听取相对人意见,给老百姓申辩的机会。尽管这只是一个机会,但"公平听证"被认为是程序正义的核心,不给这个机会,意味着行政机关的处罚将被上级行政机关或法院撤销。因此,这一规定体现了现代法治的又一重要的基本原则——正当程序原则。行政处罚法的这一制度设计可以说具有划时代的意义,在我国开启了一个程序法治的新时代。

行政强制,是指行政机关依法对相对人的人身或财产予以强行处置的行为。行政强制最本质的特征是直接处置性。行政强制行为不只是停留在行政机关的意思表示上,而是直接作用于相对人的人身或财产,其目的在于保障其他行政行为的顺利进行或保障其他行政行为的内容得以实现。行政强制包括行政强制措施和行政强制执行。行政强制措施是指行政机关在行政管理过程中,为制止违法行为、防止证据损毁、避免危害发生、控制危险扩大等情形,依法对公民的人身自由实施暂时性限制,或者对公民、法人或者其他组织的财物实施暂时性控制的行为。行政强制执行是指行政机关或者行政机关申请人民法院,对不履行行政决定的公民、法人或者其他组织,依法强制履行义务的行为。行政强制与行政许可、行政处罚一样,也是行政执法实践中广泛存在的一种重要行政行为。它作为有效维护行政管理秩序、实现公共利益的一种重要保障手段,在行政执法实践中起到了十分重要的作用。为统一规范行政强制的设定和实施,2011年6月30日第十一届全国人大常委会第21次会议通过了《行政强制法》,并自2012年1月1日起施行。该法的出台,与行政处罚法、行政许可法并称为我国行政执法领域的"立法三部曲",对于保障和监督行政机关严格依法行政,进一步推进法治政府建设,乃至整个国家民主与法治建设都具有重大而深远的里程碑意义。

在我国,除了行政许可、行政处罚、行政强制这三类典型且运用广泛的执法基本形式外,还有行政征收和征用、行政确认、行政命令、行政给付、行政奖励、行政裁决、行政合同、行政监督检查、行政规划、行政指导等基本形式。所谓行政征收,是指行政机关为了公共利益的需要,依法强制取得相对人财产所有权的行为,具体包括税收征收、行政收费,以及基于公共利益而对公民土地及其他财产的征收。除依法进行的征税和收费属于无偿征收外,行政机关对财物的征收应当给予相应的补偿。行政征用,是指行政主体为了公共利益的需要,依法强制取得相对人财产使用权并给予一定补偿的行为。它既包括对作为有限性资源的不动产的征用,如国家因建设的需要对集体所有土地的征用,城市建设中的房屋征用等;也包括紧急情况下对动产使用权的临时征用,如临时性征用私人的交通工具等。无论对不动产还是动产的征用,其目的都是满足公共利益的需要,对于相对人因此而遭受的损失应当予以适当的补偿。

行政确认,是行政机关依法对相对人的法律地位、法律关系或有关法律事实进行甄别,给予确定、认定、证明并予以宣告的行为。如颁发房屋产权证书、户口登记、对事实的鉴定等,都属于行政确认。行政命令,是行政机关依法要求特定相对人为或者不为一定行为的意思表示。行政命令有多种具体的表现形式,如责令违法的行政相对人改正即属于行政命令。行政给付,又称行政救助,是指行政机关依法赋予相对人以一定的物质权益或权利保护,予以救援和帮助的行为。其目的在于给予有特殊困难或特定情况下的相对人以一定的物质帮助或人身保护,属于服务行政的范畴,与国家的社会保障制度紧密相联。行政奖励,是指行政机关为了实现行政目的,对严格遵守行政法规范并作出一定成绩的相对人,依法赋予其一定物质或精神等权益的行政行为。行政奖励的形式可分为精神性奖励、物质性奖励和优惠性奖励。行政裁决,是指行政机关运用其职权依法对特定民事纠纷作出处理决定,其范围包括权属纠纷裁决、侵权纠纷裁决和损害赔偿纠纷裁决等。

行政合同,又称行政契约或行政协议,是指行政机关为了行使行政职能,实现行政管理目的,与其他行政机关或公民、法人和其他组织之间通过协商的方式,经双方意思表示一致所达成的设立、变更或者终止某种权利义务关系的协议。采用合同这种富有弹性的执法方式较一般的单方面决定行为,更具有可接受性,能充分发挥相对人的积极性和创造性,因而逐渐为现代行政管理广泛运用于各个领域。譬如,公共工程承包合同、公共工程特许合同、政府特许经营合同、公务委托合同、国有土地出让合同、国有资产出售合同、公益捐赠合同、政府采购合同、政策信贷合同、政府科研合同等。

行政监督检查,又称行政监督或行政检查,是指行政机关基于行政职权,依法对相对人是否遵守行政法规范和执行行政决定等情况所作出的事实行为。行政监督检查是执法的重要环节,无论是行政机关作出行政处理决定还是采取其他执法措施,一般都要以行政监督检查为前提和基础。经过行政监督检查,行政机关可以了解相对人的守法情况,据此对模范守法者给予行政奖励,对违法者给予行政制裁,即作出相应的行政处理决定。同时,行政机关往往还要对行政处理决定的履行情况进行监督检查。经过监督检查,如果发现相对人不履行这种处理决定,则进一步可以采取强制行为,从而完成整个的执法任务,实现执法的目的。

行政规划是指行政机关为了实现特定的行政目标,而作出的对行政机关具有约束力、必须采取具体措施在未来一定期限内予以实现的、关于某一地区或某一行业之事务的部署与安排。行政指导,是指行政机关依法运用职权引导特定或不特定相对人自愿作为或不作为,以实现行政目的的非强制性行为。行政指导是一种非常灵活有效的新型执法形式,其实施方式十分广泛,如采取业务技术指导和帮助,解答咨询,作出说明;协调、调和、斡旋;劝告、劝诫、劝阻、说服;建议、提示、提醒、参考性意见;赞同、倡导、宣传、示范、鼓励、激励;指导性规划,指导性计划;行政纲要,政策指南;发布信息,公布实情等。

以上各类执法基本形式涉及的范围广、数量多,与人们的实际生活有着最直接、最经常的联系,统称为具体行政行为。从广义上讲,执法包括了全部执行法律的行为,因此行政机关针对不特定相对人制定具有普遍性法律约束力的行为规则的抽象行政行为,包括制定行政法规和行政规章的行政立法行为,以及制定其他规范性文件的行为,[①]也属于执法的基本形式。

三、执法形式的时代变革

当下,伴随着我国经济、社会的快速发展,必然引起行政法治与执法体制的全面变革。在我国的行政法治观念革新、政府职能转变与机构改革的大背景下,行政执法的形式也在进行着相应的变革,并呈现出一些新的时代特点。

服务功能得到强化。 人民主权决定了我国的行政机关本质上既是执法机关又是服务机关,是通过执法为人民提供服务的国家机关。同行政机关的性质一样,行政权只能是一种服务权和执法权,并且服务权也是行政机关通过对法律的执行来体现和实现的。作为行政权的执法权本质上也是服务权。执法的内容和目的都是服务,行政处罚实际上就是为了给公众提供一个良好的社会秩序,行政许可就是对资源和机会的一种分配,行政征收则是为了给公众提供公共设施服务的需要,行政指导、行政给付、行政奖励等执法形式的服务性则更为明显。当然,执法形式的服务功能得到强化,并不意味着其他功能的丧失,只是地位稍有下降而已。

权力色彩弱化。 执法的传统形式具有命令服从的特征,权力色彩较强,对执法主体的执法行为,相对人必须服从,否则,执法主体有权直接或者通过法

---

① 周佑勇:《行政法原论》,北京大学出版社2018年版,第217页以下。

院运用国家强制力进行履行,并对相对人予以制裁。这类具有强制性的执法形式,被称为"权力执法形式"。但随着行政机关从管理机关到服务机关的转变,行政权从管理权到服务权的转变及其引起行政权性质从强制性到说服性的嬗变,必然伴随行政执法形式的相应变革,即"非权力行政的增大"[1]或权力色彩的弱化。同时,尊重相对人的人权,引导和鼓励相对人心悦诚服地履行其行政法上的义务,避免因强制性手段的适用引起执法主体与相对人之间不必要的冲突和纠纷,树立行政机关的良好形象,增强行政执法的灵活性的现实需要,也促使行政机关采用权力色彩较弱的新的执法形式,于是行政指导、行政合同等"非权力性执法形式"便得到了极为广泛的运用。与此同时,传统意义上强制性的权力性执法形式,也随着行政公开制度、听证制度、时效制度、复议制度等民主程序制度的建立与完善而得以弱化其权力色彩。权力色彩的弱化乃是世界各国行政法治的共同趋势。譬如,行政指导相对于传统的行政命令而言,是一种非以行政强制为特征的新型行政手段或方式,随着现代行政的发展而得以产生,并随着社会经济的日益发展而不断地在拓宽其适用领域和实现手段,在当今世界许多国家的行政管理中得到越来越广泛的应用,发挥着越来越重要的作用。在英国、美国、法国、德国、葡萄牙等国,行政合同或公法上的契约的法律效力也都得以广泛确立。行政执法形式的权力弱化是与行政执法的服务性相统一的,因为行政权作为一种服务权,并不以强制为必要的、本质的属性,相反,"行政权必须体现相对人对服务的可接受性"[2]。

执法形式的多样化。现代社会中,伴随着社会生活的日益复杂,以及政府公共职能与义务的加强,传统的单方命令性行为方式已经无法适应社会的发展。与行政职能的扩大相适应,行政执法的基本形式也呈现出多样化的特点。行政机关在依法执行公务时,继续沿用原有的执法形式并对其逐步予以完善,如行政许可、行政处罚、行政强制、行政复议、行政裁决、行政征收、行政确认、行政命令等执法形式都融入了新的时代内容。此外,行政执法主体还适应社会新的生产方式、生活方式、思维模式、管理方式等特点,采取新的有效的执法形式。如与"服务行政"的观念相适应,行政机关越来越多地采用以号召、倡导、引导、劝导、告诫、建议等为形式的行政指导来实施法律、提供服务。与政府宏观调控的职能相适应,行政计划与规划这一执法形式得到了普遍的适用。

---

[1] 室井力:《日本现代行政法》,吴微译,中国政法大学出版社1995年版,第13页。
[2] 叶必丰:《行政法的人文精神》,北京大学出版社2004年版,第141页。

而与行政执法的服务与合作的民主精神相适应,行政合同被广泛地运用于实施行政职能。执法的基本形式与日俱增而呈现出多样化的特点。

执法形式的民主化。这是现代民主政治的必然要求。由于民主是同人们对社会参与和尊重个人等程序性活动的观察紧密联系的,因而,公民对民主的判断常常决定于合理的执法形式及其公正的程序制度。执法形式的民主化主要是通过公正、合理的执法程序来体现的,听证制度、公开制度、说明理由制度等程序制度能够有效地保证相对人参与执法活动,防止执法主体的专断。

第九章 司 法

　　司法，简言之，就是一套以法院为中心的制度体系，其主要功能是根据现行法律化解社会上的纠纷和矛盾，从而维护法律的尊严与权威。俗话说，"无救济即无权利"，这个救济主要说的就是来自法院的司法救济，这里的权利是指当事人依据现行法律所应当享有的权利。任何的纠纷争议都源于一方当事人的权利受侵犯。所谓司法救济就是法院应一方当事人的请求，为之主持公道，依法要求另一方当事人停止侵权并给予补偿。单从功能上说，司法制度也是一个国家最为核心的制度之一。可以说，有什么样的司法制度就有什么样的权利救济状况，决定一个国家法律权威性程度的，不是别的国家机构，更不是其他任何个人，而是法院。

　　以法院为中心的司法制度是近现代国家宪法政制架构中不可或缺的组成部分。近代以来的成文宪法一般都有司法制度方面的规范条款，我国百年制宪历程中所制定、颁布的诸多宪法亦不例外。司法制度的核心是司法权问题，而司法权问题之核心在于司法审判如何独立。司法制度其实是一套复杂的制度系统，本章对其主要的分支制度内容予以介绍和评价。

第一节 司法权的三种形态

　　早在古希腊的亚里士多德就认识到"审判（司法）机能"为一切政体三要

素之一,①但事实上,在近代以前的漫长历史时期里,司法的社会性色彩要远远浓于国家性——欧洲中世纪长期盛行的宗教法庭、商事法院和领主裁判等就是最好的明证。不过,随着人类走出中世纪而迈进近代历史,国家立法的普遍化和人权保障的规范化最终导致司法日益成长为一种独立且独特的国家权力。英国普通法的发展史在某种程度上就是司法权走向独立的记录史,法国孟德斯鸠正是根据英格兰的法治实践提出了著名的三权分立理论:"如果司法权不同立法权和行政权分立,自由也就不存在了。如果司法权同立法权合二为一,则将对公民的生命和自由施行专断的权力,因为法官就是立法者。如果司法权同行政权合二为一,法官便将握有压迫者的力量。"②伴随着政制分权理论的广泛传播,在欧陆及英美法系中,独立性的司法运行理念,在法治实践中得到了较为普遍的遵行。一言以蔽之,将人类纷争的裁判权授予独立的司法部门,是人类政治经验与理性构建相结合的产物。

一、市民性司法权

不过,值得注意的是,孟德斯鸠笔下的司法权其实是一种原生形态的司法权——市民性司法权,此种司法权仅仅依据法律裁判个案争议,它不属于日常性的政治权力,因而孟德斯鸠说它在某种意义上是不存在的。③市民性司法权,乃司法部门最古老、最基本的职责权能。关于此类司法权的特征,理论研究上已有成熟得几乎毫无争议的概括,这主要体现在它的独立性、被动性、程序性、判断性及终结性上。④

人类第一部成文宪法——《美国联邦宪法》第3条即规定司法权仅涉及(shall extend to)案件或争议(cases or controversies),⑤没有被诉诸法院的案

---

① 另外两个要素是"议事机能"和"行政机能"。[古希腊]亚里士多德:《政治学》,吴寿彭译,商务印书馆1965年版,第215页。

② [法]孟德斯鸠:《论法的精神》(上册),张雁深译,商务印书馆1961年版,第153页。

③ 有关孟德斯鸠的市民性司法权理论之检讨,可参见林来梵、刘练军:《论宪法政制中的司法权——从孟德斯鸠的一个古典论断说开去》,《福建师范大学学报(社会科学版)》2007年第2期。

④ 孙笑侠:《司法权的本质是判断权——司法权与行政权的十大区别》,《法学》1998年第8期。

⑤ 在司法理论及实务上还要求案件具有可裁判性(justiciability),See Lee Brilmayer. The Jurisprudence of Article III: Perspectives on the "Case or Controversy" Requirement, 93 HARC. L. REV. 297(1979).

件或争议,司法权就不可能启动和行使——这是人类宪法对司法权被动性的第一次明文规定。以此规定为基础,诸多著名思想家对司法权的被动特性作过经典阐述。如在《论美国的民主》中托克维尔就指出:"从性质来说,司法权自身不是主动的。要想使它行动,就得推动它。"① 在旷世经典《英宪精义》里戴雪说:"法院的职务只是听讼;必俟讼案发生,法院对于公司的规则乃有机缘问及。……判决虽是审判员的意见,然仍有客观的标准在。"② 新康德主义法哲学的代表人物拉德布鲁赫评论道:"在法官座椅上的法官只不过是归纳器械、判决机器、法律自动装置,或者是人们按照新的完美法官模式所描述的无评价能力因此也无个性的理性化身。"③ 哈特通过研究规则得出了以下认知:"法院把法律规则并非作为预测,而是作为判决中必须遵循的标准,法律规则虽有空缺结构,但其明确得足够限制(虽不排除)法院的自由裁量。"④ 而将法院视为法律帝国之首都,法官乃帝国之王侯的德沃金认为:"司法的一项重要原则是,对某一特殊罪行的惩罚,必须由立法机构事先规定,法官不能在判决之后对该罪行另加处罚。"⑤

从孟德斯鸠到德沃金,两百多年过去了,但市民性司法权的上述特质依然未变,它始终是"两耳不闻'政治'事,一心只认'规范'书"。法官适用既定法律裁判案件,这是市民性司法权最清晰的外在化。对于国家政治、公共政策及公民生活来说,市民性司法权,与其说是一种权力,毋宁说是一种需要。

二、政治性司法权

但是,正像立法权和行政权的权力功能和范围在不断地变迁一样,独立的司法权亦经历着它的嬗变——由在国家政治上几无权力色彩的市民性司法权向对国家政治权力有所制约,从而在某种程度上行使着一种政治性权力的政治性司法权的转变。这种嬗变最早出现在北美新大陆的新建国家——美国。在美国,源于欧洲的三权分立学说与北美殖民地时代的政治经验的互动交融,使得孟德斯鸠的权力分立理论第一次获得了丰富和发展:麦迪逊、汉密

---

① [法]托克维尔:《论美国的民主》(上册),董果良译,商务印书馆1988年版,第110页。
② [英]戴雪:《英宪精义》,雷宾南译,中国法制出版社2001年版,第163页。
③ [德]拉德布鲁赫:《法学导论》,米健、朱林译,中国大百科全书出版社1997年版,第105-106页。
④ See H. L. A. Hart. The Concept of Law. Oxford University Press, 1961, p.143.
⑤ [美]德沃金:《法律帝国》,李常青译,中国大百科全书出版社1996年版,第17页。

尔顿、詹姆斯·威尔逊、古文诺·莫里斯、奥立维·艾尔斯沃斯和乔治·梅森等美国宪法的父亲们（The Fathers of the Constitution）在制宪会议上就一再呼吁司法部门应该参与国家权力的相互制衡，以使任何部门都不可能拥有压倒优势的无限权力（unlimited power）。①权力不但要彼此分立而且还需相互制衡的北美政治新经验，把司法权推到了国家政制架构的前台，使它日渐进化并最终挥别了孟德斯鸠所描绘的政治权力上不存在的昔日卑微形象，在其传统的市民性司法权权限范围得到巩固并有所延伸的同时，进一步赢得了政治上的存在——制衡立法权和行政权的现代型司法权：司法审查权。

在司法权的嬗变史上，最具标志性的事件当属1803年美国联邦最高法院就马伯里诉麦迪逊案（Marbury v. Madison）所作的经典判决。当时的联邦最高法院首席大法官约翰·马歇尔通过对此案的一纸判决，而确立了司法部门的司法审查权。司法权由此登上了崭新的旅程，它开始作为一种特殊的政治权力而存在——以宪法的名义限制、制约国会立法权和政府行政权。在母国英伦至高无上的立法权到了殖民地美国则丧失了此等权威及权力，司法通过适用及解释成文宪法（written constitution），确定法律是什么而事实上使"立法至上"的观念无疾而终，"人民至上"与"宪法至上"的立宪新理念代之而起。②

马歇尔大法官在马伯里案中确认的司法审查权，是现代司法权在政治权力话语中存在的象征与标志。但司法权在美国经历这种嬗变并非"一日之寒"。这其中固然有马歇尔大法官个人的创造能力，但我们更应该看到制度形成的历时性："某一制度之创立，绝不是凭空忽然地创立，它必有渊源，早在此项制度创立之先，已有此项制度之前身，渐渐地在创立。"③司法审查权能通过此判例确立并演变成维持美国政制均衡稳定的关键螺栓，其背后委实是有长时期的思想理论储备及制度实践预设。

"对美国政府来说，1776年至1787年间政制思想发展的最重要后果之一

---

① 关于美国制宪会议上就此问题的辩论之研讨，可参见刘练军：《司法审查之思想源流与制度预设——论美国制宪会议有关司法审查的辩论》，《同济大学学报（社会科学版）》2008年第2期。

② See Larry D. Kramer. The Supreme Court, 2000 Term—Foreword: We the Court, 115 Harv. L. Rev. 4 (2002).

③ 钱穆：《中国历代政治得失》，生活·读书·新知三联书店2001年版，前言第5页。

在于司法领域"①,司法权在此期间经历了历史性转变,它彻底走出了立法权及行政权的阴影,站到了国家政制运作之前沿:它既审查立法,又裁判行政,变成一种宪政架构中不可或缺的制衡装置。在孟德斯鸠的政制理论中,制衡只存在于立法和行政之间,与司法无涉。②因而翁岳生教授评论说:"他(按:即孟德斯鸠,下同)并未想到司法还可以制衡立法和行政。所以,就制衡这一点而言,他认为司法是等于零。"③但对孟德斯鸠三权分立学说并不完全迷信的美国,在其为权利而斗争的历程中意识到司法比立法和行政更值得信赖,让它制衡立法与行政不但可能而且必要。因而,名义上早已分立出来但事实上在国家政制架构中无足轻重、无所作为的司法部门,在北美新大陆第一次被赋予控制立法及行政滥用权力的制衡之权。司法权,在巩固传统的市民司法领地的同时,开始在政治权力领域成为一支颇具实效的钳制力量,这或许是孟德斯鸠想所未想的。

三、司法守护宪法?

涉及政治性司法权的一个关键问题是:到底谁是宪法的守护者?在政治性司法权的发源地美国这个问题的答案当然不言而喻,行使政治性司法权的司法部门是宪法的最终解释者因而亦为宪法的守护者。而值得我们关注的是,守护美国联邦宪法的政治司法权一直备受争议,因为从它问世的那一天起,就面临着"反多数难题(countermajoritarian difficulty)"。④非民选的法官审查甚而否决代表人民意志的议会合宪地制订、通过的法律,被认为是对代议制民主政治的明显背离与公开挑战。

不过,对民主宪政之质疑在美国可谓由来已久。较早而又较有代表性的

---

① [英]M.J.C.维尔:《宪政与分权》,苏力译,生活·读书·新知三联书店1997年版,第147页。
② 孟德斯鸠指出:"这就是英格兰的基本政制:立法机关由两部分组成,它们通过相互的反对权彼此箝制,二者全都受行政权的约束,行政权又受立法权的约束"。但孟德斯鸠对司法制衡一言未发,在他的权力制衡理念中,权力制衡与司法无涉乃毋庸置疑。孟德斯鸠:《论法的精神》(上册),张雁深译,商务印书馆1961年版,第163-164页。
③ 翁岳生:《法治国家之行政法与司法》,台湾月旦出版社1994年版,第337页。
④ 有关"反多数难题"的综述性文献,See Barry Rriedman. The History of the Countermajoritarian Difficulty, Part One: The Road to Judicial Supremacy. 73 N.Y.U.L.Rev.339.以及Alexander Bickel, The Least Dangerous Branch, Indianapolis Bobbs-Merrill Company, Inc., 1962.

一次质疑当属制宪会议上的有关辩论。在制宪会议上揭开"审议（deliberate）"民主序幕的艾尔布里奇·格里说："我们所经历的罪过，都是源于民主过于泛滥。人民并不缺乏德行，但总是受到假装爱国的人蛊惑。"[①]继而，他以马萨诸塞过去发生的诸多显例来奉告代表们纯粹的民主是多么的危险。麦迪逊亦对应给予议会充分信任的论调异常惊诧，他反问道，如果那样，又何必还要设立一个参议院，何必还要设立复审机关？他认为"真相在于：对所有掌权的人，都应该加以某种程度的不信任"。[②]莫里斯视民主为洪水猛兽，他说："如果贵族院（按：即国会参议院）议员回复到依赖民主选举，那么，民主又会在天平上占压倒分量。美利坚发明创造的所有卫护手段，都没有要求各邦的参议院对民主院（按：即国会众议院）奴颜婢膝。"[③]总之，代表们多以怀疑的眼光在审议民主，并创造性地将新发明的审议模式规范化、宪法化。英国阿克顿勋爵对美国开创的审议民主由衷赞叹，他说："我们已经设计了种种保障民主安全的办法——但却没有设计一些防范民主祸害的办法。在这个思路上，美国已经领先于我们和我们的殖民地。"[④]

服从多数而不是像专制时代那样屈从少数——君主或贵族——乃民主之特质，但民主之精髓与其是纯粹的多数决，毋宁是"尊重并保障少数"。近代以来的宪法史表明，人权与其说是多数人的权利，毋宁说是少数人的权利。以多数决为根本原则的民主常常忽视甚或有意践踏少数人的权利，这在人权发展史上可谓是司空见惯。因而，立宪民主政制通过司法审查制度来制约议会多数立法以捍卫救济少数人的权利，实系保障少数人之人权的时势所需。美国创制的司法审查堪称是人类最早的防范及救济"民主祸害"的有效政制架构，而司法审查之最大正当性亦在于它这种防范及救济功能。托克维尔曾指出："在美国，几乎所有的政治问题迟早都要变成司法问题"，美国的法官

---

① ［美］麦迪逊：《辩论——美国制宪会议记录》，尹宣译，辽宁教育出版社2003年版，第27页。

② ［美］麦迪逊：《辩论——美国制宪会议记录》，尹宣译，辽宁教育出版社2003年版，第309-310页。

③ ［美］麦迪逊：《辩论——美国制宪会议记录》，尹宣译，辽宁教育出版社2003年版，第261页。

④ ［英］阿克顿：《自由与权力》，侯健、范亚峰译，商务印书馆2001年版，第375页。

"被授予巨大的政治权力",即"可以不应用在他看来是违宪的法律"。①这种美国特色之实质在于法官拥有宪法审查权,这种权力实际上就是哈耶克所说的美国的宪政贡献。②

与美国司法行使违宪审查权力、扮演着宪法守护者不同的是,欧陆因浸淫于卢梭"公意至上"及国民主权理念,而始终难以将这种政治性司法权授予普通法院。在欧洲看来,"对立法的司法审查是对分权(separation of powers)原则的一个显然的侵犯",③但欧洲——尤其是经历人权饱受践踏的"二战"之后——终究认识到宪法审查制度对于守护宪法是不可或缺的。1920年,奥地利根据其法学家汉斯·凯尔森的法律"位阶的构成(Stufendau des Rechts)"理论在其新宪法中建立宪法法院(奥地利1920年宪法第89条)作为守护宪法的制度装置。宪法法院与普通法院最大、亦为唯一的区别在于它全部的职责就是行使政治性司法权——对议会立法施行合宪性审查。"二战"后,为守护宪法、保障人权计,欧陆的德国、意大利、希腊、西班牙、葡萄牙以及如今的东欧诸国均纷纷仿效奥地利设立了专职护宪的宪法法院。法国现行宪法设置的宪法委员会,名称虽不叫宪法法院,但其职能和奥、德等国的宪法法院大可相提并论、同日而语。

亚里士多德曾将法庭分为八种,其中一种"专司违犯宪法(政体)案件"。④以此为标准,那不管是宪法法院还是宪法委员会,在性质上都是行使审判职能的法院,它们与美国的联邦最高法院并无本质区别。据此,我们可知行使政治性司法权的司法即是宪法的守护者。司法这种角色的转变堪称是人类司法史上一次伟大的嬗变,亦为司法与宪法关系上的一次深刻革命。

---

① [法]托克维尔:《论美国的民主》(上册),董果良译,商务印书馆1988年版,第310、111页。
② [英]F. A.哈耶克:《自由秩序原理》(上册),邓正来译,生活·读书·新知三联书店1997年版,第229页。
③ [奥]凯尔森:《法与国家的一般理论》,沈宗灵译,中国大百科全书出版社1996年版,第299页。
④ [古希腊]亚里士多德:《政治学》,吴寿彭译,商务印书馆1965年版,第228页。

第二节　宪法对司法的规定

但是，上述之司法嬗变及其与宪法关系上的突破，在我国（限于大陆地区）并未发生。至少依据现行宪法之规定及司法运作之实然，我国的司法部门无权行使政治性司法权，通过适用和解释宪法而守护宪法与司法无涉。此乃我国司法与域外司法之最大差别。我国现行宪法在规范司法权能时并未直接使用"司法"一词，而是以"人民法院"和"人民检察院"来表述。由此可知，我国宪法上的司法由法院和检察院组成，而在域外法治成熟国家宪法上的司法就是指法院，不包括检察院、公安局等机构。这是我国宪法上的司法与域外司法的第二个明显差别。

一、法院

现行宪法有关法院的规范条款主要是第128—133条这六个条款。此六条的规范内涵可概括为以下四个方面。

（一）法院的审判机关性质

宪法第128条规定人民法院是国家的审判机关，这是对法院的定性，亦是关于法院职能的宪法规定。回顾共和国历史上的"反右"及"文革"岁月，就很容易理解宪法这一规定的价值和意义。在那段无法无天的岁月里，私设公堂、刑讯逼供成为家常便饭，不计其数的"右派""敌人"因言获罪但均未得到过任何司法审判——"文革"期间作为组织机构的法院都被撤销了，没有法院何来法院审判？

既然是审判机关，那法院行使的自然是审判权（同时可比较宪法第131条）。那审判权是否为一种权力呢，它和域外宪法上的司法权有无实质上的区别呢？这个问题颇值得在这里检讨一番。不管是人类第一部成文宪法还是"二战"后的德日宪法，它们所规定的司法权其实就是指法院所行使的审判权。也就是说，我国宪法上的审判权和域外宪法上的司法权并无本质区别。既然并无本质区别，那当初为什么不直接用"司法权"，而要以"审判权"来表述呢？现行宪法的如此用语最直接的渊源"五四宪法"就是这样表述的。而当年"五四宪法"制定时不用"司法权"而用"审判权"有两个比较直接的原因。一是受苏联1936年宪法的影响。苏联宪法规定法院行使的是审判权而非司法权。[①]二是在我国,司法权的范围远比域外要广泛,审判权不是司法权的全部而只是它的一部分。检察院,甚至公安局、司法局所行使的权力都广被称之为司法权。准此,我国宪法上的审判权和域外的司法权可相提并论,但我国语境下的司法权与域外的司法权不可同日而语。

(二)法院的设置和院长任期

我国的法院由普通法院和专门法院组成,普通法院分为四级即最高人民法院、高级人民法院、中级人民法院和基层人民法院,专门法院主要有军事法院、海事法院(仅设中级)、铁路运输法院(设基层和中级)、互联网法院、金融法院等等。[②]

最高人民法院是我国的最高审判机关,其院长由全国人民代表大会选举产生。除根据法律规定对由其管辖的案件进行审判外,现实中最高法院更大、更重要的权力则是司法解释权、法院运作规则制定权、司法政策制定权等。从某种意义上说,它是全国法院的法院,它所作出的司法解释(如2020年12月发布的《关于适用〈中华人民共和国民法典〉时间效力的若干规定》)、所制定的规则(如1999年与财政部联合发布的《人民法院诉讼费管理办法》)及所发布的司法政策(如2002年的《关于加强业绩国有大中型企业债权纠纷案件审判公正的通知》),对全国法院的审判工作具有最为直接的效力。

最高法院之下的高级法院、中级法院和基层法院统称为地方各级法院。它们分别由同级人民代表大会及其常委会选举、任命的院长、副院长和审判员等人员组成。同在最高法院之下的专门法院,其组织和职权由全国人大常委会另行规定。设在军队中的专门法院——军事法院,分为三级:基层军事法院、大军区和军兵种军事法院和中国人民解放军军事法院。军事法院负责审理现役军人、军队文职人员和在编职工的刑事犯罪案件,同时还审理军内民事案件。行使海事司法管辖权的海事专门法院设立于上海、广州等十个沿海城

---

① 苏联宪法第九章"法院及检察机关"第102条规定:"苏联之审判权,由苏联最高法院、盟员共和国最高法院、边区及省法院、自治共和国及自治省法院、州法院、依苏联最高苏维埃决定所设立之苏联专门法院以及人民法院行使之。"

② 像铁路法院等专门法院是否到了该取消的时候,近年来在学界有较多的讨论,笔者认为铁路法院、森林法院等企事业单位附属机构性质法院应予取消,完全可将其管辖范围整体移到当年基层法院或中级法院管辖。相关探讨可参见沈颖、赵蕾:《铁路法院该姓啥?——从曹大和案看铁路法院改革之路》,载《南方周末》2009年6月4日。

市,它们负责审理中国法人、公民、外国或地区法人、公民之间的海事商事案件。设在铁路沿线、负责审理由铁路公安机关侦查、铁路检察院起诉的发生在铁路沿线的刑事犯罪案件的专门法院就是铁路运输法院。它同时还负责审理与铁路运输有关和铁路系统内部的经济纠纷案件。互联网法院主要有杭州、北京和广州等三家,它们主要审理互联网平台上发生的民事案件。

宪法第129条除了规定法院设置外,还规定了最高人民法院院长的任期。最高法院人民院长任期同选举产生他(她)的全国人大每届任期相同,院长连续任职不得超过两届,也就是不得超过十年。但宪法对最高人民法院副院长、审判员等法官的任期并未作出规定,现实中除院长一人外,其他人员一般无届别之分、任期之限。但值得注意的是,域外绝大多数国家宪法规定包括法院院长在内的法官任职终身,以此身份保障之规定作为法官独立之保障。而我国现行宪法对法官身份保障问题只字未提,并且明文对法院院长作出任期之限制,这堪称是我国宪法上的司法制度特色。毫无疑问,这种特色是源于我国传统上一直把法院与其他政府机构等同视之,对行使司法权的法院的特殊性始终没有给予足够的正视和重视。是故,如何逐渐驱除这种特色应是我国宪法改革、司法改革的重中之重。

(三)审判原则和上下级法院关系

根据宪法第130、139条之规定,法院审判需坚持公开审判原则、被告人有权辩护原则和民族语言诉讼原则。当然,依据《刑事诉讼法》《民事诉讼法》和《行政诉讼法》等法律规定,对涉及国家机密、商业秘密、个人隐私和未成年人犯罪等案件,不能公开审理,但需公开判决结果。公开,指的是开庭审理之时间、地点对外公布,并允许他人到庭旁听,允许媒体记者采访报道。被告人有权辩护原则,指在司法审判中被告人既可以通过向法官说明案情因果而为自己辩护,又可以聘请专职律师为自己辩护,同时根据《法院组织法》和《刑事诉讼法》等法律规定,对于那些因为无财力等原因而未聘请律师的被告人,法院有义务指定律师为其辩护。该原则的目的在于充分保障被告人宪法上的诉讼权,从而使审判结果对其而言公平、正义。民族语言诉讼原则,对于我国55个少数民族而言尤为重要。根据宪法,此项原则要求法院(还包括检察院)为不通晓当地通用的语言文字的诉讼参与人提供翻译,包括判决书在内的所有诉讼文书应当根据实际需要使用案件当地通用的一种或者几种文字。

根据宪法第132条之规定,最高人民法院是我国最高审判机关,它监督其他所有法院的审判工作,上下级法院之间是一种监督与被监督的关系。监督的主要内容是审判过程中适用法律是否正确。这种规定在法治成熟国家颇为罕见,事实上在现实的运作过程中监督往往变质为影响、干扰下级法院的审判独立。

(四)审判独立和法院对人大负责

宪法第131条规定"人民法院依照法律规定独立行使审判权,不受行政机关、社会团体和个人的干涉",这就是我国宪法上的审判独立条款,和美国、德国、日本等规范宪法有关司法独立之规范条款相比,它的规范性备受争议和质疑。[①]解读这一条款,我们可发现二个尽可玩味的要点:

(1)审判独立并没有受到完全的宪法保障,因为它的独立是"依照法律规定",而非宪法规定。换言之,我国《法院组织法》和三大诉讼法等法律能够且事实上作出了一些妨碍审判独立之规定。比如,现行《法院组织法》第11条关于设立审判委员会、实行民主集中制之规定一直为人所诟病,原因就在于它有碍审判独立之嫌疑。[②]

(2)不受行政机关、社会团体和个人的干涉,但并没有说不受人大的干涉。相反,宪法第133条还明文规定法院与人大之间是负责关系——法院由人大产生,对人大负责。现实中,负责关系表现为每年一次的人大会议上法院向同级人大报告工作,人大对法院实施监督。由于至今尚未摸索出一种合理正当的监督方式和方法,所以,有影响审判独立嫌疑的人大个案监督时有发生。因而,如何更好地理顺法院与人大之间的负责关系值得深思。

二、检察院

检察院在宪法上有它的独立地位,这是我国宪法不同于别国宪法的标志之一。现行宪法有关检察院的规定主要体现在第134—138条上。解读这些规范条款,可知我国检察院的宪法地位主要有以下几个方面。

(一)检察院的性质:法律监督机关

"检察机关是国家的法律监督机关,其理论和实践来源于前苏联十月革命后建立的检察机关。"[③]关于检察机关,1982年宪法恢复1954年宪法之规定,明

---

① 童之伟:《宪法独立审判条款的完善及其配套改革》,《江海学刊》2005年第6期;周永坤:《关于修改宪法第126条的建议》,《江苏警官学院学报》2004年第1期。

② 贺卫方:《关于审判委员会的几点评论》,载《司法的理念与制度》,中国政法大学出版社1998年版,第139-151页。

③ 蔡定剑:《宪法精解》(第2版),法律出版社2006年,第444页。

确它的法律监督机关性质。但宪法并未对检察机关具体的监督职能作出规定，根据我国《检察院组织法》第20条之规定，检察职能主要有：（1）对重大犯罪案件行使检察权；（2）刑事案件自侦权；（3）对公安侦查的监督权；（4）刑事公诉权；（5）对法院审判及狱政的监督权。在司法改革中，有关检察院的地位、性质争议较大，有必要进一步予以检讨。

（二）检察院的组织设置和检察长任期

宪法第130条规定，我国设立最高人民检察院、地方各级人民检察院和军事检察院等专门人民检察院。与法院稍有不同的是，地方人民检察院在名称上一般没有"高级""中级"之分，而是直接以省市县命名。以江西省为例，其各级检察院分别有"江西省人民检察院""江西省南昌市人民检察院""江西省九江市人民检察院""江西省都昌县人民检察院"等。专门检察院主要有军事检察院、海事检察院和铁路运输检察院。后者分为两级即铁路运输检察分院和基层铁路运输检察院。检察院由检察长、副检察长和检察员等人组成，他们均由同级人大及其常委会选举产生或任免。

根据宪法和检察院组织法，每届检察长的任期与其同级人民代表大会每届任期相同，检察长连续任职不得超过两届，亦即连续任职不得超过十年。

（三）检察权独立以及两个关系

宪法第136条规定，人民检察院依照法律规定独立行使检察权，不受行政机关、社会团体和个人的干涉。此等规定是检察权被定位为司法权的重要宪法"证据"，检察院亦由此而被认定为司法机关。但在法治成熟国家，检察机关所行使的检察权在性质上一般定位为行政权，检察机关对外行使职权时要受制于政府司法部门行政长官的指挥，检察权因而不像司法审判权那样是一种独立的权能。这种中外宪制上的差别值得我们深度思考。

宪法第137、138条就检察院的两个关系即上下级检察院之间以及检察院与人大之间的关系作出了规定。上下级检察院之间不像上下级法院那样是一种监督关系，它们之间是领导与被领导的关系。下级检察院必须接受上级检察院的领导，下级检察院检察长须由上级人民检察院检察长报同级人大常委会批准任命。同时，各级检察院又均由同级人大产生，并须对其同级人大负责。对同级人大负责的方式一般是在每年一次的人大会议上向其报告工作。由此可知，检察院必须接受上级检察院和同级人大的双重领导。而宪法又明文规定检察权是一种独立的权能。在双重领导面前如何独立，是否真的能够实现独立，是颇存疑问的，我国宪法政制之如此设计不能不说有深入思考之余地。

第三节　法官及其身份保障

司法独立已然为人类法治经验所证实,而法官独立之核心在于法官身份保障。然而,从1954年宪法到1982年宪法,法官身份保障一直是付之阙如。在司法改革中,法官身份保障问题受到了一定程度的关注,但问题至今没有得到有效——更遑论根本——改善,2003年的李慧娟事件就是最好的明证。[①]在法官有身份保障之国家,出现类似恣意罢免法官职务事件是难以想象的。该事件堪称是我国当代司法史上的一大教训,它深刻说明,尽快对我国法官给予身份保障应该是司法改革的重中之重。域外绝大多数宪法都有法官身份保障条款——试看以下简表,这说明法官身份保障应提到宪法的高度,属于宪法保障。是故,如何借助司法改革的春风不断加大我国法官的身份保障并最终实现我国宪法保障法官身份之目标,兹事体大且迫不及待。

下表(表见下页)我们列出六个国家宪法之法官身份保障条款,可见这六个国家的宪法在法官身份保障问题上用心良苦、规范周详。抑或正是由于有其宪法对其身份给予如此精致缜密之保障,所以从美国到南非这些国家的法官均能够在现实中不受来自任何外界的身份侵犯,从而能真正独立地行使其司法裁判职权。[②]

[①] 2003年5月27日,洛阳市中级人民法院在审理一起种子赔偿纠纷案时,发现《河南省农作物种子管理条例》与《种子法》有冲突,承办该案的女法官李慧娟在院审委会的同意下,适用《种子法》,并在判决书中写道"《种子法》实施后,玉米种子的价格已由市场调节,《河南省农作物种子管理条例》作为法律位阶较低的地方性法规,其与《种子法》相抵触的条(款)自然无效"。河南省人大对此反应激烈,认为"自然无效"说其实质是对省人大常委会通过的地方性法规的违法审查,违背了我国人民代表大会制度,是"严重违法行为"。此后,洛阳中院迫于省人大压力,撤销了李慧娟审判长职务并免去其助理审判员资格。有关此案的评论可参郭国松:《法官判地方性法规无效:违法还是护法》,《南方周末》2003年11月20日;赵晓力:《司法过程与民主过程》,《法学研究》2004年第4期。

[②] 刘练军:《司法要论》,中国政法大学出版社2013年版,第98页。

宪法名称	法官身份保障规范
《美利坚合众国宪法》（1787年9月）	第三条第一款：最高法院和下级法院的法官行为良好则继续任职，并应在规定的时间得到服务报酬，此项报酬在他们继续任职期间不得减少。
《日本国宪法》（1946年11月）	第七十八条：法官因身心故障不能执行职务时，除依照审判决定，不经正式弹劾不得罢免。法官的惩戒处分不得由行政机关行使之。 第七十九条第五款：最高法院法官到达法律规定年龄时退职。 第七十九条第六款：最高法院法官均定期接受相当数额之报酬。此报酬在任期中不得减额。 第八十条：下级法院法官，由内阁按最高法院提出的名单任命之。此种法官的任期为十年，得连任。但到达法律规定的年龄时退职。 下级法院法官均定期接受相当数额之报酬。此项报酬在任期中不得减额。
《德意志联邦共和国宪法》（1949年5月）	第九十七条第二款：终身定职的专职法官不得违反其意愿在其任届期满前将其撤职或停职（终身或暂时的）或调职或命令其退休，除非根据法律并按法律规定的方式作出司法裁决。立法可以限定终身职法官的退休年龄。在法院的组织或管辖地区发生变动时，法官可以转至另一法院或被免职，但应保留其全薪。
《希腊共和国宪法》（1975年6月）	第八十八条第一款：法官应依照法律规定的资格和选举程序，以总统令任命之；法官的任职是终身的。 第八十八条第二款：法官的报酬应与其职务相称。有关法官的等级、报酬和一般地位等事宜均由专门的法律规定。 第八十八条第四款：只有根据法院的刑事判决，或因法官严重违反纪律、或因病残、或不适任，依照法律的规定并根据第九十三条第二及第三款的规定的批准，始得将法官免职。
《俄罗斯联邦宪法》（1993年12月）	第一百二十一条：（1）法官终身制；（2）法官的职权只能基于联邦法律规定的程序和理由予以剥夺或中止。 第一百二十二条：（1）法官不受侵犯；（2）非经联邦法律规定的程序，法官不得被追究刑事责任。
《南非临时宪法》（1993年12月）	第一百七十六条第三款：法官的薪水、津贴和补助金不得减少。 第一百七十七条第一款：法官仅仅在如下情况下被免职：（a）司法委员会发现法官丧失工作能力、极度不称职或行为不检达到有罪程度；（b）国民大会（the National Assembly）要求法官去职时，则需要根据该大会三分之二以上多数同意才能决定。

事实上我国《法官法》对法官身份规定有一定的身份保障，法官身份保障是构成法官履行国家审判权的基本身份条件，对法官的工资、司法尊严、法官职务晋升等身份性因素进行独立保障，为法官排除任何非法性因素干扰法官

进行审判工作的可能性,应赋予法官员额身份,直接赋予法官较高的社会地位、职位待遇等。法官身份保障对于树立法官职业荣誉感与尊严感至关重要,决定是否能吸引优秀法律人才充实到法官员额中来,是法官员额制的重要基础保障。

法官员额制改革的具体含义是在法院现有编制内,根据案件量、法院所辖地区人口规模、当地政治文化经济水平等因素确定法官的员额,以员额标准为基础,依据科学公正的遴选机制,在原有审判员、助理审判员队伍中择优选任法官入额。最后逐步形成以法官为中心,法官助理为协助,司法辅助人员为辅助的新的审判运行机制。

法官员额制的构建与完善的目的就是要发展与法官职业相契合的法官员额身份,进而推动法官司法公信力与法官尊严,而法官独立与审判的权威性又要求法官员额身份保障的严肃性。法官履行职权与职责的身份构建是关键点之一。法官身份保障构成法官职业发展的职业吸引力,职业吸引力对职业发展之路来说至关重要。身份保障达到法官和后备的法律人才的期望后,法官员额才会有充足的人员基础。

基于以上分析,对于法官的身份保障问题的探讨,可由以下三个层次进行保障:

(一)法官员额遴选准入制与准出制

在国外,法官退出问题实际上是一个剥夺法官审判权的问题。法官通常是终身任职的。其法律对法官的退出作了非常严格的规定:非经法定事由、法定程序不得剥夺法官资格。这一规定的诞生原因在于对司法独立的保护,防止外部力量对于法官裁决的干涉。

法官的职业化是法治现代化的一项基本要求。建设一支职业化、专门化的高素质的法官队伍在我国法治建设中有着举足轻重的作用。此外,由于法官员额制的实行,法官队伍将得以精简,更少的法官数量也为提高法官的薪资待遇创造了条件。法官薪金待遇的提升可以免除法官的"谋生"之忧外,从而使法官把更多的时间和精力投入到对案件的审判当中。除了经济保障,在身份保障方面,一旦法官入额,非因法定事由并经法定程序,法官不得被免职、降级、辞退或者处分。纵观世界法治国家,实行法官员额制国家的法官通常实行任期终身制。这是为了保证法官能顶住任何强大社会势力的影响甚至压迫而依法办案。法官不因一般工作失误而受到弹劾,只有司法腐败或重大失职才能成为启动法官弹劾程序的理由。因此,法官员额制的实施能在一定程度上强化法官的职业保障。

截至2018年11月9日,全国各级法院共遴选员额法官12万名,占中央政法专项编制的33.8%,高于上年的32.9%。中央政法委司改办副主任孙晓芳介绍,随着司法责任制改革的推进,法官、检察官办案主体地位进一步凸显,权责明晰、权责统一、监督有序、制约有效的审判权力运行机制基本建立,优秀人才向办案一线流动趋势明显,85%以上司法人力资源配置到办案一线,办案效率和质量明显提升。

据介绍,人民法院考核员额法官突出能力和业绩导向,强化绩效考核结果的运用,建立法官员额退出机制,对于能力不胜任、办案不达标的员额法官,及时按程序退出员额。据新华社2019年4月14日报导,辽宁省三级法院、检察院去年以来加大员额退出机制的执行力度,对不适应或不胜任一线办案的、离开办案岗位的、因违纪违法不适合继续履行办案职责的坚决退出员额,2018年退出员额452人,为启动司法体制改革试点以来退出员额人数最多的一年。在上述已退出员额的法官检察官中,包括法官225人,检察官227人。

在退出员额的法官中,退出原因主要是"不适应一线办案";退出员额的检察官,则具体包括三种情况:或不胜任一线办案,或离开了办案岗位,或因违纪违法不适合办事。员额法官检察官的有序进出,使得优秀人才向办案一线流动趋势明显,司法质效有了实质性跃升。

法官员额制建立后,单纯的提高法官待遇并不足以减少法官发生司法腐败的风险,如果不建立与高福利高薪酬待遇相配套的退出机制,则不能让法官随时保持危机感,珍惜现有的法官工作岗位。员额管理应当是一种动态管理,其意义在于始终使司法队伍中最优秀的人才集中在审判一线,一旦发现不适合继续留在工作岗位的人员,应当及时让出员额,确保审判工作的高效运行。这就要求我们建立一套法官员额退出机制,来督促法官自觉地履行职责,同时遵守好法律法规和法官职业操守。这既是员额制内法官素质的保证,也是维护法官队伍纯洁性的重要制度。

(二)确保法官真正独立审判

法官员额制的确立,既提高了法官的选任标准,强化法官司法意识,实现司法人员与普通公务员的区别,并且建立健全司法人员分类管理和职务晋升的保障,能直接推动公正高效权威的社会主义司法制度的建立。法官员额制对法官的职业发展和奖惩单独设定,法官编制和法官管理独立于地方政府编制序列和管理模式,这从根本上解决了法官职业发展的独立性。确立了法官职业单独发展之后,法官审判从制度上得到了保障,其独立性和权威性就得到了确立。法官员额单独确定后,一方面进一步提升法官职业认同感与荣誉感;另一方面激励了法官在民主法治范围内,以肩负公平正义与依法裁判为神圣使命,保护社会中的个人以及弱势群体不受非法损害。一言以蔽之,法官员额制保障法官独立与维护司法权威,是我国司法事业发展的重要的一环。

曾有一起法制新闻事件:2008年最高人民法院审理陕西省横山县一起关于矿权纠纷的案件的过程中,收到一份来自"陕西省政府办公厅"的函件。知情人透露,2008年5月4日,陕西省政府办公厅向最高人民法院发出《关于西勘院与凯奇莱公司探矿权纠纷情况的报告》。该报告中有"省高院一审判决对引用文件依据的理解不正确","如果维持省高级人民法院的判决,将会产生一系列严重后果","对陕西的稳定和发展大局带来较大的消极影响"这样的表述。

据了解,针对该函,2009年2月,南开大学法学院副院长侯欣一教授等数位国内法学专家联名向最高人民法院发送了一封《关于呼吁最高人民法院抵制非法函件干预司法的建议书》:"密函违反《中华人民共和国政府信息公开条例》的相关规定,造成了诉讼过程中当事人双方诉讼地位的严重失衡,严重影响当事人一方的切身利益。"该密函有利用国家公器为私人利益服务之嫌,"将普通民事案件政治化,将经济案件上升为政治事件,并借'影响陕西省的社会稳定'的帽子向最高人民法院施加政治压力"。

从本质上看,审判独立的核心应该是保障司法裁判权的独立性,具体来说,就是应该由司法裁判的行使者,也就是法官,来享有司法审判的独立裁判权。法官审判,不应该受到除了法律法规之外的任何外部因素的影响和制约。法官员额制的本质即在于实现法官审判权的独立,通过各项举措选拔出优秀的法官,赋予员额法官更多的职业保障和执业的独立性。

(三)法官惩戒司法化

目前我国法院内部监察部门作为法官惩戒的主体主要采用行政化的监察程序,这种程序与国际通行的司法化程序相比,存在严重弊端,主要表现为忽视法官的权利保障,程序平等性及公正性欠缺。实际上,纵观各国现代宪法,尚未规定法官惩戒司法化的已属罕见之少数。日本现行《宪法》更是明文规定"法官的惩戒处分不得由行政机关行使之"。美国早在1787年费城制宪会议上就对此问题有过争论,最后多数制宪代表的意见是反对行政部门介入法官惩戒以充分保障法官身份独立。由此可见,只有将法官惩戒司法化,规定惩戒法官只能通过公开审判,才能对法官的惩戒不被滥用和误用,从而使法官在任职之时没有后顾之忧。

同时为了防止惩戒权的滥用,更好地保障法官的合法权益,必须坚持罪责法定原则。与法官惩戒相关的法律制定中,应明确法官惩戒责任,细化责任的种类以及承担方式;如果法律没有规定应当追究法官责任的行为,则不得追究法官的法律责任,同时不得类推适用,防止责任擅断和违法追究。近年来,有关法官违法犯罪的案件时常见诸报端,下面的杨某某案即是显例。

2001年,杨贤才主政广东省高院执行局后,曾因在破解执行难问题上提出了一系列切中时弊、大快人心的举措,收到了立竿见影的效果,受到了最高人民法院的肯定和同行们的赞誉。一时间,杨贤才成为全国法院系统的明星,被誉为"中国第一执行局长"。

而根据河北保定市中级人民法院审理查明,1996年至2008年春天,杨贤才利用担任广东省高级人民法院执行庭庭长、广东省高级人民法院执行局局长的职务便利,接受他人请托,为有关单位和个人谋取利益,非法收受所得折合人民币1100多万元,另外有价值人民币1600多万元的家庭财产不能说明来源。

在这1100多万元的受贿款中,有600万港元来自深圳的一家房地产公司大景源实业有限公司,公司法人黎智华为答谢杨贤才的帮助,在事成几年后将巨款赠给杨贤才。

在向杨贤才行贿的人中,有曾被誉为"广东最牛律师"的陈卓伦,作为"广州最大烂尾楼"中诚广场最初开发商之一的城建总公司的代理律师,他向杨贤才行贿17万元。另一行贿人——广东百思威律师事务所主任许俊宏,作为中诚广场开发商的港鹏发展有限公司的诉讼代理人,他先后给杨贤才送了15万元。此外,中诚广场在范骏业丧失购买资格之后,由另一收购方顺利投得,该收购方代表事后将100万元港币送给了杨贤才。

2010年5月31日,因主动供认受贿事实,加上其主动退赃,法院宣判杨贤才犯受贿罪,判处无期徒刑,剥夺政治权利终身,并处没收个人全部财产;犯巨额财产来源不明罪,判处有期徒刑4年。决定执行无期徒刑,剥夺政治权利终身,并没收个人全部财产。之后不久,杨贤才表示对一审判决认罪服法,不再上诉。

第四节　司法运行的具体机制

一、以事实为根据，以法律为准绳

"以事实为依据，以法律为准绳"，这句话是执法、司法机关在日常工作中需要坚持的一项基本原则。通俗地讲，坚持"以事实为依据，以法律为准绳"的原则，就是要求执法、司法机关在执法办案以及审查判决时，要在充分查清事实的基础上，结合有关事实，正确地适用法律，以保证公正司法的要求。

以事实为依据，就是司法机关对案件作出处理决定，只能以被合法证据证明了的事实和依法推定的事实作为法律适用的依据。事实就是一个具体司法案件的本来面目，是该司法案件的真实情况。那么如何证明所认定的事实本来就是那个样子？这就需要用相关的证据来证实。不能用证据证明的事实，就不是法律上的事实。也就是说，没有相关的证据证明，即使司法案件的原由就是那个样子，在法律和司法程序上也不能够认定的。因此，法律事实和真实事实不一定完全一致。

要认定一个具体司法案件的相关法律事实，绝不是单靠当事人的描述就足够了的，与法律事实相伴相生的，就是证据。俗话说"空口无凭"，没有证据，就难以令人信服，任凭你如何将相关事实情节娓娓道来，如何将当场情况烘托得令人身临其境，没有相关的证据支撑，你所谓的描述就只能止步于故事，而非法律事实。换言之，司法案件中相关证据能证明到什么程度，法官就能认定到什么程度。

法律事实要用证据来证明，不能提供相关的证据，就需要承担不利的法律后果。因此，事实问题，其实就是一个证据的问题。以事实为依据，其实就是以证据为依据。即我们通常说的打官司就是打证据。司法程序的学问及其精髓之处就在于牢牢地将法律事实的认定和证据紧密地联系在一起。证据制度在司法领域中的沉浸式渗入，让"以事实为依据"不再沦为一句口号，而是真正可以左右一个司法案件结果的胜负，有逻辑自洽的证据锁链，自然而然地可以认定一个足以结案的法律事实。如此，则可以防止法官在审判中超越自由裁量权，从而促进司法公正。

在查清一个司法案件的相关法律事实后,或者说在现有的证据能够证明的事实基础上,如何正确地适用法律,又是一个需要规制的领域。比如刑事案件中的定罪量刑,首先是定罪,其次是量刑。相对于查清法律事实而言,适用法律这一环节看似简单,实则更加考验法官作为审判者的素质与能力。相比较于在英美法系国家大行其是的陪审团制度,我国的司法案件审判,更多地依靠法官在审判过程中的自由心证,大到一个法律事实的认定,小到具体赔偿金额的拿捏,都在审判者的方寸之间。因此,严格基于相关法律的规定进行判决,是至关重要的,即"以法律为准绳"有其现实上的必要性和紧迫性。

综上所述,"以事实为依据,以法律为准绳",证明相关法律事实是关键,正确适用相关法律是结果,二者不可偏废。

事实上,在法制日益健全、司法程序日益公开公正的当下,面对"以事实为依据,以法律为准绳"这样的司法原则,不免有人会报以嗤笑,认为这本是法治社会建设背景下的一个普遍共识,近乎深入人心。可事实上,这样一句近乎宣言式的司法原则,是数千年人类文明尤其是司法文明的发展所产生和巩固下来的可贵制度。

在几千年前的奴隶制社会中,没有当今法治所追求的公正司法和公开裁判,一种如今看来极度不合理的司法制度在此间大行其是,那便是丝毫不讲究事实和法律依据的神明裁判。

神明裁判也称神示证据制度或神证,并不是当时的正式命名,而是后人所作的概括,产生于奴隶社会时期,是证据制度发展史上最原始、最野蛮、最愚昧的一种证据制度。它是用一定形式邀请神灵帮助裁判案情,并且用一定方式把神灵的旨意表现出来,根据神意的启示来判断诉讼中的是非曲直的一种证据制度。神示证据制度曾普遍存在于亚欧各国的奴隶社会。

正如美国学者霍贝尔所言:"超自然力作为一种法律程序的救济手段,渗入法律的习惯之中。应该指明,它不是作为实体法规则的渊源,而是当人们没有确凿的证据以查明案件事实的情况下,作为一种判决的方式和执行手段。求助于它的方法是立誓、占卜和神判。"[①]

"法"字的古体是"灋"。我国历史上的第一部字典即东汉许慎所著《说文解字》注释说:"灋,刑也。平之如水,从水;廌,所以触不直者去之,从去。"其

---

① [美]E.A.霍贝尔:《初民的法律——法的动态比较研究》,周勇译,中国社会科学出版社1993年版,第71页。

中的"廌"又名"解",是传说中的一种独角神兽。古书记载,一说像羊,一说像牛,一说像鹿,其说不一,但都认为它生性悍直,能区分是非曲直。"廌",性知有罪,有罪触,无罪则不触。将一件司法案件的裁判全权交由"神兽"处置,在这样一个颇具有浪漫主义色彩的传说背后蕴含的是神示证据制度下,司法案件审理的愚昧和荒谬。

神兽"廌"的传说固然有当时人们祈求司法公正的意愿,可即使是神示证据制度发展鼎盛时期,将司法案件的审理全然交给不存在的神兽也是痴人说梦。要借神明的力量维持司法体系的稳定和权威性,还需要设计出一套更加切实可行且关键是人人肉眼可见神明旨意的审判方式。基于此,诸多神明审判方法应运而生,例如火审/沸水审(开庭时点燃一堆火,或者烧一锅开水,谁敢把手伸入火中或者开水中,就相信谁的话是真的);水审(将嫌疑人投入深水中,倘若他可以从容脱困而不是沉入水底,那便认定其清白);决斗审(安排争执双方当事人决斗,最终战胜对方的当事人胜诉,决斗审允许杀死对方且死者亲属不得报复);巫卜审/抽签审(通过占卜或是直接抽签的方式,读取神明的旨意从而确定胜诉的一方)。

纵览上述的种种神明裁判方式,其中的核心逻辑都极为相似,即坚信神明的全知全能且始终秉公执法,设计和赞成这一制度的人们相信神明会赐予正义的一方绝对的力量,从而可以让正义方从容面对任何审判方式且始终立于不败之地。由此可见,神明裁判制度和狂热的宗教信仰不无联系,甚至可以说它们总是亦步亦趋,相伴相生。

神明裁判的行为逻辑和规则模式有其鲜明的时代局限性,近乎远古的时代很多人忽略了神示证据制度中,司法裁判对于事实真相和法律依据的漠视和忽略。反观当代的卷帙浩繁的司法案件卷宗,又何尝没有罔顾事实真相的判决呢?下面的彭宇案即为典型。

2006年11月20日9时30分左右,64岁的退休职工徐寿兰在南京水西门广场公交站跑向一辆乘客较少的公交车,与26岁的小伙子彭宇在不经意间发生相撞。急于转车的彭宇随即将摔倒在地的徐寿兰扶起,并与后来赶到的徐寿兰家人一起将她送往医院治疗,其间还代付了200元医药费。醒来后的老太指认彭宇就是撞倒自己的人,并索赔13万元,双方争执不下。

2007年9月4日,南京市鼓楼区法院一审宣判。法院认为本次事故双方均无过错。按照公平的原则,当事人对受害人的损失应当给予适当补偿。因此,判决彭宇给付受害人损失的40%,共45876.6元。这就是震惊整个中国的

"彭宇案"最后的宣判结果。在法官看来,并不能确定彭宇有没有撞倒老太太,但是彭宇也不能拿出有力证据证明自己没有撞倒老太太。所以即使双方都没有错,按照"公平"原则及法官的个人判决经验,彭宇应当对此事负有一定的责任,即45876.6元。这个结果立即在全国引起轩然大波,也引发了网友对"老人摔倒到底该不该扶"的大讨论,甚至一度导致社会道德滑坡。此案中,因为没有足够的证据证明彭宇与老太太谁对谁错,法官无法依据法律宣判,所以依据"有罪推定"理论,判定彭宇对老太太承担责任,这就违背了人们的常识——"以事实为依据,以法律为准绳"的法律原则。

二、被告人有权获得辩护

被告人有权获得辩护原则是中国《刑事诉讼法》基本原则之一。指被告人在刑事诉讼中拥有针对控告进行申辩,说明自己无罪、罪轻或者应当减轻、从轻、免除处罚的情节,并提出相应的证明材料,以维护自己合法权益的权利;人民法院也应当保证被告人获得这种辩护权利。

《中华人民共和国刑事诉讼法》第8条规定:"被告人有权获得辩护,人民法院有义务保证被告人获得辩护。"被告人有权获得辩护的原则,是在法律上确认被告人享有辩护权,并在诉讼中保障被告人依法行使辩护权的诉讼原则。辩护权是指被告人对人民检察院提起的公诉或自诉的控告进行无罪的陈述或罪轻而应予减轻、从轻、免除刑罚的要求。这种辩护权,被告人本人可以行使,也可以委托或由人民法院指定辩护人行使。我国现行法律规定,被告人行使辩护权有两个阶段。侦查、起诉阶段由被告人自己行使辩护权;第一审、第二审阶段,除被告人自己行使辩护权外,还可以委托或由人民法院指定辩护人行使。辩护权是国家立法机关鉴于被告人在刑事诉讼程序中所处被追究刑事责任的地位而专门赋予的,同时,辩护权也是被告人最基本的诉讼权利。法律赋予被告人辩护权,并在制度和程序上充分保障被告人行使辩护权,是社会主义民主的集中体现,也是查明案件客观事实和正确适用法律的必要条件。正所谓兼听则明,偏听则暗,这是认识事物的客观规律。

究其源起,被告人有权获得辩护的原则即是从民事诉讼程序中的辩论原则移植而来的。资产阶级革命胜利后的英国,首先实行辩论式诉讼,即双方当事人地位平等,各自举证以证实本方所主张的法律事实,或作有利于本方的陈述或辩解,法官只负责主持法庭辩论,等陪审团做出有罪裁决后,负责适用法律和判处刑罚。美国独立后,联邦和大多数州也采用了辩论原则。

大陆法系的法国、日本等国家吸收了辩论原则,但又与英美有明显的区别,即法官不是一个消极的仲裁人,而是主导整个审判程序的指挥者,可以主动讯问当事人和收集证据,不受当事人所提出传唤的证人或证据限制。我国《刑事诉讼法》规定,法庭调查后,公诉人(自诉人)和被告人、辩护人可以相互辩论。然而,这一条款没有规定辩论原则,而是规定被告人有权获得辩护的原则,它比资产阶级的辩论原则所适用的范围大得多,不仅限于法庭审理,而且扩大到侦查、审查起诉过程中,充分体现了社会主义民主与人权的广泛性。

结合上文所述,刑事诉讼程序中的被告人有权获得辩护原则虽然演变自民事诉讼程序中的辩论原则,可这一制度最终的确立和保障,比辩论原则更具有现实意义和紧迫性。民事诉讼中双方当事人诉讼地位的平等性,让辩论原则的展开和保障有了自发的天然土壤;而刑事诉讼中的被告人,作为国家司法公权力的对手,无疑会在庭审中陷于专业性和精准度的弱势,而使正义的天平失衡。因此,切实有效地保障刑事诉讼中被告人的辩护权就成了维护刑事诉讼司法正义的必要条件,以此用辩护人的专业技能弥补被告人的不足,将司法公正的天平重新拉回平衡状态。通过重温张氏叔侄冤案,即可对被告人的弱势与辩护人的作用有一个深刻的认识。

2003年5月18日,17岁的安徽少女王冬的生命在杭州这座美丽的城市画上了句号。带王冬来到杭州的,是她的同乡张高平、张辉叔侄俩。当年,正值"非典"肆虐,同为司机的张高平、张辉叔侄俩商议,想趁着同行不敢出门的机会赌一把,继续出车跑长途,多赚些钱。5月18日晚上,当驾车出城送货的张高平、张辉途经高速路检查站时,张高平的一位熟人请求他们将同乡少女王冬顺路捎至杭州。于是,一行三人驾车离开了歙县。5月19日凌晨,张高平、张辉将王冬捎带至钱江三桥附近的艮秋立交桥。分手时,因担心女孩联系不上亲戚,张辉将自己和张高平的电话以及一个家庭电话写在了王冬的小本子上,告知其联系不上亲戚时给他们打电话。随后,张高平、张辉来到上海卸货。这之后的数天时间内,他们依旧在皖、浙、沪之间的相同路线上穿梭往返运货、卸货。

5月23日夜晚,张高平、张辉在搭载王冬的那座检查站被警方抓捕,原因是王冬死亡,他们成为头号疑犯。叔侄奸杀同乡未成年少女的消息在小城疯传。刚拿到律师证的王亦文接到张高平妻子的委托,接下了这起案子。但他没想到,这起案子办起来如此棘手与艰难,竟耗过了茫茫十年光阴。

2004年4月21日,浙江省杭州市中级人民法院一审宣判,因强奸杀人,判处张辉死刑,判处张高平无期徒刑。同年6月,浙江省高级人民法院二审改判张辉死刑缓期二年执行、张高平有期徒刑15年。自此,保住一条命的张辉和张高平开始了漫长的申诉过程。

2005年年初,尚在浙江一所监狱服刑的张高平和张辉在电视上获悉,浙江大学城市学院的女生吴晶晶被出租车司机勾海峰掐死。被抓后三个月,勾海峰即被执行了死刑。

此后,张辉被押送到南疆的库尔勒监狱服刑,张高平被押送到北疆的石河子监狱服刑。在石河子监狱,张高平遇到了张飚———新疆石河子市人民检察院监所科原驻监检察官。在张飚的帮助下,新疆石河子市人民检察院决定以一级检察机关的名义正式向浙江省人民检察院发函,温和地提醒"此案部分疑点","希望贵院予以重视"。

3年中,石河子市人民检察院5次将张高平的申诉材料和检察机关的调查笔录连同检察院对案件众多疑点的意见寄往4000公里之外的浙江,但均无回音。2010年,59岁的张飚即将退休。经过激烈的思想斗争后,他有了从检以来第一次以私人名义展开的公务活动:舍弃了公函,写下了一封充满"感情色彩"的私人信件,寄给了浙江省人民检察院检察长陈云龙。收到来信后,陈云龙指示浙江省检察院控告申诉处负责人回电给张飚:来信已收到,材料已按程序转交浙江省高级人民法院等相关部门。随后,便杳无音讯。

"2011年3月8日,当我来到浙江省高级人民法院查询张氏叔侄案7年来的申诉情况时,意外获知,电脑中竟没有这起案件的申诉材料。我压抑住心中的愤懑,冷静地告诉对方,我们今天算是第一次来申诉。我现场写了一份申诉状,填写了一张《信访登记表》,盯着他们将此案录入计算机。

走出申诉庭,我和张高发坐在浙江省高级人民法院大门前的石凳上一言不发,张高发甚至没有明白7年来他的申诉重归起点的意义。

随后,我收到了张飚检察官的短信:'我马上就要退休了。有关张辉、张高平的案件,只能拜托你了。申诉很难,你千万别放弃。每到深夜,想起张高平哭诉被刑讯逼供的情景,我都整夜难以入眠。'

这条短信触动了我内心的柔软,也坚定了我坚持下去的信心。"①

在辩护律师朱明勇接棒协助张氏叔侄亲属申诉下,2012年2月27日,浙

---

① 本段自述转自张氏叔侄冤案代理律师朱明勇:《律师亲述:张氏叔侄冤案中鲜为人知的事》,《法律与生活》2016年第7期。

江省高级人民法院对该案立案复查。经杭州市公安局将该案被害人王冬指甲内提取的DNA材料与警方的数据库对比发现：该DNA分型与2005年即被执行死刑的罪犯勾海峰高度吻合。

随着新的鉴证科技锁定了新的嫌疑人，以及辩护律师在庭审中坚持发表无罪辩护词，越来越多人开始关注和了解了张氏叔侄案。2013年3月26日，浙江省高级人民法院依法对张高平、张辉强奸杀人案再审公开宣判，认定原判决定罪、适用法律错误，宣告张高平、张辉无罪。至此，两名被告人已被错误羁押近10年。

具备刑讯逼供、职业证人情节的张氏叔侄十年冤案诚然是个极端个例，却可反映出一个普遍的问题，即刑事诉讼程序中的司法公权力太大，以至于被告人的诉讼权利保障制度形同虚设。公安和检察机关所出具的相关证据天然地被打上了权威的烙印，而被告人的自我辩解得不到切实有效的肯定和考量。辩护人作为横亘于公诉人和被告人之间的屏障，其实就是被告人的矛和盾，可以一把扯下刻板的司法脸谱，从而将刑事诉讼程序拉回到势均力敌的公平赛场。

三、疑罪从无

中国古代刑法对疑罪普遍采取从轻、从赦的处理方法。在夏代，立法者就对疑罪提出了"从轻、从无"的主张。古代典籍最早记载疑罪问题的是《夏书》。周代法律对疑罪实行从赦原则，《尚书·吕刑》说："五刑之疑有赦，其克审之"。到唐代，刑事疑罪的处理原则已被制度化、规范化。《唐律》中规定疑罪可以财赎刑。宋代沿用此项规定。《大元通律》规定"诸疑狱在禁五年以下不决者，遇赦释免"。 明律取消唐代的相关规定，重新确定疑狱必须逐级上报，由皇帝裁决的制度。清代沿用明制，凡疑罪应再三复审核实，报皇帝裁定，被秋审、朝审判为可疑的罪犯，发回原审机关重审。尽管疑罪从无的司法原则没有在封建帝制时代真正地制度化确立，但以上历代种种针对疑罪问题的措施，无一不体现着对于疑罪案件的慎重考量，对于疑罪案件的妥善处理，亦是封建帝制时代维护司法威权的手段之一。

1996年修改后的《刑事诉讼法》确立了疑罪从无的原则，如第162条规定："证据不足，不能认定被告人有罪的，应当作出证据不足、指控的犯罪不能成立的无罪判决。"疑罪从无原则在司法领域主要贯彻于侦查阶段、审查起诉阶段以及审判阶段三个层面。我国《刑事诉讼法》对疑罪从无原则在这三个阶段的适用分别规定了不同的处理方式,这些处理方式的差异有其合理性,但也存在缺陷。审判阶段是适用疑罪从无的典型阶段,在审查起诉阶段检察机关享有选择适用疑罪从无的原则的权力,而侦查阶段对适用疑罪从无原则未做明确规定,能否适用、如何适用需要通过对法律条文的前后逻辑关系进行推理而得出。

（一）侦查阶段

侦查机关适用疑罪从无原则的法律依据是相对模糊的：

（1）《刑事诉讼法》第一百六十二条规定："公安机关侦查终结的案件,应当做到犯罪事实清楚,证据确实、充分……"

（2）第九十八条规定：犯罪嫌疑人、被告人被羁押的案件,不能在本法规定的侦查羁押……期限内办结,需要继续查证、审理的,"对犯罪嫌疑人、被告人可以取保候审或监视居住"。

（3）第一百六十三条规定："在侦查过程中发现不应对犯罪嫌疑人追究刑事责任的,应当撤销案件……"

（4）第七十九条第二款规定：在取保候审、监视居住期间……对于发现不应当对犯罪嫌疑人追究刑事责任或取保候审、监视居住期限届满的,"应当及时解除取保候审、监视居住"。

上述众多条文虽然没有明确赋予侦查机关对证据不足的疑罪案件可以直接适用疑罪从无原则的权利,但也未明文否定。从条文的相互关系中,仍然可以推理出适用疑罪从无原则的可行性,即侦查机关终结案件须达到"证据确实、充分"的要求,若证据不足则不得终结案件,不得移送检察机关审查起诉。由于事实上不能启动下一轮诉讼程序,可以变相视为侦查阶段适用了疑罪从无原则。

最终结果是,侦查阶段证据不足的疑罪案件,其司法程序在侦查阶段就已经终止。但由于没有相关法律法规的明文规定,适用疑罪从无原则完全依赖于侦查或羁押的期限,故这种适用仅仅是被动适用,侦查机关并不具有主动适用疑罪从无原则的权力。

（二）审查起诉

《刑事诉讼法》第一百七十五条第四款规定,对于二次补充侦查的案件,人民检察院仍然认为证据不足,不符合起诉条件的,"应当作出不起诉的决定"。检察机关享有的不起诉权即是无罪认定权,毫无疑问行使这项权力即是适用疑罪从无原则。须注意的是,新修订的《刑事诉讼法》,在这里使用的是"应当"而不是"可以",这充分体现了我国的法律发展对疑罪从无原则的进一步肯定。

(三)审判阶段

《刑事诉讼法》第二百条第三款规定,"证据不足,不能认定被告人有罪的,应当作出证据不足,指控的犯罪不能成立的无罪判决"。这是司法领域对疑罪从无原则的典型概括。《刑事诉讼法》第二百一十一条第二款规定,"缺乏罪证的自诉案件,如果自诉人提不出补充证据,应当说服自诉人撤回自诉,或者裁定驳回"。这也是在审判阶段贯彻疑罪从无原则的表现,"从无"即是无罪。根据《刑事诉讼法》第十二条规定:"未经人民法院依法判决,对任何人都不得确定有罪。"人民法院对犯罪嫌疑人是否真正成立犯罪具有专属的最终认定权,反之,认定其无罪也是人民法院所享有的权力。但无罪认定权并非是人民法院的专属权,上文所述检察机关也享有无罪认定权。

与此同时,我们仍应看到疑罪从无原则的相对性。即因为证据不足所导向的疑罪从无,这样方式认定的无罪只是"准无罪",行为人不一定确实无罪。因此,行为人因证据不足而得到无罪宣告后,如果取得了确实、充分的证据证明其有罪,仍然应当受到刑法的处罚。这是对为了保障个人利益而牺牲的社会秩序、社会公共利益的救济,是正义的回归。我国《刑事诉讼法》体现了疑罪从无原则中"从无"的相对性:

首先,检察机关对疑罪案件所作出的不起诉决定不具有终局性的性质,表现在:(1)根据《刑事诉讼法》第一百八十条的规定,被害人不服不起诉决定的,可以向上一级检察机关申诉,请求提起公诉,如果检察机关维持不起诉决定,被害人可以向人民法院起诉;如果申诉得到检察机关的采纳,则不起诉决定被撤销,检察机关应当起诉。被害人也可以不经申诉,直接向人民法院起诉。人民法院受理后,不起诉决定自然失效。(2)在检察机关作出不起诉决定后,如果发现了新的事实和证据,可以重新提起公诉。

其次,审判机关终审的无罪判决在一定条件下仍非终局判决,表现在:根据《最高人民法院关于执行〈中华人民共和国刑事诉讼法〉若干问题的解释》第一百一十七条第三款的规定:"对于根据《刑事诉讼法》第一百六十二条第三款宣告被告人无罪,人民检察院依据新的事实、证据材料重新起诉的,人民法院应当予以受理。"也就是说,适用疑罪从无原则所作出的无罪判决,并不具有终止日后同一案件法律诉讼的效力。

疑罪的相对从无在一定程度上化解了保障人权和维持社会公共秩序的冲

突,在保障了社会个体利益的同时实现了社会公共利益的最大化。这种相对性消除了司法人员在适用疑罪从无原则时的抵触心理,防止在司法实践中因为担心放纵犯罪而变相实施疑罪从有现象。相对从无是疑罪从无原则的有益补充,是疑罪从无原则在适用过程中日益完善的体现。

通过一个探究疑罪从无原则运用于司法领域的最新案例——章莹颖案,即可更近距离地一窥疑罪从无原则的运行逻辑及价值取向。

章莹颖,女,1990年出生,福建省南平市建阳区人,2013年本科毕业于中山大学,2016年硕士毕业于北京大学,并于2016年至2017年在中国科学院学习。

2017年4月,前往美国伊利诺伊大学厄巴纳-香槟分校交流学习。6月9日,章莹颖失联。6月30日,美国联邦调查局宣布,已逮捕一名涉嫌绑架中国访问学者章莹颖的27岁男子。FBI表示,相信章莹颖已经死亡。8月28日,美国联邦法官最终将案件审理时间定在了2018年2月27日,审前听证时间为2018年2月12日。10月3日,联邦大陪审团对犯罪嫌疑人追加起诉罪名,正式决定以"绑架致死罪"起诉犯罪嫌疑人克里斯滕森。10月11日,章莹颖案再开庭,嫌犯拒不认罪,定于2018年2月审理。

2019年4月16日,美国联邦法官沙迪德裁定,涉嫌绑架杀害章莹颖的克里斯滕森案,将在2019年6月3日在伊利诺伊州皮欧利亚市联邦法庭开审。7月8日,章莹颖案正式进入量刑阶段。被告克里斯滕森此前已经被联邦陪审团判处劫持致死罪名成立,陪审团将决议是否判处其死刑。7月18日,美国伊利诺伊州中部地区联邦法院法官詹姆斯·沙迪德宣布,绑架和谋杀章莹颖的布伦特·克里斯滕森被判处终身监禁且不得假释。

涉及本案最终形成完备证据锁链的关键点主要有两个:其一是本案的关键定罪证据,即被害人章莹颖的尸体尚未发现且犯罪嫌疑人自始至终都拒绝透露丝毫信息;其二是警方用来推定犯罪嫌疑人最终杀害被害人章莹颖的证据为通过启用技术手段监听犯罪嫌疑人通讯所得的一段录音证据,关于获得该证据的手段是否合法,检方和辩方存在争论,因此最终该录音证据能否被法官采信也需要一段时间排查手续合法性和求证录音真实性。因此,尽管章莹颖案在案发之初就锁定了犯罪嫌疑人,可由于被害人尸体下落不明,且犯罪嫌疑人坚称自己未有杀人行为,因此根据疑罪从无原则并不能就此认定该犯罪嫌疑人实施了杀人行为,最终通过犯罪嫌疑人与其女友炫耀其杀人事迹的电话录音,且结合被害人生前的最终接触人及其行为,法官采信了该证据,认定被告克里斯滕森成立劫持致死的罪名。整起案件的调查及审理程序从2017年6月9日一直持续到了2019年7月18日,其间案情几度起落,关键证据——揭露,跌宕起伏的案情以及争议颇大的量刑结果引发热议,同时也为我们了解美国司法系统中的疑罪从无和正当程序原则提供了一个窗口。

通过章莹颖遇害案,人们会注意到,美国司法制度对程序公正和确凿证据的重视程度远远超过了寻求案情真相和将罪犯绳之以法。实际上,整个美国宪法和司法制度的核心是注重保障公民权利和遵循正当程序。美国最高法院大法官道格拉斯精辟地指出:"权利法案的绝大部分条款都与程序有关,这绝非毫无意义。正是程序决定了法治与随心所欲或反复无常的人治之间的大部分差异。坚定地遵守严格的法律程序,是我们赖以实现法律面前人人平等的主要保证。"

美国最高法院大法官霍姆斯认为:"罪犯逃脱法网与政府的卑鄙非法行为相比,罪孽要小得多。"在霍姆斯看来,政府滥用权力和司法腐败对国家和社会造成的整体危害,远远超过了普通犯罪分子。因此,宪政法治的核心和重点绝非一味不择手段、从重从快打击犯罪分子,而是应当正本清源,注重对政府权力予以程序性约束和制衡,防止执法者和当权者凌驾于法律之上,利用手中特权和国家司法机器胡作非为、为害一方,任意欺压无处申冤的小民百姓。防官府恶政远甚于防犯罪刁民,防止统治者随心所欲、逍遥法外的虚伪"法制"的弊端,正是美国宪政法治制度设计的重要特点。

四、司法公开

司法是维护社会公正的最后一道防线,司法公正是社会公平的底线,维护公平正义是司法的核心价值。《中共中央关于全面推进依法治国若干重大问题的决定》指出:"公正是法治的生命线。司法公正对社会公正具有重要的引领作用,司法不公对社会公正具有致命破坏作用。"

俗话说"阳光是最好的防腐剂",让整个司法过程暴露在人民群众的监督之下,这基本已经成为当代人类社会对司法公开的共识。司法公开制度就像是照进司法领域的阳光,让司法腐败与不公的阴影难以托生。

在西方,首先明确提出公开审判制度的是被誉为"刑法之父"的意大利著名法学家切萨雷·贝卡里亚,在其代表作《论犯罪与刑罚》中他写道:"审判应当公开,犯罪的证据应当公开,以便使或许是社会唯一制约手段的舆论能够约束强力和欲望。这样,人民就会说:我们不是奴隶,我们受到保护。"

需要注意的是,如今所倡导的司法公开已经不仅仅止步于公开审判亦或是公开质证,而是强调整个司法体系和全套司法流程的透明化公开,让整个司法领域全方位无死角地受到监督。最高人民法院颁布了《关于司法公开的六项规定》,强调司法公开应遵循依法公开、及时公开、全面公开的原则,并将司法公开的内容进一步明确和细化为立案、庭审、执行、听证、文书、审务六大部分。

(一)立案公开

立案阶段的相关信息应当通过便捷、有效的方式向当事人公开。各类案件的立案条件、立案流程、法律文书样式、诉讼费用标准、缓减免交诉讼费程序、当事人重要权利义务、诉讼和执行风险提示以及可选择的诉讼外纠纷解决方式等内容,应当通过适当的形式向社会和当事人公开。人民法院应当及时将案件受理情况通知当事人。对于不予受理的,应当将不予受理裁定书、不予受理再审申请通知书、驳回再审申请裁定书等相关法律文件依法及时送达当事人,并说明理由,告知当事人诉讼权利。

立案是诉讼程序的开始,其在整个司法流程中的重要性不言自明,将司法公开的要求由立案程序开始,可谓是从源头入手治理。具体的公开内容包括两大方面:一方面是针对社会公众和当事人的,如公开各类案件的立案条件、立案流程、法律文书范本等;一方面是仅仅针对当事人的,如法院将受理结果及时通知当事人;对于不予受理的,有关不予受理裁定书或不予受理再审申请通知书或驳回再审申请裁定书等相关法律文件应当依法及时送达当事人。立案信息和相关流程的公开,有助于司法案件更为顺利地通过立案的方式被司法程序所关注和接纳,从而开启后续的诉讼环节。

(二)庭审公开

建立并健全有序开放、有效管理的旁听和报道庭审的规则,可消除公众和媒体知情监督的障碍。依法公开审理的案件,旁听人员应当经过安全检查进入法庭旁听。因审判场所等客观因素所限,人民法院可以发放旁听证或者通过庭审视频、直播录播等方式满足公众和媒体了解庭审实况的需要。所有证据应当在法庭上公开,能够当庭认证的,应当当庭认证。除法律、司法解释规定可以不出庭的情形外,人民法院应当通知证人、鉴定人出庭作证。独任审判员、合议庭成员、审判委员会委员的基本情况应当公开,当事人依法有权申请回避。案件延长审限的情况应当告知当事人。人民法院对公开审理或者不公开审理的案件,一律在法庭内或者通过其他公开的方式公开宣告判决。

庭审公开是整个司法公开制度中最为关键的环节,当事人诉讼权利的实现很大程度上取决于这一环节。只有从根本上改变庭审形式化和同质化,强化庭审的思辨和挖掘真相的功能,切实做到所有相关涉案证据在法庭上进行审查,才能保证是非曲直在法庭上被辨明,真正揭露真相,捍卫司法的公正特性。

（三）执行公开

执行的依据、标准、规范、程序以及执行全过程应当向社会和当事人公开,但涉及国家秘密、商业秘密、个人隐私等法律禁止公开的信息除外。要进一步健全和完善执行信息查询系统,扩大查询范围,为当事人查询执行案件信息提供方便。人民法院采取查封、扣押、冻结、划拨等执行措施后应及时告知双方当事人。人民法院选择鉴定、评估、拍卖等机构的过程和结果向当事人公开。执行款项的收取发放、执行标的物的保管、评估、拍卖、变卖的程序和结果等重点环节和重点事项应当及时告知当事人。执行中的重大进展应当通知当事人和利害关系人。

执行作为诉讼程序的最终阶段,是真正兑现判决中所维护的当事人权利的程序,公开、公正的执行制度是判决由应然转化为实然存在的基本保障,因而具有非常重要的地位。将执行程序所涉及的内容对社会公众公开,有助于判决结果的透明化兑现,进一步防止执行程序中的不公与腐败问题,同时也可通过执行程序捍卫法律的权威性。

（四）听证公开

人民法院对开庭审理程序之外的涉及当事人或者案外人重大权益的案件实行听证的,应当公开进行。人民法院对申请再审案件、涉法涉诉信访疑难案件、司法赔偿案件、执行异议案件以及对职务犯罪案件和有重大影响案件被告人的减刑、假释案件等,按照有关规定实行公开听证的,应当向社会发布听证公告。听证公开的范围、方式、程序等参照庭审公开的有关规定。

听证公开是对庭审公开的重要补充,需要进行听证的案件一般具有涉及人数众多、在人民群众中反响强烈、争议较大等特点,将听证程序对大众公开,有利于媒体舆论的监督真正渗入到听证程序,杜绝听证程序只是"走过场"的现象,让听证程序成为社会监督参与司法程序的新着力点。

（五）文书公开

裁判文书应当充分表述当事人的诉辩意见、证据的采信理由、事实的认定、适用法律的推理与解释过程，做到说理公开。人民法院可以根据法制宣传、法学研究、案例指导、统一裁判标准的需要，集中编印、刊登各类裁判文书。除涉及国家秘密、未成年人犯罪、个人隐私以及其他不适宜公开的案件和调解结案的案件外，人民法院的裁判文书可以在互联网上公开发布。当事人对于在互联网上公开裁判文书提出异议并有正当理由的，人民法院可以决定不在互联网上发布。为保护裁判文书所涉及的公民、法人和其他组织的正当权利，可以对拟公开发布的裁判文书中的相关信息进行必要的技术处理。人民法院应当注意收集社会各界对裁判文书的意见和建议，作为改进工作的参考。文书公开可以规范司法行为，强化司法权威，提高诉讼效益，保障正义实现。

（六）审务公开

人民法院的审判管理工作以及与审判工作有关的其他管理活动应当向社会公开。各级人民法院应当逐步建立和完善互联网站和其他信息公开平台，探索建立各类案件运转流程的网络查询系统，方便当事人及时查询案件进展情况。通过便捷、有效的方式及时向社会公开关于法院工作的方针政策、各种规范性文件和审判指导意见以及非涉密司法统计数据及分析报告，公开重大案件的审判情况、重要研究成果、活动部署等。建立健全过问案件登记、说情干扰警示、监督情况通报等制度，向社会和当事人公开违反规定程序过问案件的情况和人民法院接受监督的情况，切实保护公众的知情监督权和当事人的诉讼权利。

审务公开是司法公开制度内容不断深化发展的有力例证，它主要是为社会公众了解人民法院的审判管理工作以及司法现状提供了一个方便快捷的平台，有利于法律职业共同体的共同进步和提高，实现司法信息的有效共享和良性转化。

五、司法判决拘束力

作为一项判断权的司法权运行终结后，就转入司法权的实现阶段，即当事人之间受侵害的权利的恢复和法律对社会关系再调整的实现。这表现为法律决定即司法判决的执行。司法权的终结并不意味着司法权的终止，其借助国家强制力确定的判决或调解结果还只是处于一种应然的状态，并没有得到真正的落实。对于当事人来说，只是拿到了一张"法律支票"，还必须把这张支票兑换为现实的权利和义务。①司法判决的拘束力,就是保证这张"法律支票"得以顺利兑现的强制力。

一个司法判决的作出,必然伴随涉及案件相关权利义务关系的调整和再分配。如何将判决书上的纸面权利义务关系改变转化到现实生活中来,就关系到司法判决的最终阶段即执行阶段。司法判决的执行问题可谓是司法领域内的"最后一公里"问题,前面所有司法程序所结出的果实,都需要执行程序去采摘。而有司法判决就必有司法执行的口号,就是司法判决拘束力原则的最好注脚。

执行矛盾的普遍和尖锐,导致执行程序的日常运作亟待强制公权力的介入与保障。对此问题,可以失信被执行人,即被执行人具有履行能力而不履行生效法律文书确定的义务,俗称老赖问题为例。

2013年11月14日,最高人民法院执行局与中国人民银行征信中心签署合作备忘录,共同明确失信被执行人名单信息纳入征信系统相关工作操作规程。被执行人未履行生效法律文书确定的义务,并具有下列情形之一的,人民法院应当将其纳入失信被执行人名单,依法对其进行信用惩戒:

(一)有履行能力而拒不履行生效法律文书确定义务的;

(二)以伪造证据、暴力、威胁等方法妨碍、抗拒执行的;

(三)以虚假诉讼、虚假仲裁或者以隐匿、转移财产等方法规避执行的;

(四)违反财产报告制度的;

(五)违反限制消费令的;

(六)无正当理由拒不履行执行和解协议的。

《最高人民法院关于公布失信被执行人名单信息的若干规定》第四条规定:记载和公布的失信被执行人名单信息应当包括:

(一)作为被执行人的法人或者其他组织的名称、组织机构代码、法定代表人或者负责人姓名;

(二)作为被执行人的自然人的姓名、性别、年龄、身份证号码;

(三)生效法律文书确定的义务和被执行人的履行情况;

(四)被执行人失信行为的具体情形;

(五)执行依据的制作单位和文号、执行案号、立案时间、执行法院;

---

① 汪习根:《司法权论——当代中国司法权运行的目标模式、方法与技巧》,武汉大学出版社2006年版,第129页。

（六）人民法院认为应当记载和公布的不涉及国家秘密、商业秘密、个人隐私的其他事项。

第五条规定：各级人民法院应当将失信被执行人名单信息录入最高人民法院失信被执行人名单库，并通过该名单库统一向社会公布。

第六条规定：人民法院应当将失信被执行人名单信息，向政府相关部门、金融监管机构、金融机构、承担行政职能的事业单位及行业协会等通报，供相关单位依照法律、法规和有关规定，在政府采购、招标投标、行政审批、政府扶持、融资信贷、市场准入、资质认定等方面，对失信被执行人予以信用惩戒。

根据2015年7月22日起施行的《最高人民法院关于限制被执行人高消费及有关消费的若干规定》第三条规定，对限制如下高消费：乘坐交通工具时，选择飞机、列车软卧、轮船二等以上舱位；在星级以上宾馆、酒店、夜总会、高尔夫球场等场所进行高消费；购买不动产或者新建、扩建、高档装修房屋；租赁高档写字楼、宾馆、公寓等场所办公；购买非经营必需车辆；旅游、度假；子女就读高收费私立学校；支付高额保费购买保险理财产品；乘坐G字头动车组列车全部座位、其他动车组列车一等以上座位等其他非生活和工作必需的消费行为。

2018年5月1日起，国家发展改革委、中央文明办、最高人民法院、财政部、人力资源社会保障部、税务总局、证监会、中国铁路总公司等八部门联合发布，对特定严重失信人限制乘坐火车、飞机、出入境等，作出规定。

2018年7月10日，最高人民法院召开新闻发布会，介绍"基本解决执行难"工作进展情况：2013年，最高人民法院建立失信被执行人名单制度，对失信被执行人进行联合惩戒；截至2018年6月30日，全国法院累计发布失信被执行人名单1123万例。随着联合惩戒作用日益凸显，被执行人自动履行率提高，失信名单呈下降趋势……

第五节　司法改革与宪法

随着1993年"国家实行社会主义市场经济"载入宪法，市场经济体制正式确立,我国的司法也沐浴着"维新"的春风,开始了自己的改革之旅。①那么,我国的司法改革到底改了哪些地方,这些改革与现行宪法关于司法之规定是否存在矛盾冲突之处呢?一个明显的事实是,尽管现行宪法业已被修订五次、修正条款达三十一条之多,但其中没有任何修正条款涉及司法即法院和检察院。面对宪法规定固定不变的情形,已然施行的司法改革是否改革了既定宪法中的司法制度呢?限于篇幅,在此仅对以下三个问题略作省思,供读者参考。

一、人大该如何监督法院

在种种的司法改革举措中,极少涉及法院与人大之间的负责关系。显然,如何理顺这种负责关系实质上不是司法问题,它属于我国的人民代表大会制度范畴,对于这种负责关系的任何改革都涉及我国的政治体制,因而有限的司法体制内的改革要想涉及国家政制本身乃是越界的非分之举,且实际上是不可能做到的。是故,最高人民法院1999年和2005年分别发布的《人民法院五年改革纲要》和《人民法院第二个五年改革纲要》里面涉及人大的地方尽是自我要求强化人大对法院的监督。响应包括法院在内的社会各界对强化人大监督职能的呼吁,作为人大二十余年监督之成果的《中华人民共和国各级人民代表大会常务委员会监督法》(以下简称《监督法》)终于在2006年正式出台。但《监督法》并没有具体规定人大如何监督法院,在人大与法院之间的负责关系问题上,该法事实上没有作出任何具有新意的规定。倒是在强化人大监督的实践过程中许多新旧问题暴露出来了,法院工作报告如沈阳中院2001

---

① 有学者对法院尤其是最高人民法院主导的司法改革持反对态度,认为法院根本无权进行所谓的"司法改革",遗憾的是,从其论文判断,作者对司法改革到底改了什么,所进行的改革是否真的危及甚至篡夺了人大规制司法之权力等问题并没有阐述清楚,刊物编辑在刊发此文时声称虚"版"以待,期待着学界就此观点乃至就司法改革的正当性展开热烈检讨,但应者寥寥,最高法院主导司法改革的正当性委实没有多大值得质疑之空间由此可见一斑。刘松山:《再论人民法院的"司法改革"之非》,《法学》2006年第1期;《开发区法院是违宪违法设立的审判机关》,《法学》2005年第5期。

年所作的工作报告在人大会议上没有通过,①因在如何处理善后,即谁来承担责任、承担何种责任等问题上,尚无法律可循,致使人大一时之间不知所措。

　　人大制度实施五十余年后才"首次"出现一府两院工作报告未予通过事件,且如何处理此类事件法律上竟然还是空白,由此引发审议者人大比未被通过审议的法院还不知所措,这不能不叫人深思、反省。的确,半个世纪过去了,不能再等了,该到规范人大与法院之间负责关系的时候了。我们以为,人大对法院行使监督权的最好方式莫过于严把法官任命关,将那些受过严格法学训练、具有法律实务经验的合格人才输送至各级法院,必定能大大改善我国法院法官的整体素质,从而能从根源上改进我国的司法。更好地控制法官队伍准入市场,人大对此有法可依、执法不难,它理应是人大监督法院努力的方向。总之,人大应将功夫放在庭外而不是庭内,这才是改革人大与法院之间关系的基本原则和方向。

二、法、检、公三家刑事司法地位之检讨

　　宪法第140条规定"人民法院、人民检察院和公安机关办理刑事案件,应当分工负责,相互配合,相互制约,以保证准确有效地执行法律"。法院、检察院和公安机关在刑事司法过程中的相互关系由此得以确立,且为具有最高效力的宪法确立下来。但此规范条款中的"应当"一词使其规范性大打折扣,"分工负责""相互制约"不应是"应当",而理应是"必须"。当然,我们应该认识到宪法有此规范远比没有要强得多,对于宪法我们亦应以历史的眼光来观察。在此,我们重点结合法、检、公三家刑事司法地位之实然状况,检讨如何能更好地借助司法改革的东风更为理性地规范和强化它们之间的相互关系,以最大

---

　　① 2001年2月14日,沈阳市第12届人大4次会议投票表决沈阳市中级人民法院的工作报告,结果是未予通过。当时,全场鸦雀无声,大会主持人立即转过头,问主席团成员,怎么办?主席团打破惯例,当着全体代表的面,研究解决办法。最后作出责成"市人大常委会对中级法院报告继续审议,并将审议结果向下次人民代表大会报告"的决定。后来经过认真研究有关法律,发现人大常委会只能听取和审查一府两院报告而不能审议,因此,在征询了方方面面的意见后,提出召开特别会议审议法院整改工作报告及2001年工作安排报告。这一做法后来被称之为"沈阳模式"。有关此事件之检讨可参见曾宪刚:《人大行使监督权的法律制度亟待完善——沈阳中院报告"未通过"的法律思考》,《江淮法治》2002年第1期;张兴劲:《让人大监督真正"硬"起来——从人大否决案"沈阳模式"谈起》,《人民之声》2001年第9期。

可能地实现立宪的根本目的——保障生活在宪法之下的包括犯罪嫌疑人与刑事被告人在内的所有人的人权。

在现实的刑事司法过程中,法、检、公三家之间的关系远远不像宪法所规定的"应当"那样,这突出地表现在法院对检察院和公安机关的刑事羁押不能进行"制约"即实施合法性审查,广西农民谢洪武被非法羁押28年之久就是这方面的典型事例。[①]

检察院和公安机关实施的刑事羁押不受法院的控制(即司法控制),不但表现在刑事羁押前法院无缘审查,而且在羁押之后法院依旧不能对其进行合法性审查。其结果是恣意的羁押、超期羁押在我国常见报载,屡见不鲜。[②]我国宪法在刑事被告人的权利规范方面几乎是一片空白,同时公民诉讼权、公正审判权等基本程序权亦缺乏,因而宪法第140条就成为犯罪嫌疑人、刑事被告人宪法上最后的救命稻草。但现实中这根稻草过于脆弱根本辜负了众望。是故,如何规范和强化法院对检察院和公安机关执法行为之司法控制,对于保障人权、彰显宪政是不可或缺的。我国已经签署的联合国《公民权利和政治权利国际公约》第9条第2、3、4款规定如下:

"任何被逮捕的人,在被逮捕时应被告知逮捕他的理由,并应被迅速告知对他提出的任何指控。"

"任何因刑事指控被逮捕或拘禁的人,应被迅速带见法官或其他经法律授权刑事司法权力的官员,并有权在合理的时间内受审判或被释放。等候审判的人受监禁不应作为一般规则,但予以开释时应保证于审讯时、于司法程序之任何其他阶段,并于一旦执行判决时,候传到场。"

[①] 1974年6月24日,广西兴业县农民谢洪武被公安部门以私藏反动传单为由送入看守所。在之后的28年里,公、检、法三家谁也不知道谢洪武犯了什么罪。调查卷宗显示,除了一张1974年6月由当时县公安局长签发的拘留证外,谢案并无他物。1996年,检察机关在调查新刑诉法落实情况时发现了谢洪武的冤情,后经6年查证,终将这一"四无案"(无卷宗、无判决、无罪名、无期限)事实查清。2002年10月30日,谢洪武终于被无罪释放。这一中国最长的"拘留"案,引起了国家领导的重视,并由此引发了在全国开展清理超期羁押专项整治活动。有关此案的评介可参见莫于川:《超期羁押28年案件凸现我国人权法制的软肋——关于谢洪武悲剧的法理与制度分析》,《河南省政法管理干部学院学报》2005年第4期。

[②] 陈瑞华:《超期羁押的法律分析》,《华东刑事司法评论》2003年第1期。

"任何因逮捕或拘禁被剥夺自由的人，有资格向法庭提起诉讼，以便法庭能不拖延地决定拘禁他是否合法以及如果不合法时命令予以释放。"

以上规定无非是为了保障被逮捕、拘禁或羁押之人的基本人权。客观地说，在我国那些被逮捕、拘禁或羁押之人的上述核心基本人权尚未获得充分的保障。因为检察院和公安机关一直被看作是与法院地位同等的司法部门，所以，它们带有浓厚行政权色彩的执法行为事实上难以受到法院的制约和控制。而且，因检察院是宪法上的法定法律监督机关，检察院监督法院作为一项政制传统在我国根深蒂固，要法院反其道而行之来监督检察院，实行之难真的是难于上青天。但无论如何，我们应该认识到法院的这种反监督和制约对于我国宪法所构建的现行司法制度而言是多么的重要。如果放任法院对检察院和公安机关的刑事执法行为不可置喙、不能控制之惯例长此以往，那必将大大损害我国司法的整体形象和保障功能，使其最终得不到人民的信任。

1949年后，我国经历四度立宪、八次修宪。就现行宪法而言，它是"且行且改，可以说，是一部'改革宪法'。它为认可和推动改革而制定，又因改革而屡屡修改"。[①]但宪法中"人民法院和人民检察院"一章始终未曾修正过。这种超常的稳定状态说明，我们对司法制度的认知依然停留在制宪时的阶段。社会的发展进步已使更新这种认知变得时不我待。我们认为，此种更新并不以修订宪法为前提。换言之，通过修订相关的法律如《刑事诉讼法》以不断强化和规范宪法第140条的规范效力，同样可以达到异曲同工之妙。"宪法政治秩序的主要功能已经并且仍旧依靠一套加诸执掌政治权力者的规范化约束体系来完成"，[②]我国检察院和公安机关无疑属于此等被约束体系，问题依然是我们如何能更好地对其权力实施规范化约束，此是摆在我们面前的一个艰巨任务。毫无疑问，没有这一任务的完成，就没有保障人权的法治由理论转变为现实。

---

① 夏勇：《中国宪法改革的几个基本理论问题》，《中国社会科学》2003年第2期。
② [美]卡尔·J.弗里德里希：《超验正义——宪政的宗教之维》，周勇、王丽芝译，生活·读书·新知三联书店1997年版，第15页。

第十章 守　法

守法是国家机关、社会组织和全体公民在宪法和法律规定的范围内,行使权利(职权)和履行义务(职责)的活动。在我国,守法的主体十分广泛,守法的范围也多种多样。具体而言,我国守法主体包括一切国家机关、武装力量、政党、社会团体、企业事业组织,中华人民共和国公民,以及在我国领域内的外国组织、外国人和无国籍人。守法范围不仅包括宪法、法律、行政法规、部门规章、地方性法规和地方政府规章等规范性法律文件,还包括具有法律效力的判决、裁定、命令等法律文件。

全民守法的实现能使社会主义民主政治制度更规范地运行,从而切实保障人民当家作主。同时,全民守法的实现还将使得全社会自上而下都将法律作为自身的行为准则,从而形成良好的法律秩序。全民守法的实现不仅是社会主义民主政治发展的必然要求,也是人们追求更美好生活的必由之路。如果一个民族发自内心地重视、遵从法律,并将其视为一种道德义务,那法律的实施将会在社会中产生更大的幸福。

第一节　守法的历史渊源

何谓守法、为何守法、如何守法始终是法律历史中永恒的话题,现代意义上守法精神的起源可追溯至古希腊先贤的守法事迹。古希腊守法思想对整个世界的法治文明产生了重要影响,正是守法精神的诞生与发展坚定了民主政治的根基,改良了社会法治土壤,从而培育了全社会范围内的法治信仰。

公元前399年,一个叫莫勒图斯的青年诬陷苏格拉底亵渎神明、腐化和误导青年。于是雅典500人组成的陪审团对苏格拉底进行了审判,然而苏格拉底的申辩并没有发挥任何作用,最终被判处死刑。[1]苏格拉底被判有罪后,他的学生和朋友都劝说他,判决他有罪是不正义的,他应当从狱中逃走。然而苏格拉底选择接受死刑,他基于两个理由做出了服从判决的选择:第一,如果每个人都因为判决不正义而抵制判决的执行,那么国家的法律便得不到遵守,也就失去了权威和效力,最终正义将不复存在;第二,人生活在国家中,并享受了法律所带给他的权利,这就等于与国家之间签订了契约,不服从法律便是不服从契约。在苏格拉底被处死之后,雅典城很快就为苏格拉底之死后悔,莫勒图斯被杀,而这场冤案背后的主谋阿努图斯和卢孔被流放。[2]苏格拉底之死讲述了一个普通公民为了遵守法律而不论法律是否公正的故事,这个故事可以说是历史上最有名的关于公民守法的故事。通过苏格拉底之死,我们可以发现两种互相冲突的忠诚义务,即一方是以合法形式出现的判决或法律但其内容是不正义的,另一方是较判决或法律更高的正义,当两者发生冲突时,自己应当遵从于何者?

既然人类社会产生了法律,守法便成为统治者和社会民众都需要面对的难题,守法直接影响着立法的效果和社会的运行。在古代中国,现代意义上的"守法"便已经为人们所广泛认知,守法也为统治者所强调,不过这一概念更多时候指的是官吏执法。而且古代中国更重视道德义务、宗族规范、家法家规、风俗习惯的作用,因而法律规范的遵守和守法意识的培养并未获得全社会自上而下的重视。于上,统治者更倾向于严刑峻法,忽视对权利的保护,社会整体处于人治之下;于下,民众更多地表现为屈从于法律,不愿积极守法。在古代西方,法律通常是平民和贵族、王权之间相互斗争、妥协的产物。因而法律是否得到遵守便受到全社会的重视,尤其是契约精神更是得到充分弘扬。有关"守法"的理论也相较于古代中国显得更为丰富和体系化,社会也较为注重守法意识的培养,以致遵守法律甚至成为公民争取和维护自身权利的精神武器。在奉行宗教法律的国家,宗教规则披着法律的外衣,守法某种程度上即意味着遵守教义。在这样的环境下,法律缺乏足够的独立性而无法充分发挥作用。守法的内涵也因为教义的束缚而发生变异,在宗教法国家如果某种行为在教义上是被允许和提倡的,那么现实的法律将失去效力,故而法治的局面就

---

[1] [古希腊]柏拉图:《苏格拉底的申辩》,吴飞译,华夏出版社2007年版,第1页。
[2] [古希腊]柏拉图:《苏格拉底的申辩》,吴飞译,华夏出版社2007年版,第4页。

无法形成。

总而言之，人类社会历史上守法状况与法律中所反映的社会各阶级力量的对比以及法律本身的地位和完善状况高度关联。以往立法者在制定法律时时常忽略社会力量，尤其是民众自发守法的意愿，因而守法状态的实现往往依赖于国家强制力的威慑和制裁，即使强调守法，其本质也是维护统治者的既得利益。但就历史发展的总趋势而言，随着民众自觉认识法律并积极运用法律保护自身权利的程度不断提高，守法不再是某一社会阶层的义务。在社会主义国家，法律作为全体人民意志的体现，从根本上为全民守法的实现展示了最大可能，绘制了宏伟蓝图。

第二节　守法的概念

守法是谋求自由的前提，可以说守法是人们实现意志自由的重要手段。在守法过程中，主体的个人意志在实施法律行为前充其量只是一种抽象的、主观的存在，而法律的要求则通过条文客观表现出来。只有通过守法的实践，主体才能将个人意志转变为具有现实意义的行为，进而为人们所感知。因此，我们可以将守法的概念概括为：国家机关、社会组织和全体公民在宪法和法律规定的范围内，行使权利（职权）和履行义务（职责）的活动。法律制定后的首要任务便是使自身在社会中得到普遍广泛的遵循。如果法律无法在社会生活中得到遵守和执行，不仅会使立法目的无法实现，还会导致法律丧失权威与尊严，最终使得社会陷于混乱无序的状态。早在古希腊时代，学者们便已经充分认识到守法的重要性。亚里士多德有言："对于那些温和有道的整体而言，要想顺利地长久维持下去，最重要的方法就是要让城邦里的所有人严格地奉公守法，而且越是细微的地方，越要坚持法律的强制性和约束力。"[①]

守法的主体具有普遍性。任何一个国家和社会中的所有主体都应当将守法作为己任。按照我国宪法规定，守法的主体包括一切国家机关、武装力量、政党、社会团体、企业事业组织，中华人民共和国公民，以及在我国领域内的外国组织、外国人和无国籍人。中华人民共和国公民是守法的最广泛主体，我国

---

① ［古希腊］亚里士多德：《政治学》，姚仁权译，北京出版社2007年版，第104页。

宪法规定"中华人民共和国一切权力属于人民",而公民则是组成人民这一政治集合体的基本要素。公民应以国家主人的态度自觉守法,法律只有首先得到民众的认可和支持,才能完全发挥其作用。法治的实现离不开民众对法律的认同,不为民众所遵守的法律便不是真正的法律,也就难以谈及法律的效力。

守法的客体具有合理性。不同的守法主体所面对的守法范围不尽相同,但无论是哪个层次的守法主体,其所要遵守的法律都应当是良法、善法。合理性是法律制度得以顺利运行的基本保障,就其本质而言,它必须体现最广大人民的根本利益,符合社会道德的基本价值。因此,权利公平、机会公平、规则公平的价值必须渗透于法律,让法治信仰首先内发于法律制度。

守法的客体具有广泛性和多样性。守法主体所需要遵循的行为规范多种多样,法治中国的守法范围包括各种制定法,主要是宪法、法律行政法规、部门规章、地方性法规、地方政府规章、民族自治地方的自治条例和单行条例、特别行政区法、经济特区的规范性法律文件等。

对于全面依法治国而言,法律的遵守是最为重要的一环,法律是否得到普遍遵从是检验"法治"最重要的标准之一。但法律实施往往在守法环节面临最多的问题与挑战。而且历史经验证明,越是社会进行改革的时代越需要法治建设,改革需要法治提供保障,改革成败与否与法治建设的情况息息相关。当前我国进入了全面深化改革的深水区,尽管法治建设过程中立法、执法、司法各方面都存在需要进一步加强和完善之处,但最为关键的问题还是法律未能得到普遍遵守。守法环节存在的问题不仅会使立法形同虚设,执法停留于表面,司法陷入不公,极大损害法律的权威性,导致社会秩序失控,进而影响改革措施的推进,而且还会使公民失去对法律的信赖感,这样的心理损失是短时间内无法弥补的,法律将因此无法对人们产生约束。为了剔除守法问题对社会所造成的伤害,我们必须稳步推进全民守法事业的发展,让法治社会建设的基础更加坚实,使我们有更充分的实践基础去实现全面依法治国。

第三节 守法的前提——法与良法

全民守法的实现离不开良好的"硬件"基础,这就要求人们所遵守的法律必须以宪法为核心内容,在宪法的指引下实现对法律制度的全方位遵守。而以宪法为引领的法律体系必须同时具备良好的品质,否则即使法律制度再完备也无法实现真正的"善治"。

党的十八大以后,习近平总书记提出"宪法是国家的根本法,坚持依法治国首先要坚持依宪治国,坚持依法执政首先要坚持依宪执政"①。宪法是守法的核心内容,是国家的根本大法,是治国安邦的总章程,在法律体系中居于最高地位,具有最强的权威性和效力性。从宪法的内在构造出发,宪法还是公民权利的保障书。宪法在我国全面依法治国过程中发挥着根本性、长期性、全局性的作用。我国宪法以根本大法的形式,确定了中国共产党的领导地位,确立了中国特色社会主义道路、理论体系和发展成果,集中体现了党和人民的共同意志。习近平总书记在首个国家宪法日到来之际指出:"我国宪法是符合国情、符合实际、符合时代发展要求的好宪法,是我们国家和人民经受住各种困难和风险考验、始终沿着中国特色社会主义道路前进的根本法制保证。"②

全社会都要不断努力,牢固树立宪法的权威,让广大人民群众充分信任宪法,使广大人民群众认识到宪法不仅是全体公民必须遵守的行为规范,更是捍卫自身权利的重要武器。宪法之治就是法治的要义所在,执政者对此要尤为重视。历史已经证明,权力运行的规律便是"权力导致腐败,绝对权力导致绝对腐败"。现代民主社会已经不同于专制社会,绝对的权力已经不再是君主的君权,而是指逾越宪法的权力。坚持依宪执政不仅奠定了中国共产党执政的合法性基础,还能有效地遏制国家权力肆意妄为,避免国家权力侵犯私人领域。实际上,坚持依宪执政就是实现党的领导、人民当家作主和依法治国有机统一的基础。只有坚持依宪执政,才能最大限度听取和整合民意进而形成党的意志,并通过立法程序或制定政策形成法律和国家意志;才能充分实现党的领导地位,让党的领导融入到人民代表大会制度之中,并通过国家权力机关的立法权、任免权、罢免权、监督权和重大事项决定权实现党对国家的领导;才能实现党的领导与国家权力运行方式的有机统一,确保行政机关严格执法、司法机关公正司法。

---

① 习近平:《在庆祝全国人民代表大会成立60周年大会上的讲话》,载《人民日报》2014年9月6日第2版。

② 《习近平在首个国家宪法日作出重要指示,切实增强宪法意识,推动全面贯彻实施宪法》,中国政府网:http://www.gov.cn/xinwen/2014-12/03/content_2786318.htm,最后访问时间2021年6月27日。

从当代中国民主政治建设的要求来看,依宪执政的内涵大体上应当包括执政目标的合宪性、执政理念的合宪性、执政方略的合宪性、执政地位的合宪性、执政行为的合宪性、执政过程的合宪性以及权力运行的合宪性等诸多方面。推进依宪执政的实践,应当注意处理好党的领导与依宪执政的关系、党的政策与国家宪法的关系、党内法规与宪法规范的关系。①《中共中央关于全面推进依法治国若干重大问题的决定》在阐述"完善以宪法为核心的中国特色社会主义法律体系,加强宪法实施"时,要求"健全宪法实施和监督制度",指出"全国各族人民、一切国家机关和武装力量、各政党和各社会团体、各企业事业组织,都必须以宪法为根本的活动准则,并且负有维护宪法尊严、保证宪法实施的职责。一切违反宪法的行为都必须予以追究和纠正"。同时还要"完善全国人大及其常委会宪法监督制度,健全宪法解释程序机制。加强备案审查制度和能力建设,把所有规范性文件纳入备案审查范围,依法撤销和纠正违宪违法的规范性文件,禁止地方制发带有立法性质的文件"。

守法的核心内容在于宪法,宪法的母法地位则要求法律若要得到普遍遵守还需根据宪法来打造规范化、科学化的法律体系。宪法下的各法律都是对宪法规定的细化,是使宪法中公民基本权利和义务、国家机关基本职权和职责得以具体化的规范性法律文件,遵守法律就是遵守宪法。此外,完善党内法规和政策亦是实现守法状态的必要条件。《宪法》第一条规定"中国共产党领导是中国特色社会主义最本质的特征",中国共产党作为执政党对国家事务的领导是全方位的、深入性的。因此党内法规、政策,不仅约束着各级党组织和党员个人,而且对国家事务也产生着重要影响。故而党内法规和政策同样是全面依法治国的重要内容。《中共中央关于全面推进依法治国若干重大问题的决定》也强调"加强党内法规制度建设,形成完善的党内法规体系",强调要"完善党内法规制定体制机制,加大党内法规备案审查和解释力度,形成配套完备的党内法规制度体系"。

当前,我国正快步迈向法治国家,人们所要遵守的法律应当是性质良好的、愿为人们所服从的法律。党的十九大报告提出"以良法促进发展、保障善治",明确了社会主义法治的价值在于实现"良法善治"。因此,法律自身具备良好素质——良法,是实现全民守法的内在要求和必要保障。那何谓良法,良法的特征是什么?都是我国在建设法治国家过程中需要思考的。

---

① 殷啸虎:《论依宪执政的内涵及其完善》,《东方法学》2008年第5期。

早在古希腊时期就有学者意识到良法的重要性,如亚里士多德就提出:"优良法制的一层含义是公民恪守业已颁布的法律,另一层含义是公民们所遵从的法律是优良得体的法律。"① 他将良法与道德价值评价联系在一起,为后世的良法理论奠定了基础。古典自然法理论提倡良法必须符合自然法,即法律应当具备正义、公平、公正等优良品质。欧洲中世纪,阿奎那批判恶法的效力,他认为暴戾的法律根本不是法律,而是法律的一种滥用。在19世纪末20世纪初,新自然法学派的出现为良法这一概念注入了更为丰富的内涵。以后罗尔斯所主张的社会正义、富勒的程序正义、德沃金的政治道德,都被认作法律制定的道德标准。分析法学派虽然承认法律能被区分为"善法""恶法",但否认不遵循道德标准的法律不具有效力,该学派认为所谓"良法标准"只能存在主观意识之中,而无法被客观证明。但是在二战后,人类反思了纳粹主义法律所带来的伤害,开始严厉批判分析法学派,致使该学派开始承认法律与道德之间存在着联系。

有关良法的标准,学者们提出了多种多样的看法。霍布斯认为:"良法就是为人民利益所需而又清晰明确的法律。"② 贝卡利亚则提出:"我们翻开历史发现,作为或者本应作为自由人之间公约的法律,往往只是少数人欲望的工具,或者成了某种偶然或临时需要的产物。这种法律已不是由冷静地考察人类本质的人所制定的了的,这种考察者把人的繁多行为加以综合,并仅仅根据这个观点进行研究:最大多数人分享最大幸福。"③ 罗尔斯则将良法的标准落脚于正义原则,他认为正义的两个原则包括:第一,每个人对与其他人所拥有的最广泛的基本自由体系相容的类似自由体系都应有一种平等的权利。第二,社会的和经济的不平等应这样安排,使他们(1)被合理地期望适合于每一个人的利益;并且(2)依系于地位和职务向所有人开放。④

总结西方学者对良法理论的研究,可以得出良法应当具备以下特征:第一,就主体而言,由于社会中人们的社会阶层和生活环境各有差异,个人品质也良莠不齐,法律不可能满足所有人的愿望,故而法律只需反映绝大多数人的需求和利益,其目的就是在于实现最大多数人的幸福。由此也就引出了良法

---

① [古希腊]亚里士多德:《政治学》,姚仁权译,北京出版社2007版,第75页。
② [英]霍布斯:《利维坦》,黎思复、黎廷弼译,商务印书馆1985年版,第270页。
③ [意]切萨雷·贝卡里亚:《论犯罪与刑罚》,黄风译,中国法制出版社2002年版,第6页。
④ [美]约翰·罗尔斯:《正义论》,何怀宏、何包钢、廖申白译,中国社会科学出版社1988年版,第60-61页。

的第一个特征,即良法要求立法具有民主性。既然法律不是为了维护少数人的利益,那就要求人民在立法上拥有主权。立法的民主性是法律保持理性的前提,人民主权在立法过程中的落实还可以督促公民自觉守法。第二,法律的内容必须恰当合理,必须契合于人类本性。法律契合人类本性就需要符合自然法的理念。之所以称其为自然法,其原因在于它仅仅以我们生命的本质为渊源。①法律要注重对人性、人的本能的承认和维护。"所谓正当的法律,它的根都是而且只能是深植在个人的良心以内的。这就是说,因为我的良心同意于法律的施行,所以我使法律成为合法的了。"②第三,良法必须反映客观规律。良法应当充分考虑人与人、人与社会及自然之间的联系;法律实施过程的规律;政治、经济、文化发展的规律等等。违反客观规律的法律不仅不重视人际的正当需求,也不关注社会发展规律,这样的法律便只能被归于"恶法"之中。第四,就法律所作用的对象而言,法律应当以社会中的一般人作为立法基础,良法必须考虑是否能为社会大众所遵守,立法者显然不能超越一般人遵守法律的能力而立法。第五,在形式上良法还要具备用词明确、文本规范、体系科学等特征。立法用词应当明确,法律能否得以顺利运行,关键在于人们是否能清晰地认知法律内涵。而想让大众都能深刻领悟法律的含义,就必须保障法律表述清晰,易于理解。此外,文本规范可靠能帮助人们更为全面化、逻辑化地理解法律。法律体系的科学性则要求一国或一地区内的法律部门齐全,各法律部门之间相互协调。

第四节　守法的依据和理由

守法最根本的依据和理由在于守法是公民对国家应尽的义务。早在《中国人民政治协商会议共同纲领》中就将遵守法律确定为国民义务,此后历次宪法都将守法规定为公民的基本义务。但是这项义务为何如此特殊,值得历次宪法都对其作出规定?此项义务的证成还需要交由理论完成。

《宪法》第五十二至五十六条规定了我国公民的基本义务,其中守法义务

---

① 参见[法]孟德斯鸠:《论法的精神》,彭盛译,当代世界出版社2008年版,第3页。
② [英]拉斯基:《国家的理论与实际》,王造时译,商务印书馆1959年版,第50页。

规定在宪法第五十三条前半句"中华人民共和国公民必须遵守宪法和法律"。但相比于其他几项基本义务,守法义务并没有与之相对应的法律予以落实。如宪法第五十二条规定了公民有维护国家统一和全国各民族团结的义务,与此相对应的法律包括《反分裂国家法》和《刑法》第二编第一章危害国家安全罪。再如宪法第五十六条规定公民具有纳税的义务,与此相对应的法律包括《税法》和《刑法》第二百零一条至二百零九条。那守法义务未能被具体法律法规具体化的原因何在呢?这其中的关键原因便在于守法义务是针对法律的义务。从逻辑上看,公民先有"针对法律的义务",才有"法律中具体的义务"。如果公民没有守法义务,具体法律法规所规定的义务便不会对公民产生约束力。当公民认识到其有守法义务时,法律所规定的义务才会与公民产生联系。否则法律义务即使再多,公民也会认为这些义务与他们毫不相干,从而法律便失去了对公民的约束。如此一来便明了守法义务的存在是每项法律义务得以被履行的前提,故而守法义务是所有法律均不需要明文加以规定的义务,因为它普遍存在于所有法律得以实施的前提之中。没有一部法律能做出"对法律的义务",只有宪法这一凌驾于所有法律之上的母法才能够规定公民的守法义务,也必须规定公民的守法义务。

从守法的概念出发,我们可以明确守法不仅包括权利观念,还蕴含着义务观念。守法义务的内涵便是认识并且不逾越公共利益的底线。现代法治高度重视个人权利的地位,但个人行使权利不能侵犯公共利益,也不能侵犯他人的合法利益。如果守法义务消失,那每个人都会在利益的驱动下破坏公共利益和他人正当权益。因此,法律秩序的形成必然伴随着守法义务的履行。

法律一旦实施,就应当获得社会的尊重,公民就有遵守法律的义务,否则就应当受到法律的制裁。无论法律以何种形式出现,它都会将遵守法律作为公民的义务。关于公民守法的依据和理由,在法学发展史上存在诸多学说依据。

(一)社会契约论

守法的理论依据最早可追溯至公元前5世纪古希腊的智者学派,他们在探究守法的理由时初步提出了社会契约论。智者学派认为,"正义是基于人们的同意或契约而产生的,其历时既久,便成为习俗。所以正义正是大家所约定的习俗"[1]。当历史行至西方启蒙运动时期,社会契约论逐渐走向成熟,守

---

[1] 于海:《西方社会思想史》,复旦大学出版社1993年版,第27页。

法的理论依据得以确定。霍布斯指出:"在没有一个共同权力使大家慑服的时候,人们便处在所谓的战争状态之下。"① 在自然状态下,由于个体的利益分化必然导致诸多矛盾,最终导致霍布斯所说的"所有人反对所有人的战争状态"。如果失去有形力量的制约,人们将陷入无休止的互相侵犯。为解决这一问题,人们在自然法则指引下通过社会契约的形式组成群体,以寻求和平与安全。为了这个群体能对外抵御共同的敌人和对内制止人们之间的侵害,大家必须将所有的权力和力量交给这个群体,借以有形的力量使人们畏服,约束人们的行为,由此现代意义上的国家便产生了。

根据社会契约论,人们将自身权利让渡于国家,从而形成了国家权力,参加契约之人就应当遵循这一建立在合意基础上的国家所颁布的法律。由此我们可以明确公民守法的理论依据是:社会主体之所以负有守法的义务,是因为他们共同缔结了社会契约,作为缔约人,应该自觉遵守契约内容,遵守经自己同意而制定的法律。当然,社会主体所要遵守的法律也是有限度的。社会主体应当只服从于自身授权范围内所制定的法律。如果国家超出了社会主体所授予的权限,其便无需遵守这种权力下所制定的法律。

(二) 功利主义论

功利主义认为求乐避苦是人性使然,所以人们一切行为都是以追求快乐为目的。功利主义起源于古希腊伊壁鸠鲁学派所主张的幸福主义,强调感性幸福的合理性。人的功利追求伴随着近代西方主流思想的发展,开端于文艺复兴、启蒙运动时期的近代西方思想宣扬人性、批判神性对人性的压抑,其中就蕴含了对感性幸福的辩护与肯定。霍布斯就认为:"下面这一点是不言自明的:人的行动出于他们的意志,而他们的意志出于他们的希望和恐惧。因此当遵守法律比不遵守法律似乎给他们自己带来更大好处或更小坏处时,他们才会愿意去遵守。"②

进入工业革命后,西方国家开始以机械作为现代工业生产的主要动力,中世纪封建土地经济迅速瓦解,资本主义市场经济获得了前所未有的发展与壮大。经济发展方式的转变在思想领域所产生的影响之一便是神道的没落,功利主义具备了完备的理论形态并在边沁、密尔等人手中发展完成。关于功利主义,边沁的解释是:"该原则是指,对某行为的肯定或否定,取决于该行为是

---

① [英]霍布斯:《利维坦》,黎思复、黎廷弼译,商务印书馆1985年版,第94页。
② [英]霍布斯:《论公民》,应星、冯克利译,贵州人民出版社2003年版,第53页。

否具有增进涉及切身利益的当事人的幸福,或者说,是以能否促进幸福来评价行为。"①在边沁看来,功利就是"幸福",当某种行为能帮助人实现趋乐避苦的目的,那么这一行为就符合功利主义的要求。因此,政府政治措施、道德评价标准、法律制定目的、公民所做行为,都应当以减轻痛苦、增加幸福为唯一标准。

功利主义认为守法的根本目的在于避免因违法而遭受制裁,追求幸福。法律制裁必然使得违法者感受痛苦,这一痛苦无疑是恶的。但是只要法律制裁所排除的违法之恶大于制裁所带来的痛苦,那么法律制裁在此时就是善的。功利主义通过权衡守法与违法的结果所产生的利益,向世人说明了守法的依据所在,即守法行为能给公民带来更多的幸福。公民通过法律规定,可以预见自身行为会带来的后果,当守法能带来更大的利益时,人们就能遵守法律。反之,违法行为便会屡禁不绝。

(三)制裁威慑论

制裁威慑论认为公民守法的根本原因是对国家强制力的畏惧,为了避免违法所带来的惩罚,公民往往会作出守法行为。该理论产自于分析法学派,其将公民守法的理由归于国家强制力的威慑与惩罚。分析法学的理论奠基人英国法学家约翰·奥斯丁指出:"命令或者义务,是以制裁为后盾的,是以不断发生不利后果的可能性作为强制实施条件的。"②分析法学派主张法律与道德相分离,认为法学仅需要研究法的实然状态,而无需考虑法的应然状态。因此,分析法学派主张法理学的研究应当注重分析,而非价值评价,法律的落实必须依赖于国家强制力的制裁。也正是因为如此,它强调根据逻辑推理来寻找可适用的规则,排斥法律与道德之间的内在联系,认为道德不是评价法律善恶的标准。离开了道德的价值评价,只要法律通过合法方式颁布,就应当认可其效力,即"恶法亦法"。在此基础上,分析法学派将法理学的研究范围限定于已有的国家制定法。

根据分析法学派的观点,法律实质上就是国家命令或声明。约翰·奥斯丁认为,法律即是主权者所发布的命令,命令由"义务"和"制裁"两项基本要素构成。对于主权者的命令,公民如果违反,那就要受到国家强制力的制裁,公民为了免于受到国家强制力的制裁就会作出守法行为。从这一角度出发,制

---

① 马克昌:《近代西方刑法学说史》,中国人民公安大学出版社2016年版,第120页。
② [英]奥斯丁:《法理学的范围》,刘星译,中国法制出版社2002年版,第20页。

裁威慑论也表现出一定的功利主义取向,因为制裁必然伴随着自身利益受损;但是二者的不同之处在于,制裁威慑论只包括公民被动守法的状态,不违法利益便不会受损,而功利主义论还包括了公民积极守法的状态,即通过权利的行使增加自身利益。

制裁威慑论自古以来便为统治阶级所推崇,将法律的落实同国家强制力进行捆绑,便能通过严酷的法律维护自身统治。该理论的支持者坚信惩罚越严厉,那违法行为就越少,"乱世用重典"无疑是其思想最真实的写照。但是排斥道德评价的法律必然无法体现守法行为的合理性,历史已经无数次证明,严酷的法律无法杜绝违法行为。相反,越残酷的惩罚越会引起人们的反抗,最终导致法律不断被违反。在制裁威慑论基础上产生的法律难以保证是非分明,而更注重维护统治者的利益。公民在此环境下作出的守法选择不过是出于恐惧,此种忽视正义价值的法律终将被历史所抛弃。

(四)社会压力论

社会中的各个现象是从相互关联的行为模式中产生的,立法者将社会中具有重要意义的行为模式上升到法律的高度,使其成为人人都需要遵守的规则,从而维护社会秩序的稳定。人们不按照法律规定的行为模式从事行为,便构成违法,不仅会让遵守这些行为模式的人失望,而且会导致已经构建起来的社会秩序遭受破坏。这样的结果产生了督促人们遵守法律的强大压力。当然,守法的压力所带来的守法状态具有消极被动性,而且守法的效果与受到社会压力的机制高度相关。如果社会分配机制、社会合作制度与社会发展阶段、法律发展水平相适应,那么守法的压力就能够良好地督促人们遵守法律。反之,守法的压力就无法形成,人们守法与否会完全被不确定的因素所左右。

(五)法律正当论

第二次世界大战给人类社会造成了巨大损失,也让人们在战后开始思考何种法律才需要被遵守。纳粹主义法律在德国得以实施的关键便在于其具备了法律的形式,并裹挟着民意和暴力。如果法律仅具备形式合法的特征就应当得到遵守,则纳粹主义法律得到德国民众的遵守便是合理的,而这显然违背了人类的道德底线。法律正当论便认为具备合法性的秩序应当同时满足形式合法与实质合法两项要求。就公民守法的依据和理由而言,对法律内容的认可与法律产生过程的合法同样重要。法律是必须依据法定程序而制定,而且法律内容必须紧密联系道德价值评价,即"恶法非法"。唯有如此才能实现社会的公平正义,对于善法,公民才有守法义务。"人们遵守法律的主要原因在于,集体的成员在信念上接受了这些法律,并且能够在行为上体现这些法律所表达的价值观。"[①]

需要注意的是,上述的"道德价值评价"并非是每个公民都应当认可的道德准则,而是指法律整体不得偏离社会普遍认同的价值。尤其在社会价值观日益多元化的当下,法律更不可能使每一个人都认同,甚至会出现某一群体抵触法律规定的现象。因此,基于法律正当性,公民即使不认可某个法律,但只要该法律并不违背社会基本价值,那公民就应当无可选择地服从。

除了上述五种理论外,在公民守法的依据和理由问题上还存在诸多学说,如惯性论、道德论、公平对等论等。可以说每一种理论都为守法提供了依据和理由,故而公民的守法原因也应当是多种多样的。

第五节 守法义务的限度

当某项法律明显违背了良法的要求,使公民处于难以忍受的情境下,该法律便失去了对公民的约束力。既然我们肯定了"恶法非法"的理念,当法律被用于限制人类自由、剥夺人类权利时,人们自然可以予以反抗,选择不去遵守恶法。在许多情况下,守法过程存在一定的困境,即一个国家或地区的法律难于说都是良法,纵使是一部总体上被评价为良法的法律,也难以言及每个条款都是制定良好的。当法律出现某项内容不公平的情况,人们是否具有守法义务便成为了一个问题。一般而言,法律出于维护权威性和稳定性需要会要求人们即使对法律有所怀疑也需要予以无条件地遵守。否则任何人都可以随心所欲地宣布某项法律为恶法而不予以遵守,社会将陷入无秩序的状态。因此,我们必须要明确守法义务的限度在于何处。针对这一问题,西方法学界提出了"公民不服从"理论,试图明确公民守法义务的限度。

(一)公民不服从的涵义

公民不服从的发迹最早可追溯至美国政治评论家亨利·大卫·梭罗为抗议美墨战争、美国南部各州保持奴隶制和政府侵占印第安人生存空间而公然拒

---

① [美]R.M.昂格尔:《现代社会中的法律》,吴玉章、周汉华译,译林出版社2001年版,第29页。

绝向美国政府纳税。二战期间,印度圣雄甘地带领印度人民也掀起了非暴力不合作运动。再之后,上世纪五十年代,美国黑人平权运动领袖马丁·路德·金领导黑人争取权利以及美国民间为反对越南战争而掀起的反战运动推动公民不服从理论逐步发展成熟。公民不服从是指公民总体上认可当前的法律秩序,承认法律具有普遍的合法性,为推动废除现行法律或政策中非正义规定而从事非暴力性的公开违反法律的行为。罗尔斯对公民不服从进行了系统论证,他指出:"我们倾向于通过参加非暴力反抗来诉诸多数的正义感,并公正地宣布,从我们的真诚慎重的观点来看,自由合作的条件受到了侵犯。我们呼吁其他人重新考虑,设身处地地认识到他们不能指望我们无限期地默认他们强加给我们的条件。"[①]

公民不服从一步步进入大众视野,具体而言其具有如下特征:

第一,公民不服从的前提是认可当前的法律秩序,承认法律具有普遍的合法性。因此以推翻现有法律秩序为目的而做出的违法行为不属于公民不服从的范畴。公民对当前法律秩序的认可在公民不服从中往往表现为坦然接受法律制裁。因为他们仅是对某些规则表达不满,并不主张对法律制裁的反抗。

第二,公民不服从表现为非暴力性。因此武装革命、暴力冲撞国家机关、恐怖主义等行为都可以与公民不服从区别开来。为废除现行法律或政策中非正义规定,公民不服从通过非暴力的方式引起人们的注意,鼓励更多的人参与其中。非暴力性不仅使得公民不服从不会侵犯他人权利,还能够通过对另一部分人权利的承认获得广泛支持。

第三,公民不服从是为了废除现行法律或政策中非正义规定,这也意味着其不同于普通违法犯罪行为。只有当法律或政策的弊端让人们忍无可忍且通过正当程序不能消除时,公民不服从才会发生。废除现行法律或政策中非正义规定是民众为了展现良知和内心正义,以最终实现规则弊端的消除。基于此种目的而违反法律并自愿接受制裁也一定程度上反映了公民对法律的忠诚义务。

第四,公民不服从是一种违反法律的行为。这使得公民不服从区别于、不同于合法抗议,公民不服从更倾向于通过违反某些法律来表达公民对该项法律的抗议。

[①] [美]约翰·罗尔斯:《正义论》,何怀宏、何包钢、廖申白译,中国社会科学出版社1988年版,第371页。

（二）公民不服从的正当性及其条件

公民不服从的正当性理论基础主要有自然法学说、功利主义学说和民主学说。在众多学说中，自然法学说最能为公民不服从提供正当性。自然法能起到约束制定法的作用，当制定法违背自然法正义、平等、自由等理念时，人们便没有守法的义务。进一步而言，当公民所遵从的道德价值标准和内心良知的动机与遵守法律的义务发生冲突，公民的道德义务相较于守法义务处于更高层次时，公民不服从才具有正当性。社会契约论在表明公民具有守法义务的同时，也肯定了公民不服从的正当性，即法律的产生必须以公民的同意为基础，当法律的表现形式或实质内容表现出非正义的一面时，国家就违反了社会契约。在这样的情况下，如果国家强迫公民遵从法律，那社会契约论中关于法治的内涵将被破坏得荡然无存。

自然法理论从反面论述了公民不服从的正当性，而从正面论证公民不服从的正当性则具有更加充分的理由。"苏格拉底之死"提出了一个西方法学界长期思考的问题：当法律违背个人良知或社会正义时，公民是否存在遵守法律的义务？我们可以发现：良知是国家法律所难以触及的领域，作为公民，对于法律权威性的维护，仅止于自愿接受法律制裁，而不应当深入到愿意实践法律中非正义的规定。自愿接受法律制裁是公民不服从的应有之义，也正是通过以自愿接受法律制裁为条件的"不服从"来推动废除非正义的法律或政策，实现人们心中对于正义、公平、理性的愿望，才使得公民不服从具有更高层次的道德义务，公民不服从也获得了正当性。既然公民不服从相较于守法义务处于更高的位置，在一个追求正义的社会中，公民不服从作为反抗非正义规则的手段，是应当得到鼓励和提倡的。此类倡导的限定也满足了上述公民不服从所具备的特征，即法律或政策是非正义的，不服从所采用的手段是非暴力性的，同时以尊重现有法律秩序、自愿接受惩罚为前提。

公民不服从具有正当性，并不意味着法律或政策只要违背了自然法理念，公民就可以不服从，那只会在社会中形成无政府主义思潮。罗尔斯认为公民不服从必须满足以下三个条件：

第一，公民反对的法律或政策是具有实质内容上非正义且能为人们所明显感知的。当然，判断某些法律或政策是否非正义是困难的，但是我们如果把这些法律或政策假设为应当去保障公民最基本的自由，那么这些自由是否得到尊重是容易被鉴别的。罗尔斯认为，"这样，当某些少数被剥夺了选举权、参政权、财产权和迁徙权时，或者当某些宗教团体受压制且另一些宗教团体被否认有各种机会时,这些不正义对所有人都是很明显的。"[①]

第二,公民对法律或政策的反对被证明通过法律纠正手段无法达到目的。公民试图废除非正义的法律或政策的意图被忽视了,合法抗议、起诉等手段未能获得成功时,公民不服从就成为最后的手段。

第三,非暴力不合作者必须保证不服从所导致的后果不会破坏整个法律秩序。如果非暴力反抗超过某一限度,它就无法取得预期效果,严重的无秩序状态就可能发生,这样反而会破坏正义的效率。

但在某些情况下,即使现实情况已经满足上述三个条件,公民也不能作出不服从行为。"即反抗权利的使用像一般权利的使用一样,有时受到具有相同权利的他人的限制。人人都行使这种权利便将对所有人都产生有害的后果,这时就要求某种公平的计划。"[②]

第六节　守法水平的影响因素

守法作为一种社会行为,是人们有意识、有目的的活动。如前所述,人们守法的依据和理由多种多样,故而人们是否守法,守法的程度如何受多方面因素影响,守法是主客观因素的对立统一。

(一)增强主观守法观念

主观守法观念是指公民守法过程中的主体意识和法律认知水准,守法意识、法律认知、受教育程度、道德水平、政治意识等均会对公民主观守法观念产生影响。

第一,树立守法精神。法律固有的优点,远不如一个民族信服并遵守法律的精神重要。[③]守法精神是公民守法的前提,在近代民主社会里,守法精神是一种长亘的力量,构筑起了法律得以顺利运行的基础。在法治社会中,守法精神普遍存在于公民意识中,法律能够得到高质量的遵从。守法精神包括守法

---

① [美]约翰·罗尔斯:《正义论》,何怀宏、何包钢、廖申白译,中国社会科学出版社1988年版,第361页。

② [美]约翰·罗尔斯:《正义论》,何怀宏、何包钢、廖申白译,中国社会科学出版社1988年版,第364页。

③ 杨春福:《全民守法的法理阐释》,《法制与社会发展》2015年第5期。

意识与守法动机两大要素,其中守法意识处于支配性地位。守法意识的内涵包含以下两方面:第一,公民认识到自身作为具有独立价值的个体而存在,不是任何权力或个体的附庸。第二,此种守法意识必须以社会普遍共识的形态存在,个体间充分认识到守法的重要性及其他个体的独立价值。自身价值的确证和对他人价值的承认共同形成了社会中广泛的守法意识。守法精神的第二个要素是守法动机,动机是指直接促使行为人采取行动以实现一定目的的内在动因。守法动机具有自发性,是在某种价值观支配下主动做出守法举动的心理。公民守法的自发性彰显了法律的权威性和至高无上,而非表明即使是恶法也应当得到遵守。守法动机是公民在认识自身价值和承认他人价值的基础上自然形成的。如果守法精神不能在公民中普及,那么法律秩序便无法形成。

第二,提高法律认知。法律认知水平的高低与法律是否得到遵守有直接关系。一个社会中,公民若普遍具有较高的法律认知水平,那法律的实施将畅通无阻。法律认知的提高,既可以依赖人民主动地学习法律知识,也可以依仗于外部的法治教育。在如今,要全面依法治国,建设社会主义法治国家,就必须提高人们的法律认知水平。当然,我们还需纠正我国传统思想中对法治的错误认知,要实现全民守法就需要清除与法治精神相矛盾的思想观念,全民都要养成遇事找法、解决纠纷用法、化解矛盾靠法、养成依法办事的法治思维,树立法治信仰。

第三,加大教育投入。受教育程度与法律得以遵守的程度息息相关。知识是文明的根基,而文明的社会才能拥有法治。若一个社会整体处于愚昧状态,即使立法者是一群拥有高超立法水平的精英也无法将法律予以落实,而且无知也会大大增加违法犯罪的可能性。知识的多少、文明是否兴盛、受教育程度的高低都影响着守法的效果,故而加大教育投入对促进法律得到普遍遵守具有直接而现实的意义。同时,我们要把法治教育作为全社会教育的重要内容,在社会中树立忠于法律、遵守法律、维护法律的自觉意识。《中共中央关于全面推进依法治国若干重大问题的决定》将每年12月4日定为国家宪法日,在全社会普遍开展宪法教育,弘扬宪法精神。

第四,提高道德水平。道德是一种社会意识形态,是人们共同生活的行为准则,它通过社会舆论的方式得以落实。之所以要求在法律实施过程中提高道德水平,不仅是因为道德精神贯穿于法律之中,还因为道德能通过正当性评价指引人们做出符合法律期待的行为。道德水平的高低会在人们心中形成不同的是非标准,进而影响人们在面对法律时选择不同的行为。一个具有较高道德水平的人会自觉地将守法作为自身义务,维护法律实施。

第五,树立正确的政治意识。政治意识是指人们关于政治现象的思想、观点和心理的总和,是一种重要的社会意识。[①]政治意识在社会意识体系中处于中心地位,指导其他社会意识的发展,对公民的行为产生重要影响。因此,政治意识的正确与否会强烈影响人们对法的遵守,必须引导公民树立正确的政治意识。

（二）保障客观守法条件

客观守法条件是影响公民守法与否及守法程度的外部环境,如法治环境、政治状况、经济发展水平、传统文化、国际局势等,都会对守法情况产生影响,它们都属于客观守法条件的范畴。其中法治环境、政治状况、经济发展水平是最为重要的影响因素。

第一,完善法治环境。法治环境优劣与否要以立法、执法、司法和法律监督等状况为标准进行评价。就立法而言,我们前面已经提到良法的概念和特征,良法是善治之前提,法律自身是否具备良性品格对于国家能否长治久安具有重大意义,也关乎公民守法与否。良法对人们守法会产生积极作用,历史已经证明当人们所遵守的法律是"恶法"时,将带来巨大灾难,而且要求人们遵守"恶法"也违背了人性本质。因此保障法律良性品格是法律得到良好遵从的必由之路。

国家行政机关和司法机关的执法与司法活动也影响人们守法与否。执法状况对公民是否守法产生以下几方面的影响：

首先,严格公正的执法环境会强化人们的守法意识,增强人们对法律的信任感。

其次,执法不严将对守法目标的实现产生极其严重的负面影响。表现在：①执法工作是适用法律的过程,法律条文通过执法者对案件的处理,得以形象化、具体化。在执法过程中,公民可以通过亲身经历或见证执法,直接或间接地懂法知法,使之了解何者可为,何者不可为。如果执法环境恶劣,则使人们无所适从。②执法不公会导致人们感受到法律实施的偏差,如果违法行为未能得到法律制裁,就会让公众对法律实施产生抵触情绪,甚至反抗法律实施。③执法不严也会让一部分人心生侥幸,意图通过实施违法行为从中获取

---

① 张文显:《法理学》(第五版),高等教育出版社2018年版,第256页。

利益,从而破坏守法环境。

最后,执法本身是法律实施的重要环节,执法者的行为必须受到法律绝对的约束,否则腐败将会发生。执法者的形象紧紧联系着公民对法律的观感,若执法不严、不公,将导致人们对法律的厌恶和反抗,全民守法便无法实现。司法活动同样对公民守法造成影响。保障司法公正及加强司法公信力建设,改善案件处理不公正、办案程序不规范、纠错机制不积极的现象,可以不断提高人们对司法的认同度。司法活动获得民众信赖,人们相信自身权利能得到保护,自然也更愿意积极参与到守法活动之中。此外,司法促进守法还体现在吸引公民参与到司法活动中。从各国司法制度的变迁历程来看,保障公民充分参与司法活动,发挥公民在司法活动中的积极性,被认为是实现公民全面守法的重要标志。

一般而言,执法与司法活动更能让人们直观地感受到法律的公平正义,进而引导人们自觉遵守法律。国家行政机关及其工作人员严格执法,国家司法机关及其工作人员公正司法,不仅是建设法治中国所必需,还有助于在社会公众心中树立良好的执法、司法形象,带动起全社会尊重法律、遵守法律的风气。

第二,保持政治环境稳定。法治国家本质上属于政治范畴,建设法治国家的着力点是在政治层面实现国家治理法治化。①政治环境主要包括一个国家或地区内的执政党状况、社会制度、政治意识形态、政治制度、社会各阶层力量对比等因素。不同的政治环境不仅会催生不同性质的法律,也会影响人们的守法行为。①执政党和国家权力机关是否依法行动直接影响着法律在社会中的威信,他们对法律的尊重程度会引导人们如何对待法律。②民主社会中,在人民主权原则指引下制定的法律能反映大多数人的利益,也会促使守法观念在人们心中生根发芽,自觉守法也就成为了社会常态。此外,稳定的政治环境也能为社会提供稳定的发展环境,在安宁、宽和的社会环境中,人们更容易接受秩序化的生活,法律的权威也就得以树立。

第三,坚持以经济建设为中心。经济状况也与守法之间存在密切联系。①法律需要根据一定的社会需求制定,而社会需求又是由社会物质生活条件决定的。一般而言,社会经济往来越频繁,社会经济关系也就越复杂,从而需要更多的法律对复杂的社会经济关系予以调整。②法律的运行必然离不开一定的成本,公民守法与否也深受经济发展水平的制约。经济发展水平的高

---

① 张文显:《法治中国建设的前沿问题》,《中共中央党校学报》2014年第5期。

低对公民的守法意愿产生巨大影响,社会经济发展越健康,人们越愿意遵守法律。若社会经济发展停滞,将导致人们的生活无以为继,违法犯罪行为也将随之增多。反之人人安居乐业,则鲜有人会去触碰法律底线。

经济发展水平受到经济制度的影响,社会主义市场经济制度本质上是法制经济,将市场经济纳入法治轨道,能为守法提供良好的土壤,推动人们依法竞争,积极运用法律手段维护自身利益。故而我们必须坚持以经济建设为中心,不断完善我国社会主义市场经济制度,为全民守法的实现提供丰富的物质基础。

(三) 发展守法中介条件

全民守法的实现还需要依靠法律传播技术和法律服务的帮助。法律传播技术能将立法者制定的法律通过一定形式和媒介向社会公众传播,使其能充分知悉法律的内容。法律传播技术是沟通法律和社会公众的桥梁。如果法律制定后无法得到传播,那无论这些法律制定得多么完美,都只是一纸空文,因为公民甚至都没有了解法律的可能,更不可能自觉遵守法律。虽然在公民不了解法律的情况下也可能实施法律所期待的行为,但这终究是一种巧合,完全取决于个人的日常习惯。而我们显然无法将全民守法寄望于这样一种充满巧合的情境。制度化、全面化、科技化的法律传播条件可以及时帮助法律大范围传播,在我国幅员辽阔的背景下此条件的满足就显得更为重要。法律传播技术的发达也将提高法治教育的效率,增强公民的守法意识。

法律服务是法治社会建设的必然产物,随着文明的进步和法律的发展,法律事务变得更加专业化。因此,要求一般公民熟练掌握繁杂的法律知识是不可能的,这就要求社会中形成并发展出完善的法律服务行业。法律服务在社会中承担着多种功能,不仅可以在当事人面临法律纠纷的时候提供帮助,还可以帮助当事人提前了解法律,避免生活和工作中潜在的法律风险。目前我国已经形成了较为丰富的法律服务产业,法律服务产业的兴盛繁荣对于公民了解、接受、运用法律具有积极意义,也能够更好地协调社会各方以法律为联系展开合作。

第七节 公民守法意识的内涵

公民守法意识在公民守法精神形成的过程中处于支配地位,培育公民守法意识是法治建设的客观要求。公民守法意识主要包括守法道德意识、防止权利滥用意识、权利行使的正当性意识。

(一)守法道德意识

守法道德意识表现为积极主张合法权利,恪守法律义务。守法道德意识直接关系到法律价值能否实现和法律秩序能否确立。法律价值作为立法者对社会理想状态的追求,作为人类对自身生活目的的追求,其实现必须以守法道德意识的落实为基础。离开了守法道德意识,法律价值将永远无法到达实然层面,只能是立法者难以触及的美好向往。至于法律秩序,它是一种有别于社会经济秩序、伦理秩序的社会秩序,只能通过法治手段得以建设,是行使权利、履行义务的必然结果。

从我国法律体系的结构来看,法律将公民权利上升到法律本体的地位,法治国家的确立必然要求公民法定权利的全面实现。同时,法律的发展过程就是公民权利不断实现的过程。立法将公民权利制度化,公民的守法行为则将制度化的权利现实化,使得公民的主体价值逐步得到确立。权利本位对于实现全面依法治国具有重要意义,公民守法道德意识不仅表现为切实履行法律义务,也体现为积极主张和争取法定权利,即带着道德义务感对待法定权利。换言之,公民的守法道德除了强调公民必须遵守义务性和禁止性规范,还包括积极追求授权性规范的实现,努力争取法定权利同样是守法应尽的道德义务。只有懂得通过法律手段维护权利的人,才会明白尊重他人权利的重要性,才能够尊重他人争取权利的举动。如果社会中的大多数人都不愿意追求和保护法定权利,那么其也很难正视他人权利,法治社会对社会成员法定权利的普遍保护就更加难以实现。因此,权利意识的确立和实践不仅涉及个体利益,而且和国家法治程度密切关联。全面依法治国必须将公民权利意识的催生、维护和实现囊括其中。纵观中国历史,古代中国始终处于有法律而无法治的状态,人治成为了国家治理的常态。究其原因在于封建王权不受任何制约,法律也未曾确认民众权利,民众的权利意识也就无从谈及。故而在法治社会建设过程中,追求和实现法定权利必须成为公民守法道德意识的一部分,为权利而斗争就是为法治而斗争。

守法道德意识还要求公民在参与社会活动的过程中恪守法律义务,从而与权利实现共同作用,形成法治社会所期待的法律秩序。义务意识作为守法道德意识的一部分,最基本的要求是不管其在理性层面是否认同法律,感性层面是否接受法律,也不管其所处社会阶层如何,只要面对法律,就只能做出一种行为——履行义务。虽然法律主要通过国家强制力督促公民履行法律义务,但守法道德意识同时以道德上的压力促使个人作出自律选择。故而对广大公民而言,守法道德意识的要求不仅是正视法律的外在强制,更是将义务意识作为实现法治社会的必要手段,通过内在自发的自律将守法转化为一种道德义务。这不仅是社会整体道德层次的要求,而且直接关系法律实施的程度。

"一项要求服从法律的法律将是没有意义的。它必须以它竭力创设的那种东西的存在为先决条件,这种东西就是服从法律的一般义务。这种义务必须、也有必要是道德性的。"[①]道德在逻辑上先于法律,没有法律可以有道德,没有道德必然不会有法律。如果我们否认遵守法律的道德义务,那么对于法律的服从就只能是屈于暴力的强迫而已。即使法律在一段时间可以全面实施,但这样的状况绝无可能长久维持。一个法律体系若想得以高效运转,必须在人们意识中树立自觉守法的道德义务。

(二)防止权利滥用意识

权利滥用是指公民在行使权利的过程中,故意逾越自身权利范围,损害他人、社会或国家的利益,以满足自身逾越权利范围所欲达到的目的。权利滥用的原因主要包括以下三方面:第一,法律本身规定不尽完善,导致法律有漏洞可钻。法律虽然规定了公民的权利范围,但由于条文的抽象性,有时候对具体如何行使权利没有规定,对如何量化权利范围也没有规定,使得权利存在被滥用的可能。第二,利益冲突导致权利滥用。十九大报告指出,我国当前社会主要矛盾已经转变为人民日益增长的美好生活需要和不平衡不充分的发展之间的矛盾。我国仍处于社会主义初级阶段,生产力水平有待进一步提高,各地区、行业、部门在全面深化改革的背景下发生利益冲突的可能性有所提高。权利和利益之间联系密切,如公民对物享有所有权,则同时拥有对该物占有、使用、

---

① [英]A.J.M.米尔恩:《人的权利与人的多样性》,夏勇、张志铭译,中国大百科全书出版社1995年版,第35页。

处分、收益的利益。权利就是法律所认可并保护的利益,有利益冲突便可能存在权利滥用。第三,公民自身的法律意识不强也可导致权利的滥用。比如相邻权人并无侵犯他人土地利益的故意,仅是出于"占便宜"的思想侵犯了他人利益。此外,传统习惯也会影响公民实施滥用权利的行为。

权利滥用会导致权利负价值。权利负价值是指权利行使的后果与该权利设立的初衷相违背。这表明了权利行使会出现两种结果:第一,权利行使展现其本身积极价值;第二,权利滥用导致权利负价值。权利滥用的标志就是权利负价值的出现,权利滥用是权利行使所产生的现象,但由于其并不符合法律设定该项权利的宗旨,故而受到法律的否定。权利行使的后果超出了法律所能忍受的限度,那就会成为法律限制的对象。权利行使逾越了一定界限就会发生性质的转变,这表明尽管法律赋予了当事人一定的权利,但该权利的行使不是绝对的。一旦权利发生滥用,就会破坏权利本身的正向激励作用,从而挤压其他公民的权利空间。故而权利滥用应当受到法律的制裁,权利意识的树立必须伴随着防止权利滥用意识的存在。

防止权利滥用意识可以为公民合理行使权利指明方向,引导人们养成合理的权利意识并对不合理使用权利的行为进行改造。在我国权利意识养成的过程中,也需要时刻警惕权利滥用思想的蔓延,而生活中此类行为已经屡见不鲜。因此,必须让公民意识到权利行使是有边界的,以防止权利意识的恶性膨胀。积极行使权利是实现全民守法必不可少的手段之一,但权利行使也需要有所限制。权利是否被滥用同样关系到法治尊严,权利滥用将会使他人对法律的信任感受到打击。此种情况的出现会将法律置于危险境地:既然法律保护不合理的事情,那为了扩大自己的权利范围,违反法律也就是不会被责难的。这样一来,守法局面将被完全破坏。树立防止权利滥用意识可以增强人们的权利意识,是守法意识得以形成和发展的必然要求。

(三)权利行使的正当性意识

权利行使的正当性意识亦可称为正当程序意识。公民守法意识不仅要求每个公民要有权利意识和防止权利滥用意识,还要求其在行使权利时必须有足够的正当性依据。正当性依据要求每个公民在主张自身权利时要遵循一定的程序,包括在权利受到侵犯时,维护权利也要追求正当程序。罗尔斯认为公正的法律秩序是正义的基本要求,而法律秩序依赖于某种形式的正当过程,正当过程又通过程序的正当来体现。公民在守法过程中,不重视正当程序的表现就是过度维权,甚至采取各种极端的方式实现自身利益。这样的情况不仅不代表公民守法意识的养成,反而是对法律的漠视。守法意识要求公民在维护自身权利时节制有度,否则权利的过度维护将会成为守法的阻碍。

第八节　守法的原则

卢梭曾说:"服从于自己为自己所制定的法律才是自由。"[①]法治中国的显著标志之一便是全民守法,党的十八届四中全会明确提出全民守法是全面依法治国的长期基础性工作。党的十九届四中全会审议通过的《中共中央关于坚持和完善中国特色社会主义制度、推进国家治理体系和治理能力现代化若干重大问题的决定》再次强调"全民守法",并指出"引导全体人民做社会主义法治的忠实崇尚者、自觉遵守者、坚定捍卫者"。全民守法就是任何组织和个人都必须在宪法和法律的范围内活动,以宪法和法律为行为准则,依照宪法和法律行使权利或职权,履行义务或职责。守法的原则,即是实现全民守法所应当恪守的基本准则。

(一)党和国家机关带头守法

党和国家机关是全面依法治国的引领者,自然应当主动做好守法表率。全面依法治国的目标和任务能否顺利完成关键在于党和国家机关的领导干部能否带头守法。从法治角度出发,宪法直接约束的是国家权力机关、行政机关、司法机关。我国宪法也明确了中国共产党的领导地位,同时党的一切活动也要以宪法为遵循。从最根本意义来说,党的政策、法律、法规、规则及各司法解释都是依据宪法制定的。党和国家机关带头守法,既包括依据宪法制定党的政策、法律、法规、规则及各司法解释,也包括遵守其自身制定的规则。由此党和国家机关带头守法的含义可以总结为两层含义:第一,党和国家机关及其工作人员要自觉维护和增强法律权威,不得随意超越宪法及法律规定的权力边界。第二,党和国家机关及其工作人员的所有行为都应当保证有法可依、有法必依。

党和国家机关带头守法是依法执政、依法行政、依法司法的题中应有之义。党和国家机关带头守法,就要紧抓领导干部这一"关键少数"。领导干部

[①] [法]让·雅克·卢梭:《社会契约论》,杨国政译,陕西人民出版社2004年版,第17页。

是否具备法治意识,对建设法治中国至关重要。习近平总书记强调:"各级领导干部要带头依法办事,带头遵守法律,对宪法和法律保持敬畏之心,牢固确立法律红线不能触碰、法律底线不能逾越的观念,不要去行使依法不该由自己行使的权力,也不要去干预依法自己不能干预的事情,更不能以言代法、以权压法、徇私枉法,做到法律面前不为私心困扰、不为人情所困、不为关系所累、不为利益所惑。"①

最能对社会公众产生引导作用的就是领导干部的实际行动,只有当权力的行使与法律规定相一致,法律才不会只停留于表面。否则,无论法律制度多么完备,如果权力依然高于法律,社会公众自然转向对权力的崇尚。领导干部应当主动学习法律、掌握法律,树立法治信仰,全方位地做好守法的模范表率。许多领导干部认为自己违法犯罪是法律知识的缺失,实际上,他们所需要的不仅是法律知识,还包括对法治的信仰。在他们内心,权力凌驾于法律,却未曾想到最终受到了法律的制裁。也正是因为领导干部这种权大于法的思想,使得一般公众在面对法律事务时,习惯性地寻求权力的帮助或庇护,以求通过"人情关系"解决法律事务,最终破坏了法律的实施。因此,党和国家机关要做到带头守法,首先就要做到制约和监督权力的运行,将权力关进制度的笼子里。要坚决抵制特权思想、特权现象,所有领导干部都不得谋取任何私利和特权。

"带头"体现了党和国家机关对自身提出的高标准、高要求,各级领导干部是政策和法律的执行者,代表了党和国家的法治形象,不仅要时刻牢记为人民服务,也要时刻自觉接受人民监督。只有党和国家机关带头守法,才能在群众中起到良好的示范作用,法治精神才能得以充分彰显,法治信仰才能得以牢固树立。

(二)民众主动守法

我们经常能在新闻中看到此类消息:一辆满载货物的卡车在公路上倾覆,居住在公路周围的居民便会一哄而上抢夺货物。此类现象反映了当今社会中还残留着"法不责众"的心理,也侧面体现了现阶段我国实现全民守法的一大障碍便是民众守法意识淡薄。全民守法的实现必须依赖民众主动守法,要在人们心中树立积极守法、抵制违法的观念,打造自觉守法的法治文化,从而使

---

① 习近平:《在十八届中央政治局第四次集体学习时的讲话》,载《习近平关于全面依法治国论述摘编》,中央文献出版社2015年版,第110-111页。

民众成为社会主义法治建设的坚定支持者。

要让民众主动守法需要做到以下两方面：第一，法律制度应当更加科学完备，符合最广大人民的根本利益。科学完备的法律即是良法，是公民自愿遵守的法律。社会民众守法义务的内容包括以下两方面：第一，当法律是良法时，公民应当无条件地认同并自觉遵守，否则法律便失去其权威性，法律秩序难以形成，法治便无从谈起。当公民实施了违法行为后，自觉接受法律制裁也应当是主动守法的内在要求，公民必须自觉承担起因自身违法行为而产生的法律责任。第二，当法律不适应社会发展趋势而出现"恶"的一面时，公民应当尽其所能反映完善法律的想法并采取实际行动推动法律改革，使法向"善"的一面转变。当然，由于个体价值观念的差异，往往会出现某个人或某个群体认为法律为恶法的现象。对此我们认为，哪怕法律对某些人造成了不公正或不方便，但只要不存在侵犯社会整体利益的情况，那这部分人应当继续自觉地遵守他们所认为的"恶法"，以保证整个社会逐步形成或继续维持稳定的法律秩序，从而推动法治化进程。潘恩就曾表达过这种观点："对于一项坏的法律，我一贯主张（也是我身体力行的）遵守，同时使用一切论据证明其错误，力求把它废除，这样做要比强行违犯这条法律来得好；因为违反坏的法律此风一开，也许会削弱法律的力量，并导致对那些好的法律肆意违犯。"①

习近平总书记指出："宪法的根基在于人民发自内心的拥护，宪法的伟力在于人民出自真诚的信仰。"② 法律要在人民群众中发挥作用，前提就是使其信仰法律。若法律失去民众对它的信任感，那么它就会成为空中楼阁。值得反思的是，当今社会中仍有大量上访、信访、"走后门""找关系"的现象，甚至还有人采用各种极端方法表达自身诉求，这一系列现象一定程度上反映了法律获得人们信任的根基尚不扎实。

法治信仰的树立不是一蹴而就的，必然伴随着一个较为漫长的过程。在法治化进程中，仅仅依靠体现高超立法技术的法律制度，即法治实现的"硬件"是远远不够的。法律制度若想真正发挥作用，必须辅之以全民法治信仰这一"软件"。因此，我们必须充分意识到培育全民法治信仰的重要性，否则法治也只是徒有其表的存在罢了。而这一目标的实现必然伴随着破除法治进

---

① ［英］托马斯·潘恩：《潘恩选集》，马清槐等译，商务印书馆1981年版，第222页。
② 习近平：《在首都各界纪念现行宪法公布施行30周年大会上的讲话》，载《人民日报》2012年12月5日。

程中的糟粕,培养全社会厉行法治的积极性,引导人们抛弃守法过程中的错误观念。"权力本位""机会主义""侥幸心理"等观念都是阻碍民众主动守法的不良因素,而能否剔除这些因素是法治信仰培育的关键。现实生活中,有一小撮人自以为法律不过是束缚普通民众的工具,而一旦其掌握了足够的权力或财富就可以不受法律制约。这部分人甚至以不守规则或逾越法律为荣,认为实施违法行为才是一个人"有本事"的体现。还有部分人思想中满是机会主义,希望通过违法行为获得不正当利益。若其违法行为未被发现,则是投机成功,反之则埋怨法律不近人情。树立法治信仰就是要让蔑视法律的人感受到法律的权威性与不可抵抗性,让受到法律制裁的人真心实意地接受惩罚。

法治信仰就是用敬畏法律、捍卫法治的精神指引人生境界、约束自身权力、紧扣自身底线。对此,全社会都应当努力弘扬社会主义法治精神,建设社会主义法治文化,加强法治教育和道德引领,强化人们的规则意识和契约精神,不断创造崇尚法律的正能量。

(三)全社会协同守法

上述我们已经提到守法的两项基本原则是党和国家机关带头守法、民众主动守法,但全民守法目标的实现还有赖于全社会的共同合作,不同主体间需要形成守法的良性互动。全社会协同守法包含以下几方面的内容:

第一,全社会协同学法用法。在学法层面,习近平总书记在党的十九大报告中指出,加大全民普法力度,建设社会主义法治文化。中国特色社会主义已经进入新时代,全面推进依法治国对公民的法治素养提出了更高的要求。想要在全社会形成学法的良好氛围,就必须加大法治教育力度、培养公民守法意识、形成守法惯性,这是培育新时代公民的必由之路。一方面,政府要发挥普法工作的领导作用,实行"谁执法谁普法"的普法责任制,通过司法专业队伍在社会中开展法治教育,同时还要加强普法讲师团、普法志愿者等公益普法工作的建设。另一方面,要在人民群众中大力开展法治文化活动,发挥社交网络、新媒体等新兴平台的法治教育作用。在用法层面,当前我国正处于社会发展的转型期,社会矛盾日益凸显,要引导人们通过法律手段表达诉求、维护自身利益、解决矛盾。由于我国法治化建设起步较晚,社会中仍然存在通过非法治化手段解决矛盾的思想。全社会协同用法,就要引导人们遵守法律,依靠法律解决矛盾,以守法用法为荣,彻底杜绝"大闹大解决、小闹小解决、不闹不解决"的现象,促进全社会充分运用法律途径解决纠纷。

第二,推进和保障社会依法自治。在工业社会中,社会分工日益细化,"分而治之"的挑战是现代化国家所必须面对的。托克维尔认为社会自治的一般原理在于:"社团中,承认个人的独立,每个人就像在社会里一样,同时朝着一个目标前进,但并非都要循着同一条路走不可,没有人放弃自己的意志和理性,但要用自己的意志和理性去成就共同的事业。"① 故而法治社会的建设离不开社会依法自治,社会自治是一种自我治理的模式,它要求社会组织、基层群众、企事业单位等社会主体依据法律处理自身事务,以实现社会主体自然地融入国家治理体系中来。在参与社会自治的过程中,社会主体可以充分参与到社会管理的各个方面,排除受他人操控的隐忧,更充分地发挥自身的积极性。社会自治为公民和各类社会组织协商讨论、共同参与社会治理、依法解决彼此矛盾奠定了良好基础。同时我们也应当认识到,在现有的社会历史条件下,社会自治并不意味着推崇无政府主义。社会自治的条件由政府提供,因而社会自治也必须紧密配合政府的行政目标。社会依法自治和国家依法治理的紧密结合,在这样的治理体系中,社会与国家自主负责,各自履行法律所规定的治理义务。通过二者的合作,可以实现取长补短、优势互补的结果,这不仅是传统行政管理模式改革的必然要求,也为全民守法的实现提供了更为广泛的制度创新空间。

第三,构建守法激励制度和失信惩戒制度。随着全社会对法治建设要求的不断提高,尤其是全民守法得到了普遍提倡,如何能够更好地促进全社会协同守法成为了值得关注的现实问题。守法激励制度与失信惩戒制度共同发生作用,能够引导全社会选择在法律上最优的行为。通过激励来促进守法,遏制违法,为实现全民守法提供了全新的思路。守法激励制度在肯定守法义务存在的基础上,进一步超越义务观念去鼓励人们积极守法。法律经济学理论认为,人出于自利的目的,在激励下会做出法律所期待的行为。所以最好的法律是通过行为人出于利益考量而主动遵循的规则。守法激励制度正是通过满足行为人可得期待的利益而促使其作出守法选择。

为了改变违法者侥幸得利的现象,法律就必须让违法者承担高昂的法定成本,其中的关键手段之一就是建立失信惩戒制度。违法者往往出于侥幸心理而实施违法行为,认为其不会受到法律制裁,而事实上许多违法行为也确实难以被人察觉。这就导致了违法成本与违法行为的分离,只要不是每次违法

---

① [法]托克维尔:《论美国的民主》(上),董果良译,商务印书馆1988年版,第220-221页。

行为都受到法律制裁,那违法成本就会因为违法行为被发现概率的下降而随之降低,最终导致铤而走险的违法者越来越多。因此应当提高违法成本,建立失信惩戒制度,让失信者寸步难行,倒逼意欲违法的人作出守法选择。

总体而言,实现全民守法需要充分发挥党和国家机关的带头作用,领导干部要牢固树立有权力就有责任的观念。领导干部是国家法治事业的组织者、促进者、践行者,若其做好表率作用,则能激发人民群众跟随守法的自觉性。人民群众自觉守法之后,法治信仰便能够在人们心中树立,全社会自上而下都会形成良好的法律实施环境。如此,全社会都能够良性地守法互动,通过积极的协同守法,最终落实全民守法目标。

第九节　守法贯穿法治运行的各个环节

孟德斯鸠在《论法的精神》中开篇便提出:"从广义上讲,法是产生于事物的性质的必然联系。"[①]党的十八大以来,党中央在全面推进依法治国战略中一再强调要遵循法治运行规律,故而守法也应当顺应规律而为之。法治运行规律是法治产生、运行、发展的客观规律以及与政治、经济、文化等因素的内在关联。遵循法治运行规律就要坚持问题导向,总结法治建设中的经验教训,把握社会发展规律,摸索出适合法治建设的中国特色社会主义法治理论。首先,法是在对复杂社会现象认识的基础上制定的,科学立法的本质就是把握社会规律。在立法队伍中,立法者只有遵循社会变革规律,才能使法律贴合社会现实。其次,法治即为法律的统治,政府要运用法律治理国家和社会,这是法律治理规律。在执法队伍中,执法者要遵循法律治理规律,使法律成为社会生活的内在秩序。最后,司法是解决社会纠纷的主要手段,司法运作机制是一种客观机制。在适用法律和推动司法体制改革的过程中,司法者不仅要坚持正确的政治方针,还要注重提高司法公信力,牢牢把握司法运行规律。法治是由立法、执法、司法、守法各个环节构成的有机整体,而这其中的每一个环节都应当遵守法治运行规律,可以说法治就是各类守法主体各司其职,守法贯穿于法治运行的各个环节。

---

① [法]孟德斯鸠:《论法的精神》,彭盛译,当代世界出版社2008年版,第1页。

（一）立法者遵守立法规律

对于立法者而言，守法就是要遵守《宪法》《立法法》所规定的权限和程序，让其制定的法律符合社会变革规律。马克思说：立法者应该把自己看作一个自然科学家。他不是在创造法律，不是在发明法律，而仅仅是在表述法律……如果这个立法者用自己的臆想来代替事情的本质，那么人们就应责备他的极端任性。① 党的十八届三中全会审议通过了《中共中央关于全面深化改革若干重大问题的决定》，我国进入全面深化改革的时代。但全面深化改革并不意味着改革可以任意为之，而应当以法治为指引，即"重大改革于法有据"。改革需要在法治轨道内进行，而法治轨道则由立法规定。2015年第十二届全国人大三次会议审议通过了《立法法》的修改案，修改后的《立法法》授予设区的市地方立法权，规范授权立法、界定税收法律界限，确定部门规章和地方政府规章界限。2018年第十三届全国人大一次会议审议通过了《宪法修正案》，规定"设区的市的人民代表大会和它们的常务委员会，在不同宪法、法律、行政法规和本省、自治区的地方性法规相抵触的前提下，可以依照法律规定制定地方性法规，报本省、自治区人民代表大会常务委员会批准后施行。"不难看出，《宪法》《立法法》的修改都在进一步对立法权限和立法程序进行规范，让立法者的守法行为更符合法治要求，使其所制定的法律更好地为全面深化改革服务。

（二）执法者遵守执法规律

对于执法者而言，守法就是依照法定职权和程序实施法律，建设法治政府。洛克曾说："如果法律不能被执行，那就等于没有法律。"② 执法是将体现统治阶级意志的法律予以落实的过程，对于一个全心全意为人民服务的政府，其在建设法治政府的过程中必须做到行必有法。法治政府要做到严格遵守人民共同制定的法律，不得行使法律未授予的权力。然而，各级政府在现实运行中仍存在着未能在法定职权范围内行政以及以权代法的现象。更有甚者，执法者还会运用自己手中的公权力为自己谋取私利，导致政府内部出现腐败。执法者未能依法执法，最终就会导致政府公信力一落千丈，民众对政府的信任一落千丈。为此，政府必须规范自身的行为，不仅要在法定职权范围内做出行政行为，还要严格依据法律之程序。在公权力领域，奉行的是"法无授权不可

---

① 《马克思恩格斯全集》（第1卷），人民出版社1995年版，第347页。
② ［英］洛克：《政府论》（下篇），叶启芳、瞿菊农译，商务印书馆1964年版，第132页。

为",执法者规范执法,主动接受法律约束对于全面依法治国具有重要意义。

(三)司法者遵守司法规律

对于司法者而言,守法就是依法行使审判权、检察权,具体适用法律处理案件。司法者处于独立地位,要充分认识到司法活动的专属性和专业性、司法审判的中立性、司法决定的权威性、司法程序的正当性,使司法权依法运行、依规律运行,不受无关因素阻扰。党的十八届四中全会通过的《中共中央关于全面推进依法治国若干重大问题的决定》指出,公正是法治的生命线。司法公正对社会公正具有重要引领作用,司法不公对社会公正具有致命破坏作用。可以说,社会公正是法治社会的重要标志,而司法对于实现和维护社会公正具有根本意义。这也使得司法体制改革成为全面依法治国的关键一环。司法体制改革就是要让司法资源得到合理配置,司法管理得到严格规范,司法保障得到精确落实,司法责任与监督得到有力加强,最终实现司法守法,让人民群众在每一个司法案件中感受到司法正义。如培根就曾提到:"一次不公的判断比多次不平的举动为祸尤烈。因为这些不平的举动不过弄脏了水流,而不公的判断则把水源弄坏了。"[①]司法的状况直接关系到法治实现与否,而其又取决于司法者是否遵循司法规律。

(四)守法者遵守守法规律

对于守法者而言,除了立法者、执法者、司法者需要遵循各自领域的规律外,每个人在现实生活中都要遵循守法规律,即做到学法、尊法、信法。尊法信法是守法的最高境界,美国法学家伯尔曼就呼吁:"法律必须被信仰,否则它将形同虚设",没有信仰的法律就是僵死的条文,没有法律的信仰也容易陷入迷茫。《中共中央关于全面推进依法治国若干重大问题的决定》就指出,我国目前存在"部分社会成员尊法信法守法用法、依法维权意识不强"的现状,既然守法是法治的首要含义,那全社会都应当为之而奋斗。"国无常强,无常弱。奉法者强,则国强,奉法者弱,则国弱。"[②]强调守法,尊重守法规律,是我国实现"两个一百年"奋斗目标的必由之路。

法律的权威源自人民的内心拥护和真诚信仰。全民守法不能是"畏威不畏德"的守法,而应当是发自内心的尊重和服从。即使某些时候法律不尽完善,但相比于依靠权力和命令的"通知"而言,法治无疑更具有令人幸福的美

---

① [英]弗兰西斯·培根:《培根论说文集》,水天同译,商务印书馆1983年版,第193页。
② 《韩非子·有度》。

好品质。全民守法的实现是一个复杂的体系工程,也是全面依法治国的重点和难点。因此必须在守法过程中遵循法治运行规律,使法律得到人们的忠诚拥护。

自古以来,法律得到良好的遵守便是社会得以长治久安的必要条件。在新时代条件下,把全民守法提升到一个新水平是全面依法治国的必然要求。全民守法的实现离不开法律本身应当满足正义、公平、理性等良好素质,更离不开社会全体成员发自内心的真诚信仰。党和国家机关及其领导干部要充分做好守法表率,社会民众也要树立守法意识积极行使权利、切实履行义务。只有在全社会上下协同推进尊法信法守法用法的条件下,全民守法才可以变为现实。守法贯穿于法治运行的各个环节,每个环节都应当牢牢把握法治运行规律,让全民守法实现于法治中国的伟大实践中。

第十一章　法律监督

法律监督是现代法治的重要内涵,加强对法律实施的监督,是公正、高效实施法律的重要保证。法律监督的核心在于建构公权力的规范机制和监督体系,确保公权力在法律框架下运行,实现公共利益的最大化。中国共产党历来重视权力制约与法律监督,党的十八大以来,全面强化了权力运行制约和监督体系建设,习近平总书记强调要加强对权力运行的制约和监督,把权力关进"制度的笼子"。党的十九大对构建党统一指挥、全面覆盖、权威高效的监督体系作出重要部署,党的十九届四中全会进一步强调要坚持和完善党和国家监督体系,强化对权力运行的制约和监督。在党的统一领导下,依据宪法和法律的法治原则,构建了以人大监督为基础,监察监督、司法监督、行政监督等多种监督形式分工负责、互相协调,国家监督与社会监督协同发展的中国特色社会主义法律监督体系。

第一节　法律监督概述

一、法律监督的内涵

法律监督,通常有狭义和广义两种理解。广义上的法律监督,泛指一切国家机关、社会组织、公民对各种法律活动的合法性所进行的监督。狭义上的法律监督,专指负有监督职责的国家机关依照法定职权和程序对法律实施所进行的监督。总体来说,狭义监督和广义监督都是强调对于具体法律实施活动的合法性进行监督,区别在于监督主体的不同。在法的一般理论中,法律监督通常指广义监督。

按照广义的法律监督概念，法律监督的构成要素包括以下内容：(1)法律监督的主体。能够进行法律监督的主体包括国家机关、各政党、各类社会组织、公民等，其中国家机关的监督活动处于核心地位。不同的监督主体在监督方式、监督效力和监督内容上各有不同。(2)法律监督的对象。法律监督的对象主要是指所有国家机关和武装力量、各政党和社会团体、各企事业单位、全体公民等所进行的各种法律活动。对国家机关及其公职人员的公务活动的监督尤为重要，直接关系到法律的尊严、权威能否得到维护。(3)法律监督的内容。法律监督的内容较为广泛，包括一切与法的制定、实施、守法等相关的法律行为或法律活动。其中，国家机关及公职人员职务行为的合法性，是法律监督的主要内容。

依照不同的标准，可以将法律监督分为不同的类型。通常的划分方式是根据监督主体的不同，将法律监督分为国家监督和社会监督。国家监督是由国家机关所进行的法律监督活动，依照国家机关的性质不同，可分为权力机关的监督（人大监督）、监察机关的监督（监察监督）、司法机关的监督（司法监督）和行政机关的监督（行政监督）。社会监督是由国家机关以外的社会主体所实施的监督，可分为民主监督、社会组织监督、社会舆论监督和公民监督。

二、法律监督的价值

建设中国特色社会主义法治体系要求建立严密的法治监督体系，通过构建符合法治要求的法律监督制度，树立宪法和法律的权威，维护法律的统一和尊严，切实保障公民的合法权利。法律监督的价值具体体现为以下三个方面。

（一）保障法律体系的统一

保障法律体系的统一，体现为专司宪法监督的国家机关对宪法实施进行的监督。通过全国人大及其常委会构建有效的法律实施监督机制，创新监督形式，确保其他立法都不得与宪法相抵触，保证国家权力机关与监察、司法、行政等国家机关之间、上级国家机关和下级国家机关之间制定的规范性法律文件的位阶效力，正确地处理中央立法事权与地方立法事权的关系，防止有地方立法权的地方立法机关滥用地方立法权或者是超越职权立法，有效地维护中央立法的权威和法律体系的统一性。

（二）制约和监督公权力

监督是权力正确运行的根本保证，强化对权力运行的制约和监督，保证公权力不被滥用,是国家治理的关键环节之一。法律监督的核心价值在于保障各种法律关系的建立、实施、处理都依法进行,保证国家机关及其工作人员依法行使职权,在法定范围内依照法定程序进行法律活动,保护公民、法人和非法人组织的合法权益。加强法律监督是确保各项改革沿着法治轨道前行的重要基石,监督权主体也必须严格按照宪法、法律有关监督权行使条件、实施程序、法律责任等规定行使监督职权,履行监督职责。

（三）推动国家治理现代化

加强法律监督是推进国家治理现代化的题中之义。随着全面深化改革向纵深推进,法律监督体系建设已进入系统集成、协同高效发展的新阶段,各监督制度之间的关联性、衔接性与互动性明显增强。在深化国家监察体制改革背景下,国家监察成为对公权力最直接、最有效的监督方式,同时,立法监督、司法监督与行政监督取得长足进步,检察监督更是被注入新时代发展内涵。中国特色的法律监督体系全面优化整合,法律监督形式不断完善、监督范围日趋广泛、监督效果不断提升,对于推进国家治理体系和治理能力现代化具有深远意义。

第二节　中外法律监督制度的历史发展

一、域外法律监督制度概述

法律监督制度是世界各国政治与法律制度的重要组成部分,以其中最为代表性的监察制度为视角,可以将域外法律监督模式分为以下四种。

（一）议会监察专员制度（瑞典模式）

现代监察制度来自1809年瑞典议会监察专员制度。在19世纪以前,瑞典是一个君主专制国家,官僚集团缺乏监督机制,腐败日益严重。1809年,在专制君主古斯塔夫四世被等级会议废黜之后,议会修订了《政府组织法》,增设了议会监察专员制度。① 瑞典议会认为,只有将政府行为置于议会监督之下,

---

① ［瑞典］本特·维斯兰德尔:《瑞典的议会监察专员》,程洁译,清华大学出版社2001年版,第3页。

公职人员受议会委派的监察专员监督,才能真正确保公职人员为国民利益服务。在议会监察专员制度下,监察专员由议会任命,代表议会监督行政机关和法院是否依法履行职责,任何人都可以向监察专员举报公职人员滥用职权的行为。监察专员的权力包括:接受申诉权、调查权、提起诉讼权、处分建议权、报告公开权、言论豁免权等。在监督方式上,监察专员主要采取公开批评、谴责等方式,通过对公职人员产生社会压力的方式进行监督,但很少直接移送法院处理(尽管有这样的权力)。瑞典议会先后颁布了《议会法》(1974)、《议会监察专员指令法》(1986)、《议会监察专员行政指令法》(2012)等,具体规定了行政监察专员的组织体系、监察对象范围、权力与义务、监察程序等事项。瑞典还将议会监察专员制度运用到国家和社会管理的各个领域,设置了如消费者保护、反群族歧视、性别歧视、儿童监察等特殊监察专员。由于制度优势不断凸显,瑞典议会监察专员制度被芬兰、丹麦、挪威等斯堪的纳维亚半岛国家广泛效仿,在1960年代以后在世界范围内迅速传播扩展,新西兰、英国、加拿大等国家均建立了与瑞典议会监察专员类似的监督制度。

(二)行政内部监察制度(美国模式)

在美国政体中,联邦调查局、司法部、廉政署、独立检察官以及监察长都具有揭发、调查与起诉联邦政府公共腐败的法律监督职责,其中,以监察长制度最具特色。美国监察长制度来自于美国独立战争时期的军事监察长制度,伴随着20世纪70年代"水门事件"的爆发,美国国会在1978年通过了《监察长法》,在联邦行政机构内部建立了监察长办公室,加强对联邦行政机构的监督,监察长作为重要的权力监督机关在联邦政府部门内推广开来。《监察长法》规定监察官具有独立地位,不受行政官员的影响和限制,该法在1988年、2008年、2016年多次修订,进一步强化了监察长的问责功能和独立地位。[①]根据《监察长法》的规定,联邦行政机构的监察长由总统提名、国会任命,监察长办公室独立于其所在的行政机构,定期向国会报告工作,其主要职责在于对本机构管理过程中的欺诈、滥用和浪费公共资源现象进行监督、调查和制止,开展和协调针对本机构运行的所有审计和调查活动等。各州、市受联邦影响,也在各自行政机构内部设立了监察长职位。尽管美国对行政权的监督主体具有多元化特征,但监察长具有广泛职权且有法律保障,在所有监督主体中处于主导地位,在行政监督方面发挥了重要作用。

---

① 曹鎏:《美国专门问责机构研究》,《行政法学研究》2013年第3期。

(三)复合型监察制度(德国模式)

在对公权力的法律监督方面,德国建立了以议会监督、审计监督、行政监督与司法惩戒为代表的复合型监察模式。议会监督主要是指在德国联邦议会中设置专门的监督调查委员会,该调查委员会享有一般的刑事调查权并负有向联邦议院报告调查结果的义务。德国《基本法》明确规定了议会调查委员会具有准司法权,可以进行独立的调查活动,在必要时,调查委员会应同检察院共同调查处理案件。德国设立了独立于立法、行政、司法之外的审计机构,对公共经济活动的真实、合法和效益情况以及负责人的经济责任进行审计监督。在行政机关内部,各级政府都设立有专门的反腐败小组。作为内部监督机构,反腐败小组对上级行政首长负责,也对检察院负责,一旦发现自己的机构有腐败现象,就应当向上级和检察院报告。[①]在司法监督方面,联邦法院系统设有专门的联邦行政管理法院,负责公职人员违纪案件处理,该法院的前身是德国联邦惩戒公职人员法院,属于德国的一类特殊法院。作为联邦制国家,德国没有统一的中央一级常设的监督机构,而是由各州独立行使监督权力,所以德国各州的监督权力的设置略有不同,如有的州在议会设立监督机构,有的州在政府设立监督机构,有的州在律师管理部门设立监督机构,形成了从中央到地方差异化的复合型监察制度。

(四)集中型监察制度(新加坡模式)

第二次世界大战前后,新加坡如同其他第三世界国家一样,腐败现象严重。为建立高效、廉洁的政府,新加坡建立了集中型监察模式,在1960年《反贪污法》中明确将反腐调查局(Corruption Practices Investigation Bureau, CPIB)确定为腐败治理的专门机构,赋予其广泛的职权,如采取卧底、放蛇等方式对腐败犯罪进行特殊侦查,无需事先取得逮捕证即可逮捕犯罪嫌疑人等。反腐调查局直属总理办公室,直接向总理负责,不受其他任何部门管辖和制约。此外,新加坡还建立了严密的反腐立法体系,如集反腐刑事实体法、程序法和组织法为一体的《防止贪污贿赂法》,旨在剥夺犯罪人经济利益的《没收贪污腐败法》,严格公务员行为规范的《公务员守则和纪律条例》和《公务员惩戒性程序规则》等等。在健全的公务员管理制度、严密的权力监督机制、高效的腐败惩治机制以及全面的"高薪养廉"与廉洁教育等共同作用下,新加坡长期处于亚洲最清廉国家之列。

---

① 杨解朴:《德国的反腐败机制》,《党建》2006年第1期。

纵观域外制度实践，赋予监察机构独立的法律地位和特殊的权力配置是各国的共识选择。建立统一和权威的反腐败工作机制，对分散的反腐败资源与力量进行整合，是解决监督机制运转不灵的重要方式。① 域外监察机构的共性特征主要体现在：一是监察机构具有独立性。无论是从属于立法机关，还是从属于行政机构，监察机关在经费保障、人事管理等方面均具有独立性，从而有效避免外部干预与影响。二是监察机构权力配置高效化。监督机构具有独立的调查权，其行使不受行政机关的干涉，有助于提升监督的效率与质量。三是监察权行使受到全面监督。在内部监督方面，设有专门的内部监督组织，并通过职业伦理的构建，提高监察人员的职业道德和操守；在外部监督方面，通常要求监察机关接受权力机关的监督，允许新闻媒体、人民团体以及公民参与监督。

二、中国法律监督制度的历史发展

（一）中国传统法律监督制度的产生与发展

监督，是人类社会的古老话题，当人类先民从野蛮与蒙昧，步入人类社会的最初阶段时，就开始需要一种外部的力量约束、督促人们在集体劳动、共同消费的社会生活中遵守社会共同的习俗和规则，从而产生了公共权力，而随着进入阶级社会后，监督权开始被国家权力中分离，并反向约束其他国家权力。② 在传统国家权力体系中，监督制度一直占据重要地位，并以监察制度作为其表征形式。

中国最早的监察制度可以追溯到西周时期。在《论语》中，就有关于上古时期监督制度的描述——"监视四方"，东汉律学大家郑玄对其的解释就是"监察天下之众国"。战国时期，职掌文献史籍的御史官就已有明显的监察职能。秦代创建了相对独立的监察制度。在中央设立御史大夫，位列三公，御史府为其官署，掌握天下文书和监察。在地方上，皇帝派御史常驻郡县，称"监御史"，负责监察郡内各项工作。

监察制度随着中国封建制度的强化而不断发展。自汉代起，监察制度逐渐划分为对中央官员的监督和对地方官员的监察巡视，汉武帝时期全国设立了专门的监察区，以刺史作为专事地方监察，监督地方官员的行为。唐初，

---

① 江国华：《国家监察体制改革的逻辑和取向》，《学术论坛》2017年第3期。
② 谢佑平：《论权力及其制约》，《东方法学》2010年第2期。

中央设御史台,职权是"掌邦国刑宪典章之政令,以肃正朝列"(《唐六典》卷十三),并享有一部分司法权,有权监督大理寺和刑部的司法审判案件。御史台下设三院:一、台院,侍御史属之,"掌纠举百僚,推鞫狱讼";二、殿院,殿中侍御史属之,"掌殿廷供奉之仪式";三、察院,监察御史属之,"掌分察百僚,巡按州郡,纠视刑狱,肃整朝仪"。唐初全国分为10个监察区,称10道(后增为15道),每道设监察御史1人(先后称为按察使、采访处置使、观察处置使等),专门巡回按察所属州县。明代将御史台改为都察院,设左右都御史、副都御史和佥都御史,下设13道监察御史,负责具体监察工作。监察御史虽为都御史下属,但直接受命于皇帝,有独立进行纠举弹劾之权。明代还将地方分区监察和中央按系统监察相结合,专设六科给事中,稽察六部百司之事,旨在加强皇帝对六部的控制。凡六部的上奏均须交给事中审查,皇帝交给六部的任务也由给事中监督按期完成。六科给事中与各道监察御史合称科道,科道官虽然官秩不高,但权力很大,活动范围极广,因而人员选任十分严格,同时对其处罚也比一般官吏要重,"凡御史犯罪加三等,有赃从重论"。清朝延续了明朝的都察院制度,强化了监察的工具价值,监察法规规范更为细致。

中国传统监察制度历时二千多年,对于约束包括君主在内的所有权力者确实发挥了一定的作用。然而,传统监察制度存在着明显的历史局限性,如监察制度能否发挥功能,深受君主个人的影响;监察对象主要是官员的忠诚问题,监督范围较窄,监督权容易异化为地方斡旋的权力等。民国时期,孙中山先生将西方的三权分立政治制度与中国的具体国情相结合,提出了"五权宪法"的概念,其核心是将监察权作为一种国家权力加以明确,同时根据中国传统御史监察制度,设立了专门机构监察院。《中华民国宪法》(1947)对"监察院"的地位、职权等内容进行了明确规定,将"监察院"定义为民意机构,享有调查权、纠举权、弹劾权、纠正权、同意权等权力。目前我国台湾地区仍然保留了"监察院"体制,但其监督权被严重弱化,缺乏具有普遍性的有力监督措施及相应的保障举措,难以有效对"行政院""立法院"等机构的高级官员进行监督。[①]

(二)新中国成立以来法律监督制度的构建与发展

新中国成立后,法律监督受到高度重视,在制度建设上取得了开创性成果。1954年9月,新中国第一部宪法诞生。1954年《宪法》第27条将"监督宪

---

① 马怀德:《监察法学》,人民出版社2019年版,第95页。

法的实施"作为全国人大的一项职权予以规定,确立了立法机关的法律监督制度。同时,根据列宁的"一般监督"理论[①],第81条赋予了最高人民检察院对于国务院所属各部门、地方各级国家机关、国家机关工作人员和公民是否遵守法律,行使检察权,明确了检察机关法律监督的宪法依据。1954年《人民检察院组织法》进一步规定了检察机关"一般监督"的职能,检察机关有权对地方国家机关的决议、命令和措施是否合法,国家机关工作人员和公民是否遵守法律,进行监督。此外,为了加强党内监督,1955年《关于成立党的中央和地方监察委员会的决议》决定成立党的中央和地方监察委员会,代替各级党的纪律检查委员会履行职责。

  改革开放后,法律监督的制度建设进入全面发展阶段。一是立法监督法律体系得以健全。1978年《宪法》第22条第3项明确规定了全国人民代表大会行使"监督宪法和法律的实施"的职责。1982年《宪法》第3条规定"全国人民代表大会和地方各级人民代表大会都由民主选举产生,对人民负责,受人民监督。国家行政机关、监察机关、审判机关、检察机关都由人民代表大会产生,对它负责,受它监督",赋予了人民代表大会具有监督其他权力机关的权力,确立人大法律监督的宪法基础。第67条第1项规定了全国人民代表大会常务委员会行使"解释宪法,监督宪法的实施"的职权,确立了宪法法律监督的实施机关。2000年《立法法》第100条规定了全国人民代表大会专门委员会、常务委员会工作机构对"行政法规、地方性法规、自治条例和单行条例同宪法或者法律相抵触的"违宪审查的相关程序等。2006年《各级人民代表大会常务委员会监督法》规定了全国人民代表大会常务委员会和地方各级人民代表大会常务委员会依法行使监督职权的原则、程序和具体要求。二是检察机关作为国家法律监督机关的宪法地位得到正式确认。1979年《人民检察院组织法》第2条规定,"中华人民共和国人民检察院是国家的法律监督机关",该规定也为1982年《宪法》第129条所确认。三是纪检监察"合署办公"模式得以确立。从1959年到1986年近30年时间,由于机构撤销,纪检监察合署办公的实践探索被迫中断。1977年8月,党的纪律检查委员会得以恢复,1986年

---

① 列宁主张,要实现民主监督,必须严格执行法律,而要保证法令的执行,必须加强法律监督,为了保证这种监督的法制化,应当建立专门的法律监督机关即检察机关,由检察机关专门负责维护法制的统一正确实施。参见石少侠:《列宁的法律监督思想与中国检察制度》,《法制与社会发展》2003年第6期。

12月,国家监察部恢复设立,1993年中央纪委和监察部合署办公,党的纪律检查委员会与国家监察部门合署办公的实践在各省、市有序开展。①

党的十八大以后,法律监督的制度建设进入了发展的新阶段。一是人大法律监督机制得到强化完善。2012年12月4日,习近平总书记指出:"全面贯彻实施宪法,是建设社会主义法治国家的首要任务和基础性工作。……全国人大及其常委会和国家有关监督机关要担负起宪法和法律监督职责,加强对宪法和法律实施情况的监督检查,健全监督机制和程序,坚决纠正违宪违法行为。"② 2014年10月23日,中国共产党第十八届四中全会明确指出:"完善全国人大及其常委会宪法监督制度,健全宪法解释程序机制。"2018年宪法修正案将全国人民代表大会下设的"法律委员会"更改为"宪法和法律委员会",推动宪法实施、开展宪法解释、推进合宪性审查、加强宪法监督。二是国家监察体制改革开创了法律监督的新模式。2012年12月4日,习近平总书记在首都各界纪念现行宪法公布施行30周年大会上的讲话中指出:"要健全权力运行制约和监督体系,有权必有责,用权受监督,失职要问责,违法要追究,保证人民赋予的权力始终用来为人民谋利益。"③ 在此后的系列讲话中,总书记又多次强调要健全权力运行制约监督惩治和预防腐败体系,深刻表明了加强权力监督的重要性和紧迫性。2016年底国家在北京、浙江、山西等地区启动了监察委员会制度试点改革。作为"事关全局的重大政治体制改革",监察委员会制度改革涉及国家权力体系的调整,重点在于将分散的监督权划归监察委员会,在现行宪制框架内对其权力的配置和运行进行科学的制度安排,着力解决腐败治理体制长期存在的积弊问题,实现腐败治理"中国模式"的系统升级与全面优化。2018年宪法修正案贯彻了党的十九大关于健全党和国家监督体系的重大部署,增加了有关监察委员会的各项规定,从而使得监察权与行政权、检察权、审判权平等并列,形成了"一府一委两院"的新型国家权力格局。2018年3月20日,第十三届全国人民代表大会第一次会议正式通过《监察法》,确立了监察权运行的法律依据,建立了具有中国特色的监察监督模式。三是检察机关的法律监督功能得到了优化发展。在国家监察体制改革背景下,

---

① 刘权:《纪检监察合署办公的时代变迁》,《人民法治》2018年第7期。
② 《习近平在首都各界纪念现行宪法公布施行30周年大会上的讲话》,载《人民日报》2012年12月5日。
③ 《习近平在首都各界纪念现行宪法公布施行30周年大会上的讲话》,载《人民日报》2012年12月5日。

检察机关法律监督的功能随着反贪、反渎以及职务犯罪预防等职责转归监察委员会,进行了局部调整。2018年《人民检察院组织法》修改之后,赋予检察机关在行使法律监督职权时可以进行"调查核实"的职权,进一步强化了检察机关的法律监督功能,有利于检察机关更有效地对三大诉讼活动进行法律监督。同时,检察机关在促进依法行政、维护公共利益方面的法律监督功能得到了扩展,其监督对象从"法律实施"层面出发而涵盖国家机关、社会组织等多类主体,监督内容不只是对司法裁判或刑事活动的合法性监督,而更重视对实质违法行为的纠正和法律争议的实质性化解,[①]行政检察监督、公益诉讼等成为检察机关履行法律监督职务的深化与创新领域。

第三节 当代中国的法律监督体系

法律监督体系是法律监督有机结合的统一体。我国法律监督体系具有多元化、多层次的特点,依照监督主体的不同,可分为国家监督和社会监督两大系统。

一、国家监督

国家监督,即国家机关进行的法律监督,包括人大监督、监察监督、司法监督以及行政监督。国家监督是我国法律监督体系的核心,相关监督活动具有法律效力。

(一) 人大监督

人大监督,是指由我国各级人民代表大会及其常务委员会对由其产生的国家机关及工作人员依法进行的监督。全国人大及其常委会的监督在国家监督中居于最高地位,具有最高的法律效力。根据现行宪法和法律,人大监督包括立法监督和工作监督。

(1) 立法监督。立法监督,是指人大对享有立法权的国家机关的立法活动所进行的监督。在监督内容上,既要对规范性法律文件的合法性进行监督,

---

① 张智辉、秦前红、谢鹏程:《新时代检察机关法律监督的功能与作用》,载《检察日报》2020年8月5日。

也要对立法活动程序本身的合法性进行监督。在监督方式上，包括对立法的改变或撤销、对立法的批准、对立法的备案审查以及有关立法的询问或质询、立法后评估等。

在监督对象和范围上，不同层级的人大及其常委会监督的对象和范围有所不同。全国人大监督宪法实施，有权改变或撤销全国人大常委会所制定或修改的法律或决定，撤销全国人大常委会批准的自治条例和单行条例。全国人大常委会的监督对象包括国务院制定的行政法规、与外国缔结的条约与协定、地方性法规、自治法规、授权性立法以及特别行政区立法机关的立法，有权撤销国务院制定的与宪法或法律相抵触的行政法规，有权撤销省、自治区以及直辖市的人大及其常委会制定的与宪法、法律和行政法规相抵触的地方性法规，有权撤销省、自治区、直辖市的人大及其常委会制定的与宪法、法律和行政法规相抵触的地方性法规，有权撤销省、自治区、直辖市人大常委会批准的自治条例和单行条例，有权撤销被授权机关越权或违反授权目的的法规。地方人大及其常委会的监督对象和范围包括：省、自治区、直辖市的人大有权改变或撤销它的常务委员会制定的或批准的不适当的地方性法规；地方人大常委会有权撤销本级人民政府制定的不适当的规章。

（2）工作监督。工作监督是指人大对监察机关、司法机关和行政机关活动的监督。工作监督方式包括：听取和审议同级监察机关、司法机关和行政机关的工作报告或专题汇报，组织视察和检查，进行询问与质询，进行选举和罢免，受理申诉和意见，改变不恰当的决定、命令等。

人大对监察机关的监督，主要包括：国家监察委员会对全国人大及其常委会负责，接受其监督；地方各级监察委员会对本级人大及其常委会负责，接受其监督；各级人大常委会有权听取和审议本级监察委员会的专项工作报告，组织执法检查；县级以上各级人大及其常委会举行会议时，人大代表或者人大常委会组成人员可以就监察工作中的有关问题提出询问或者质询。

人大对司法机关的监督，主要包括：全国人大常委会监督最高人民法院、最高人民检察院的工作，最高人民法院、最高人民检察院对全国人大和全国人大常委会负责并报告工作；县级以上的地方各级人大常委会监督本级人民法院、人民检察院的工作，地方各级人民法院、人民检察院对同级人大及其常委会负责并报告工作。近些年来，一些地方人大对司法机关进行个案监督。对个案监督的法律依据和理论基础，存在不同看法。从保障审判公正的角度来看，个案监督与独立审判和程序公正之间仍然存在着一定程度的对立与冲突。

人大对行政机关的工作监督,主要包括:全国人大常委会监督国务院工作,国务院向全国人大负责并报告工作,在全国人大闭会期间,对全国人大常委会负责并报告工作,全国人大常委会有权撤销国务院制定的同宪法、法律相抵触的决定和命令;地方人大及其常委会对地方政府行政活动进行监督,地方各级人民政府对本级人大负责并报告工作,县级以上的地方各级人民政府在本级人大闭会期间,对本级人大常委会负责并报告工作,县级以上地方各级人大常委会有权撤销本级人民政府的不适当的决定和命令。

(二)监察监督

监察监督,即指国家监察机关的监督。根据宪法和《监察法》的规定,监察委员会是行使国家监察职能的专责机关,有权对所有行使公权力的公职人员进行监察,调查职务违法和职务犯罪,开展廉政建设和反腐败工作。

(1)监察权运行的领导体制。在外部体制上,监察委员会采取垂直领导体制,国家监察委员会领导地方各级监察委员会工作,上级监察委员会领导下级监察委员会工作;地方各级监察委员会对上一级监察委员会负责,并接受其监督。上级监察委员会的领导,不仅包括了一般意义上的业务管理和监督,也包括了对下级监察委员会的业务领导,如上级监察机关可以办理下一级监察机关管辖范围内的监察事项,必要时也可以办理所辖各级监察机关管辖范围内的监察事项;设区的市级以下监察机关采取留置措施,应当报上一级监察机关批准;在出现被调查对象逃匿或者死亡的,有必要继续调查的,应当经省级以上监察机关批准,等等。在内部体制上,监察委员会采取集体负责制的领导体制。监察委员会由主任、副主任和委员组成,通过集体负责制,既集中了集体智慧,也形成内部制约,防止权力滥用。对于一般监察业务活动,由监察机关的承办部门及主要负责人个人具体承办,但在调查中涉及留置、从宽处罚建议等重要事项的,则应由监察机关领导人集体研究。

(2)监察监督的对象范围。监察监督的对象范围为所有行使公权力的公职人员。《监察法》第3条规定:"依照本法对所有行使公权力的公职人员进行监察,调查职务违法和职务犯罪,开展廉政建议和反腐败工作。"《监察法》第15条对行使公权力的公职人员进行了具体规定,其范围包括:公务员(含参公管理的人员)、在法律法规授权或者受国家机关依法委托管理的公共事务的组织中从事公务的人员、国有企业管理人员、公办的科教文卫等单位中从事管理的人员、基层群众性自治组织中从事管理的人员以及其他依法履行公职的人员等等。

（3）监察机关的职权范围。依据《监察法》的规定，监察委员会履行监督、调查和处置三种职责。第一，监督职责。监督职责是监察委员会的首要职责，主要体现在对公职人员开展廉政教育，对其依法履职、秉公用权、廉洁从政从业以及道德操守情况进行监督检查。监督职责具体体现为两个方面：一是监察委员会通过廉政教育，改变公权行使者的认识态度，形成正确的职业道德价值观，从而减少腐败的动机，形成"不想腐"的积极效果；二是监察委员会对公职人员行使公权的合法性（依法履职）、合理性（秉公用权）、合纪性（道德操守）进行日常监督，在检查措施上，监察机关有权依法向有关单位和个人了解情况，收集、调取证据。第二，调查职责。监察委员会的调查职责涉及对涉嫌贪污贿赂、滥用职权、玩忽职守、权力寻租、利益输送、徇私舞弊以及浪费国家资财等职务违法和职务犯罪的调查。监察委员会的调查措施，包括谈话、讯问、询问、查询、冻结、搜查、调取、查封、扣押、留置等12项措施。在调查过程中，除了依法收集证据，查明违法犯罪事实之外，还要对被调查人进行思想教育，使其能真正意识到自己的错误，达到"惩前毖后、治病救人"的效果。第三，处置职责。针对案件的不同情形，监察委员会可以作出四种处置：一是对违法的公职人员依法作出政务处分决定。监察委员会根据监督、调查结果，对违法的公职人员依照法定程序作出警告、记过、记大过、降级、撤职、开除等政务处分决定。二是对履行职责不力、失职失责的领导人员进行问责。监察委员会可以对不履行或者不正确履行职责的，按照管理权限对负有管理责任的领导人员作出问责决定，或者向有权作出问责决定的机关提出问责建议。三是对涉嫌职务犯罪的，将调查结果移送人民检察院依法审查、提起公诉。监察机关经调查认为犯罪事实清楚，证据确实、充分的，制作起诉意见书，连同案卷材料、证据一并移送检察机关依法审查、提起公诉。四是对监察对象所在单位提出监察建议。监察建议不同于一般的工作建议，具有法律效力，有关单位无正当理由不履行监察建议所要求履行的义务，应当承担相应的法律责任。

（4）对监察机关监察权的监督。监察机关依法独立行使监察权，绝不意味着监察机关可以不受任何约束和监督。在监察权行使过程中，监察机关受到以下监督：一是党的监督。监察机关在党的集中统一领导和监督下展开工作，监察委员会与纪检委合署办公，可以充分发挥党的监督功能，实现党的领导下国家监督与党的监督的协调统一。二是人大监督。监察机关由本级人大产生，对人大及其常委会负责，接受人大的监督。三是上级监察机关的监督。地方监察机关线索处置和案件查办必须向上级监察机关报告，上级监察机关通过行使留置批准权、工作检查权、复核权等方式,对发现的问题予以纠正,监督下级监察机关公正履职。四是内部监督。对于重大事项采取集体负责制,从而形成内部监督机制,防止权力独断专行。五是司法机关的监督。检察机关对于监察机关移送的案件,认为需要补充核实的,可以退回监察机关补充调查,必要时可以自行补充侦查;法院在审判过程中发现监察机关以非法方法收集的证据,应当依法予以排除,不得作为定罪量刑的依据。第六,民主监督、社会监督和舆论监督。在行使监察权过程中,监察机关接受来自于民主党派、公民、法人或其他组织以及社会媒体的监督,形成发现问题、纠正偏差的有效机制,预防监察腐败的发生。

(三) 司法监督

从世界范围看,由于国家体制不同,各国司法机关的范围也不一致。大多数国家都将法院确定为国家司法机关,司法监督专指法院所进行的监督,又称为司法审查。我国司法机关包括人民法院和人民检察院,司法监督是指检察机关的监督与审判机关的监督。

(1) 检察机关的监督。检察机关的监督,也称为检察监督,是指人民检察院依法对国家机关及其公职人员执法、司法活动的合法性和刑事犯罪活动所进行的监督。我国宪法和人民检察院组织法同时规定:"人民检察院是国家的法律监督机关""人民检察院依法独立行使检察权"。检察监督与监察监督都是国家法律监督体系的组成部分,均是运用国家权力所进行的具体监督,具有对象的法定性和效果的法定性特点。二者的区别在于:一是监督目的不同。监察监督的最主要的目的是为了开展廉政建设和反腐败工作;检察监督的目的是为了维护法律的尊严和统一正确实施;二是监督范围不同。监察监督的对象为行使公权力的公职人员,监督的范围明确而有限;检察机关监督的对象则相对广泛,并且具有弹性;三是监督的方式不同。监察监督具有封闭性,不具有诉讼的特征;检察机关的监督则是通过诉讼或建议的方式进行的,具有开放性。[①]

在监察体制改革背景下,检察机关不断适应新的发展要求,形成了法律监督的"四大板块",即刑事法律监督(刑事检察)、民事法律监督(民事检察)、行政法律监督(行政检察)、公共利益监督(公益检察或称公益诉讼)。刑事法律监督是检察机关对侦查机关侦查活动、刑事审判活动以及监管活动合法性

---

① 张智辉:《论法律监督》,《法学评论》2020年第2期。

的监督;民事法律监督是检察机关对民事诉讼活动、民事判决裁定执行合法性的监督;行政法律监督是检察机关对行政诉讼活动以及行政判决裁定执行合法性的监督,也有观点认为行政法律监督的范围还应包括对行政执法活动和反腐败执法活动的监督[①];公共利益监督则体现了检察机关在公益诉讼方面的职权。

(2)审判机关监督。审判机关的监督,也称为审判监督,是人民法院依法对法律适用过程进行的监督。最高人民法院监督地方各级人民法院和专门人民法院的审判工作,上级人民法院监督下级人民法院的审判工作。审判监督表现为以下三个方面:一是审判机关的自我监督,表现为上级人民法院通过发回重审、撤销裁判、直接改判等方式对下级人民法院的裁判工作进行监督,人民法院院长和审判委员会对本院审判活动的监督;二是审判机关对行政机关的监督,表现为审判机关通过行政诉讼的审判活动,对行政机关的法律适用过程进行监督;三是审判机关对检察机关的监督,人民法院、人民检察院、公安机关之间存在分工负责、互相配合、互相制约的关系,人民法院可以通过将主要事实不清、证据不足的案件退回检察机关补充侦查等方式,对检察机关进行监督。

(四)行政监督

行政监督,是指国家各级行政机关对行政立法及行政活动的监督。根据宪法和有关法律的规定,行政监督主要包括两个方面:一是对行政立法的监督。国务院有权改变或者撤销各部、各委员会发布的不适当的规章,有权改变或者撤销地方政府规章,有权改变或者撤销地方各级国家行政机关的不适当的决定和命令。地方人民政府有权改变或者撤销设区的市、自治州人民政府制定的不适当规章。二是对行政活动的监督。国务院是全国各地方人民政府的领导机关,地方人民政府要服从国务院的统一领导,国务院有权改变或撤销各部、各委员会发布的不适当的命令、指示,有权改变或者撤销地方人民政府的不适当的命令和决定。县级以上的地方各级人民政府领导所属各工作部门和下级人民政府的工作,有权改变或者撤销所属各工作部门和下级人民政府的不适当的决定。此外,在行政系统内部还存在专门的行政监督,如行政复议监督、审计监督等等。

---

① 秦前红:《两种"法律监督"的概念分野与行政监察监督制度之归位》,《东方法学》2018年第1期。

二、社会监督

社会监督是指国家机关以外的公民个人、社会团体和社会组织依照宪法、法律和法规,对国家机关法律活动进行的监督。我国《宪法》第27条规定:"一切国家机关和国家工作人员必须依靠人民的支持,经常保持同人民的密切联系,倾听人民的意见和建议,接受人民的监督,努力为人民服务。"社会监督是自下而上的监督,其深度和广度反映着社会主义民主的水平。社会监督具有广泛性和自发性,虽然不具备法律效力,但却是国家监督的基础;社会监督也直接体现了人民当家做主、直接参与管理国家和社会事务的权力,是直接监督国家机关及其工作人员法律活动的重要手段。在我国,社会监督主要包括以下几种。

(一)民主监督

民主监督,也称为民主协商监督,是指民主协商组织及民主党派所进行的法律监督。中国共产党领导下的多党合作和政治协商制度是中国特色民主的基本制度,是社会主义协商民主的独特优势。人民政协和民主党派在我国政治生活中发挥了重要作用,其对国家机关及其工作人员的法律监督表现为促进立法的协商民主和执法的民主监督。

中国人民政治协商会议(人民政协)是中国人民爱国统一战线的组织,是中国共产党领导的多党合作和政治协商的重要机构。人民政协的法律监督包括:监督立法,参与重大立法决策、重要法律的协商讨论,提出修改意见;以考察、调研等方式监督法律的实施;对行使政治领导权的中国共产党和行使国家权力的国家机关、社会组织的行为合法性进行监督。民主党派作为参政党,既参与法律、法规、重大决策的制定、执行,也以各种方式参与对国家法律实施的监督,可以通过批评和建议的方式,对中国共产党和政府的工作进行监督,对立法工作、司法和行政执法工作提出建议。

(二)社会组织监督

社会组织监督,是社会团体在以不同形式参与经济、政治、文化和社会活动过程中,为了维护各自所代表的那部分群众的利益,对党和国家制定的政策、法律,对国家机关及其工作人员执行法律和政策的情况,以及违背、侵犯群众权益的行为进行检举的监督活动。社会组织包括人民团体、社会团体、企业、事业单位等各类组织。其中,工会、共青团、妇联等人民团体是进行社会监督的重要力量,在一般的社会监督之外,对于涉及职工、青年和妇女儿童的问题,发挥重要的监督作用。

（三）社会舆论监督

社会舆论监督主要是指新闻舆论组织借助传媒手段进行的监督。社会舆论监督往往处于监督的第一线，这种监督速度快、范围广、影响大，特别是在网络时代，更具有特殊的威力，大量的违法犯罪线索往往就是由社会监督所提供的。社会舆论监督体现社会不同群体对事件的看法和意志，体现了具体的民意；加强社会舆论监督，对于落实人民民主、提高国家治理能力、加强对公权力运行的制约和监督，具有重要意义。需要注意的是，舆论监督必须遵循一定的界限，必须把握好精准监督和非法干预的界限，避免社会舆论对司法和政府的不当影响。

（四）公民监督

公民监督即人民群众监督，是指人民群众利用宪法和法律赋予公民的权利和手段而进行的监督。从根本上说，我国的一切权力属于人民，人民群众有权通过各种方式和途径，对国家机关及其工作人员的活动进行直接的监督。公民监督的方式具有多样性，如通过选举程序罢免由其选举出来的代表，对人民政府、司法机关及其工作人员的错误和缺点提出批评意见，对违法失职的国家机关及其工作人员进行检举揭发，等等。

第五节　当代中国法律监督体系的建设完善

党的十九届四中全会提出，坚持和完善党和国家监督体系，强化对权力运行的制约和监督。加快监督机制建设，完善法律监督制度，实现权力监督与制约的法治化，构建严密、权威、高效的法律监督体系，成为当下法治中国的建设重点。

一、法律监督体系建设完善的基本策略

以法治精神为导向，构建内容科学、程序严密、配套完备、高效权威的法律监督体系，应当遵循以下基本策略：首先，必须以《宪法》为依据，在宪法框架内将宪法基本原则进行实体化。其次，应以《人民代表大会监督法》《立法法》等宪法性法律所确立的立法监督为核心，形成体系化的法律监督制度，确保法

治发展的一致性和稳定性。再次,应当强调法律规范的协调性,明确人大监督、监察监督、司法监督、行政监督与社会监督的内在逻辑,合理配置监督权力,科学划定监督的范围与边界,形成体系化与具体化的操作规范,避免造成监督重叠而导致资源浪费。最后,应当加强法律监督的强制性,防止监督沦为形式,确保监督实效。

二、法律监督体系建设完善的具体实施

(一)人大监督的制度完善

人大监督是权力机关代表国家和人民对其他国家机关进行的具有法律效力的监督,是法律监督体系的基础。目前人大监督在监督机制运行方面仍存在一些问题,如监督规定较为原则,缺乏系统性和可操作性;存在监督主体虚置、监督对象不明确、监督程序不完善等问题;对监察机关的监督方式较为简单,缺乏针对性和有效性等。

随着中国特色社会主义法律体系的构建发展,应进一步细化宪法、监督法及相关法律关于人大监督职权、方式、方法等方面规定,形成具有程序性和操作性的制度规定,进一步完善立法监督体系。如通过程序设置实现全国人大及其常委会的合宪性审查权与合法性审查权的区分;通过制度构建,发挥宪法和法律委员会的宪法监督功能;完善对监察机关的监督制度,增强人大决议、人大调查等方式的权威性和约束力;推动监督与立法相结合,及时、准确发现问题、解决问题等。

(二)监察监督的制度完善

作为对国家反腐败工作起到统领性和基础性作用的法律,《监察法》以问题为导向,着力解决我国监察体制机制中存在的突出问题,为构建集中统一、权威高效的中国特色国家监察体制提供了法律依据。从2018年试点至今,监察监督在实践中也暴露出一些问题,如关于监察委员会监督职责的立法规定较为原则,缺乏具体的监督制度安排;监察官职业伦理法律体系建构较为滞后;当事人权利保障原则仍需进一步加强等。

党的十九届四中全会《中共中央关于坚持和完善中国特色社会主义制度推进国家治理体系和治理能力现代化若干重大问题的决定》提出"深化纪检监察体制改革""推进纪检监察工作规范化、法治化"之要求。在深化国家监察体制背景下,应当进一步整合反腐资源,形成内外互补的异体监察权,加强国家监察权与行政监督权、司法监督权、纪检监督权之间的衔接与协同关系,

优化国家监察权的内部权力结构,加快推进、完善监察制度建设。[①]如建立利益冲突审查制度、反腐行政合规制度等具体监督制度;加快推进《监察官法》《监察委员会组织法》等配套法律的立法进程;对监察法规定不明确的分类留置、律师介入、报案或举报的受理制度等相关问题作出补充解释或规定;完善监察与刑事诉讼的衔接机制等。

(三) 司法监督的制度完善

人民检察院是宪法规定的监督机关,检察机关的监督权的行使是司法监督的重要内容。目前,以"四大检察""十大业务"为布局,检察机关应当不断适应新的发展要求,做优做强检察工作,提升法律监督机关的宪制价值。在传统的民事、行政、刑事诉讼监督中,检察机关应当遵循法律监督的一般规律,兼顾考虑不同类型权力的特点,选择合适的实现方式,实现法律监督目的。如注意刑事判决裁定、民事判决裁定、行政判决裁定之间的差异性,对不同类型的判决裁定,按照不同的法律标准、不同的证据规则来审查判断;对诉讼活动中可能妨碍法律正确实施的违法行为或不当行为进行监督时,既要对确有监督必要的问题坚持提出纠正意见,又要通过摆事实讲法理让有关机关认可监督意见。[②]此外,检察机关还应在诉讼之外开展法律监督活动,如重视对行政行为的监督,对行政执行活动存在违法情形、行政机关违法行使职权或不行使职权的,展开行政监督;通过推进公益诉讼检察工作,参与解决生态环境和资源保护、食品药品安全等领域中的社会公共问题,满足公众对公共领域公平正义的追求,不断增强人民群众的获得感、幸福感、安全感。

加强司法监督应进一步推进审判机关监督的制度完善。审判监督制度是中国特色社会主义司法制度的重要组成部分,是人民法院依法纠错、维护裁判权威的重要制度设计。目前审判机关监督存在方法不足、力度不够、质效不高等问题,加强和改善审判监督管理的关键在于创新监督管理机制。如以服务审判活动为导向,加强审判信息服务与事务服务的制度建设,完善监督管理的方式与方法;发展精准化监督,准确界定监督管理案件范围和案内监督事项,对重大、复杂、疑难、敏感等符合个案监督标准的特殊个案,建立专门的管理平台,明确此类案件的发现、监督启动与审判监督管理的特别程序;实现审判信

---

① 刘艳红、夏伟:《法治反腐视域下国家监察体制改革的新路径》,《武汉大学学报》(哲学社会科学版)2018年第1期。

② 张智辉:《论法律监督》,《法学评论》2020年第2期。

息对称，推动"智慧法院"建设，加强司法大数据、人工智能包括类案智能推送等辅助手段的建设与运用等。①

三、行政监督的制度完善

根据中共中央、国务院颁布的《法治政府建设实施纲要(2015—2020年)》，2020年我国建成法治政府。"十四五"规划和2035年远景目标进一步提出，在2035年基本建成现代化国家的同时，基本建成法治国家、法治政府、法治社会。在此背景下，建立常态化的行政监督机制，实现"用权受监督"，成为行政监督制度完善的重点。目前行政监督主要依赖于事后法律救济，对行政系统内部监督重视不够，内部监督效果较为有限。对此，应当对各类内部监督制度进行整合、完善，以形成系统化的行政内部监督体系。如单独设置行政执法机关内部专门的监督机构；完善部门权责清单制度，增加有关层级监督职权职责的内容；加强专项监督；加快有关层级监督的部门规章立法，强化地方立法与部门规章之间的衔接协调等。此外，公开是最好的监督，应进一步落实《政府信息公开条例》的要求，推进财政预算决算、部门预算决算、重大建设项目和社会公益事业的信息公开。坚持公开是原则、不公开是例外的要求，凡是经济社会发展重大事项、群众普遍关注事项、涉及群众切身利益事项、容易发生腐败问题领域和环节的事项，都要做到及时公开，提高权力运行的透明度，为国家机关监督和社会监督提供保障。

---

① 龙宗智、孙海龙：《加强和改善审判监督管理》，《现代法学》2019年第2期。